ROLAND LOY

Das Lexikon der Fußballirrtümer

Buch

Egal, ob Flügelspiel oder Doppelpass, Konter, Elfmeter oder Mannschaftsaufstellung – die Philosophie des Fußballs ist ein weites Feld, unzählige Theorien und Taktiken werden regelmäßig von Profis wie Laien zur letztgültigen Wahrheit erklärt. Auf der Basis von mehr als 3000 systematisch analysierten Fußballspielen widerlegt Roland Loy die hartnäckigsten Lehrmeinungen und Expertenweisheiten durch harte Fakten. Für alle Fußball-Interessierten, die sich nicht mehr länger an der Nase herumführen lassen, sondern die Wahrheit über den Fußball erfahren wollen, ist dieses Buch ein absolutes Muss.

Autor

Roland Loy ist promovierter Sportwissenschaftler, Inhaber der Trainer-A-Lizenz des DFB und bekennender Fußball-Fan. Er hat seinerzeit die Datenbank für die Fußballsendung »ran« in SAT.1 aufgebaut und viele Jahre als deren »Supervisor« fungiert. Als dessen persönlicher Berater arbeitete er mit Franz Beckenbauer zusammen (u. a. bei der Nationalmannschaft und beim FC Bayern München). Heute ist er als Berater der ZDF-, SAT.1- und LIGA total!-Sportredaktion tätig.

Roland Loy

Das Lexikon der Fußballirrtümer

GOLDMANN

FSC
Mix
Produktgruppe aus vorbildlich
bewirtschafteten Wäldern und
anderen kontrollierten Herkünften

Zert.-Nr. SGS-COC-001940
www.fsc.org
© 1996 Forest Stewardship Council

Verlagsgruppe Random House FSC-DEU-0100
Das FSC-zertifizierte Papier *München Super* für dieses Buch
liefert Arctic Paper Mochenwangen GmbH.

1. Auflage
Taschenbuchausgabe April 2010
Wilhelm Goldmann Verlag, München,
in der Verlagsgruppe Random House GmbH

Umschlaggestaltung: UNO Werbeagentur, München
Umschlagfoto:
Thomas Schultze / mauritius images (Motiv 3724601)
GJ · Herstellung: Str.
Satz: Uhl + Massopust, Aalen
Druck und Bindung: GGP Media GmbH, Pößneck
Printed in Germany
ISBN: 978-3-442-15598-9

www.goldmann-verlag.de

»Und jedem Anfang wohnt ein Fußballirrtum inne.«

(Frei nach Hermann Hesse)

Meinem Mentor, »Fußballprofessor« Dettmar Cramer,
und meinem »Kollegen« Franz Beckenbauer
in besonderer Dankbarkeit gewidmet

Es war ausgerechnet der 1. April. Das Telefon klingelte. Meine damalige Lebensgefährtin (die ich an diesem Tag bereits mehrfach in den April geschickt hatte) hob den Hörer ab – und rief mir dann ganz aufgeregt zu: »Roland! Roland! Komm schnell! Franz Beckenbauer ist am Apparat!« Woraufhin ich spöttisch grinsend nur antwortete: »April, April...!« Erst über eine Minute später habe ich mich dann doch erweichen lassen, zum Hörer zu greifen. Und siehe da – am anderen Ende der Leitung war tatsächlich der »Kaiser« höchstselbst! Franz Beckenbauer, der als Teamchef der Nationalmannschaft (unter anderem bei der WM 1990) sowie bei Olympique Marseille beziehungsweise bei Bayern München (später dann auch noch beim ZDF und bei SAT.1) mit mir zusammengearbeitet hatte, wird sich seinen Teil wohl gedacht haben, nahm mir die Warterei aber offensichtlich nicht übel. Im Zuge unserer durchaus erfolgreichen Kooperation hatte ich das große Glück, auch den Menschen Franz Beckenbauer näher kennenzulernen, der nicht, wie ihm so oft nachgesagt wurde, »alles nur aus dem Bauch heraus macht«, sondern sich mir gegenüber als äußerst akribischer Arbeiter offenbarte (und der meine teilweise über 50 Seiten dicken Infomappen vom ersten bis zum letzten Satz exakt durchstudierte) und der, was mir persönlich besonders imponierte, auch immer ein freundliches Wort fand für die sogenannten »Kleinen«, wie beispielsweise den Platzwart oder die Putzfrau auf dem Vereinsgelände des FC Bayern München. Für das in mich und meine Informationen über all die Jahre hinweg gesetzte Vertrauen möchte ich mich bei meinem »Kollegen« an dieser Stelle ganz herzlich bedanken!

Den Kontakt zu Franz Beckenbauer hatte ich »Fußballprofessor« Dettmar Cramer zu verdanken, der als Vereins- (beispielsweise von Bayern München, Bayer 04 Leverkusen), DFB-, FIFA-, National- und Verbandstrainer sowie Trainerausbilder in mehr als 70 Ländern tätig war. Cramer hatte ich (nein, nicht am 1. April ...) im Anschluss an ein von mir auf einer Trainerfortbildungstagung in Nürnberg gehaltenes Referat kennengelernt. »Mein lieber Herr Loy, zweifeln Sie an allen Aussagen zum Fußballsport, denn Zweifel sind stets der Anfang von Wissensfortschritten oder -präzisierungen« – dies war eine der ersten Empfehlungen an mich, die ich, damals noch ein »kleiner Student«, aus dem Munde des Fußballweisen vernahm. (Dass sich Dettmar Cramer diese Aussage übrigens auch selbst zu eigen machte, belegt folgendes Zitat von ihm, als ein junger Spieler mit dem Namen Gerd Müller zum FC Bayern München kam: »Was soll ich denn mit diesem Kugelstoßer?« Später wusste dann nicht nur Dettmar Cramer, dass es wohl die richtige Entscheidung war, den »Bomber der Nation« nicht wieder nach Hause zu schicken ...) Dieser Hinweis sollte dann zu einem der wesentlichsten Leitgedanken all meiner intensiven Beschäftigung mit dem Fußball werden – welche Dettmar Cramer über viele Jahre hinweg als mein Mentor mit unzähligen, mir sehr wichtigen und für mich überaus wertvollen fachlichen und persönlichen Ratschlägen begleitet hat, wofür ihm auch an dieser Stelle noch mal ein von Herzen kommendes Wort des Dankes ausgesprochen sei!

»Ich bin schon zufrieden, wenn wir die Eröffnungsfeier nicht verlieren.«

(Der damalige bayerische Innenminister Günther Beckstein zu den deutschen Hoffnungen bei der WM 2006)

»Niemand sagt, dass Klinsmann im Besitz auch nur einer Wahrheit wäre. Der Fußball ist sehr weitschweifig. Ich würde mich nicht trauen zu sagen, dass ich, dass irgendjemand die Wahrheit kennt.«

(César Luis Menotti, Fußballphilosoph und Trainer des Weltmeisterteams Argentiniens 1978 sowie Lieblingstrainer und Vorbild von Jürgen Klinsmann)

Ich bitte Sie inständigst, liebe Leserin, lieber Leser, angesichts des Wortes »Vorspiel« nicht gleich an »das Eine« zu denken. Auch wenn sich mit Anekdoten wie zum Beispiel jener vom englischen Nationalspieler Shaun Wright-Philips, der an einem einzigen Abend immerhin 25 000 Euro für eine spezielle Show auf einem interaktiven Pornosender ausgegeben hat, Tausende von Seiten füllen ließen und auch in diesem Buch das Thema Sex (»Sex am Abend vor dem Spiel ist leistungsmindernd«) behandelt wird, so soll es in der Hauptsache doch um die andere schönste Nebensache der Welt (Papst Johannes Paul II.: »Unter allen unwichtigen Dingen ist Fußball bei Weitem das wichtigste«) gehen: den Fußball. Dass sich auch hierfür unzählige Leser begeistern dürften, belegt folgendes Umfrageergebnis von »Ufa Sports«: Immerhin drei Viertel aller Deutschen gaben an, sich für Fußball zu interessieren, ein Drittel nannte sich gar »fußballverrückt«. Der Autor (dem Anteil der ein Prozent »Mega«-Fußballverrückten zurechenbar; weitere Hinweise zur Person finden Sie unter »Der 12. Mann«), der dieses Buch dem Ablauf eines Fußballspiels entsprechend gestaltet hat, möchte dieses »Vorspiel« gerne dazu nutzen, um Ihnen einige allgemeine Informationen über fehlerhafte Fußballweisheiten und weitverbreitete Fußballirrtümer wie auch bezüglich der Inhalte beziehungsweise Ziele dieses Buches sozusagen ins Spiel mitzugeben.

Die seit Jahrzehnten bekannten Fußballweisheiten haben inzwischen eine weite Verbreitung gefunden! Doch entsprechen sie auch alle der Wahrheit?

»Wer die meisten Zweikämpfe gewinnt, der gewinnt das Spiel« – »Die Mannschaft muss mehr über die Flügel spielen« – »Der Gefoulte darf den Elfmeter nicht selbst ausführen« – »Das Mittelfeld muss schnell überbrückt werden« – »Bei der Flanke muss man bis zur Grundlinie durchgehen« – »Wir müssen mehr Doppelpässe spielen« – »Never change a winning team«: Seit mehr als einem Jahrhundert vergeht kaum ein Tag, an dem in Deutschland, in Europa oder irgendwo sonst auf der Welt Fußballtrainer (wie etwa Joachim »Jogi« Löw, Jürgen Klinsmann, Ottmar Hitzfeld, Felix Magath, Jupp Heynckes, Otto Rehhagel oder Christoph Daum), Fußballspieler (wie zum Beispiel Michael Ballack, Bastian Schweinsteiger, Lukas Podolski, Torsten Frings oder Miroslav Klose), Fußballfunktionäre (wie beispielsweise Oliver Bierhoff, Matthias Sammer, Uli Hoeneß, Karl-Heinz Rummenigge, Klaus Allofs oder Rudi Völler), aber auch Sportjournalisten von Fernsehanstalten, Radiosendern und Printmedien/Online-Redaktionen solche oder ähnliche Weisheiten zum Fußballsport zum Besten geben – und das, obwohl der Wahrheitsgehalt (Wissenschaftsphilosoph Karl Popper: »Wahrheit ist Übereinstimmung mit den Tatsachen [mit einer Wirklichkeit]«) fast all dieser Aussagen bislang noch nicht einmal ansatzweise überprüft wurde. Von daher stellt sich durchaus die Frage: Sind solche subjektiven Fußballtheorien, die uns Heerscharen von (vermeintlichen) Fußballexperten Tag für Tag, Woche für Woche, Monat für Monat, Jahr für Jahr, Jahrzehnt für Jahrzehnt mit einem kaum zu überbietenden Maß an Selbstverständlichkeit und einer nicht nachzuvollziehenden Chuzpe um die Ohren hauen und die nicht zuletzt durch den Multiplikationseffekt der Medien mittlerweile eine weite Verbreitung gefunden haben, überhaupt richtig?

Bei unzähligen Fußballweisheiten handelt es sich um die reinsten Irrtümer!

Auf der Basis meiner über zwanzigjährigen wissenschaftlichen Auseinandersetzung mit dem Fußballsport und der systematischen Analyse von inzwischen mehr als 3000 Fußballspielen fällt meine Antwort auf diese Frage klar und unmissverständlich aus: Nein! Als Ergebnis dieser umfangreichen Studien und langjährigen Analysen zeigte sich – in einer auch von mir zunächst nicht vermuteten Deutlichkeit! – vielmehr, dass unzählige der seit Jahrzehnten zum Thema Fußball immer wieder zu hörenden und in der Zwischenzeit weitverbreiteten Fußballweisheiten schlichtweg falsch sind (womit die Fußballöffentlichkeit von den Vertretern der Fußballpraxis mit solchen Aussagen seit Jahrzehnten schlichtweg an der Nase herumgeführt wird).

Je mehr und intensiver ich im Fußball geforscht habe, desto klarer wurde Folgendes: Klar ist eigentlich gar nichts! Klar ist nur, dass viele dieser subjektiven Theorien und Fußballmythen unrichtig und ebenso viele äußerst zweifelhaft sind. Denn: Eine Menge dieser vermeintlich richtigen und von den Vertretern der Fußballpraxis als angeblich so sichere Gesetze permanent verbreiteten Glaubenssätze vermochten einer wissenschaftlichen Überprüfung anhand objektiver Daten aus systematischen Spielbeobachtungen nicht standzuhalten (Philosoph Georg Christoph Lichtenberg: »Ich habe das schon oft bemerkt, die Leute von Profession wissen oft das Beste nicht«). Stattdessen erwies sich eine signifikant hohe Anzahl dieser Weisheiten im Rahmen meiner statistischen Analysen als die reinsten Irrtümer!

Darüber hinaus gilt es festzuhalten, dass zahllose »Fußballweisheiten« (wie etwa »die Mannschaft müsste mehr aus der zweiten Reihe auf das Tor schießen«; »nach Balleroberung muss schnell von Abwehr auf Angriff umgeschaltet werden«; »Spielverlagerungen sind ein sehr wichtiges taktisches Mittel«; »die Spieler müssen in der Offensive entschlossen den Zweikampf suchen«) bisher überhaupt noch nicht auf ihren Wahrheitsgehalt hin »abgeklopft« worden sind, weshalb nicht ausgeschlossen werden kann, dass auch diese Auffassungen mit der Realität nichts zu tun haben, also ebenfalls die reinsten Falschaussagen darstellen.

Wir sind Lichtjahre davon entfernt zu wissen, wie der Fußball funktioniert, und es trennen uns sogar ganze Galaxien davon zu wissen, wie Erfolg im Fußball zustande kommt

Anhand meiner eigenen Analysen, auf der Basis der Untersuchungsergebnisse anderer Forscher sowie vor dem Hintergrund sportwissenschaftlicher Theorien zu Leistung und Erfolg im Sportspiel/Fußball möchte ich an dieser Stelle sogar noch weitergehen und die These aufstellen, dass wir heute, also über 150 Jahre nachdem der moderne Fußball 1863 ins Leben gerufen wurde, noch immer Lichtjahre davon entfernt sind zu wissen, wie der Fußball insgesamt wirklich funktioniert, und uns sogar ganze Galaxien davon trennen zu wissen, wie Erfolg im Fußball zustande kommt (wobei ich mir angesichts der Komplexität des Fußballs nicht sicher bin, ob es jemals gelingen wird, den Schlüssel zum Erfolg im Fußballsport zu finden).

Wenn Sie solch eine Aussage aus meinem Mund hören, dann mag der eine oder andere Leser vielleicht noch denken, dass es sich hierbei um die Feststellung eines verschrobenen, welt- und fußballfremden, im stillen Kämmerlein vor sich hin tüftelnden, vergeistigten Wissenschaftlers handelt, der seit Jahrzehnten bei sich zu Hause vor dem Fernseher/Videorekorder sitzt und in erbsenzählerischer Art und Weise Fußballspiele derart in ihre Grundbestandteile zerlegt, dass er am Ende sogar eine Antwort auf die Frage findet, in welcher Minute im Anschluss an einen langen, halbhohen Steilpass des linken Innenverteidigers aus dem zentralen Mittelfeld heraus ein nur knapp nicht im Abseits stehender, mindestens 1,99 Meter großer Mittelstürmer (mit der Schuhgröße 36[!]) zuletzt zwei lupenreine Kopfballeigentore unter Zuhilfenahme der vordersten beiden Haarbüschel der rechten Stirnhälfte erzielt hat.

Selbst namhafte Vertreter aus der Fußballpraxis zweifeln am Besitz der Wahrheit bezüglich des Fußballs

Wenn Sie jedoch die nachstehende Aussage von César Luis Menotti, der als großer Philosoph und Vordenker des Fußballs gilt, als Trainer 1978 mit Argentinien Weltmeister wurde und Presseberichten zufolge von Jürgen Klinsmann als dessen Lieblingstrainer und Vorbild bezeichnet wird, lesen, dann könnten Ihnen durchaus Zweifel kommen, ob die oben aufgestellte These des »spröden, kauzigen Wissenschaftlers« nicht doch der Wahrheit ziemlich nahe kommt:

»Niemand sagt, dass Klinsmann im Besitz auch nur einer Wahrheit wäre. Der Fußball ist sehr weitschweifig; ich würde mich nicht trauen zu sagen, dass ich, dass irgendjemand die Wahrheit kennt.«

Insofern als ich für Jürgen Klinsmanns Reformeifer und die Bereitschaft, jeden Stein im DFB umdrehen beziehungsweise zahlreiche Entwicklungen anstoßen und vorantreiben zu wollen (Uli Hoeneß: »Jürgen ist ein Querdenker, der neue Wege geht und gegangen ist«), viel Sympathie aufbringen konnte, auch wenn ich mir in keinster Weise sicher bin, ob all die in seiner Amtszeit als Bundestrainer heiß diskutierten Veränderungen wirklich so neu (einen Mannschaftspsychologen hatte Brasilien schon bei der WM 1958; Training mit Gymnastikbändern à la »Gummitwist für Nationalspieler« gab es in Deutschland schon in den siebziger Jahren; von einer Individualisierung des Trainings wurde mir als Sportstudent bereits im Jahr 1983 erzählt) beziehungsweise richtig waren (Karl-Heinz Rummenigge: »Klinsmann hat alles richtig gemacht«; Menotti würde Rummenigge daraufhin wohl fragen, woher er das weiß, wenn wir die Wahrheit über den Fußball doch nicht kennen ...), scheint es mir an dieser Stelle angezeigt, darauf hinzuweisen, dass meiner Lesart nach in diesem Menotti-Zitat der Name »Klinsmann« lediglich als eine Art Platzhalter fungiert und dieser gegen den Namen jeder beliebigen Person aus dem Fußballsport, egal also, ob Joachim »Jogi« Löw, Oliver Bierhoff, Ottmar Hitzfeld, Uli Hoeneß oder Rudi Völler austauschbar erscheint.

Heerscharen von Trainern, Managern, Spielern und sogenannten Experten glauben, den Fußball erklären zu können

Obwohl der Fußball derart »weitschweifig« ist, wie Menotti sich vollkommen richtig auszudrücken pflegte, glauben Heerscharen von Spielern, Trainern, Managern und sogenannten Experten, der Öffentlichkeit erklären zu können/zu müssen, wie Fußball funktioniert und welches die eigentlichen Ursachen für Sieg oder Niederlage sind. Meiner Auffassung nach handelt es sich hierbei jedoch um nichts anderes als um die reinste Wunschvorstellung.

Sicher, wer von klein auf Aussagen wie »Bei nassem Rasen muss verstärkt aus der zweiten Reihe geschossen werden«, »die Mannschaft sollte viel öfter direkt spielen«, »die Stürmer müssen mehr für die Defensive tun«, »es ist von höchster Bedeutung, schnell nach vorne zu spielen«, »man muss die gesamte Breite des Spielfelds ausnutzen« immer wieder gehört hat, der kommt möglicherweise überhaupt nicht mehr auf den Gedanken, dass derartige subjektive Theorien vielleicht vollkommen falsch sein könnten. Denn wenn solche Glaubenssätze von Jedermann vorgebetet und all diese Weisheiten tagtäglich stets aufs Neue wiederholt werden, dann werden sie sicherlich auch stimmen – denken sich (fälschlicherweise) wohl die meisten. Nichtsdestotrotz empfinde ich es als regelrecht verblüffend, warum über die ganze lange Zeitspanne hinweg so gut wie niemand am Wahrheitsgehalt all dieser Weisheiten, Mythen und Glaubenssätze rund um den Fußball gezweifelt und diese als möglichen Irrtum hinterfragt hat, sodass sie sich wie Falschgeld erstaunlich lange im Umlauf halten konnten.

Moderne Analyseergebnisse weisen Experten mit ihren Erklärungsversuchen zu erfolgreichem taktischem Handeln und zum Spielerfolg an sich in die Schranken

Mit dem zunehmenden Aufkommen einer wissenschaftlichen Beschäftigung und Auseinandersetzung mit dem Fußball und den hieraus hervorgehenden Untersuchungsergebnissen müssen nun immer mehr Vertreter der Praxis, die sich teilweise für die Gelehrten des Fußballs gehalten haben, erkennen, dass sie einem gewaltigen Trugschluss aufgesessen sind. Dieser bestand darin zu glauben, die Wahrheit über den Fußball zu kennen und deswegen alles in dieser Sportart erklären zu können. Denken Sie beispielsweise nur an die Masse der Aussagen hinsichtlich des Zusammenhangs von einzelnen taktischen Spielhandlungen und deren Wirkung (»Eckbälle sind am erfolgreichsten, wenn sie zum Tor hin angeschnitten werden«) oder hinsichtlich des Zusammenhangs von einzelnen taktischen Spielhandlungen und dem Spielerfolg an sich (»Flügelspiel führt zum Erfolg«), von denen sich in der Zwischenzeit zahlreiche als unzutreffend beziehungsweise falsch erwiesen haben.

Jetzt, da durch die Wissenschaft immer mehr Teilwahrheiten

über den Fußball zutage treten und unzählige dieser »Fußballweisheiten« als Irrtümer enttarnt werden, sollte der eine oder andere vermeintliche Fußballexperte ob der Verbreitung von Unwahrheiten bei der Fußballöffentlichkeit zwar nicht um Abbitte nachsuchen beziehungsweise um Entschuldigung bitten und auch nicht ähnlich beschämt zu Boden blicken wie der von Christof Kneer in der *Süddeutschen Zeitung* beschriebene kleine Junge, der im Supermarkt dabei erwischt wurde, wie er heimlich ein paar Panini-Fußballbildchen hatte mitgehen lassen, aber zumindest einmal über den Wahrheitsgehalt all seiner Aussagen nachdenken (Buddha: »Diejenigen, die versäumt haben, nach Wahrheit zu streben, haben den Sinn des Lebens verfehlt«) und diese dann gegebenenfalls den neuesten Erkenntnissen anpassen.

Mit wissenschaftlichen Methoden zu neuen (Teil-)Wahrheiten über den Fußball

So wie Herrn Menotti würde es auch mir niemals in den Sinn kommen zu behaupten, die gesamte Wahrheit über den Fußball zu kennen. Dennoch sehe ich mich anhand meiner eigenen Untersuchungen inzwischen dazu in der Lage, zumindest zu einzelnen Bereichen des Fußballs wissenschaftlich belegte und statistisch untermauerte Teilaussagen treffen zu können, die der Realität (hoffentlich) sehr nahe kommen.

Diese der breiten Öffentlichkeit bislang weitgehend unbekannten Erkenntnisse aus den eigenen Forschungsarbeiten (die von Sportredakteur Stefan Krause bereits als »revolutionär« bezeichnet wurden) finden Sie nun in dem Ihnen vorliegenden »Lexikon der Fußballirrtümer« zusammengefasst, ergänzt um verschiedene Befunde, die aus den Untersuchungen anderer Forscher resultieren (Johann Wolfgang von Goethe: »Das Falsche hat den Vorteil, dass man immer darüber schwätzen kann«).

Aufklärung über den Fußball und all die anderen Ziele dieses Buches

Mittels dieses Buches möchte ich Sie – auf hoffentlich durchgehend informative und unterhaltsame, zwischendurch immer mal wieder amüsante, teilweise durchaus auch provokante, an der einen oder anderen Stelle sicherlich überraschende und Sie gerne hin und wieder ins Staunen versetzende Art und Weise – darüber aufklären, dass …

… das vermeintliche Fußballwissen reich an Irrtümern und Halbwahrheiten ist,

… viele der uns seit Kindertagen vertrauten und allgemein akzeptierten Glaubenssätze zum Fußballsport gar nicht richtig sind, sondern es sich bei zahlreichen der sogenannten Fußballweisheiten um nichts anderes als unzutreffende Phrasen und Gemeinplätze handelt,

… unzählige Aussagen von Vertretern der Fußballpraxis zum Erfolg einzelner taktischer Spielhandlungen beziehungsweise zum Spielerfolg an sich dem wissenschaftlichen Erkenntnisstand widersprechen,

… im Laufe der Fußballgeschichte so manches fabuliert wurde, was mit der Realität allerdings weniger zu tun hat, als man bislang angenommen hat,

… die Anzahl der Menschen, die sich für Gelehrte des Fußballs halten, Legion ist, der eine oder andere nun jedoch erkennen muss, dass seine Aussagen nicht dem aktuellen Forschungsstand entsprechen beziehungsweise fehlerhaft sind,

… in der Öffentlichkeit ein teilweise vollkommen falsches Bild von Erfolg versprechendem taktischem Verhalten im Fußball existiert, das mit der Wirklichkeit teilweise überhaupt nicht übereinstimmt,

… nicht alle Äußerungen über den Fußball, die Sie teilweise schon tausendmal gehört haben und deswegen inzwischen wohl auch selbst glauben, richtig sind,

… sich seit über einem Jahrhundert Mythen und Legenden zum Fußballsport von Generation zu Generation fortgepflanzt haben, weil sie seit den Zeiten unserer Großväter und Urgroßväter stets unreflektiert nachgeplappert wurden, womit sich ein Teil der Vertreter der Fußballpraxis mit ihren Fußballkenntnissen auch heute noch auf dem Wissensstand der zwanziger Jahre des zurückliegenden Jahrhunderts befindet – was in etwa nochmals 50 Jahre vor jener Zeit liegt, in der Personen aus dem Umfeld von Günter Netzer (nein – nicht Günter Netzer selbst!), sondern den Sänger Bob Dylan als »Halbaffen mit langen Haaren« bezeichneten,

… die wenigsten Dinge, die tagtäglich bezüglich des Erfolg versprechenden Handelns im Fußball behauptet und gefordert werden (»Abwehrspieler sollten sich verstärkt ins Offensivspiel ihrer Mannschaft einschalten«, »die Viererer-Abwehrkette ist am besten über die Außen zu knacken«, »man muss den Ball einfach auch mal auf die Tribüne hauen«, »die Mannschaft müsste mehr Forechecking betreiben«), bisher bewiesen sind, es sich bei zahlreichen dieser inzwischen weitverbreiteten Informationen also nicht um abgesicherte Erkenntnisse, sondern zumeist um unüberprüfte Ansichten und Meinungen handelt, die bislang noch keine Bestätigung hinsichtlich ihres Wahrheitsgehalts erfahren haben,

… sich Vertreter der Fußballpraxis mit jeglicher Selbstverständlichkeit (teilweise vor ein Millionenpublikum) hinstellen und unüberprüfte Vermutungen zur erfolgreichen Ausführung einzelner Spielhandlungen oder zum Spielerfolg an sich als abgesichertes Wissen verkaufen, was in meinen Augen ebenso sinnfrei ist wie das Verhalten der Kannibalen Neuguineas, die ihre Nachbarn essen, weil sie davon ausgehen, dadurch in den Besitz deren Verstandes zu gelangen,

… sich der Fußballkonsument jahrzehntelang von seinem Sport eine Illusion gemacht hat und nun immer deutlicher erkennbar wird, dass es sich bei vielem im Zusammenhang mit all den Weisheiten, Mythen und Glaubenssätzen rund um den Fußball um nichts anderes als einen Irrtum handelt, womit unzählige Aussagen sogenannter Experten als das reinste Luftschloss demaskiert werden.

Darüber hinaus beabsichtigt das Buch, …

… Ihnen vor Augen zu führen, dass so manches von dem, was Sie hinsichtlich des Fußballwissens immer für ganz selbstverständlich hielten, mit der eigentlichen Wirklichkeit nichts zu tun hat,

… Ihnen abgesicherte Erkenntnisse über den Fußball an die Hand zu geben, damit Sie in einem gewichtigen Bereich menschlicher Konversation richtige und falsche Aussagen voneinander zu trennen und Ihrem Fußballwissen weitere fundamentale Tiefe zu verleihen vermögen,

… Ihr im Laufe der Jahre durch die unzähligen unrichtigen Expertenaussagen möglicherweise verschobenes Bild vom Fußballsport mit Hilfe fundierter Fakten und Zahlen wieder zurechtzurücken und damit Ihrerseits eine noch differenziertere Vorstellung von »Dichtung und Wahrheit« im Fußball herzustellen,

... Ihnen anhand der präsentierten Erkenntnisse zu neuen Einsichten und Einstellungen bezüglich des Fußballs zu verhelfen und damit bei Ihnen zu einem besseren Verständnis dieses grandiosen Spiels beizutragen.

Bei aller Liebe zum Fußball – die Irrtümer müssen benannt und Wahrheiten gesagt werden dürfen!

Zweifelsohne sehe ich mich als großen Liebhaber des Fußballs an, dem das außergewöhnliche Glück beschieden war, sein Hobby zum Beruf machen zu können und der somit dem Fußball sehr viel zu verdanken hat. Dennoch soll und darf mich dies nicht davon abhalten, die sich mir aufgrund meiner langjährigen Studien zum Fußballsport offenbarenden Irrtümer – notfalls unter Rückgriff auf drastische Formulierungen, um mir dadurch entsprechend Gehör zu verschaffen – in aller Deutlichkeit beim Namen zu nennen und aus der Distanz des neutralen Außenstehenden in aller Aufrichtigkeit zu sagen, was ich denke und was ich wirklich sagen möchte: nämlich das, was ich auf der Grundlage meiner umfangreichen Forschungsarbeiten für die Wahrheit über den Fußball halte – auch wenn dadurch der Mythos Fußball, wenn schon nicht gänzlich zerstört, so doch zumindest ein wenig angekratzt wird. Denn in meinen Augen kann es nur so gelingen, die bislang existierende fehlerhafte Fußballauffassung durch ein der Realität entsprechendes Bild abzulösen und somit eine Basis zu schaffen, von der aus sich ein wesentlich fundierteres, wirklichkeitsnäheres Wissen über den Fußballsport zu verbreiten vermag. Übrigens: Ein nicht ganz der Realität entsprechendes Bild liegt vor, wenn alle Welt glaubt, die »Spuckaffäre« zwischen Frank Rijkaard und Rudi Völler im Achtelfinalspiel der WM 1990 sei bereits auf dem Platz beigelegt worden. Denn in den Katakomben des Stadions ist der »graue Wolf« dem »Lama Rijkaard« noch derart ans Fell gegangen, dass er großes Glück hatte, nicht für den Rest des Turniers (weg-)gesperrt zu werden.

Die Beweiskraft der wissenschaftlichen Erkenntnisse zerstört lieb gewonnene Vorurteile beim Fußball

»Wissenschaft kann grausam sein. Zumindest dann, wenn sie lieb gewonnene Vorurteile zerstört.« Angesichts dieser leicht resignierten Feststellung von Wissenschaftsjournalist Werner Bartens bin ich mir durchaus bewusst, dass – selbst wenn in diesem Buch die Wahrheit über den Fußballsport an vielen Stellen derart klar zutage tritt wie die geistige Gesinnung von Vinnie Jones vom FC Wimbledon, als er Kenny Dalglish doch glatt drohte, ihm das Ohr abzubeißen und »in das Loch zu spucken« – diese trotzdem immer wieder verdrängt, angezweifelt, nicht zur Kenntnis genommen oder möglicherweise sogar in ihrer Verbreitung behindert wird, da gerade seitens der Fußballpraxis eine gewisse Angst vor dieser besteht (Jean de La Bruyère: »Wahrheiten, die man ganz besonders ungern hört, hat man besonders nötig«). Schließlich empfindet so mancher Fußballpraktiker den Angriff auf die Grundfesten seines Fußballwissens sogar als noch viel gravierender als beispielsweise jenen auf das Autofahren ohne Tempolimit. Kein Wunder also, wenn der eine oder andere Trainer, Spieler oder Manager mit entsprechenden wissenschaftlichen Erkenntnissen umgeht wie ein neapolitanischer Taxifahrer mit den roten Ampeln seiner Heimatstadt.

Wer jahrzehntelang etwas anders geglaubt hat, für den sind neue Erkenntnisse zum Fußball nur sehr schwer zu ertragen, denn wie formulierte schon Matthias Jung so treffend: »Nichts ist bitterer, als von alten Idealen Abschied nehmen zu müssen.« So manche Anhänger alter Fußballmythen und verstaubter Fußballglaubenssätze brauchen sicherlich eine Weile, um sich von ihren Fußballillusionen zu verabschieden und ihre lieb gewonnenen Vorurteile und Binsenweisheiten auf die Ersatzbank zu schicken.

Letztendlich werden jedoch alle an dieser Sportart Beteiligten ihr Fußballbild dauerhaft überdenken müssen, denn jeder, der dieses Buch aufmerksam gelesen hat, wird unschwer erkennen, dass die Beweiskraft der hierin enthaltenen Zahlen, Daten und Fakten (mein durchaus sprachbegabter Kollege Marcel Reif beliebte im Zusammenhang mit der Aussagekraft von Statistiken stets von der »normativen Kraft des Faktischen« zu sprechen) zu stark ist, als dass sich der Fußball diesen Erkenntnissen auf Dauer ebenso verschließen kann wie die Verantwortlichen des FC Metz der Tatsache, dass es 1972 vielleicht doch nicht die allerbeste Idee war, einen Jungprofi namens Michel Platini wegen »Herzinsuffizienz und schwacher Atemfunktion« wieder nach Hause zu beordern.

Verzicht auf eine besserwisserische, lehrmeisterliche Präsentation meiner Erkenntnisse zum Fußballsport

Um möglichen Kritiken in diese Richtung den Wind sozusagen prophylaktisch aus den Segeln zu nehmen, sei bereits an dieser Stelle darauf hingewiesen, dass es nicht ansatzweise in meiner Absicht steht, lehrmeisterhaft oder gar von oben herab daherzukommen beziehungsweise mich mit meinen Aussagen dem Fußball gegenüber gar wichtig machen zu wollen. Dies auch deshalb, weil es mir weder den Vertretern der Fußballpraxis noch allen anderen Lesern gegenüber als redlich erscheint, das von mir angesammelte Wissen auf besserwisserische Art und Weise auszuspielen. Damit laufe ich dann im Falle eigener Irrtümer auch weniger Gefahr, mich belächeln lassen zu müssen als etwa Hans-Hubert »Berti« Vogts, der behauptet hat, Bayern München würde in den ersten beiden Spielzeiten unter dem neuen Trainer Jürgen Klinsmann zweimal die Champions League gewinnen (Christian Zaschke von der *Süddeutschen Zeitung*: »Wenn Vogts prophezeite, dass Wasser immer nass sein wird, würde Wasser trocken werden«).

Einladung zur Überprüfung und gegebenenfalls Modifikation Ihres Fußballwissens

Auch wenn von mir der Standpunkt vertreten wird, dass man sauber nach wissenschaftlichen Kriterien erarbeitete Fakten als Realität akzeptieren sollte und ich von der Richtigkeit und der Qualität meiner Erkenntnisse durchaus überzeugt bin, so ist mir mit diesem Buch und dem darin enthaltenen Gedankengut nicht im Entferntesten daran gelegen, Ihnen meine Anschauung vom Fußball aufzudrängen beziehungsweise Ihnen vorschreiben zu wollen, was Sie über den Fußball zu denken haben. Vielmehr möchte ich Sie dazu/dafür ...

... sensibilisieren zu erkennen, dass bestimmte, immer für selbstverständlich gehaltene Annahmen zum Fußballsport möglicherweise gar nicht stimmen,

... anhalten, sich anhand der von mir präsentierten Erkenntnisse aus verschiedenen Blickwinkeln heraus selbst eine Meinung über Irrtum und Wahrheit im Fußball zu bilden und ein Gefühl dafür zu entwickeln, welche Aussagen zum Fußballsport denn nun richtig oder falsch sind,

... einladen, Ihr eigenes Fußballwissen auf seine Richtigkeit hin kritisch zu überprüfen beziehungsweise grundsätzlich einmal darüber nachzudenken, welches abgesicherte Wissen zum Fußball Ihrer Meinung nach bislang überhaupt vorliegt,

... ermutigen, selbst zu entscheiden, was Sie von den Ihnen präsentierten Erkenntnissen, Informationen und Gedanken an und für sich übernehmen möchten,

... auffordern, darüber nachzudenken, ob Sie Ihr bisheriges subjektives Weltbild vom Fußball (oder zumindest Teile davon) durch ein anderes, auf objektiven Informationen basierendes ersetzen möchten.

»Wer seine Ideen für die Öffentlichkeit zugänglich macht, riskiert in der Tat, andere von seiner Wahrheit zu überzeugen, sie zu beeinflussen und sich so in der Rolle derjenigen wiederzufinden, die danach streben, die Welt zu verändern«, schreibt Milan Kundera in seinem Roman »Die Langsamkeit«. Ich selbst bin bei Weitem nicht so missionarisch, mein Lebensthema daraus machen zu müssen, Gott und der Welt die »Wahrheit« über den Fußball näherzubringen. Lieber halte ich es da mit einem der Leitsprüche orientalischer Philosophie: »Akzeptiere, dass nichts perfekt ist.«

Das Einzige, um was ich Sie herzlich bitten möchte, ist: Versuchen Sie meinen Argumenten möglichst unvoreingenommen zu begegnen und dabei ein klein wenig offener zu sein als Real Madrids ehemaliger Trainer John Toshak gegenüber Veränderungen: »Eher fliegt ein Schwein übers Bernabeu, als dass ich mich ändere.« Im Gegensatz dazu verspreche ich, es Ihnen nicht übel zu nehmen, wenn Sie die eine oder andere Ihrer Lieblingsillusionen hinsichtlich des Fußballs nicht ganz kampflos aufgeben möchten und diesen erst mit etwas Verzögerung die Rote Karte zeigen.

Auch der Autor kennt die letztendlich gültige Wahrheit des Fußballs nicht

Lassen Sie mich an dieser Stelle nochmals in aller Deutlichkeit zum Ausdruck bringen, dass ich trotz meiner umfangreichen und tief reichenden eigenen Untersuchungsergebnisse, trotz der mir vorliegenden Daten und Fakten aus anderen Forschungsarbeiten, trotz intensiver Beschäftigung mit beispielsweise den wissenschaftlichen Theorien der Sportspielforschung, der Leistungsdiagnostik und der Sportspielbeobachtung und trotz unzähliger Diskussionen mit Wissenschaftlern und Vertretern der Sportpraxis nicht den Anspruch erhebe, der Fußballweisheit letzten Schluss gepachtet zu haben beziehungsweise in meinen Argumenten oder Aussagen frei von Irrtümern zu sein. Dabei gestehe ich an dieser Stelle gerne ein, auch nach zwei Jahrzehnten intensiver Beschäftigung mit dem Fußball die absolute Wahrheit nicht zu kennen beziehungsweise liefern zu können. Gleichzeitig nehme ich auch nicht für mich in Anspruch, den ganzen Fußball beschreiben, verstehen und erklären zu wollen. Dennoch hoffe ich anhand der mir vorliegenden Erkenntnisse, mittels der Ausführungen in diesem Buch in verschiedenen Punkten für Aufklärung und Klarheit bezüglich des Fußballsports sorgen zu können, wobei ich durchaus zu akzeptieren vermag, wenn in unserer pluralistischen Gesellschaft nicht jeder Leser/jede Leserin meinen Überlegungen folgen möchte. Schließlich waren ja auch auf der Jahreshauptversammlung des FC Bayern München im Jahr 2007 nicht alle Anwesenden einer Meinung. Ein Bayern-Fan zur VIP-Tribüne: »Ihr seid nur zum Fressen da!« – Manager Uli Hoeneß zu den Fans: »Das ist populistische Scheiße« (wofür er sich, was nicht unerwähnt bleiben soll, später entschuldigt hat).

Respekt vor der Person und den Leistungen der Fußballpraktiker und konstruktive Kritik mit ein bisschen Schmunzeln und Wohlwollen

Wenn an der einen oder anderen Stelle dieses Buches beispielsweise Trainer, Spieler oder Manager im Zusammenhang mit Fußballirrtümern namentlich aufgeführt werden, so geschieht dies keinesfalls in der Absicht, die Genannten persönlich bloßzustellen, zu kränken oder gar zu diffamieren. Vielmehr soll anhand dieser Beispiele aufgezeigt werden, dass auch bekannte Persönlichkeiten aus dem Fußballsport nicht davor gewappnet sind, dem einen oder anderen Trugschluss zu erliegen. In gewisser »Selbstanzeige« sei an dieser Stelle ebenso gerne eingeräumt, dass auch ich, so etwa während meiner mehr als zehnjährigen Trainertätigkeit im Jugend- und Amateurbereich, nicht davor gefeit war, hier und dort nicht ganz so richtige Fußballweisheiten abzusondern, und mich selbst heute noch immer wieder dabei erwische, in eine Falschaussagenfalle zu tappen. Außerdem wurde ich vom damaligen Bayern-Trainer Felix Magath am Ende eines mehrstündigen und sehr angenehmen Gesprächs gebeten, »mit uns Trainern nicht so streng zu sein« – ein Wunsch, dem ich auch im Rahmen dieses Buches Folge zu leisten versuche. Gleichzeitig beabsichtige ich als freier Mensch, der niemandem Rechenschaft schuldig ist als seinem Gewissen (wo war dies nur, als Professor Klaus Theweleit die Verleihung des Grimme-Preises an Günter Netzer mit den Worten »… dieser Preis wird für viele Idioten verliehen, insofern hat er ihn zu Recht« kommentierte?) und der den Leuten nicht nach dem Mund reden muss, mich bei meinen Ausführungen einerseits an der Aussage von Berthold Beitz (»Dass ich die Menschen, wer es auch ist, alle gleich betrachte und keinen übermäßigen Respekt habe vor Namen, Titel oder Auszeichnungen«) und andererseits an jener von Oliver Bierhoff (»Was ich vermisse, das ist konstruktive Kritik mit ein bisschen Schmunzeln und Wohlwollen«) zu orientieren.

Humor als Mittel, um unzähligen Fußballfakten Leichtigkeit zu verleihen

»Humor ist ein Gegenmittel für viele Dinge. Wenn man eine starke Aussage gemacht hat, braucht man Humor, um der Sache Leichtigkeit zu verleihen.« Basierend auf dieser Aussage von Literaturnobelpreisträger Orhan Pamuk, war es mein stetes Ansinnen, an zahlreichen Stellen des Buches amüsante, Sie möglicherweise hin und wieder zum Schmunzeln beziehungsweise gar zum Lachen veranlassende Aussagen (Berti Vogts: »Wenn ich übers Wasser gehen würde so wie Jesus, dann würden sie alle sagen: Nicht mal mehr schwimmen kann er«) in den Text einfließen zu lassen, um dadurch die Verdaulichkeit der vielen Daten, Fakten und Statistiken zu fördern und somit dem Ganzen die Gewichtigkeit zu nehmen. Zu einer gewissen Leichtigkeit des Textes und damit dessen besserer Lesbarkeit sollen auch die hier und da eingeflochtenen persönlichen Anekdoten und Erinnerungen an im Fußball persönlich Erlebtes beitragen, wobei ich (leider!) nicht selbst anwesend war, als der Medienmogul Leo Kirch auf einer Weihnachtsfeier gegenüber Günter Netzer doch tatsächlich äußerte: »Ganz schön fett geworden, mein Lieber.«

Falsifizierbarkeit und Vorläufigkeit der eigenen Erkenntnisse zum Fußballsport

Bei der Unterscheidung von Irrtum und Wahrheit wird in diesem Buch sehr stark auf Erkenntnisse aus empirischer Forschung vertraut. Als wesentliche Kennzeichen wissenschaftlicher Untersuchungsergebnisse gelten unter anderem deren Falsifizierbarkeit und Vorläufigkeit. Vor diesem Hintergrund maßt sich der Autor keinesfalls an, mit all seinen getroffenen Aussagen und vorgelegten Resultaten einen letztendlichen und für alle Zeiten gültigen Richtigkeitsanspruch zu erheben, zumal auch die etablierten Wissenschaften die Wahrheit nicht gepachtet (Professor Karl-Dieter Opp: »Wenn wir eine Aussage als wahr bezeichnen, wissen wir nicht genau, ob wir uns nicht geirrt haben. Die Möglichkeit des Irrtums besteht bei noch so starkem Evidenzgefühl und bei noch so vielen Fakten, die für eine Theorie sprechen.«) und ihre Aussagen nur selten dauerhaft Bestand haben (Gerhard Prause: »Es waren Wissenschaftler, Universitätsprofessoren, hochangesehene Theologen, Philosophen, Juristen, die die Existenz von Hexen, die von der Kirche jahrhundertelang bestritten worden war, für wahr und ihre Verfolgung für notwendig erklärten«). Sollten also von anderer Seite die Realität besser wiedergebende Erkenntnisse vorgelegt werden, so empfindet der Autor dies nicht als persönlichen Affront, sondern als unverzichtbaren Zugewinn für den gesicherten Wissensstand bezüglich des Fußballsports.

Reine Behauptungen zum Fußballsport als abgesichertes Wissen zu verkaufen, ist wenig seriös!

Wenn an verschiedenen Stellen dieses Buches (insbesondere im Kapitel »Die 2. Spielhälfte«) von mir darauf hingewiesen wird, dass noch keine abgesicherten wissenschaftlichen Erkenntnisse zu bestimmten Fußballweisheiten und Fußballmythen vorliegen, dann bin ich mir dabei durchaus bewusst, dass nicht stets eine Untersuchung existieren muss, damit man eine bestimmte Feststellung vornehmen kann. Auch bedeutet das Fehlen empirischer Ergebnisse noch längst nicht, dass das Gegenteil einer Aussage zutreffend ist. Dennoch scheint es mir insbesondere im Spiegel der zahlreichen bereits als unrichtig identifizierten Auffassungen zum Fußballsport bedeutsam, in aller Deutlichkeit darauf hinzuweisen, dass die jeweils diskutierten Annahmen noch nicht hinsichtlich ihres Wahrheitsgehalts überprüft sind und demnach schlicht falsch sein können. Dies insbesondere auch deshalb, weil es in meinen Augen wenig seriös erscheint, reine Vermutungen als gesichertes Wissen zu verkaufen. Oder würden Sie etwa vor laufender Kamera behaupten, Harald Schmidt trage bei seinen Fernsehauftritten lila-rosa gestreifte Damenunterwäsche mit blau-weiß gepunkteten Rüschen, wenn Ihnen hierzu keinerlei abgesicherte Kenntnisse vorliegen?

Es werden längst nicht alle bestehenden Fußballirrtümer aufgedeckt!

Auch wenn Sie dieses Buch, in dem bereits zahlreiche der von mir über mehr als zwei Jahrzehnte gesammelten Fußballweisheiten als unzutreffend entlarvt werden, gelesen haben, sollten Sie bitte nicht glauben, nun alle kursierenden Irrtümer und Missverständnisse des sogenannten Fußballallgemeinwissens bereits zu kennen. Nein, es kursieren noch massenhaft weitere Fehlannahmen zum Fußballsport, mit denen sich problemlos eine komplette Serie von »Lexika der Fußballirrtümer« füllen ließe. Deswegen sollten Sie grundsätzlich sämtlichen subjektiven Theorien zum Fußball stets mit wachem Geist und einer gewissen Skepsis gegenüberstehen, um von etwaigen Fußballirrtümern nicht ähnlich überrascht zu werden wie jene brasilianischen Polizisten, die sich am Rande eines Fußballspiels doch tatsächlich dabei erwischen ließen, als sie einen von Drogenhändlern erbeuteten Biertransporter ausplünderten.

Ein Wort des Dankes an den Fußball!

Das vorliegende Buch wäre unvollständig, wenn nicht wenigstens an einer Stelle ein Wort des Dankes und der Anerkennung an alle am Fußball Beteiligten (wie etwa Funktionäre, Vorstände, Manager, Trainer, Spieler, Schiedsrichter und Journalisten) gerichtet würde, die mit ihrer täglichen Arbeit dazu beigetragen haben, dass aus dem Fußballsport in Deutschland, Europa und der ganzen Welt das geworden ist, was er im Moment darstellt: die Quelle der Begeisterung für viele Millionen von Menschen. Apropos Begeisterung: Wie schrieb doch die *Daily Mail* zur Begrüßung von Sven-Göran Eriksson, dem ersten Nichtengländer als Teammanager der englischen Nationalmannschaft? »Wir verkaufen unsere Grundrechte an ein Volk von sieben Millionen Skifahrern und Hammerwerfern, die ihr halbes Leben in totaler Dunkelheit verbringen.«

Viel Spaß bei der Lektüre eines ganz und gar nicht irrtumfreien Buches!

Auch wenn die auf den nachfolgenden Seiten vorgestellten Informationen überaus sorgfältig zusammengetragen und geprüft worden sind, ist nicht auszuschließen, dass sich an der einen oder anderen Stelle dennoch ein Irrtum eingeschlichen hat (der sich dann in allerbester Gesellschaft befände). Nichtsdestotrotz gebe ich mich der Hoffnung hin, dass die Anzahl der in diesem Buch zurechtgerückten Theorien, Mythen, Vorurteile und Glaubenssätze über und zum Fußball deutlich jene der neu hinzugekommenen übertrifft und ich außerdem mit der »Trefferquote« meiner Aussagen zumindest ein klein wenig über der Meisterprognose von Marcel Koller aus der Saison 2006/07 liege: »Vor der Saison habe ich getippt, dass die Bayern Deutscher Meister werden. In der Winterpause war Werder Bremen mein Favorit. Und jetzt gehe ich davon aus, dass die Schalker das packen.« Verbunden mit dem Hinweis darauf, dass am Ende dann doch der VfB Stuttgart den Titel errang, wünsche ich Ihnen eine erkenntnisreiche und unterhaltsame Lektüre dieses Buches (Lothar Matthäus würde wohl sagen: »I hope we have a little bit lucky«), das möglicherweise Ihr Verständnis vom Fußball in weiten Teilen zu verändern vermag und bei Ihnen ein ganz anderes Bild von dieser wunderschönen Sportart entstehen lässt, als es Ihnen bislang vorschwebte.

**»Sinnloser als Fußball ist nur noch eins:
Nachdenken über Fußball.«**

(Martin Walser)

»Ach, der Franz. Vor einem Länderspiel auf Malta hat er mit uns mal eineinhalb Stunden den Gegner besprochen. Am nächsten Tag wollte er noch 'ne Sitzung machen, da hab ich gesagt: ›Franz, lass mal gut sein, wir spielen gegen Malta!‹. ›Nur zehn Minuten‹, hat er gesagt, ›pfeifst einfach ab, Uli.‹ Nach zwanzig Minuten wurd's mir zu dumm, da hab ich gesagt: ›Es langt jetzt, Franz.‹ Sagt er: ›Hast recht Uli, es langt.‹« Wie Sie aus den Worten von Uli Stein, dem ehemaligen Nationaltorhüter, unschwer entnehmen können, scheint sich die Begeisterung so manches Fußballers für Mannschaftssitzungen und Taktikbesprechungen in überschaubaren Grenzen zu halten. Ich möchte auf den folgenden Seiten, auf denen es um die Präsentation der Ergebnisse, auf deren Basis die Aufdeckung der Fußballirrtümer gehen soll, Ihre Aufmerksamkeit nicht über Gebühr strapazieren (wissenschaftlichen Erkenntnissen zufolge verringert sich die Aufnahmefähigkeit nach 12 bis 14 Minuten bereits von 85 auf 38 Prozent), weswegen ich Ihnen – in Stichpunkten – hierzu nur die allerwichtigsten Informationen an die Hand zu geben beabsichtige. Vergleichbar dem heutzutage in vielen Vereinen bei der Vorbereitung auf ein Spiel üblichen Vorgehen (Ottmar Hitzfeld: »Es kommt auf die richtige Mischung aus Berechnung und Bauchgefühl an. Zahlen und Statistiken sind Zusatzwerte bei der Analyse der Stärken und Schwächen des Gegners.«), werde auch ich bei der Aufklärung der Fußballirrtümer sowohl auf qualitative als auch auf quantitative Erkenntnisse zurückgreifen, wobei der Schwerpunkt unzweifelhaft auf den harten Fakten liegt, und mich Ferrari-Teamdirektor Jean Todt anschließen, der da sagte: »Ich lasse mich an Fakten messen, auf Spekulationen lasse ich mich nicht ein.« Dennoch sollen über die Zahlen und Daten hinaus hier und da auch qualitative Ergebnisse in die Irrtumsauflösung mit einfließen. Wenn Ihnen im Folgenden nun beide Arten von Ergebnissen vorgestellt werden, dann sollten Sie unter allen Umständen vermeiden, dass es Ihnen ähnlich ergeht wie dem 21-jährigen Erik Jendrisek vom 1. FC

Kaiserslautern, der vor dem Spiel beim VfL Osnabrück während der Taktikbesprechung tatsächlich eingeschlafen ist. Da wäre es mir dann sogar noch lieber, wenn Sie, wie das Thorsten Legat bei einer Ansprache von Trainer Huub Stevens tatsächlich praktiziert hat, den Vortrag durch das Imitieren lauten Hundegebells stören würden.

Quantitative Informationen

- Mittels eines eigenen Beobachtungssystems wurden von mir während der zurückliegenden zwei Jahrzehnte im Rahmen verschiedener wissenschaftlicher Untersuchungen über 3000 Fußballspiele einer systematischen Analyse unterzogen (wobei jedoch nicht alle Partien nach dem gleichen Muster ausgewertet wurden; in einigen Begegnungen waren beispielsweise zahlreiche verschiedene Kriterien von Interesse, in anderen etwa nur Zweikämpfe, Torschüsse oder Flanken).
- Unter den beobachteten Spielen befanden sich lückenlos alle Länder-, WM-/EM-Endrunden- und Bundesliga-Heimspiele des FC Bayern München in den letzten beiden Jahrzehnten. (*Hinweis:* Aus Gründen der Aktualität konnten Analyseergebnisse zur EM 2008 in diesem Buch keine Berücksichtigung mehr finden. Deren Darstellung ist dann in einem zweiten Band des »Lexikons der Fußballirrtümer« vorgesehen.)
- Die ausgewerteten Partien erstrecken sich vom WM-Finale bis hin zum Spiel der F-Jugend der TSG Pasing aus München.
- Der überwiegende Großteil aller Spielanalysen hatte jedoch Begegnungen des höchsten Leistungsniveaus (Länder-, Europapokal-, Bundesliga- und DFB-Pokalspiele) zum Gegenstand.
- Eine vergleichsweise detaillierte Analyse wurde von mir zu folgenden Spielhandlungen durchgeführt:
  - 60 000 Ballkontakten,
  - 2400 Ballannahmen,
  - 14 700 Dribblings von weniger als 20 Metern,
  - 14 500 Pässen von weniger als 20 Metern,
  - 3700 Pässen von mehr als 20 Metern,
  - 2500 Flanken,
  - 30 000 Torschüssen,
  - 20 000 Toren,
  - 250 000 Zweikämpfen,
  - 2000 Elfmetern,
  - 1500 (als Torschuss ausgeführten) direkten Freistößen,
  - 1500 (als Torschuss ausgeführten) indirekten Freistößen,
  - 1000 Einwürfen,
  - 3000 Eckbällen.

Qualitative Informationen

- Teils langjährige eigene Erfahrungen zum Fußballsport in den Sektoren Sportwissenschaft (Promotion), Sportmanagement (Studium), Trainerwesen (A-Lizenz des DFB), Profi-, Amateur- und Jugendfußball (langjährige Trainertätigkeit im Amateur- und Jugendbereich; Kooperation mit zahlreichen Profivereinen aus dem In- und Ausland sowie der FIFA), Schiedsrichterwesen (eigene Schiedsrichterlizenz), Schulfußball (Lehrertätigkeit am Max-Planck-Gymnasium in München), Traineraus- und -fortbildung (Mitarbeit im Rahmen der Trainerfortbildung in Bayern) sowie Journalismus/Medien (Kooperation mit zahlreichen Fernsehsendern; aktuell Fachberater der Sportredaktion des ZDF).
- Über tausendseitige, im Czwalina-Verlag erschienene Dissertation mit dem Titel »Taktik und Analyse im Fußball«. (Uwe Scherr, Chefscout bei Schalke 04: »Mittlerweile ist kein Tag vergangen, an dem ich nicht eines Ihrer beiden Exemplare in der Hand hatte. Da ich als Scout sehr viel unterwegs bin, gehören Ihre zwei Bände immer zum Pflichtreisegepäck. Ich finde Ihre Bücher sehr interessant und spannend gleichermaßen.«)
- Lektüre von mehr als 1000 (teils fremdsprachigen) wissenschaftlichen Untersuchungen zum Fußballsport.
- Lektüre des überwiegenden Großteils aller deutschsprachigen Fußballfachbücher.
- Lektüre (fast) aller Fußballberichte in der *Süddeutschen Zeitung* in den zurückliegenden 20 Jahren.
- Lektüre (fast) aller Fußballberichte im *Kicker Sportmagazin* in den zurückliegenden ca. 20 Jahren.
- Lektüre (fast) aller Fußballberichte in der *Sport Bild* in den zurückliegenden ca. 15 Jahren.
- Zahlreiche Gespräche mit Professoren für (Sport-)Wissenschaft über das Thema Fußball.
- Zahlreiche Gespräche mit Trainern, Spielern, Managern und Vorständen aus der Fußballbundesliga.
- Besuch von mehr als 100 Trainerfortbildungsveranstaltungen.
- Über 100 Vorträge zum Thema Fußball.
- Über 100 Veröffentlichungen/Fachbeiträge zum Thema Fußballsport.

Die Spielphilosophie 0:0

»Ich weiß, dass ich nichts weiß.«

(Sokrates, griechischer Philosoph)

»Also, ich weiß wirklich alles über Fußball.«

(José Mourinho, seit der Saison 2008/09 Trainer von Inter Mailand)

»Das Wichtigste ist eine Philosophie«, lautet eine von Bundestrainer Joachim »Jogi« Löw stammende These, die sich in meinen Augen als großer Irrtum erweist, zumal ein Verein wie beispielsweise der FC St. Pauli eine noch so gute Philosophie haben mag, aber dennoch nicht dauerhaft vor dem FC Bayern München rangieren wird, womit dann nicht die Philosophie das Wichtigste wäre, sondern womöglich die Qualität des zur Verfügung stehenden Spielermaterials. Auch wenn eine Philosophie im Fußball also nicht das Wichtigste ist, so empfinde ich eine solche zumindest als Basis für die folgenden Ausführungen in diesem Buch als durchaus bedeutsam. Im Spiegel dieser Aussage möchte ich Ihnen in diesem Abschnitt meine eigene Philosophie vom Fußball vorstellen, um dann von dieser Grundlage aus in den sich anschließenden Kapiteln »Die 1. Spielhälfte«, »Die 2. Spielhälfte« »Die Verlängerung« und »Das Elfmeterschießen« mit einzelnen Mythen, Vorurteilen und Irrtümern bezüglich des Fußballsports aufzuräumen. Die eigene Fußballphilosophie versteht sich dabei als eine Art »Fußballirrtumstheorie« und soll Sie – sozusagen als konzeptionelle Grundlage – zum besseren Verständnis der im Folgenden dargestellten und diskutierten Fußballweisheiten (wie beispielsweise »es müsste mehr aus der zweiten Reihe geschossen werden«; »faires Spiel führt zum Erfolg«; »die Mannschaft muss das Mittelfeld schnell überqueren«) befähigen.

Irrtum: Fußball ist einfach!

So lautet eine zwar immer wiederkehrende, jedoch gänzlich falsche Aussage. Rekordnationalspieler Lothar Matthäus (»Fußball ist nämlich ein einfaches Spiel«) benutzt sie ebenso wie Bundesliga- und Nationaltrainer Winfried »Winni« Schäfer (»Ich bin froh, wie einfach der Fußball ist«) oder Bundesligamanager Andreas Müller (»Fußball ist ein einfaches Spiel, doch wir haben es kompliziert gemacht«). Tatsächlich ist im Fußball jedoch ausschließlich die Spielidee einfach, die da lautet: selbst Tore erzielen und Gegentreffer vermeiden (Josef »Sepp« Herberger: »Dabei ist der Spielgedanke so einfach, wenn man will, sogar primitiv und simpel: Tore schießen und Tore verhindern«). Hiervon abgesehen, handelt es sich bei einem Fußballspiel jedoch um ein überaus diffiziles Geschehen (Felix Magath: »Das Spiel ist aber so kompliziert – auch das will keiner glauben, es heißt immer, Fußball sei ein einfaches Spiel. Nein: Es ist das komplizierteste Spiel!«), und die Aussage wird schon allein dadurch widerlegt, dass während einer neunzigminütigen Bundesligabegegnung 22 Spieler zusammen zwar mehr als 200 Kilometer kreuz und quer über den Platz laufen, wobei sie den Ball mehr als tausendmal berühren, dieser am Ende von jeder Mannschaft durchschnittlich jedoch nur etwa einmal ins gegnerische Tor befördert wird (wobei es beispielsweise in der gesamten Bundesligageschichte noch nie einem Team gelungen ist, im Saisondurchschnitt mehr als ganze zwei Tore pro Begegnung zu erzielen; Bayern München mit den 40 Treffern von Gerd Müller ist dem mit 101 Toren in den 34 Partien der Spielzeit 1971/72 noch am nächsten gekommen). Das Spiel ist sogar derart kompliziert, dass auch heute, also etwa 150 Jahre nachdem der moderne Fußball ins Leben gerufen wurde, niemandem auf der Welt abgesichertes Wissen dazu vorliegt, wie man Tore am besten erzielt (Sportwissenschaftler Dieter Bremer: »Über erfolgreiches Abschließen kann so gut wie nichts gesagt werden«). So hat beispielsweise kein einziger Bundesligatrainer auch nur im Entferntesten eine Vorstellung davon, wie sich dauerhaft pro Spiel auch nur ein einziges Tor mehr erzielen ließe, sodass nach Abschluss der 34 Saisonspiele nicht durchschnittlich 50, sondern 84 Tore auf dem Konto seiner Mannschaft stehen würden.

»Manche von den Jungs haben eine Berufsauffassung wie die

Nutten von Sankt Pauli. Die rauchen, saufen und huren rum, gehen morgens um sechs Uhr ins Bett und haben am nächsten Tag ein Spiel«: Wer dem Fußball zumindest etwas verantwortungsbewusster gegenübersteht als dieser oder jener hier von Ex-Cottbus-Trainer Eduard Geyer kritisierte Bundesligaspieler, der wird vor dem Hintergrund der vorstehend skizzierten Zusammenhänge immer ein entsprechendes Maß an Zurückhaltung walten lassen, wenn es darum geht, die Zusammenhänge im Fußball zu deuten, zu erklären oder zu interpretieren – und sich gleichzeitig niemals zu der unsinnigen Aussage »Fußball ist einfach« versteigen.

Irrtum: Das Zustandekommen von Leistung und Erfolg im Fußball ist einfach zu erklären

Wenn Sie in meiner Dissertation »Taktik und Analyse im Fußball« auf der Seite 11 nachlesen, dann finden Sie dort folgende zentrale Feststellung: »Leistung im Sportspiel wird durch ihre Relativität, Komplexität, Multistruktur und Mehrdimensionalität ebenso gekennzeichnet wie anhand der bei ihrer Generierung wirksam werdenden Imponderabilien, welche jedes Sportspiel zu einem einmaligen, niemals reproduzierbaren Geschehnis werden lassen.« Bitte schmeißen Sie, nachdem Sie diesen Satz gelesen haben, nun das Buch nicht gleich in die Ecke und denken: »Diesen wissenschaftlichen Quark soll nun einer kapieren!« Denn es handelt sich meiner Auffassung nach hierbei um einen der ganz zentralen Sätze zum Fußballsport, dessen Verständnis Sie einerseits diese Sportart mit vollkommen anderen Augen betrachten lässt und Sie zudem davor bewahrt, zukünftig Fußballirrtümern aufzusitzen.

Und andererseits ist dieser Satz so kompliziert nun auch wieder nicht. Was er zum Ausdruck bringen will, ist, dass Leistung im Fußball nicht nur von einem (»Zweikampfgewinn ist entscheidend«), sondern von hunderten, ja womöglich tausenden verschiedenen Faktoren (wie viele es letztendlich insgesamt sind, wissen wir noch längst nicht) abhängt (Komplexität), wobei die einzelnen leistungsbestimmenden Komponenten nicht unverbunden nebeneinanderstehen, sondern sich in einem sehr engen Abhängigkeitsverhältnis voneinander befinden (Dettmar Cramer: »Alles hängt irgendwie zusammen. Sie können sich am Hintern ein Haar ausreißen, dann tränt das Auge.«), woraus sich unzählige Wechselwirkungen und Kompensationsmöglichkeiten (Berti Vogts: »Ich kann den Ball keine drei Mal hochhalten – aber ich bin Weltmeister«) ergeben können (Multistruktur), die von verschiedenen Dimensionen wie beispielsweise Offensive oder Defensive beziehungsweise Individual-, Gruppen- und Mannschaftstaktik geprägt werden (Mehrdimensionalität) und immer auch einen relativen Charakter tragen, das heißt beispielsweise von den Wettkampfbedingungen oder dem Verhalten des Gegners abhängen (wenn Ersatztorhüter Matthias Schober in der letzten Minute der Saison 2000/01 beim Spiel des Hamburger SV gegen Bayern München einen Rückpass nicht mit der Hand aufnimmt, sondern den Ball mit dem Fuß wegschlägt, dann kommt es nicht zum Freistoßtor von Patrick Andersson zum 1:1, und dann wäre nicht Bayern, sondern Schalke 04 Meister gewesen), womit deutlich wird, dass sich die sportliche Leistung nicht ausschließlich aus der Leistungsstärke einer Mannschaft, sondern vielmehr aus den Wechselwirkungen der Fähigkeiten beider Teams ergibt (Relativität). Schließlich wird auch noch ausgesagt, dass Unwägbarkeiten, zum Beispiel in Form von Glück und Zufall, im Fußballsport eine nicht zu unterschätzende Rolle spielen (Sportwissenschaftler Dieter Bremer: »Wie der Spieler den Torschuss ausführt, wann er ihn ausführt und wohin er schießt, dies kann in allgemeiner Form für das Fußballspiel nicht beschrieben werden, da ein Tor im Fußball in der Regel mehr oder weniger ein Zufallsereignis ist«) und es sich bei jedem Fußballspiel um ein einmaliges Ereignis handelt (Günter Netzer: »Das machte für mich die Faszination des Fußballspiels aus. Nie wird etwas in diesem Spiel eine Kopie von dem sein, was gerade geschehen ist. Jede Sekunde ist einmalig«).

Wie unschwer zu erkennen ist, handelt es sich beim Fußball um ein überaus komplexes Gebilde (Fußballweltenbummler Bora Milutinović: »Fußball ist ein kompliziertes Mosaik«), das Aussagen wie beispielsweise die nachfolgende von Bundestrainer »Jogi« Löw im Grunde genommen verbietet: »Es klingt vielleicht anmaßend, aber manchmal sehe ich in der Bundesliga schon beim ersten Pass eines Innenverteidigers, dass das ganze Spiel einer Mannschaft krankt. Wenn der erste Pass falsch ist, ist das Aufbauspiel tot.« Solche Sätze sind nicht nur anmaßend, sondern, mit Verlaub gesagt (Löw: »Man braucht auch jemanden, der kritisiert, einem den Spiegel vorhält. Man darf sich nicht nur mit Jasagern umgeben.«), sogar absolut unverständlich, weil angesichts der oben beschriebenen Vielschichtigkeit des Fußballspiels niemand auf der Welt dazu in der Lage ist, vom ersten Pass eines Innenverteidigers auf den »Gesundheitszustand« einer Mannschaft zu schließen – noch nicht einmal der Bundestrainer! Nobelpreisträger Professor Daniel Kahneman würde bezüglich einer solchen Behauptung wohl anmerken: »Das ist eine der interessantesten Fragen überhaupt – warum Menschen nicht lernen, was sie nicht wissen. ... Wir Menschen sind dafür geschaffen, Muster zu sehen. Deshalb sieht der Zufall für uns nach Ordnung aus. Wenn Sie mit der Annahme starten, dass die Welt verstehbar ist, dann können Sie sich davon nicht mehr lösen. Sie können nicht zugeben, dass gewisse Dinge grundsätzlich nicht durchschaubar sind.« Somit ist dann auch vollkommen unklar, ob dem ersten Pass des Innenverteidigers für das Aufbauspiel seiner Mannschaft eine deutlich größere Bedeutung zukommt als etwa der Farbe des Stofflappens am oberen Ende der Eckfahne für den Ausgang des Spiels.

Wenn also mal wieder jemand meint, Ihnen näherbringen zu müssen, wie der Fußball funktioniert, dann wissen Sie jetzt: Fußball ist schlichtweg zu komplex, zu vielschichtig, als dass er von irgendwem schlüssig erklärt werden könnte! All diejenigen, die das trotzdem versuchen und ihre unbewiesenen Thesen dann noch mit den immer wiederkehrenden Floskeln, wie »das weiß man halt«, »das war schon immer so« (Uli Hoeneß: »Bald ist November, da müssen doch irgendwann mal fünf, sechs, sieben Spieler wissen, ob sie bei der WM einen Stammplatz haben. ... So war es immer die letzten 30 Jahre vor einer WM.«), »das sehe ich doch« oder »das kann Ihnen jedes Kind sagen«, »garnieren«, laufen mit ihren Aussagen allergrößte Gefahr, schlichtweg zu irren.

Dennoch neigt fast die gesamte Fußballbrache zur Wissensillusion, das heißt, die am Fußball Beteiligten bilden sich ein, auf der Basis ihrer subjektiven Kenntnisse die hier bestehenden, überaus komplizierten Zusammenhänge verstehen und erklären zu können (Wolfgang Frank: »Ich denke, im Fußball ist sehr vieles erklärbar«), wobei es sich jedoch um nichts anderes als um die reinste Wunschvorstellung handelt, wie anhand der Aussage von Josef »Jupp« Heynckes nach dem Spiel seiner Gladbacher am zweiten Spieltag der Saison 2006/07 gegen Energie Cottbus verdeutlicht werden soll: »Wir haben Tempowechsel im Mittelfeld versäumt, die Tiefe des Spiels nicht gesucht, das Spiel nicht kontrolliert, die Lücken nicht genutzt; wir sind zu wenig über die Außen gekommen, waren nicht klar in der Spielweise, die Stürmer hätten sich öfter mal fallen lassen sollen, um im Mittelfeld Doppelpässe zu spielen.« Tatsache ist: Angesichts der enormen Komplexität des Fußballs liegt bis heute so gut wie keiner einzigen dieser nach dem »Gießkannenprinzip« vorgenommenen Teilaussagen ein abgesichertes Wissen zugrunde (zum Spiel über die Außen beziehungsweise durch die Mitte existieren aus meinen eigenen Untersuchungen inzwischen Ergebnisse, welche Ihnen auf Seite 90 präsentiert werden), weswegen nicht auszuschließen ist, dass Jupp Heynckes mit seinen Erklärungsversuchen ebenso falschliegt wie all jene, die nicht glauben wollen, dass bei einer Leibesvisitation der Besucher des Endspiels um die Weltmeisterschaft 1930 in Uruguay nicht weniger als 1600 Revolver eingesammelt wurden.

Wenn Sie sich folgende außergewöhnlichen Fußballereignisse nochmals vor Augen führen, erkennen Sie sehr schnell: Es ist ein großer Trugschluss zu glauben, im Fußball sei alles erklärbar. Wer vermag schon schlüssig zu erläutern, warum Kaiserslautern in der Bundesligasaison 1997/98 als Aufsteiger (!) Meister werden konnte; warum ausgerechnet »Nachrücker« Dänemark 1992 beziehungsweise »Underdog« Griechenland 2004 Europameister wurden; warum der große Außenseiter VfB Stuttgart 2006 die Meisterschaft gewann; warum sich der AC Mailand im Champions-League-Finale gegen den FC Liverpool nach einer 3:0-Halbzeitführung innerhalb von etwa 15 Minuten nach der Pause gleich drei Gegentore »einfing« oder warum Bayern München 1999 im Finale gegen Manchester United in der Nachspielzeit innerhalb von 133 Sekunden noch zwei Gegentore kassierte? (Sir Alex Ferguson: »Football. Bloody hell!«) Der damalige Bayern-Trainer Ottmar Hitzfeld etwa?, von dem über die Mannschaftssitzung nach dem Finale von Barcelona folgende Aussage stammt: »Ich bin Trainer und muss immer eine Erklärung haben, das wird von mir erwartet, ich konnte nicht sagen: ›Jungs, das war Schicksal.‹ … Natürlich wusste ich: Das war eine höhere Macht.« Nur: Ist nicht grundsätzlich der Preis für ein solches Verhalten – etwa Verlust der Glaubwürdigkeit, Beitrag zu einem vollkommen falschen Bild vom Fußball – viel zu hoch? Was wäre so schlimm, sich stets hinzustellen und zu sagen: Tut mir leid, der Fußball ist zu komplex, das weiß ich nicht, das kann ich nicht erklären!

Irrtum: Die Methoden der Praktiker reichen aus, um die komplexen Zusammenhänge im Fußballsport exakt zu analysieren

»Ich sehe alles selbst. Was will ich denn mit diesem wissenschaftlichen Mist?«, lautete die wenig freundliche Antwort eines Bundesligatrainers, als ich diesen mit leistungsdiagnostischen Erkenntnissen aus einer systematischen Spielbeobachtung seiner Mannschaft konfrontierte. Rein oberflächlich betrachtet hatte er sogar recht, denn er sieht ja tatsächlich alles selbst (Giovanni Trapattoni: »Ein Trainer ist nicht ein Idiot! Ein Trainer sehen, was passieren in Platz!«). Bei einer differenzierteren Betrachtung fällt jedoch auf, dass er zwar alles sehen (Hune Fazlic, Chefscout von Werder Bremen: »Ich brauche keinen Computer, ich verlasse mich auf meine Augen«), sich aber lediglich an das Wenigste, was in einem Fußballspiel abläuft, auch erinnern kann. Womit wir schon beim Kernproblem angelangt wären: Aufgrund der nur begrenzten Speicherkapazitäten reicht das menschliche Erinnerungsvermögen nicht aus, um die zahlreichen Ereignisse und komplexen Zusammenhänge eines Fußballspiels vollständig und zweifelsfrei zu memorieren. Damit ist die qualitative Beobachtung in Form einer subjektiven Eindrucksanalyse zur vollständigen und unwiderlegbaren Erfassung und Speicherung der Vorgänge eines Fußballspiels in etwa ähnlich prädestiniert wie ein Einrad zum Erklimmen eines tief vereisten Wasserfalls.

Insofern ist das menschliche Beobachtungs- und Erinnerungsvermögen schon weitgehend ungeeignet, wenn es auch nur darum geht, die Geschehnisse eines einzigen Spiels zu erfassen, um beispielsweise die Ursachen von Stärken und Schwächen jedes Spielers zweifelsfrei zu lokalisieren beziehungsweise Leistungsveränderungen von Mannschaften differenziert aufzudecken. So konnte etwa in einer kanadischen Untersuchung nachgewiesen werden, dass Trainer bereits fünf Minuten nach Spielende nicht einmal mehr in der Lage waren, die Eckenschützen richtig zu benennen. Hinzu kommt, dass die menschliche Wahrnehmung keine fotografischen Fähigkeiten hat, es also zu einer unverzerrten Abbildung der Wirklichkeit kommt (schon Platon konstatierte, Wahrnehmung würde nicht Wissen erzeugen, dafür aber täuschende Meinungen), sondern dass die bei der Beobachtung eines Vorgangs beziehungsweise Gegenstands entstehenden visuellen Eindrücke, wie Christoph Rott darlegte, »maßgeblich von früherer Erfahrung, vom Wissen und den Erwartungen, was man zu ›sehen‹ bekommt, abhängen« (Dr. van Tharp, Top-Psychiater der Wall Street: »Woran ich glaube, ist ein Filter, mit dem ich meine Welt beobachte«; Psychologin Julia Gross: »Sie glauben also alles, was Sie sehen. Das ist ein großer Fehler. Denn unser Gehirn macht uns einiges vor«). Kein Wunder also, wenn der englische Sportwissenschaftler Ken Bray sagt: »Das Gedächtnis ist viel zu selektiv, als dass ein Beobachter die entscheidenden Leistungsindikatoren für einen bestimmten Spieler ohne Erinnerungshilfe erkennen könnte«, und hinsichtlich der Leistungsbewertung anfügt: »Auf das eigene Gedächtnis sollten die Verantwortlichen sich hier besser nicht verlassen.«

Gänzlich überfordert sind die kognitiven Kapazitäten des menschlichen Gehirns gar, wenn es darum geht, die leistungs- beziehungsweise erfolgrelevanten Faktoren im Fußball zu bestimmen, wofür die Analyse zahlreicher Spiele vonnöten ist. Welcher Mensch will schon dazu in der Lage sein, mehrere tausend Angriffe oder tausende Zweikämpfe im Gedächtnis zu behalten, um beispielsweise eine verlässliche Aussage bezüglich der Fragestellungen, ob etwa Flügelspiel erfolgreicher ist als solches durch die Mitte oder ob eine Überlegenheit in den Zweikämpfen zumeist zum Erfolg führt, treffen zu können? Damit sollte auch dem Allerletzten deutlich geworden sein: Bei all den Aussagen der Vertreter der Fußballpraxis (so etwa Christoph Daum: »Das Flügelspiel gewinnt eine immer größere Bedeutung bei der Verstärkung des Angriffs«) kann es sich keinesfalls um abgesichertes Wissen auf der Basis eigener Beobachtungen handeln (hierzu reicht das menschliche Erinnerungsvermögen schlichtweg nicht aus!), sondern ausschließlich um reine Spekulation! Dass hierbei häufig die tollsten Irrtümer auftreten, wird in diesem Buch – auf der Grundlage umfangreicher Datenbanken, die nötig sind, um entsprechend großes Zahlenmaterial systematisch erfassen, speichern, auswerten und somit verlässliche Resultate liefern zu können – anhand unzähliger Beispiele nachgewiesen.

Irrtum: Die Vertreter der Fußballpraxis wissen, wie der Fußball funktioniert

»Ich weiß wirklich alles über Fußball«, tönte José Mourinho (der erste Trainer, der mit seiner Mannschaft hintereinander den UEFA-Pokal und die Champions League gewann) nach seinem Wechsel vom FC Porto zum FC Chelsea London. Nun, höchstwahrscheinlich dürfte sein angeblich so lückenloses Wissen allein schon an der Frage scheitern, welche gruppentaktische Offensivhandlung unter Beteiligung von drei Spielern bei einem Zweitorerückstand am besten dazu geeignet ist, die im Zeitraum nach der Pause mit einer Vierer-Abwehrkette sowie in personeller Unterzahl agierende gegnerische Defensive bei regennassem Boden zu überwinden – wobei ihm bei deren Beantwortung noch nicht einmal ein Telefonjoker mit den Herren Wenger, Benítez und Ferguson am anderen Ende der Leitung weiterhelfen wird. Fakt ist jedoch, dass sämtliche vom – gerne auch als »Taktik-Guru« titulierten – Portugiesen angewandten Maßnahmen der Trainingssteuerung und Wettkampflenkung die von ihm betreute, wohl teuerste Fußballmannschaft der Welt in der Premier-League-Saison 2006/07 lediglich dazu in die Lage versetzte, 64 (!) von etwa 3800 Angriffen mit einem Torerfolg abzuschließen, womit nicht mehr als nur 1,68 Prozent (!) aller Vorstöße (in Worten: eins Komma achtundsechzig) mit einem Treffer endeten. Allein diese Zahl (die in etwa dieser Größenordnung übrigens auch für alle Spitzenmannschaften der Fußballbundesliga gilt) gibt zu erkennen, dass es sich um einen gravierenden Irrtum handelt, wenn ein Herr Mourinho oder auch sonst jemand meint zu wissen, wie der Fußball funktioniert. Tatsache ist vielmehr, dass bis zum heutigen Tage hierzu keinerlei abgesicherte Erkenntnisse vorhanden sind.

Dennoch glauben Vertreter der Fußballpraxis, der Fußballöffentlichkeit ständig den Eindruck vermitteln zu müssen, alles über den Fußball zu wissen, wie die nachfolgende Aussage von »Fußballprofessor« Ralf Rangnick in einem Fachartikel zum Thema »Ballorientiertes Abwehrverhalten« wunderschön zu illustrieren vermag: »Wir müssen mehr über außen spielen…, …wir müssen schauen, dass wir vielleicht auch mehr aus der Distanz schießen…, wir wollen versuchen den Gegner durch Doppelpasssituationen auszuspielen.… Das sind alles Dinge, die sicherlich wichtig sind und die auch immer wieder trainiert werden sollten.« In diesen Aussagen kommt das ganze Dilemma, in dem sich der Fußballsport aktuell befindet, wunderschön zum Ausdruck. Vertreter der Praxis behaupten einerseits irgendwelche Dinge, von denen sie keinerlei sichere Kenntnis haben, erzeugen dabei gegenüber der Öffentlichkeit (die größtenteils gar nicht merkt, dass sie hinters Licht geführt wird) den Eindruck, ganz viel über den Fußball zu wissen und ganz viel Weisheit hinsichtlich dieser Sportart gepachtet zu haben, gehen andererseits aber das Risiko ein, mit ihren Aussagen den gravierendsten Irrtümern aufzusitzen und nun durch die Wissenschaft ob ihres Nichtwissens und der Weitergabe unzutreffender Informationen der – ich will nicht von »Scharlatanerie« sprechen, aber zumindest von (leichtfertiger) Verbreitung von »Halb-« beziehungsweise »Unwahrheiten« – überführt zu werden. Denn wie die Ausführungen auf den folgenden Seiten zeigen werden, ist die Forderung nach einem verstärkten Spiel über die Außen unbegründet und jene nach mehr Schüssen aus der Distanz und dem Einsatz des Doppelpassspiels zumindest als äußerst fragwürdig anzusehen.

Inzwischen geht es mir mit derart aus der Luft gegriffenen, unbegründeten Aussagen von Fußballpraktikern fast schon so ähnlich wie dem Finanzexperten Thomas Gründer mit dem (Nicht-)Wissen zahlreicher seiner Kunden hinsichtlich der Geldanlage: »Eine nüchterne Einschätzung der eigenen Kenntnisse findet nur selten statt. Vielmehr ist eine hohe Korrelation zwischen Wissenslücken und Selbstüberschätzung zu beobachten.… Immer wieder erleben meine Mitarbeiter und ich in täglichen Gesprächen, dass von vielen Anlegern die eigenen Kenntnisse und Fähigkeiten extrem überschätzt werden. Diese unbewusste und verzerrte Selbstwahrnehmung führt im wörtlichen Sinne zu ›Bewusstlosigkeit‹. Das ist gefährlich!« Als ähnlich »gefährlich« ist auch anzusehen, wenn Oliver Kahn über Ottmar Hitzfeld sagt: »Er versteht vom Fußball einfach alles«, oder

Klaus Toppmöller bezüglich seiner eigenen Fußballkenntnisse behauptet: »Ich weiß alles!«, wo doch schon Sokrates wusste: »Ich weiß, dass ich nichts weiß.«

Irrtum: Ablauf und Ausgang von Fußballspielen lassen sich unschwer vorhersagen

»Wenn die Spiele schwierig wurden, fand sich keiner, der Lösungen bereit hatte. Zum Beispiel bei der U 17-Europameisterschaft: Die deutsche Mannschaft war klar die beste Mannschaft des Turniers. Dann ging's gegen Russland, die haben ein 9:1-System gespielt, kamen einmal vor unser Tor – und haben gewonnen. Man konnte nach fünf Minuten erkennen, dass es so läuft.« Wenn DFB-Sportdirektor Matthias Sammer (Nürnbergs Ex-Trainer Hans Meyer: »Der Matthias ist noch ein junger Mann. Er wird auch noch aufhören, euch alles zu erklären.«) meint, bereits nach fünf Spielminuten zu wissen, zu welchem Erfolg die Angriffsbemühungen einer Mannschaft 85 Minuten später führen, dann sei als Antwort auf einen derartigen Prognoseversuch am besten Nobelpreisträger Professor Daniel Kahneman zitiert: »Wir lernen nicht, dass es unmöglich ist, Dinge vorherzusehen.« Auch der englische Sportwissenschaftler Bray steht dem Thema Prognosen überaus skeptisch gegenüber, wenn er schreibt: »Vorhersagen sind eine riskante Sache, denn man kann ganz leicht komplett falschliegen. Ganz besonders gilt das beim Thema Fußball.« Sehr gut vorstellbar ist, dass Ereignisse im Fußballsport ähnlich unmöglich voraussagbar sind wie die Entwicklungen an den Finanzmärkten. So kam Professor Terrance Odean, der in Berkeley Bankenwesen und Finanzen lehrt, nach der Auswertung von 360 000 Analystenempfehlungen aus den Jahren von 1986 bis 1996 zu dem Ergebnis, dass Ratschläge der Fachleute keine besseren Resultate mit sich gebracht hätten, als wenn Affen die Kursseite des *Wall Street Journal* mit Dartpfeilen gespickt hätten, um mit dieser Methode Aktien auszuwählen (was Sie durchaus im Hinterkopf haben sollten, wenn Ihnen Ihr Finanzberater dereinst die Aktie von Borussia Dortmund als »todsichere Kaufoption« feilbietet). Sollten Sie also mal wieder Aussagen mit Prognosecharakter wie jene des Stuttgarter Trainers Armin Veh (»Ich will mich jetzt ja nicht selber loben … also, ich glaube, dass ich das Talent habe, relativ schnell sagen zu können, welcher Spieler den Sprung schaffen kann. Da täusche ich mich wirklich ganz selten.«) oder von Hans Meyer (»Und nach sieben Spieltagen kann man etwa sagen, ob's eine gelungene Saison wird«) hören, denken Sie am besten an nachfolgende Feststellung von Professor Martin Weber: »In die Zukunft schauen kann man nur mit der Kristallkugel – wie Frau Schlotterbeck, die staatlich geprüfte Hellseherin in Otfried Preußlers ›Räuber Hotzenplotz‹.« Oder Sie vertrauen einfach der Aussage von FIFA-Präsident Joseph »Sepp« Blatter, der da so zutreffend formulierte: »Das Wesentliche des Fußballs ist die Unvorhersehbarkeit des Spielausgangs.«

P.S.: Wenn Sie Giovanni Trapattonis »Retroprognose«: »Mit mir wäre der VfB sicher Vierter oder Fünfter geworden, ohne mich wurden sie Neunter«, hören, dann sollten Sie den Kopf schütteln und am besten an die Aussage von Vermögensverwalter Thomas Grüner denken: »Die Zeiten sind rückblickend immer einfach. Das verhält sich ähnlich mit der Frage nach den Lottozahlen vom vergangenen Wochenende.«

Irrtum: Glück und Zufall spielen im Fußball keine sehr große Rolle

»So ist es auch kein Zufall, dass mit Italien und Frankreich zwei Mannschaften das Finale erreicht haben, in denen vor allem überragende Defensivspieler stehen.« Wie Sportjournalist Christoph Biermann glauben auch zahlreiche Trainer, Spieler und Manager nicht daran, dass der Ausgang eines Fußballspiels beziehungsweise einer Meisterschaft/eines Turniers in nicht unerheblichem Maße von Glück und Zufall bestimmt wird – und irren dabei gewaltig! (Selbst Weltmeister Luca Toni hat nach der WM 2006 zugegeben: »Bei einem langen Turnier ist letztlich aber auch immer der Glücksfaktor entscheidend!«)

Schon 1773 schrieb Friedrich der Große in einem Brief an Voltaire: »Seine heilige Majestät der Zufall besorgt gut drei Viertel dieses miserablen Universums.« Nun: Im Fußball basieren zwar nicht 75, aber immerhin fast 50 Prozent (!) aller Tore auf zufälligen Einflüssen (der Ball prallt vom Innenpfosten über die Linie, der Torhüter leitet den Treffer durch einen schweren Fehler ein, der Ball springt vom Knie des Abwehrspielers unglücklich ins Netz, der Schuss wird von der Freistoßmauer unhaltbar abgefälscht, der Ball verspringt auf einer Bodenunebenheit, dem Schiedsrichter unterläuft eine Fehlentscheidung), wie meine langjährigen Untersuchungen zu diesem Thema ergeben haben.

Wenn Sie nur einmal beachten, wie häufig in einem Fußballspiel der Ball abgefälscht wird, von einem Spieler abprallt, ziellos weggeschlagen wird unkalkulierbar verspringt, per Kopf zufällig weiterverlängert wird oder aus einem Zweikampf heraus per Zufall bei einer der beiden Mannschaften landet, dann werden Sie unschwer erkennen, welch große Rolle der Zufall im Fußball spielt (noch nicht einmal ein Zinédine Zidane ist dazu in der Lage, den Elfmeter zum 1:0 im WM-Finale von 2006 so genau an die Unterkante der Latte zu schießen, dass der Ball von dort gerade einmal ein paar Zentimeter hinter die Linie springt) und dass somit der Ausgang eines Fußballspiels zwischen zwei Mannschaften zumindest annähernd der gleichen Leistungsstärke kaum kalkulierbar ist.

Wenn der Erfolg in einem aus unzähligen Zufällen bestehenden Fußballspiel aber von derart vielen Unwägbarkeiten abhängt (Dettmar Cramer: »Der Zufall dirigiert das Spiel«), dann stellt sich gleichzeitig die Frage, ob all die zahllosen, vonseiten der Praktiker als Ursache für Sieg und Niederlage aufgeführten Faktoren (»wir haben das Mittelfeld nicht schnell genug überbrückt«, »wir hätten mehr über die Außen spielen müssen«, »wir haben zu wenig aus der zweiten Reihe geschossen«, »wir sind in der Offensive zu selten in die Zweikämpfe gekommen«) zutreffend sind, das heißt überhaupt in irgendeinem Zusammenhang mit dem Erfolg stehen. Oder ob angesichts der unzähligen Imponderabilien die Erklärbarkeit des Fußballs nicht wesentlich stärker eingeschränkt ist, als die allermeisten Manager, Trainer Spieler oder Experten dies wahrhaben wollen. Denn prallt der Ball beispielsweise im Mittelfeld auch nur einmal per Zufall zum »falschen« Spieler, so ergibt sich vielleicht ein vollkommen veränderter Spielausgang – womit im Fußballsport, gerade auf allerhöchstem Niveau, möglicherweise nur Nuancen über Erfolg und Misserfolg entscheiden (so endeten von den 64 Spielen der WM 2002 44 unentschieden oder mit höchstens einem Tor Differenz), was auch durch nachstehende Zitate verdeutlicht werden soll:

- Dietmar Hamann: »Und es kommt auf diesem Niveau das Glück dazu: Ein Einwurf oder ein Eckball kann alles verändern.«
- Pawel Janas (Polens Nationaltrainer bei der WM 2006): »Bei der WM hingegen kann zwischen dem Vergeben einer Torchance Himmel und Hölle liegen.«
- Luca Toni: »Und irgendwann kommt auch simples Glück dazu. Ein paar Zentimeter entscheiden, ob der Ball drin ist oder vorbeigeht. So einfach ist das manchmal.«
- Frank Rijkaard: »Die Champions League ist bei dieser Konkurrenz schon eine andere Kragenweite. Da gibt's nur noch Top-Spiele, jedes ist eines Finales würdig. Das gleicht einer Lotterie, ein Pfostenschuss kann über Weiterkommen und Aus entscheiden.«

Auf der anderen Seite ist nicht zu übersehen: Aus dem Zufallscharakter bezieht der Fußball seine Spannung, seine manchmal kaum noch zu steigernde Dramatik und damit letztendlich seine Faszination (Sepp Herberger: »Die Leute gehen zum Fußball, weil se net wisse, wie's ausgeht«), was auch Metin Tolan, Physikprofessor an der Universität Dortmund, wie folgt zum Ausdruck bringt: »Durch die hohe Zufallskomponente bleibt der Fußball immer interessant.... Dass eine Mannschaft wie Bochum in einer Saison im UEFA-Cup spielt und in der folgenden Saison absteigt, ist völlig normal. Und ab und zu können dann dank König Zufall selbst Vereine Deutscher Meister werden, die nicht zu den leistungsstärksten der Liga zählen.« Dass diese Klubs von ihrem Glück dann teilweise selbst vollkommen überrascht sind, zeigt folgender Ausspruch von Armin Veh nur etwa zwei Monate vor dem Gewinn der Meisterschaft im Jahr 2007 durch den VfB Stuttgart: »Wir sind nicht so gut besetzt, dass wir oben mitspielen können.«

Irrtum: Der Erfolg im Fußball ist planbar

»Klinsmann beweist: Erfolg ist planbar«: So wie die große Überschrift in der WM-Beilage der *Welt am Sonntag* am 2. Juli 2006 lautete, so ist im Fußball immer wieder davon die Rede, dass der Erfolg planbar sei – was natürlich nichts anderes als den reinsten Irrglauben darstellt! Einmal abgesehen davon, dass Leistung und Erfolg im Sportspiel, wie gerade gezeigt, zu nicht unerheblichen Teilen von Glück und Zufall determiniert sind (Ottmar Hitzfeld: »Titel kann man nicht programmieren, man braucht auch Glück«), ist die Relativität ein wesentliches Kennzeichen des Sportspiels. Das bedeutet, Leistung und Erfolg hängen stets auch immer vom jeweiligen Gegner ab, was sogar schon Jean-Paul Sartre wusste: »Bei einem Fußballspiel verkompliziert sich alles durch die Anwesenheit der gegnerischen Mannschaft.« Da sich deren Leistung jedoch als weitgehend unkalkulierbar erweist, ist der Erfolg auch nur sehr schwer planbar.

Denken Sie nur einmal über die Richtigkeit etwa folgender Aussage von DFB-Sportdirektor Matthias Sammer nach: »Man hat erkannt, dass der Erfolg planbar ist, wenn auch nicht bis ins Allerletzte. Ob der Ball am Innenpfosten rein- oder rausgeht, ist Schicksal, aber klar ist: Durch akribische Arbeit wird der einzelne Spieler besser und damit das Team.« Was aber, wenn die anderen Mannschaften auch alle akribisch arbeiten oder sich womöglich noch besser vorbereiten – was ist dann mit der Planbarkeit des Erfolgs? Nehmen wir nur einmal die Endrunde um die Fußballeuropameisterschaft. Alle 16 hierfür qualifizierten Teams weisen (zumindest annähernd) die gleiche Leistungsstärke auf (selbst Griechenland kann Europameister werden), weswegen (fast) alle Verbände wohl auch planen, den Titel zu gewinnen – was letztendlich aber nur einer Mannschaft gelingen kann, womit die Pläne der anderen 15 Teilnehmer jäh gescheitert wären. Und da stelle sich noch jemand hin und sage, Erfolg sei planbar! »›Nichts ist planbar, nichts kontrollierbar‹, wie es Paulo Coelho so schön zu mir gesagt hatte, als ich ihn zuletzt treffen durfte in Paris« – irgendwie würde man sich wünschen, dass, ähnlich Oliver Kahn, noch wesentlich mehr Vertreter aus dem Fußballsport die Gelegenheit hätten, von den großen Zeitgenossen der Gegenwart Aufklärung hinsichtlich des Themas »Zufall« zu erfahren.

Irrtum: Der (Sport-)Wissenschaft liegen zahlreiche abgesicherte Erkenntnisse vor, die der Sportpraxis deutlich größere Erfolge versprechen

»Alles, was von der Uni kommt, ist doch sowieso Mist«: Längst nicht alle Vertreter der Fußballpraxis stehen wissenschaftlichen Erkenntnissen derart ablehnend gegenüber wie ein (namentlich nicht genannter) Bundesligatrainer, der den Fußball vorzugsweise aus seinem eigenen Blickwinkel und seinem über viele Jahre gesammelten Erfahrungsschatz heraus betrachtet. Dennoch gehen in der Praxis die Meinungen hinsichtlich des von der (Sport-)Wissenschaft für den Fußball zu erwartenden Nutzens ziemlich weit auseinander. Hans Meyer etwa vertritt die Auffassung, »dass die kleinen Komponenten, die wissenschaftlich erfassbar sind, völlig überbewertet werden«, während Mirko Slomka (»Ich glaube an Statistik«) seine Vertragsverlängerung bei Schalke 04 Medienberichten zufolge gar von »wissenschaftlicher Unterstützung« abhängig machte.

Auch wenn die (Sport-)Wissenschaft dem Fußball in einzelnen Bereichen sicherlich weiterzuhelfen vermag (Jens Bangsbo, Universitätsprofessor in Kopenhagen: »Fussball ist keine Wissenschaft, doch die Wissenschaft kann für die Verbesserung des Niveaus im Fussball von Nutzen sein«), so wäre es dennoch ein großer Irrtum zu glauben, dass sich die Praxis von der (Sport-)Wissenschaft beim derzeitigen Stand der Forschung wahre Wunderdinge erwarten kann – eine Hoffnung, die (leider) teilweise auch seitens der (Sport-)Wissenschaft immer wieder geschürt wird. So kündigte beispielsweise der unter anderem für den FC Bayern München arbeitende Sportwissenschaftler Riccardo Proietti an: »Ich mache aus den Spielern gläserne Profis.« Angesichts der Komplexität der Leistung auf der einen und der Grenzen des von ihm verwendeten »Omegawave-Systems«, das beispielsweise die kardiologische Leistungsfähigkeit und die hormonelle Struktur auswertet und über dessen Störanfälligkeit sich etwa Professor Heinz Liesen wie folgt äußerte: »Das ist Scharlatanerie, eine mehr als fragliche Methode«, ist eine derartige Ankündigung als wenig seriös einzuordnen.

Aufgrund der Vielschichtigkeit des Fußballspiels steht auch die (Sport-)Wissenschaft vor multiplen Problemen, wenn es darum geht die Zusammenhänge in dieser Sportart objektiv, exakt und hinreichend zuverlässig zu entschlüsseln (so liegen beispielsweise bezüglich der, seitens der Praxisvertreter viel gestellten, Frage hinsichtlich der den Spielerfolg bestimmenden Faktoren bislang so gut wie keine eindeutigen Erkenntnisse vor). Von daher muss auch der abgesicherte wissenschaftliche Kenntnisstand zum Fußballsport insbesondere in Relation zur Bedeutung und Verbreitung dieser Sportart als bislang noch vergleichsweise fragmentarisch und vorläufig gekennzeichnet werden, was Sie auch an folgender, von einem Professor anlässlich einer Tagung der Kommission Fußball der Deutschen Vereinigung für Sportwissenschaft an mich gerichteten Frage unschwer ablesen können: »Roland, sei doch mal ganz ehrlich – was wissen wir denn bislang schon über den Erfolg im Fußball?«

Auch wenn die, teilweise als übertrieben zu bezeichnende, Wissenschaftsgläubigkeit einzelner Praktiker in vielen Fällen kaum nachvollziehbar ist, so gilt es nicht zu übersehen, dass die (Sport-) Wissenschaft in verschiedenen Teilbereichen, wie etwa hinsichtlich der effizientesten Ausführung von Elfmetern (siehe das Kapitel »Das Elfmeterschießen«), der Praxis inzwischen Erkenntnisse anzubieten vermag, deren Anwendung Vorteile versprechen, wenn diese entsprechend genutzt werden. Dort wo derartige Informationen mit teilweise fadenscheinigen Argumenten (»alles, was von der Uni kommt, ist doch sowieso Mist«, »ich sehe alles selbst«) unberücksichtigt bleiben, sind es Vorstände, Manager und Trainer, welche die sich in der Folge ergebenden Wettbewerbsnachteile zu verantworten haben (manche Vereine geben Millionensummen für neue Spieler aus, ihre Verantwortlichen wissen aber noch nicht einmal, wie man einen Strafstoß am besten ausführt).

Irrtum: Wir wissen, wie der Erfolg im Fußball zustande kommt

»Heute kann ich, glaube ich, von mir behaupten, dass ich das Gesamtbild vor Augen habe. Ich weiß jetzt, was man alles braucht, um erfolgreich schönen Fußball zu spielen.« Bundestrainer Joachim »Jogi« Löw ist bei Weitem nicht der Einzige, der zu wissen meint, wie man erfolgreich Fußball spielt beziehungsweise wie sich Erfolg im Fußball herbeiführen lässt – und ist mit dieser Auffassung, wie übrigens alle anderen auch, meiner Meinung nach total auf dem Holzweg. Denn Tatsache ist: Beim augenblicklichen Kenntnisstand sind sowohl Sportpraxis als auch Sportwissenschaft Lichtjahre davon entfernt zu wissen, wie man im Fußball zu Erfolgen gelangt. Das heißt, dass uns bis zum heutigen Tage, und das sei an dieser Stelle in aller Deutlichkeit gesagt, keinerlei gesicherte Erkenntnisse vorliegen, wie man erfolgreich Fußball spielt!

Dass es im Fußballsport dagegen alles andere als einfach ist, stets als Sieger vom Platz zu gehen, belegen die folgenden Beispiele:

- Noch nicht einmal die Fußballweltmacht Brasilien mit ihrem nahezu unerschöpflichen Talentreservoir konnte bei ihren 18 WM-Teilnahmen mehr als 5 Titel gewinnen (von 1970 bis 1994 musste die »Seleçao« sogar annähernd ein Vierteljahrhundert auf den Triumph bei einer WM warten).
- Noch nicht einmal die »Königlichen« von Real Madrid siegten in mehr als 9 von 53 bisher ausgetragenen Landesmeister-/Champions-League-Wettbewerben (der ebenfalls so traditionsreiche FC Barcelona gewann den Pokal gar nur zweimal).
- Noch nicht einmal dem großen FC Bayern München (Christoph Daum: »Bei denen ist sogar die Putzfrau schon zehnmal Meister geworden«) ist es in der Hälfte der Spielzeiten (20 Meistertitel in 43 Saisonen) seiner Bundesligazugehörigkeit gelungen, Meister zu werden (Oliver Kahn: »Es gibt meines Wissens keinen Artikel im Grundgesetz, in dem der FC Bayern jedes Jahr zur Deutschen Meisterschaft verpflichtet ist«).

Im Spiegel der vorausgegangenen Ausführungen erscheinen dann auch all die nachfolgenden Zitate in Bezug auf den Erfolg im Fußballsport in einem vollkommen anderen Licht:

- Jürgen Klopp: »Wir haben einen dicken roten Strich unter diese Vorrunde gesetzt. Wir haben nicht gesagt: ›Wir müssen das und das besser machen.‹ Uns hat nur beschäftigt, was man überhaupt machen muss, um erfolgreich zu sein.«

  Anmerkung: Dazu, »was man überhaupt machen muss, um erfolgreich zu sein« liegen, lieber Jürgen, keinerlei gesicherte Kenntnisse vor. Wenn es so einfach wäre mit dem Erfolg, dann hätten in der Bundesligasaison 2006/07 von den etwa 3400 Angriffen der Mainzer nicht nur 34 (entspricht 1 Prozent!) einen Treffer nach sich gezogen.
- Matthias Sammer: »An unseren deutschen Tugenden geht in Zukunft kein Weg vorbei.«

  Anmerkung: Bis heute verfügt niemand über sichere Erkenntnisse darüber, welchen Einfluss die so gerne zitierten »deutschen Tugenden« (Harald »Toni« Schumacher: »Was uns retten kann, sind die deutschen Tugenden: rennen, kämpfen, rackern«) wirklich auf den Erfolg hatten und haben. Übrigens: Wie sehr die Meinungen selbst unter »Fußballfachleuten« auseinandergehen, sehen Sie an der Auffassung von »Jogi« Löw zur Bedeutung der »deutschen Tugenden«, die jener von Matthias Sammer vollkommen entgegensteht: »Wir dürfen nicht mehr zu den deutschen Tugenden zurückfallen. Das ist eine Selbstverständlichkeit. Rennen und kämpfen können selbst die Spieler aus San Marino.«

- Thomas Doll (nach einem Gespräch mit BVB-Geschäftsführer Hans-Joachim Watzke): »Ich werde ihm Vorschläge machen, auch um dem Verein zu signalisieren, dass ich weiß, was ich zu tun habe, um die Mannschaft kontinuierlich an die Spitze zu führen.«
  Anmerkung: Schauen Sie doch nur mal, wie vielen Trainern es in der Bundesligageschichte gelungen ist, eine Mannschaft kontinuierlich zu einem Spitzenteam zu formen – und wie viele ein solches »Versprechen« nicht einhalten konnten. Niemand weiß, was zu tun ist, um einen Verein kontinuierlich an die Spitze zu führen, weswegen eine entsprechende Aussage in meinen Augen als wenig sinnvoll erscheint.
- Karl-Heinz Rummenigge: »Wir hatten 1972 eine große Mannschaft, die durch agierenden Fußball aufgefallen ist. Doch in den folgenden Jahren gab es zu viele deutsche Mannschaften, die nur reagiert und ergebnisorientiert gespielt haben. Das ist bei Jürgen Klinsmann anders und ein entscheidender Schlüssel zum Erfolg.«
  Anmerkung: Giovanni Trapattoni wurde mit einer reagierenden, (teilweise ultra-)defensiven Spielweise mit mehr als 20 errungenen Titeln (u. a. Weltpokal, alle 3 Europapokale, 7 italienische Meisterschaften) zu einem der erfolgreichsten Fußballtrainer aller Zeiten – so schlecht kann solch eine Spielweise also gar nicht sein. Und: Den von Rummenigge angesprochenen »entscheidenden Schlüssel zum Erfolg« hat trotz jahrzehntelanger weltweiter Suche bis heute noch niemand gefunden.

Fazit: Jeder, der meint, etwas über das Zustandekommen von Erfolg im Fußballsport zu wissen, lügt sich selbst in die Tasche und macht der Fußballöffentlichkeit nur etwas vor, denn er übersieht, was auch »Weltenbummler« Bora Milutinović so treffend zum Ausdruck brachte: »Es gibt keine Regeln, die Erfolg garantieren.«

Irrtum: Von Generation zu Generation weitergegebene Fußballweisheiten müssen schlicht und ergreifend richtig sein

»Flügelspiel führt zum Erfolg« – »Die Mannschaft muss mehr Doppelpässe spielen« – »Wir müssen bei Flanken häufiger bis zur Grundlinie vordringen« – »Der Gefoulte darf den Elfmeter nicht ausführen«: Unzählige solcher Fußballweisheiten sind bereits von Generation zu Generation weitergegeben worden, wie auch nachfolgende Aussage von Jürgen Kohler zu belegen vermag: »Es klingt banal, doch Otto Rehhagel sagte immer: Aus einer sicheren Defensive heraus das Spiel attraktiv gestalten. Die Mannschaft muss gut im Defensivverhalten arbeiten und schnell auf Offensive umschalten. Das ist die Idealform.« So wurde beispielsweise die These »Wer die meisten Zweikämpfe gewinnt, der gewinnt auch das Spiel« bereits 1925 aufgestellt, wie ich in einem englischsprachigen Dokument aus demselben Jahr feststellen konnte.

Nun könnte man leicht meinen, dass all diese Aussagen schon allein deswegen zutreffend sind, weil sie bereits seit so vielen Jahren existieren. Doch dies wäre der reinste Trugschluss!

Moderne wissenschaftliche Untersuchungsmethoden vermochten inzwischen nachzuweisen, dass im Fußballsport seit Jahrzehnten unzählige Irrtümer und Halbwahrheiten weitergereicht worden sind, das heißt, diese Übertragung hat in einer vollkommen unkritischen Form getreu dem Muster »Einer quatscht es vor, andere quatschen es unüberprüft einfach nach« stattgefunden. Dieser Vorgang dauerte so lange an, bis sich aus reinen Vermutungen beziehungsweise unbewiesenen Hypothesen im Laufe der Zeit schier unanfechtbare Dogmen entwickelten – die sich nun jedoch in vielen Fällen, wie Ihnen dieses Buch anhand von unzähligen Beispielen aufzeigen wird, als die reinsten Märchen herausstellten.

Irrtum: Wir wissen, was im Fußball richtig und was falsch ist

Die Lobeshymnen auf die Arbeit von Bundestrainer Jürgen Klinsmann in der Zeit vor, während und nach der WM waren beinahe endlos und hörten sich beispielsweise wie folgt an:

- Karl-Heinz Rummenigge: »Er hat alles richtig gemacht.«

- Berti Vogts: »Der Weg, den er geht, ist der einzig richtige.«
- Marcel Reif: »Fast alles, was Klinsmann und die Seinen tun, ist bisher richtig.«
- Günter Netzer: »Der einzige Beweis für die Richtigkeit der Ideen ist der Erfolg. Klinsmann hat beeindruckend dargelegt, dass seine Maßnahmen richtig waren. … Großartig! Respekt!«

Nun: Einmal ganz abgesehen davon, dass Jürgen Klinsmann mit dem dritten Platz noch nicht einmal sein selbst gestecktes Ziel (»Wir wollen Weltmeister werden«) erreicht hat, ist darauf hinzuweisen, dass wir bis heute (leider) noch keinerlei abgesicherte Kenntnisse dazu vorliegen haben, was im Fußball richtig beziehungsweise falsch ist – weswegen es auch wenig sinnvoll ist zu behaupten: »Klinsmann hat alles richtig gemacht.« Wer kann schon ausschließen, dass folgende Vorgehensweisen Klinsmanns (Hermann Gerland: »Gut, der Bundestrainer macht ein paar Dinge, die mir überhaupt nicht gefallen, er weiß ja gar nicht, wie er Trainer geworden ist«) möglicherweise vollkommen falsch waren: Überbetonung des Fitness-Aspekts (äußerst vielsagende Aussage von Fitness-Coach Oliver Schmidtlein: »Man muss manchmal ja auch die fußballerischen Dinge berücksichtigen«) beispielsweise gegenüber der Schulung der kollektiven Defensivarbeit (Per Mertesacker nach dem ersten WM-Spiel gegen Costa Rica: »Zwischen Christoph Metzelder und mir gab es unterschiedliche Auffassungen der Viererkette«; *Kicker Sportmagazin*: »Dass die [allgemein bekannte] Erkenntnis über die optimale Ausübung der Viererkette erst jetzt Konsens wurde, ist kein Ruhmesblatt«) oder Vernachlässigung des Einstudierens von Standardsituationen (»Jogi« Löw: »… Standardsituationen. Das Thema liegt bei uns schon seit einigen Jahren brach«; Torsten Frings wenige Tage vor Beginn der WM 2006: »Standards haben wir auch noch nicht geübt, die werden schon noch besser«). Wie schrieb Herr H. Schlunk im Leserforum des *Kicker* über die Arbeit von Jürgen Klinsmann so zutreffend? »Denn kein Schlaumeier kann wissen, ob es anders besser oder gar schlechter liefe!«, weswegen man sich auch von Jürgen Klinsmann im Zusammenhang mit entsprechenden Aussagen (»… obwohl wir wissen, dass bisher alles richtig war, was wir gemacht haben beim Vorantreiben dieser Spielphilosophie …«) ein klein wenig mehr Zurückhaltung gewünscht hätte.

Angesichts der enormen Komplexität des Fußballspiels wäre es ein großer Irrtum zu glauben, man wisse bereits, was im Fußball richtig beziehungsweise falsch sei (bei einer solchen Aussage wird hier, wie auch an anderen Stellen, selbstredend immer von zumindest ansatzweise vernünftig erscheinendem Verhalten ausgegangen; dass es zum Beispiel nicht richtig ist, sich mit elf Spielern an die eigene Eckfahne zu hocken, um von dort aus auf Gegentore zu warten, wird als selbstverständlich angesehen), was auch an folgendem Beispiel sehr schön illustriert werden kann: Dribblings und Pässe (mit den Sonderformen Flanke, Torschuss) sind im Fußballsport die einzigen beiden Arten, den Ball mit dem Fuß vorwärtszubefördern. Doch auch heute, also etwa 150 Jahre nach Erfindung dieser Sportart, wissen wir noch nicht einmal, ob es erfolgversprechender ist zu dribbeln oder zu passen: Stellen Sie sich einen Mittelfeldspieler in zentraler Position und 22 Meter Torentfernung vor, dem im Abstand von etwa 1,5 Metern ein Abwehrspieler gegenübersteht – ob er nun am besten ein Dribbling wagen oder den Ball zu einem Mitspieler abspielen (oder gar auf das Tor schießen) soll, weiß bis heute kein Mensch!

Wie es überhaupt ein großer Trugschluss wäre zu glauben, dass hinsichtlich der meisten taktischen Verhaltensweisen im Fußball abgesicherte Informationen vorlägen. So existieren hinsichtlich der Frage, ob kurze beziehungsweise lange Pässe oder hohe oder flache Bälle effizienter sind, ebenso wenig gesicherte Kenntnisse wie bezüglich der im Folgenden aufgeführten Gegensatzpaare: langer Torwartabschlag kontra kurzer Abwurf, Zweikampf suchen kontra Zweikampf vermeiden, Ballannahme kontra Direktspiel, platzierter Torschuss kontra Gewaltschuss, schnelles Umschalten kontra langsames Umschalten, Forechecking kontra Zurückfallenlassen.

Dennoch kommen immer wieder Trainer, Spieler und Manager mit irgendwelchen Behauptungen zu richtigem beziehungsweise falschem Verhalten im Fußballsport, die, wie anhand der zufällig ausgewählten Beispiele im Folgenden belegt werden soll, oftmals vollkommen aus der Luft gegriffen sind (wenn alle Fußballpraktiker ihre Hand für die Richtigkeit ihrer Aussagen ins Feuer legen müssten, wäre der Fußball die reinste Schweigeveranstaltung – oder es würden unzählig viele Vertreter der Praxis mit dickem Brandverband durch die Gegend laufen):

- Joachim »Jogi« Löw: »Wir brauchen Innenverteidiger, die die richtigen Bälle nach vorne spielen.«
  Fakt ist: Insofern als bis zum heutigen Tage noch vollkommen unklar ist, welche Länge, Richtung, Schärfe, Höhe und dergleichen Pässe haben müssen, damit sie den größten Erfolg versprechen, vermag niemand auf der Welt sich verlässlich dazu zu äußern, welches denn nun die »richtigen Bälle« sind, die (beispielsweise durch die Innenverteidiger) gespielt werden sollten.
- Stefan Kuntz: »Wir haben fast immer die falsche Entscheidung getroffen. Wenn der Pass in die Tiefe hätte kommen müssen, haben wir hintenrum gespielt und umgekehrt.«
  Fakt ist: Niemand auf der Welt weiß, wann/in welchem Moment es günstiger ist, in die Tiefe zu spielen, und wann hintenherum (eine Befragung von 100 zufällig ausgewählten Fußballlehrern zu 100 verschiedenen Spielszenen würde in diesem Punkt alles andere als ein einheitliches Meinungsbild hervorbringen).
- W. Wegenmayr (*Sport-Bild*-Redakteur): »Die Medien überschätzen Magath total. Er hat gegen Chelsea gravierende Fehler gemacht.«
  Fakt ist: Im Fußball existieren hunderte, möglicherweise ja sogar tausende Einflussfaktoren auf Leistung und Erfolg. Ein einziger davon ist der Trainer. Und nun kommt jemand und behauptet zu wissen, dass der Trainer gravierende Fehler gemacht habe. Woher bitte will Herr Wegenmayr hierzu sicheres Wissen nehmen?
- Jürgen Klopp: »Ich habe bestimmt bei einigen Aufstellungen und Wechseln falschgelegen und so vielleicht sogar Punkte verschenkt. Aber ich kann sagen, dass ich bezüglich Training und Vorbereitung keine Fehler gemacht habe.«
  Fakt ist: Sowenig Jürgen Klopp weiß, ob er »bei einigen Aufstellungen und Wechseln falschgelegen« hat, sowenig ist ihm auch bekannt, ob ihm bezüglich Training und Vorbereitung keine Fehler unterlaufen sind, denn: Wir sind im Fußballsport Lichtjahre davon entfernt zu wissen, welches Vorgehen (zum Beispiel bezüglich Training oder Vorbereitung) richtig beziehungsweise falsch ist, weswegen entsprechende Aussagen auch wenig Sinn machen.
- Matthias Hain: »Wir spielen am Sechzehner fünfmal Doppelpass, statt zu schießen.«

Fakt ist: Wer will jemals mit Gewissheit entscheiden, ob es sinnvoller ist, am Strafraum Doppelpässe zu spielen oder vom Strafraum aus zu schießen?

⚽ Hans-Peter Lehnhoff: »Der Doppelpass führt viel einfacher zum Ziel, als wenn man sich in eine Eins-gegen-eins-Konstellation mit dem Gegenspieler begibt.«

Fakt ist: Was hier mit jeglicher Selbstverständlichkeit behauptet wird, ist die große ungelöste Frage des Fußballsports: dribbeln oder passen?

⚽ Matthias Sammer: »Spiele von DFB-Jugendmannschaften müssen per Video aufgenommen werden, von der U 16 an. Damit kann ich Spiele vorbereiten und nachbehandeln. Ich muss als Trainer dem Jugendlichen visuell vorführen, was er falsch gemacht hat – individuell oder in der Gruppe.«

Fakt ist: Woher will Matthias Sammer verlässliches Wissen dazu hernehmen, was im Fußball richtig und was falsch ist, wenn solches bis dato noch nicht existiert? Wir wissen bis zum heutigen Tage zum Beispiel noch nicht einmal so grundlegende Dinge wie, ob es besser ist, Forechecking zu betreiben, oder sich weit in die eigene Hälfte zurückzuziehen. Wird also beispielsweise ein Stellungsfehler am eigenen Strafraum kritisiert und per Video verbessert, so ist überhaupt nicht klar, ob sich nicht schon grundsätzlich das Stellungsspiel am Strafraum als solches als Fehler erweist, weil es womöglich viel erfolgversprechender wäre, mit der gesamten Abwehr 40 Meter weiter vorne zu stehen (das heißt, es wird am zweiten Schritt herumgedoktert, ohne zu wissen, ob der erste Schritt überhaupt der richtige ist).

In Anlehnung an den preisgekrönten Zeitungsjournalisten Adrian Kreye ließe sich zu all den vorstehend aufgeführten Aussagen zusammenfassend festhalten: »Der Reflex, das Unerklärliche erklären zu wollen, ist so alt wie das Denken.«

Irrtum: Das in der Öffentlichkeit vorherrschende Bild vom Fußball entspricht der Realität

Wer glaubt, in der Öffentlichkeit würde ein der Realität entsprechendes Bild vom Fußball existieren, der irrt gewaltig! Glauben Sie mir nicht? Dann starten Sie doch einfach einmal den Versuch, und stellen Sie zehn Menschen aus Ihrem Freundes- oder Bekanntenkreis die Frage, ob die Aussagen »Never change a winning team«, »wer die meisten Zweikämpfe gewinnt, der gewinnt das Spiel«, »Flügelspiel führt zum Erfolg« und »der Gefoulte darf den Elfmeter nicht selbst ausführen« zutreffend sind, und vergleichen Sie dann deren Antworten mit den in diesem Buch vorgestellten Erkenntnissen. Ihnen wird sehr schnell auffallen, dass die öffentliche Wahrnehmung vom Fußball bei Weitem nicht mit der Wirklichkeit übereinstimmt. Dies ist sicherlich auch darauf zurückzuführen, dass der Fußballöffentlichkeit gegenüber bestimmte unüberprüfte, teilweise falsche Thesen derart häufig wiederholt wurden, bis sie in den Rang von schier unverrückbaren Dogmen aufgestiegen sind, an deren Richtigkeit kaum noch jemand zu zweifeln wagt. Anhand der nachfolgenden Zitate soll aufgezeigt werden, dass Personen aus den verschiedensten gesellschaftlichen Teilbereichen inzwischen eine vollkommen falsche Vorstellung davon haben, was im Fußball sicheres Wissen und was reinste, möglicherweise falsche Vermutung darstellt:

- Sportjournalist Carsten Flügel: »Danach wurde es endlich auch aus Nürnberger Sicht munter, weil der Club das einzige Mittel gegen Abwehrmauern einsetzte – Direktspiel.«
  Anmerkung: Bis zum heutigen Tage liegen keinerlei abgesicherte Erkenntnisse vor, ob das hier angesprochene Direktspiel das einzige Mittel gegen Abwehrmauern darstellt. Womöglich handelt es sich bei solch einer Aussage um nichts anderes als um einen gravierenden Irrtum.
- Journalist Helmut Markwort: »Seltsamerweise sind die Grundsatzfehler des Jürgen Klinsmann beim Deutschen Fußball-Bund ein Tabu. Die Weltmeisterschaft soll die Konjunktur beleben, Arbeitsplätze schaffen und die Stimmung im Land heben. Gewaltige Erwartungen – aber die besten Fußballspieler des Landes werden einem Träumer überlassen, einem Einzelgänger, der mehr Guru ist als Stratege, der erfahrene Spieler wegmobbt und junge verunsichert.«
  Anmerkung: Der Grundsatzfehler liegt bei Markwort selbst, der nicht einsehen will, dass wir im Fußball nicht wissen, was richtig oder falsch und damit ein Fehler ist! Um nur ein Beispiel herauszugreifen: Möglicherweise war es ja genau die richtige Entschei-

dung von Jürgen Klinsmann, sich von erfahrenen Spielern (wie etwa Christian Wörns) zu trennen (wer will denn schon wissen, ob jüngere, »hungrige« Spieler nicht wesentlich mehr Erfolg versprechen als erfahrenere?). (Am Rande: Markwort gehört übrigens dem Aufsichtsrat des FC Bayern München an, der den von ihm als »Träumer« bezeichneten Jürgen Klinsmann inzwischen als Trainer verpflichtet hat …).

- Schriftsteller Günter Grass (über Jürgen Klinsmann): »Aber dass er bei einigen Spielen im richtigen Moment eingewechselt hat, Odonkor und Neuville zum Beispiel, das sind schon geniale Momente, die auf den Trainer zurückzuführen sind. Meiner Meinung nach hätte er Odonkor gegen Italien etwas früher einwechseln sollen, denn sowie er ins Spiel kam, kamen verwertbare Flanken.«
  Anmerkung: Günter Grass lebt in der Vorstellung, dass Flanken ein besonders gewinnbringendes Element im Fußballsport seien. Wenn er sich die Zeit nehmen würde, auf Seite 146 dieses Buches nachzulesen, dann wüsste er, dass er mit dieser Auffassung möglicherweise einem ziemlichen Trugschluss aufsitzt (Aber wie sagte Ludwig Börne so schön: »Die Irrtümer eines großen Geistes sind belehrender als die Wahrheiten eines kleinen«).
- Politiker und CDU-Sportexperte Norbert Barthle: »Es wäre schön, wenn Herr Klinsmann mal dem Sportausschuss erklären würde, was seine Konzeption ist und wie er Weltmeister werden will. Das [Freundschafts-]Spiel gegen Italien war grausam, und man fragt sich, wie er das bis zum Sommer aufholen will. Der Bund ist der größte Sponsor der WM. Insofern hätte ich gerne ein paar Antworten.«
- Politikerin und FDP-Sportexpertin Miriam Gruß: »Deshalb sollte Jürgen Klinsmann weniger als 100 Tage vor der WM nicht mehr experimentieren.«
- Politiker und SPD-Sportexperte Reinhold Hemker: »Die WM steht vor der Tür, da muss langsam mal klar sein, wer spielt. Klinsmann hat gute Spieler, aber es gibt zu viele Unsicherheiten. Er sollte endlich sagen, auf wen er setzt.«
  Anmerkungen: Diese Aussagen lassen erkennen, dass noch nicht

einmal den Sportexperten der Parteien bewusst ist, dass bislang keine sicheren Erkenntnisse dazu vorliegen, wie Erfolg im Fußball zustande kommt. Vor diesem Hintergrund erscheint es dann auch als sinnfrei, von Jürgen Klinsmann »ein paar Antworten« zu verlangen beziehungsweise diesen dazu aufzufordern, das Experimentieren einzustellen und eine Mannschaft zu benennen.

- Unternehmensberater Roland Berger: »Und wenn's schiefgeht, ärgere ich mich und schimpfe, auch schon mal auf den Trainer. Wie vor acht Jahren in Barcelona, als Hitzfeld durch das Auswechseln von Spielern das Champions-League-Finale gegen Manchester United in der Nachspielzeit verloren hat. In diesem Moment empfand ich den von mir sonst hochgeschätzten Hitzfeld als Staatsfeind Nummer eins.«

  Anmerkung: Ob Ottmar Hitzfeld wegen seiner Auswechslungen in irgendeiner Weise für die Niederlage gegen Manchester verantwortlich war, weiß kein Mensch! Dennoch wird den Trainern – wie hier durch Herrn Berger – für verlorene Spiele immer wieder die Schuld in die Schuhe geschoben. Angesichts der Tatsache, dass es sich bei einem Fußballspiel jedoch um ein überaus komplexes System handelt, stellt eine derart eindimensionale Ursachenanalyse in meinen Augen nichts anderes als eine unzulässige Trivialisierung dar. Im Fußball beeinflussen schlichtweg zu viele Faktoren die sportliche Leistung und den Erfolg, als dass eine derart monokausale Attributierung dieser Komplexität gerecht werden würde (Klaus Allofs: »Es sind viele Dinge, die am Ende dazu führen, dass man gut und erfolgreich Fußball spielt«).

- Fachbuchautoren des DFB: »Wer die meisten Zweikämpfe gewinnt, gewinnt meist auch das Spiel!«

  Anmerkung: Auf Seite 79 werden Sie erfahren, auf wie viel Prozent aller Fußballspiele obige Fußballweisheit tatsächlich zutrifft, und dabei erkennen, dass mit einer solchen Aussage ein vollkommen falsches Bild von der Bedeutung des Zweikampfs vermittelt wird.

- Fußballtrainer Armin Veh: »Ich lese in der Statistik, dass wir mehr Zweikämpfe gewonnen haben als der Gegner. Ich weiß nicht, wer diese Statistiken macht.«

Anmerkung: Anhand dieses Beispiels wird wunderschön deutlich, welch (vollkommen) unzutreffende Vorstellung so mancher Fußballtrainer vom Einfluss einzelner Spielaktionen (hier: Zweikampf) auf den Spielerfolg hat. Armin Veh geht, fälschlicherweise, davon aus, dass zwischen gewonnenen Zweikämpfen und Spielgewinn eine hohe Korrelation besteht, und kann sich überhaupt nicht vorstellen, dass nicht die Statistik, sondern seine eigene Vorstellung vom Fußball fehlerhaft ist.

Irrtum: Bei den meisten der seit Jahren bekannten Aussagen zum Erfolg im Fußballsport handelt es sich um in Stein gemeißelte Dogmen, die keinen Zweifel an ihrer Richtigkeit erlauben

Wer meint, dass es sich bei den meisten Aussagen zum Zusammenhang einzelner Spielhandlungen und deren Erfolg beziehungsweise zum Zusammenhang einzelner Spielhandlungen mit dem Spielerfolg an sich um unverrückbare Glaubenssätze handelt, der befindet sich ganz gewaltig auf dem Holzweg. Tatsächlich ist es so, dass man (nötigenfalls bei längerem Nachdenken) zu fast jedem Argument, das eine These untermauern soll, mindestens ein, häufig jedoch mehrere zumindest ebenso gute, wenn nicht sogar bessere Gegenargumente findet (Johan Cruyff: »Jeder Nachteil hat seinen Vorteil«), die von den Vertretern der Praxis in ihrer Argumentationsweise sehr gerne übersehen werden.

- Beispiel 1: Wenn immer wieder ausgesagt wird, dass die Schaffung von Überzahl in Ballnähe im Fußballsport von überragender Bedeutung sei, dann wird einerseits übersehen, dass dies stets mit einer sehr hohen Laufarbeit verbunden ist (wobei nicht auszuschließen ist, dass sich eine damit einhergehende Ermüdung am Ende des Spiels negativ bemerkbar macht), und andererseits nicht berücksichtigt, dass eine Überzahl an einer Stelle des Spielfeldes immer eine Unterzahl an einer anderen zur Folge hat (die vom Gegner beispielsweise durch einen einzigen langen Pass ausgenutzt werden könnte).
- Beispiel 2: All jene, die ständig verlangen, dass das Mittelfeld schnell überbrückt werden müsse, lassen hierbei gern außer Acht, dass dem schnellen Spiel immer auch ein höheres Risiko

innewohnt, den Ball an den Gegner zu verlieren und dann selbst ausgekontert zu werden.

- Beispiel 3: Bei der Forderung nach dem Vordringen bis zur Grundlinie bei der Flanke bleibt zumeist unberücksichtigt, dass dort die gegnerische Abwehr besonders massiert steht, weswegen es unter Umständen sinnvoller sein könnte, den Ball bereits aus dem sogenannten Halbfeld vor das Tor zu schlagen.

Grundsätzlich gilt: Sehr viele Aussagen zur erfolgreichen Ausführung einzelner Spielhandlungen beziehungsweise zum Spielerfolg an sich lassen sich meist mit einem, wenn nicht gar mit mehreren hieb- und stichfesten Gegenargumenten entkräften. Welche Aspekte höher zu gewichten sind, ist zumeist nicht eindeutig zu entscheiden, womit gleichzeitig auch nicht zweifelsfrei darüber befunden werden kann, ob eine bestimmte These nun wahr oder falsch ist.

Irrtum: Es ist sinnvoll, dass Vertreter der Fußballpraxis reine Vermutungen als abgesichertes Fußballwissen verkaufen

Tagtäglich präsentieren sich Vertreter der Fußballpraxis, wie etwa Manager, Trainer oder Spieler, beispielsweise vor laufender Kamera und verkaufen vollkommen ungeprüfte Vermutungen zu bestimmten Zusammenhängen im Fußballsport als absolut sicheres, unantastbares Wissen – und das, obwohl sie hinsichtlich des Wahrheitsgehalts ihrer Aussagen keinerlei gesicherte Kenntnisse vorliegen haben. Niemand, der sich auf seine Seriosität beruft, würde, ohne über entsprechende, unbezweifelbare Informationen zu verfügen, auf die Idee kommen zu behaupten, Bundeskanzlerin Angela Merkel telefoniere jeden Abend vor dem Zubettgehen mit Papst Benedikt XVI., um sich mit diesem über die Sinnhaftigkeit des Einsatzes der Abseitsfalle in Spielen gegen personell in Unterzahl und im Mittelfeld mit zwei sogenannten »Staubsaugern« vor der Abwehr agierenden Gegnern auszutauschen. Aber im Fußballsport scheint es inzwischen zu einer absoluten Selbstverständlichkeit geworden zu sein, dass sich Vertreter der Praxis in der Öffentlichkeit über den Zusammenhang von einzelnen Verhaltensweisen und dem Erfolg ausbreiten, ohne sich in irgendeiner Weise auf gesicherte Erkenntnisse berufen zu können.

In meinen Augen stellt es einen großen Irrtum dar zu glauben, es sei richtig, etwas zu behaupten, von dem man kaum weiß, ob es so stimmt. Vielmehr vertrete ich die Auffassung, dass jeder, der eine Aussage zu einem bestimmten Sachverhalt im Fußball trifft, zunächst einmal prüfen sollte, ob er überhaupt verlässliche Informationen bezüglich des Wahrheitsgehalts seines Statements mitbringt. Wenn dies nicht der Fall ist (was heutzutage noch immer auf die überwiegende Anzahl diesbezüglicher Aussagen zutrifft), dann sollte man eine entsprechende Behauptung entweder ganz unterlassen oder diese zumindest mit einer entsprechenden Einschränkung (wie zum Beispiel dem Hinweis darauf, dass es sich nur um eine Vermutung handelt) versehen.

- Christoph Daum: »Vom Torschuss aus der zweiten Reihe wird viel zu wenig Gebrauch gemacht.«
  Fakt ist: Ob Weitschüsse die beste oder möglicherweise sogar die ungünstigste Handlungsalternative überhaupt darstellen, ist bislang in keinster Weise gesichert, weswegen es sich eigentlich verbieten sollte, mit jeglicher Selbstverständlichkeit und ohne jede Einschränkung solch eine Aussage zu treffen.
- Hans Meyer: »Das Spiel wird in der Organisation nach Ballverlust gewonnen.«
  Fakt ist: Bis zum heutigen Tag hat niemand auf der Welt den blassesten Schimmer davon, wie Fußballspiele gewonnen werden – und solange dies so ist, sollte sich auch ein Hans Meyer hüten, eine reine Vermutung (Organisation nach Ballverlust ist entscheidend für den Spielgewinn) als profundes Wissen zu verkaufen. (Am Rande: Sie können nach Ballverlust so gut organisieren, wie Sie wollen – wenn Sie selbst kein Tor erzielen, werden Sie niemals ein Spiel siegreich beenden.)

Erklären lässt sich ein solches Verhalten von Managern, Trainern oder Spielern unter anderem mit den Worten von Sportwissenschaftler Professor Ommo Grupe: »Gelegentlich bleibt man eben auch im Netz der eigenen Erfahrungen hängen, blickt gar nicht mehr über sie hinaus, kann Alternativen zu ihnen nicht denken; manchmal werden die eigenen Erfahrungen dazu benutzt, gängige oder insgeheim gewünschte Praxis als die genau richtige zu bestätigen, nicht aber auch ihre Mängel zu erkennen und zu beseitigen; oder sie werden schon so gemacht, als sei die Praxis, auf die sie sich beziehen, die einzig mögliche und richtige.«

Irrtum: Die Ausführungshäufigkeit einzelner Spielhandlungen ist von großer Erfolgsrelevanz

In den zurückliegenden Jahren habe ich zahlreiche Anrufe von beispielsweise Studenten oder Promovenden erhalten, die mich um Rat hinsichtlich der Themen »Spielbeobachtung«, »Spielanalyse« oder »Leistungsdiagnostik« im Sport/Fußball ersuchten (Pierre Littbarski hatte sich sogar wegen Informationen für seine Abschlussarbeit im Fußballlehrerlehrgang von Japan aus an mich gewandt). Wo mir dies möglich war, habe ich mich bemüht, den Fragestellern behilflich zu sein. Allerdings wusste auch ich keinen Rat mehr, als mich während der Erstellung dieses Buches ein Promovend darum bat, ihm eine statistische Formel zu nennen, mit deren Hilfe man den Erfolg im Fußball berechnen konnte. Denn fast alle der von mir untersuchten Offensivaktionen, wie beispielsweise Ballkontakte, Flanken, Eckbälle, gewonnene Zweikämpfe oder lange Pässe, ließen hinsichtlich der Häufigkeit ihres Auftretens so gut wie keinen Unterschied zwischen Siegern und Verlierern ermitteln (ein solcher war jedoch für die Großchancen erkennbar, hierbei handelt es sich aber nicht um eine Spielhandlung, sondern um eine Spielsituation). Das heißt, es hat kaum eine Aussagekraft hinsichtlich des Endergebnisses, welche Mannschaft mehr Ballkontakte, Flanken, Eckbälle und dergleichen ausführt als der jeweilige Gegner, womit Fußball – zumindest wenn man die individualtaktischen Spielaktionen betrachtet – kein Spiel der Häufigkeiten darstellt. Genau dies bringt der englische Sportwissenschaftler Ken Bray zum Ausdruck: »Letzten Endes kommt es nicht auf die Quantität, sondern auf die Qualität der Pässe und den erfolgreichen Abschluss an.« Dies sollte auch Fabian Ernst berücksichtigen, wenn er argumentiert: »Man kann nicht Meister werden, wenn man so viele Bälle in der Vorwärtsbewegung verliert«, denn wenn 99 Angriffe wegen 99 Fehlpässen scheitern, dann vermag immer noch der eine Angriff ohne Fehlpass zum Sieg zu führen.

»Es ist schon eigenartig, aber die meisten Menschen brauchen eine Statistik oder eine kluge wissenschaftliche Studie, um zu begreifen, was sie mit ihren Augen leicht erkennen könnten«, schreibt Jens Schneider auf der »Meinung«-Seite der *Süddeutschen Zeitung* am 28. März 2007 und hätte mit dieser Aussage wohl auch bezüglich des Fußballs recht, denn auch durch reines Beobachten/Nachdenken hätte man durchaus draufkommen können, dass der Ball, wenn er sich beim Spielstand von 0:0 in der 89. Spielminute entscheidet, an den Pfosten zu klatschen oder ins Tor zu rauschen, wohl nicht mehr großartig darüber nachdenkt, wie viele Zweikämpfe eine Mannschaft bis dahin schon gewonnen oder verloren hat oder ob die Fehlpassbilanz (übertrieben ausgedrückt) nun bei 150:150 oder bei 300:0 steht. Denn wie vermag die Summe der abgegebenen Torschüsse beziehungsweise geschlagenen langen Pässe in einer Abhängigkeit von Erfolg/Misserfolg zu stehen, wenn der einzige Treffer im Spiel davon abhängt, ob der Angreifer eine halbe Fußlänge oder den Bruchteil einer Sekunde vor dem Abwehrspieler an den Ball kommt? Oder nehmen Sie die gewonnenen Zweikämpfe: Von diesen verzeichnet jede Mannschaft etwa 120 pro Spiel – das heißt im Schnitt 1,2 pro Angriff. Wenn aber in etwa nur ein Angriff pro Mannschaft/Spiel zu einem Treffer führt, die anderen 99 aber vom Gegner vereitelt werden – wie sollen dann all jene Zweikämpfe (und dies sind immerhin etwa 119 von 120), die sich in den 99 gescheiterten Angriffen abspielten, von Erfolgsrelevanz sein? Sie sehen: Fußball ist kein Spiel der Häufigkeiten!

Irrtum: Im Fußball existieren keine Irrtümer

Im Zuge der vorbereitenden Arbeiten zu diesem Buch offenbarte sich mir in meiner Buchhandlung, dass inzwischen bereits unter anderem ein »Lexikon der populären Irrtümer«, ein »Lexikon der klassischen Irrtümer«, ein »Lexikon der Rechtsirrtümer«, ein »Lexikon der Psycho-Irrtümer«, ein »Lexikon der Öko-Irrtümer«, ein »Lexikon der Erziehungsirrtümer«, ein »Lexikon der populären Sprachirrtümer«, ein »Lexikon der Geschichtsirrtümer« beziehungsweise ein »Lexikon der Ernährungsirrtümer« (Horst Heldt: »Ich glaube an die fünf lebenswichtigen Bausteine in Nutella«) existieren. In all diesen Büchern werden tausende im täglichen Leben immer wiederkehrende populäre Irrtümer, wie beispielsweise die folgenden elf, richtiggestellt.

1. »Man kann seinen Führerschein auch durch Trunkenheit beim Fahrradfahren verlieren«: Da für das Fahrradfahren kein Führerschein erforderlich ist, kann dieser in Deutschland auch nicht wegen Trunkenheit auf diesem Verkehrsmittel entzogen werden.
2. »Wer Idealgewicht hat, lebt am gesündesten«: Menschen mit einem geringen bis mittleren Übergewicht sind am wenigsten krankheitsanfällig und leben am längsten.
3. »Sex sells – Werbung mit nackten Körpern verführt besonders«: Britische Psychologen fanden heraus: Wer ein Produkt mit nackten Körpern bewirbt, erntet zwar viel Aufmerksamkeit – jedoch nicht für die zu verkaufende Ware.
4. »Gewalt in der Ehe geht mehrheitlich von Männern aus«: An handgreiflichen Auseinandersetzungen unter Eheleuten sind Männer und Frauen gleich häufig beteiligt.
5. »Ein Schnaps nach dem Essen ist gut, denn das hilft der Verdauung«: Da der Alkohol im Schnaps zunächst abgebaut wird, wird das Essen nicht schneller, sondern langsamer verdaut.
6. »Rauchen macht schlank«: Bislang ist noch nicht eindeutig nachgewiesen, dass Raucher schlanker bleiben.
7. »Manche Menschen haben graue Haare«: Hierzu schreiben Walter Krämer, Götz Trenkler und Denis Krämer in ihrem »Das neue Lexikon der populären Irrtümer«: »Kein Mensch hat graue Haare. Graue Haare gibt es nicht, es gibt nur braune, blonde, rote oder schwarze Haare, auch weiße – aber keine grauen. Die scheinbar grauen Haare vieler Menschen sind eine durch die Mischung weißer und anderer Haare hervorgerufene optische Täuschung« (»der graue Wolf« Rudi Völler ist also nichts anderes als eine »Fata Morgana«).
8. »Ein üppiges Mahl am Abend macht dick«: Es existiert keine Zeit am Tag, zu der das Essen besonders ansetzt. Bedeutsam ist die verzehrte Menge.
9. »Man muss immer seinen Personalausweis bei sich tragen«: Eine solche gesetzliche Regelung gibt es schlicht und ergreifend nicht.
10. »Auf öffentlichen Toiletten tummeln sich besonders viele Bakterien«: Auf jeder Computertastatur oder jeder Türklinke befinden

sich mehr Bakterien. (Auch trotz dieses Befundes fällt es immer noch nicht ganz leicht, Georg Kochs Aussage über die Zustände bei Dinamo Zagreb nachzuvollziehen: »Wenn man im Stadion auf die Toilette geht, riecht man den Schweiß, den Rauch, den Urin von Generationen. Das ist halt auch was Feines.«)

11. »›Hochziehen‹ bei verstopfter Nase ist ungesund«: »Manche HNO-Ärzte halten das ›Hochziehen‹ bei verstopfter Nase für gesünder als das Schnäuzen. ... Denn beim Hochziehen entsteht ein Unterdruck in der Nase, der dazu führt, dass Flüssigkeit aus den Nasennebenhöhlen herausgesaugt wird«, steht im »Lexikon der Medizinirrtümer« von Werner Bartens (auf das ich jetzt immer meine Partnerin Felizitas beziehungsweise meine Mutter verweise, wenn diese vorwurfsvoll zu mir sagen »Roland! Zieh nicht immer die Nase hoch – nimm dir endlich ein Taschentuch«).

In der Ankündigung des von Dieter Hildebrandt und Roger Willemsen unter dem Titel »›Ich gebe Ihnen mein Ehrenwort!‹ – Die Weltgeschichte der Lüge« herausgegebenen Buches heißt es gar, ein Mensch würde zweihundertmal am Tag lügen, von den unzähligen Irrtümern einmal ganz abgesehen. Laut Aussage von Wissenschaftsjournalist Werner Bartens sind beispielsweise die meisten Ernährungsempfehlungen, und das, obwohl der Bevölkerung tagtäglich unzählige Ratschläge gegeben werden, was gegessen beziehungsweise nicht gegessen werden soll, kaum zu belegen, wobei Experten in diesem Sektor hinter den Kulissen gar zugestehen müssen, dass sich selbst trivial anmutende Fragen hinsichtlich des Einflusses der Ernährung auf die Gesundheit nicht mit Sicherheit beantworten lassen.

Und wie sieht es im Fußball, in dem der in seinem Verhalten schwer »fassbare« Mensch (Jürgen Drommert: »Denn hier geht es ... um Menschen. Und deren Verhalten ist schwer zu kalkulieren«) eine zentrale Rolle spielt, aus? Konnte man in einem Sektor, in dem tagtäglich derart viel gesprochen, geschrieben und gesendet wird wie in kaum einem anderen gesellschaftlichen Teilbereich, wirklich davon ausgehen, dass all die Aussagen und Empfehlungen, wie zum Beispiel »der Gefoulte darf den Elfmeter nicht selbst ausführen«, »die Mannschaft müsste mehr Doppelpässe spielen«, »bei der Flanke muss man bis zur Grundlinie vordringen«, »Flügelspiel führt zum Erfolg«, richtig beziehungsweise frei von Irrtümern sind? Oder hätte hier nicht längst einmal jemand den Finger heben und fragen müssen: Stimmt eigentlich all das, was uns seit Jahrzehnten über den Fußball erzählt wird, wirklich?

Übrigens: Bei meinen Literaturrecherchen ist mir zufällig auch Bärbel Wardetzkis Werk »Weiblicher Narzissmus« in die Hände gekommen. Als ich darin blätterte, betrat mein Nachbar den Buchladen und fragte mich doch tatsächlich, ob ich schon spezifische Vorbereitungen auf die bevorstehende Frauen-WM betreiben würde ... Damit war er einem ähnlichen Irrtum aufgesessen, wie er seit Jahrzehnten deutschland-, europa- und weltweit Menschen im Zusammenhang mit der Verwendung von unzähligen (vermeintlich richtigen) Thesen, Auffassungen, Mythen, Dogmen, Legenden, Lehrmeinungen und Theorien zum Fußball unterläuft – von denen im Folgenden nun die bekanntesten und bedeutendsten richtiggestellt werden sollen.

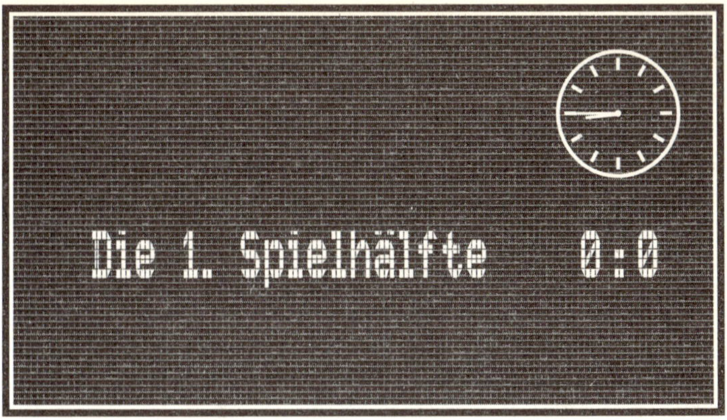

**»An nichts muss man mehr zweifeln als an Sätzen,
die zur Mode geworden sind.«**

(Georg Christoph Lichtenberg)

»Im Fußball ist es wie bei der Liebe: Was vorher ist, kann auch sehr schön sein, aber es ist nur Händchenhalten. Der Ball muss hinein.« Im Sinne dieser Aussage von Max Merkel soll nun, nachdem Sie unter »Die Mannschaftsbesprechung« und »Die Spielphilosophie« das notwendige theoretische Rüstzeug an die Hand bekommen haben, in der Zwischenzeit die Hymnen richtig gesungen wurden (Sarah Connor ersetzte vor dem Eröffnungsspiel der Münchner Allianz-Arena die Zeile »Blüh im Glanze dieses Glückes« doch tatsächlich durch »Brüh im Lichte dieses Glückes«) und die Seitenwahl erfolgte (irrtümlicherweise wird immer wieder davon ausgegangen, dass die Kapitäne hierbei den Anstoß wählen können, tatsächlich wird jedoch ausschließlich die Spielrichtung ausgelost, der Verlierer dieser Entscheidung hat dann automatisch Anstoß), der Anpfiff zur 1. Spielhälfte erfolgen. In Anlehnung an Alfred »Adi« Preißlers viel zitierten Ausspruch »Entscheidend is' auf'm Platz« beziehungsweise Otto Rehhagels Aussage »Die Wahrheit liegt auf dem Platz« werden in den 45 Minuten vor der Pause zunächst einmal (vorwiegend aus eigenen Untersuchungen stammende) Ergebnisse zu Irrtümern im Zusammenhang mit Fußballweisheiten vorgestellt und aufgeklärt, die sich auf das unmittelbare Geschehen am Ball – wenn Sie so wollen, die »Kernaspekte des Spiels« – beziehen. Franz Beckenbauer schickte seine Mannschaft 1990 mit den Worten »Geht's raus und spuit's Fußball« in das WM Finale von Rom. Ich möchte Ihnen an dieser Stelle gerne Lichtenbergs Zitat »An nichts muss man mehr zweifeln als an Sätzen, die zur Mode geworden sind« mit in ein für Sie hoffentlich spannendes Spiel um Irrtum und Wahrheit im Fußball geben.

»Never Change a Winning Team«

Diese Aussage gehört unzweifelhaft zu den großen »Klassikern« unter den Fußballweisheiten. Millionen von weltweit am Fußball beteiligten Trainern, Spielern, Managern, Journalisten, Fans oder allgemein an dieser Sportart Interessierten leben in dem Glauben, dass es sinnlos sei, eine zuletzt erfolgreiche Mannschaft im Hinblick auf das nächste Spiel personell zu verändern (Jean Giraudoux: »Man erkennt den Irrtum daran, dass alle Welt ihn teilt«). Wer den Begriff »Never change a winning team«, in Anführungszeichen gesetzt, in die Suchmaschine »google« eingibt, erhält mehr als 50 000 Treffer, wobei auffällt, dass dieser Leitspruch mittlerweile auch in viele Bereiche außerhalb des Sports, etwa die Wirtschaft, Einzug gehalten hat. Angeblich geht diese Fußballweisheit auf den einstigen englischen Nationaltrainer Sir Alfred Ramsey zurück, womit Franz Beckenbauer also nicht ganz richtigliegt, wenn er diesbezüglich von einer »altbewährten bayerischen Regel« spricht ... Nicht ganz richtig, ja sogar völlig falsch liegen übrigens auch all jene, die dieser Aussage prinzipiell glauben. Denn nach Auswertung von mehr als 1000 Spielen zu diesem Thema musste ich zu meinem großen Erstaunen (!) feststellen, dass sich diese im Fußball inzwischen seit Jahrzehnten kursierende Weisheit als das reinste Märchen herausstellte. Denn egal, ob Fußballmannschaften im Vergleich zum vorausgegangenen Spiel ihre Aufstellung änderten oder nicht, sie gewannen immer etwa 37 Prozent der folgenden Spiele. Das heißt, ob die Teams nun im Vergleich zum unmittelbar zurückliegenden, erfolgreich bestrittenen Spiel ihre Aufstellung wechselten oder in unveränderter Besetzung antraten – der Erfolg blieb immer der gleiche! – Was zukünftig bei allen Aussagen hinsichlich einer (un-)veränderten Mannschaftsaufstellung und deren Einfluss auf den Spielerfolg nicht ähnlich übersehen werden sollte wie der von Komiker Olli Dittrich erwähnte ehemalige deutsche Nationalspieler durch seine Erziehungsberechtigten: »Andreas Möller von Schalke 04 sitzt nunmehr seit 72 Stunden im Entmüdungsbecken: Seine Eltern haben vergessen, ihn abzuholen.«

»Wer die meisten Zweikämpfe gewinnt, der gewinnt auch das Spiel«

Dies ist ebenfalls einer der absoluten Klassiker unter den Fußballweisheiten (Philosoph Michel de Montaigne: »Nichts wird so fest geglaubt wie das, was wir am wenigsten wissen«), denn er hievt die Bedeutung des Zweikampfs schon annähernd in den Rang eines Universalwächters über den Erfolg im Fußballsport, wobei davon ausgegangen wird, dass die Durchsetzungsfähigkeit in der Mehrzahl aller bestrittenen Eins-gegen-eins-Situationen dem Spielgewinn entspricht. Wie nicht nur der Titel der Fußball-CD der Sportfreunde Stiller (»You Have to Win Zweikampf«), sondern auch die nachfolgende Zitate-Zusammenstellung verdeutlicht, zieht sich diese »Zweikampfgläubigkeit« durch weitgehend alle Epochen und Bereiche des Fußballs:

- Horst Eckel (über die Einstellung durch Sepp Herberger auf das WM-Finale 1954): »Ein weiterer taktischer Hinweis betraf das Verhalten der Spieler in den ersten 15 Minuten des Spiels. Entscheidende Bedeutung wurde dabei der Anzahl der dort gewonnenen Zweikämpfe zugebilligt.«
- DFB (im Technischen Bericht zur Europameisterschaft 1988): »Wer die Mehrzahl der Zweikämpfe für sich entscheidet, gewinnt mit an Sicherheit grenzender Wahrscheinlichkeit das Spiel.«
- Valerij Lobanowsky (ehemaliger Nationaltrainer der UdSSR): »Wer den größten Teil der 150 bis 200 Zweikampfsituationen in einer Spitzenbegegnung für sich entscheiden kann, wird auch das Spiel gewinnen.«
- Christoph Daum: »Wir müssen zukünftig einfach wieder die Mehrzahl der Zweikämpfe gewinnen.«
- Hans-Günter Klemm *(Kicker Sportmagazin)*: »Ein Lehrsatz aus der Grundschule der Fußballtheorie: ›Am Ende siegt derjenige, der die meisten Zweikämpfe gewinnt.‹«
- DFB: »›Wer die meisten Zweikämpfe gewinnt, gewinnt meist auch das Spiel!‹ – Diese Fußballweisheit umschreibt die Bedeutung der Grundsituation 1 gegen 1 für den Spielerfolg.«
- Guido Buchwald: »Entscheidend für den Erfolg ist die Anzahl der gewonnenen Zweikämpfe im Mittelfeld.«

- Werner Stapelfeld (Autor des Fachbuchs »Fußball – Zweikämpfe gewinnen«): »In einem Fußballspiel entscheidet die Zahl der in Angriff und Abwehr gewonnenen Zweikämpfe über Sieg oder Niederlage!«
- Autorenteam um Professor Hugo Döbler (in Kapitel 6, »Fußball«, des Hochschullehrbuchs »Sportspiele«): »Der Erfolg der Mannschaft hängt nicht unwesentlich von der Zahl der gewonnenen Zweikämpfe ab.«
- Professor Günter Hagedorn (in seinem Fachbuch »Sportspiele«): »Bekanntlich gilt im Fußball das Zweikampf-Verhalten als wesentliches Erfolgskriterium. Die Mannschaft, die die meisten Zweikämpfe gewinnt, kontrolliert häufiger den Ball, verhindert i. A. häufiger Torchancen der Gegenmannschaften, kommt selbst häufiger zu eigenen Torchancen und vermittelt der Gegenmannschaft das Gefühl der Unterlegenheit. Die Regel (der praktizierenden Trainer) lautet: Die Mannschaft, die die meisten Zweikämpfe gewinnt, hat die größere Erfolgs- bzw. Siegchance.«

Anhand der nachfolgenden, aus fünf Schritten bestehenden »Argumentationskette« soll nun versucht werden aufzuzeigen, dass die Bedeutung des Zweikampferfolgs im Fußballsport seit jeher vollkommen überschätzt wird und es sich schlichtweg verbietet, Zweikampfgewinn mit Matchgewinn gleichzusetzen! Die Ausführungen basieren dabei auf folgender Definition des Begriffs »Zweikampf«: Hierunter wird die Auseinandersetzung je eines Spielers beider Mannschaften (einer in der Offensive und einer in der Defensive) um den Ball verstanden, wobei es zwischen beiden Akteuren zu einem direkten Körperkontakt kommt beziehungsweise höchstens ein Abstand von einem halben Meter bestehen darf.

Argument 1: Wie am Anfang des Buches dargestellt, basieren Leistung und Erfolg im Sportspiel Fußball auf mehreren hundert, vielleicht sogar tausenden verschiedenen Faktoren, wobei nicht davon auszugehen ist, dass eine einzige dieser Komponenten (hier der Zweikampf) einzig und allein entscheidend für den Ausgang des Spieles zu sein vermag. Von daher ist auch Rudi Völler nicht zuzustimmen (Giovanni Trapattoni würde womöglich sagen: »Was erlauben Völler!?«), wenn dieser behauptet: »Bei aller Taktik – es geht nur über Zweikämpfe. Da müssen wir uns zu hundert Prozent austoben, ich möchte fast sagen: auskotzen!«

Argument 2: Weiterhin scheinen allergrößte Zweifel angebracht, ob die durchschnittlich etwa 240 Zweikämpfe pro Begegnung (etwa 25 Prozent davon sind Kopfballduelle), von denen jeder etwa eine Sekunde dauert, als Grundlage für die Erklärung von Sieg und Niederlage in einem insgesamt 5400 Sekunden umfassenden Spiel dienen können.

Argument 3: Wie bereits unter »Die Spielphilosophie« kurz dargelegt, gewinnt eine Mannschaft pro Spiel in etwa 120 Zweikämpfe, was bei ungefähr 100 Angriffen durchschnittlich 1,2 erfolgreich bestrittenen Eins-gegen-eins-Situationen pro Vorstoß entspricht. Nachdem aber ungefähr 99 von 100 Angriffen scheitern, stellt sich die Frage, inwieweit die hierin enthaltenen schätzungsweise 119 gewonnenen Duelle überhaupt von Bedeutung für den Spielerfolg sein können.

Argument 4: Darüber hinaus zeigte sich, dass zwischen der Anzahl der von beiden Mannschaften erfolgreich bestrittenen Zweikämpfe in der überwiegenden Mehrzahl aller Spiele kaum nennenswerte Differenzen bestehen. Häufig gewinnen, wie gerade erwähnt, beide Mannschaften in etwa 120 Zweikämpfe; zumeist liegen nur Unterschiede von 5 bis 10 durch ein Team mehr gewonnene Duelle vor (wenn Sie sich am Ende der Bundesligasaison die Statistiken in den einschlägigen Sportzeitungen/-schriften ansehen, dann erkennen Sie unschwer, dass fast sämtliche Mannschaften zwischen 48 und 51 Prozent aller Zweikämpfe gewonnen haben), wobei nicht anzunehmen ist, dass derart geringe Divergenzen irgendeinen Einfluss auf das Spielergebnis auszuüben vermögen.

Argument 5: Das eigentliche »Totschlagargument« liefern jedoch die Erkenntnisse einer eigenen Untersuchung zur Bedeutung des Zweikampfs: Nach der Analyse von mehr als 250 000 Eins-gegen-eins-Situationen ist mir nämlich der Nachweis gelungen, dass nicht – wie viele wohl glauben mögen – 80 oder gar 90 Prozent aller Fußballspiele von der zweikampfstärkeren Mannschaft gewonnen werden, sondern lediglich knapp mehr als 40 Prozent (!). Damit konnte die Bedeutung des Zweikampfgewinns deutlich relativiert werden. Diesem Ergebnis zufolge spielt die Durchsetzungsfähigkeit in den

ZWEIKAMPFBILANZ/TEAMS		
Verein	Duelle gesamt	gewonnen in Prozent
1. Bremen	8190	53,4
2. Bayern	7738	52,4
3. Dortmund	8771	50,8
Nürnberg	8270	50,8
5. Schalke	8501	50,7
6. Mönchengladbach	8191	50,5
7. Leverkusen	8917	50,4
Stuttgart	8436	50,4
9. Frankfurt	8150	50,3
10. Wolfsburg	8498	49,9
11. Aachen	7935	49,8
Hertha	8805	49,8
13. Bielefeld	8192	49,6
14. Hamburg	8330	49,4
15. Mainz	8888	48,6
16. Bochum	8593	47,9
Hannover	8500	47,9
18. Cottbus	8491	47,8

Quelle: *Sport Bild,* Sonderheft Bundesliga 2007/08, S. 164

Tab. 1 *Zweikampfbilanz der 18 Bundesligamannschaften in den jeweils 34 Spielen der Saison 2006/07*

Eins-gegen-eins-Situationen ganz offensichtlich nicht die ihr vielfach (irrtümlicherweise!) zugedachte überragende Rolle hinsichtlich des Spielerfolgs!

Damit wir uns nur ja nicht falsch verstehen: Durch das hier präsentierte Resultat soll die Relevanz des Zweikampfs im Fußballsport keineswegs in Abrede gestellt werden. Nur darf dem Zweikampf keinesfalls eine alleinig entscheidende Bedeutung hinsichtlich des Spielerfolgs beigemessen werden. Hansa Rostocks Trainer Frank Pagelsdorf: (»In 90 Prozent aller Spiele haben wir mehr Zweikämpfe gewonnen als der Gegner«) braucht sich also gar nicht zu wundern, wenn sein Team trotz angeblich so starker Zweikampfleistungen am Ende der Saison 2007/08 absteigen musste. Dies auch deshalb nicht, da eine derart eindimensionale Betrachtungsweise den überaus komplexen Strukturen im Fußballsport nicht gerecht und somit eine unzulässige Trivialisierung darstellen würde. So ist nicht auszuschließen, dass die Relevanz des Zweikampfs erst im Zusammenwirken mit anderen Komponenten, wie etwa den von der Mannschaft praktizierten taktischen Verhaltensweisen, zum Tragen kommt. Vollauf zum Tragen gekommen sind hingegen die handwerklichen Fähigkeiten des englischen Nationalspielers Darius Vassell, der, um eine unter dem Zehennagel pulsierende Blutblase zu öffnen, mal schnell zur Bohrmaschine griff. Die Folgen dieser außergewöhnlichen Heimwerkerbemühung: Blase erfolgreich geöffnet – Blutvergiftung – Operation – ein Monat Zwangspause.

»Ballbesitz ist wichtig für den Erfolg im Fußballsport«

Der Glaube, im Fußball sei der Ballbesitz von maßgeblichem Einfluss auf den Spielerfolg (FIFA: »Ballbesitz ist die entscheidende Komponente im modernen Spiel. … Dem Trainer sollte klar sein, dass Ballbesitz der letztendlich über Sieg und Niederlage bestimmende Faktor ist«), ist im Fußballsport felsenfest verankert, wie unter anderem auch die Aussage von Chelseas ehemaligem Trainer José Mourinho erkennen lässt, der – im Rückblick auf seine Zeit beim FC Porto – sagte: »Was besser werden muss, ist die Kontrolle des Spiels mit Hilfe von Ballbesitz. Das ist noch nicht der Fall. In den letzten fünf Jahren hatte mein Team in keinem einzigen Spiel weniger Ballbesitz als der Gegner, egal, ob der Real Madrid, Deportivo La Coruña oder Manchester United hieß. Wir müssten noch mehr im Ballbesitz sein.«

Wenn wir uns dem Thema zunächst einmal in Form verschiedener allgemeiner Überlegungen annähern, dann gilt es, Folgendes festzuhalten: Dem bisher unerschütterten Glauben an die Bedeutung des Ballbesitzes liegt die, sicherlich nicht unrichtige, Auffassung zugrunde, dass nur, wer den Ball hat, das Spiel zu gestalten vermag (Luis Aragonés, Trainer von Spanien bei der WM 2006: »Wer den Ball hat, dominiert das Spiel«) und dass nur, wer den Ball hat, Tore schießen kann beziehungsweise in diesem Moment nicht Gefahr läuft, Gegentore zu kassieren. (Franz Beckenbauer: »Es ist eine alte Weisheit: Wenn du den Ball hast, kann der Gegner kein Tor schießen.« Leo Beenhakker, Polens Nationalcoach: »Fußball ist ganz einfach. Wenn die eigene Mannschaft den Ball hat, kann nichts passieren.«)

Was in der Theorie so einfach klingt, stellt sich in der Praxis jedoch als überaus schwierig dar. Denn: Der Ballbesitz lässt sich im Fußballsport nur extrem schwer sichern, sodass er pro Spiel mehr als hundertmal (!) zwischen beiden Mannschaften hin- und herwechselt! Dies liegt sicherlich darin begründet, dass der Ball, anders als zum Beispiel im Basketball, nicht mit der Hand gegriffen und damit festgehalten werden kann. Da er sich mit dem Fuß wesentlich schwerer kontrollieren lässt, geht er auch viel schneller wieder an den Gegner verloren. Der Soziologe Christoph Bausenwein vertritt in diesem Zusammenhang gar folgende Theorie: »Der Erfolg des Fußballspiels beruht zu einem großen Teil auf einem Misserfolg – nämlich dem Misserfolg des menschlichen Versuchs, einen Ball mit dem Fuß zu greifen.« Und der Sportwissenschaftler Professor Martin Lames behauptet: »Eigentlich kann man im Fußball gar nicht von Ballbesitz sprechen.« Die schwere technomotorische Beherrschbarkeit des Balles mit dem Fuß im Vergleich zur Hand vermag sicherlich auch als Ursache dafür angesehen werden, dass im Fußballsport häufiger unvorhersehbare Resultate auftreten als beispielsweise in einem von Hand und Arm gesteuerten Mannschaftsspiel wie Basketball oder Handball, woraus jedoch auch die besondere Faszination des Fußballs erwächst.

Doch nun, nach all den vorausgegangenen Überlegungen, hin zu den harten Fakten. Nachdem ich mehr als 1000 Spiele zu diesem Thema ausgewertet hatte, offenbarte sich mir zum Zusammenhang von Ballbesitz und Spielerfolg ein als geradezu »sensationell« zu bezeichnendes Ergebnis, das auf einen Schlag mit der gesamten Mär von der Bedeutung des Ballbesitzes im Fußball aufräumt: Lediglich ein Drittel (!) aller Fußballspiele wird von jener Mannschaft gewonnen, die häufiger im Ballbesitz ist als der Gegner. Und: Teams, die weniger in Ballbesitz sind als der Gegner, gewinnen mehr Spiele als jene, die sich häufiger in Ballbesitz befinden.

Dieses überaus überraschende Resultat entlarvt die seit Jahrzehnten vertretene Praxismeinung, Ballbesitz sei bedeutsam für den Spielerfolg, als nichts anderes als das reinste Märchen – weswegen diese nun dringendst einer Revision bedarf und weswegen von nun an nicht mehr behauptet werden kann, die Häufigkeit des Ballbesitzes sei entscheidend für den Spielerfolg (und wer dies dennoch tut, dem muss schlichtweg Inkompetenz unterstellt werden).

Wenn Sie zukünftig also mal wieder eine der folgenden Aussagen zur Relevanz des Ballbesitzes (oder zur »optischen Überlegenheit«) im Fußball hören oder lesen, dann wissen Sie von nun an: Alles die reinste Augenwischerei!

- Christoph Daum: »Erfolgreiche Mannschaften haben lange Ballbesitzzeiten und lassen den Ball viel zirkulieren.«
- Tamas Hajnal: »Und in der Offensive brauchen wir längere Ballbesitzzeiten.«
- Zé Roberto (nach dem 3:0 Brasiliens gegen Ghana bei der WM 2006 und 52:48 Prozent Ballbesitz zugunsten Ghanas): »Wir hätten viel mehr in Ballbesitz sein müssen.«
- Michael Ballack (über die Spielweise von Chelsea London): »Aber wir müssen versuchen, unser Spiel zu perfektionieren. Das hat etwas mit Dominanz und Spielkontrolle zu tun. Wir geben dem Gegner teilweise noch zu viele Möglichkeiten, ich meine damit nicht Torchancen, sondern Ballbesitz.«
- Berti Vogts (auf die Frage, warum Deutschland in der EM-Vorrunde 2004 ausgeschieden ist): »Deutschland hat zu viel Kraft damit vergeudet, den Ball zurückzugewinnen. Das musst du umdrehen, selbst in Ballbesitz bleiben.«

Im Spiegel meiner – objektiven – Erkenntnisse zur Bedeutung des Ballbesitzes scheint es dringend geboten, sich im Fußballsport einmal grundlegend Gedanken darüber zu machen, ob all die Dinge am Ball (wie etwa Dribblings, Pässe, Flanken, Torschüsse), die ständig im Mittelpunkt aller Diskussionen stehen und die tagtäglich für so essenziell erklärt werden hinsichtlich des Erfolgs im Fußballsport, überhaupt von derart überragender Relevanz sind oder ob hier nicht andere Spielhandlungen, die sich abseits des Balles ereignen, eventuell viel bedeutsamer sind. Möglicherweise erscheint es gar als wesentlich sinnvoller, auf Ballbesitz um jeden Preis zu verzichten, sich stattdessen bis zum eigenen Strafraum zurückzuziehen und zu versuchen, über Konterangriffe zum Erfolg zu gelangen. Mit dieser Taktik wurde übrigens nicht nur Griechenland im Jahr 2004 Europameister, sondern auch Giovanni Trapattoni zu einem der erfolgreichsten Fußballtrainer aller Zeiten – und das ohne den ständig propagierten Ballbesitz. Dass man (fast) ohne jeglichen Ballbesitz in einem Spiel sogar 149 Tore erzielen kann, werden Sie mir sicherlich nicht glauben – so lange, bis Sie folgende außergewöhnliche Anekdote gelesen haben: Die Spieler von Stade Olympique L'Emyrne aus Madagaskar fühlten sich durch einen im vorausgegangenen Spiel gegen das Team ausgesprochenen Elfmeter derart benachteiligt, dass sie aus Protest in der folgenden Begegnung den Ball unablässig ins eigene Netz schossen – was ihnen in 90 Minuten immerhin 149-mal (also etwa alle 36 Sekunden) gelang.

»Der Gefoulte soll den Elfmeter nicht selbst ausführen«

»Es ist doch Gesetz: Der Gefoulte darf nicht schießen«, schimpfte Franz Beckenbauer, nachdem Luca Toni, der zuvor von Tim Wiese unfair gebremst worden war, im Bundesligaspitzenspiel zwischen Bayern München und Werder Bremen am 11. Februar 2008 den fälligen Elfmeter »vergeigt« hatte. Die Auffassung, dass der gefoulte Spieler den Strafstoß nicht selbst ausführen darf, zählt unzweifelhaft zu den ehernsten Fußballdogmen überhaupt. Jeder, der den Fußballsport seit vielen Jahren begleitet, ist mit dieser These sicherlich mehr als genug konfrontiert worden. Eine entsprechende Aussage ist von Spielern (Torsten Frings: »Schon mein Vater hat gesagt: ›Schieß nicht, wenn du gefoult wirst!‹ Daran halte ich mich«), Trainern und Managern unzählige Male getroffen worden, ebenso wie von Journalisten und Fachbuchautoren. Die FIFA und Felix Magath (im »Aktuellen Sportstudio« des ZDF am 18. Oktober 2003) setzten dem Ganzen sogar noch die Krone auf, als sie im Zusammenhang mit dieser Fußballweisheit gar von einer »goldenen Regel« sprachen. Möglicherweise verbirgt sich dahinter die Vermutung, dass ein eben erst gefoulter Spieler wohl noch zu aufgekratzt ist, um den fälligen Strafstoß selbst zu verwandeln. Am Rande sei noch darauf hingewiesen, dass im Fußballsport der Spieler sogar frei entscheiden darf, ob er den Strafstoß ausführen möchte oder nicht, während beispielsweise im Basketball die gefoulten Spieler die ihnen zugesprochenen Freiwürfe selbst übernehmen müssen.

Nun denn: Nach der Analyse von 2000 Strafstößen habe ich mir zunächst ziemlich verwundert die Augen gerieben, als mir mein Computer anzeigte, dass sowohl die gefoulten als auch die nicht gefoulten Spieler etwa 75 Prozent ihrer Strafstöße zu verwandeln vermögen. Im ersten Moment sind mir dann unwillkürlich Zweifel an der Funktionsfähigkeit meiner Computerhard-/-software durch den Kopf geschossen. Doch nachdem der umgehend von mir alarmierte PC-Spezialist Dr. Heinz Neumann trotz diverser Tests keinen Fehler entdecken konnte, begann mir allmählich die Erkenntnis zu dämmern, dass es – anders als ich und die Öffentlichkeit es jahrzehntelang zu hören bekamen – tatsächlich vollkommen belanglos ist, wer nun zur Ausführung des Strafstoßes antritt. Es handelt sich also, wie in der Zwischenzeit auch verschiedene andere Untersuchungen bestätigt haben, um das reinste Märchen! (Gewinnen Sie nicht allmählich auch den Eindruck, dass Ihnen Fußballexperten seit Jahrzehnten etwas erzählt haben, was überhaupt nicht stimmt?)

»Die Mannschaft müsste mehr Doppelpässe spielen«

Der gruppentaktischen Spielhandlung »Doppelpass« wird von zahlreichen Experten (Velibor »Bora« Milutinović: »Ein Doppelpass ist die tödlichste Waffe im Fußball, weil man dagegen nicht verteidigen kann«) und an vielen Stellen in der Literatur (Ralf Rangnick schreibt in einem Fachartikel, dass Doppelpässe wichtig seien und immer wieder trainiert werden sollten) eine hohe Bedeutung zugesprochen. (Georg Christoph Lichtenberg: »Die gemeinsten Meinungen und was jeder für ausgemacht hält, verdient oft am meisten untersucht zu werden.«) Von daher vermag es nicht zu verwundern, wenn dessen vermehrte Anwendung immer wieder gefordert wird und die Aussage »Die Mannschaft müsste mehr Doppelpässe spielen« zu den Highlights unter den Fußballweisheiten zählt. Jupp Heynckes hat eine solche Forderung beispielsweise gebetsmühlenartig wiederholt, ebenso wie ganze Legionen anderer Trainer (Ralf Rangnick: »Sucht den Doppelpass!«). Selbst von Herbert Grönemeyer (den ich anlässlich seines Besuchs im ZDF-Studio während der WM 2006 nicht nur als »pfiffigen Typen«, sondern auch als sehr gut informierten Fußballinteressierten kennengelernt habe) ist der vermeintlich beste Weg zum Erfolg im Fußball bereits besungen worden: »Machst mit dem Doppelpass jeden Gegner nass.«

Nur: Meine statistischen Analysen zum Thema »Doppelpass« förderten gleich zwei Ergebnisse zutage, die an der Sinnhaftigkeit einer Forderung nach mehr Doppelpässen allerhöchste Zweifel aufkommen lassen! Vor deren Präsentation soll, da im Zusammenhang mit dem Begriff immer wieder Unklarheiten auftauchen (Dieter Hoeneß über Jürgen Röber: »Unser Trainer lernt jetzt Spanisch. Alles, was ich weiß, ist, dass Doppelpass nicht Paso doble heißt« – und übrigens auch nicht »Double-pass«, wie fälschlicherweise immer wieder zu hören ist, sondern »give and go«), die der eigenen Analyse zugrunde liegende Definition des Ausdrucks »Doppelpass« noch kurz vorgestellt werden: Es handelt sich hierbei um eine Passfolge zwischen zwei Spielern einer Mannschaft, in deren Verlauf Spieler B das Zuspiel von Spieler A direkt auf diesen zurückleitet, wodurch ein oder mehrere Gegenspieler ausgespielt werden.

Von dieser Basis aus können nun nachfolgend die beiden bedeutendsten Erkenntnisse aus den Auswertungen zum Doppelpass präsentiert werden:

1. Die von mir durchgeführten Spielanalysen verdeutlichten, dass eine Mannschaft pro Spiel nicht, wie viele glauben mögen, etwa 20 oder 30 Doppelpässe ausführt, sondern im Schnitt sogar weniger als zwei (!). Eine völlig marginale Anzahl also! Selbst wenn man die Zahl verdoppeln würde, wären es noch nicht einmal vier Doppelpässe pro Mannschaft und Spiel. Wie, bitte, soll von diesen ein nachhaltiger Einfluss auf das Spielergebnis ausgehen?
2. Das zweite Resultat, das an der Forderung nach einem häufigeren Einsatz des Doppelpasses zweifeln lässt, bezieht sich darauf, dass der Doppelpass eine jener Spielhandlungen im Fußballsport mit der höchsten Fehlerrate darstellt, zumal nur etwa zwei Drittel aller Zusammenspiele dieser Art positiv verlaufen. Damit widerspricht dieser Befund auch Günter Netzers Ansicht, der Doppelpass vereine Zweckmäßigkeit und Attraktion in einem. Zurückzuführen ist die geringe Erfolgsquote darauf, dass der Ball von Spieler B direkt in den Lauf von Spieler A zurückgespielt werden muss und dabei auch noch ein Gegenspieler ausgespielt werden soll.

Fazit: Der Versuch mit einer – von Fußballtrainern immer wieder geforderten – Erhöhung der Anzahl von Doppelpässen das Spielgeschehen effizienter zu gestalten, dürfte also vergleichbar sein mit der Hoffnung des Lottospielers, durch das Ausfüllen von zwei anstelle nur einem Zahlenfeld seine Chancen auf einen Millionengewinn deutlich zu erhöhen (oder glauben Sie etwa, dass in der Arktis zehn Eisberge zu schmelzen anfangen, wenn Sie an Weihnachten eine Wunderkerze zum Fenster raushalten?).

Im Spiegel der vorstehend präsentierten Fakten stellt sich unweigerlich die Frage, ob der Doppelpass nicht nur in den Expertenaussagen beziehungsweise in der Literatur, sondern auch in der praktischen Trainingsarbeit eine ungerechtfertigt hohe Gewichtung erfährt und ob es hier nicht seit Jahren zu einer falschen Schwerpunktsetzung kommt. Wenn diese gruppentaktische Spielhandlung wirklich derart selten auftritt und zudem eine so hohe Misserfolgsquote mit sich bringt, dann ist für mich nur sehr schwer nachvollziehbar, warum einerseits ständig die Forderung nach deren vermehrtem Training erhoben wird (Thomas Berthold: »Es müssen endlich wieder grundlegende Dinge gelehrt und trainiert werden: Doppelpässe...«) und andererseits diese Spielform, was unzählige Trainingsbeobachtungen von Mannschaften der verschiedensten Leistungsstufen ergeben haben, immer wieder einstudiert wird. Sagte doch Günter Netzer schon 1973: »Den Doppelpass habe ich mit Bonhof zehn Jahre geübt, und nie hat er geklappt.«

»Wer häufiger auf das Tor schießt als der Gegner, der gewinnt auch das Spiel«

Getreu obigem Motto gehen unzählige Fußballinteressierte davon aus, dass die Häufigkeit der von einer Mannschaft abgegebenen Torschüsse ausschlaggebend für Sieg oder Niederlage in einem Fußballspiel ist. Sie alle werden ob der im Folgenden präsentierten Ergebnisse jedoch ähnlich überrascht sein wie ein Internetbenutzer, der nach »Liebespaar« googelt und als Treffer dann »Uli Hoeneß/Willy Lemke« beziehungsweise »Jürgen Klinsmann/Matthias Sammer« erhält. Denn: Meinen eigenen Untersuchungen zufolge, die auf der Auswertung von mehr als 1000 Spielen basieren, spielt die Häufigkeit der Torschüsse alles andere als eine überragende Rolle hinsichtlich des Spielerfolgs. Nicht 80 oder vielleicht sogar 90 Prozent aller Fußballspiele werden von jener Mannschaft gewonnen, welche mehr Torschüsse abgibt als der Gegner, sondern nur ganze 45 Prozent! Mit anderen Worten: Nicht einmal die Häufigkeit des Torschusses (für viele *das* zentrale Element des Spieles) hat einen außergewöhnlich bedeutsamen Einfluss auf den Spielerfolg. Als besonders markantes Beispiel in diesem Zusammenhang lassen sich die Spiele von Griechenland bei der EM 2004 in Portugal anführen: Wie die folgende (nach dem Endspiel im ZDF eingeblendete) Tabelle ausweist, hat die griechische Mannschaft in jedem ihrer sechs Turnierspiele seltener auf das Tor geschossen als der jeweilige Gegner (am Ende waren es 52 eigene und 103 gegnerische Torschüsse!) und ist trotzdem Europameister geworden – was selbst für Trainer Otto Rehhagel ein großes Mysterium gewesen sein dürfte.

Griechenland	10	20	Portugal
Griechenland	8	14	Spanien
Griechenland	13	16	Russland
Griechenland	5	13	Frankreich
Griechenland	12	18	Tschechien
Griechenland	4	22	Portugal
Summe	52	103	

Tab. 2 *Torschüsse Griechenlands und der jeweiligen Gegner in den Spielen der EURO 2004 (ZDF-Grafik nach dem Endspiel)*

»Eckbälle müssen zum Tor hin angeschnitten werden«

Ob Eckbälle besser zum Tor hin oder besser vom Tor weg angeschnitten werden, darüber gehen im Fußballsport die Auffassungen weit auseinander, wie auch die folgenden Aussagen belegen: Die beiden Fachbuchautoren Werner Stapelfeld (»Der Eckstoßschütze sollte den Ball möglichst vom Torwart ›wegziehen‹«) und Jerzy Talaga (»Effetstöße, die sich vom Tor entfernen, sind für die Abwehr besonders gefährlich«) empfehlen, Eckbälle vom Tor weg anzuschneiden. Dagegen sind die FIFA (»... die Eckbälle mit Schnitt zum Tor hin auszuführen«), Fachbuchautor Charles Hughes (»Zum Tor hin angeschnittene Eckbälle sind wesentlich effektiver«), Peter Neururer (»Von links schießt ein Rechtsfuß, von rechts ein Linksfuß. So gehen die Bälle immer zum Tor hin. Das ist viel gefährlicher. Denn der Ball geht auch dann ins Tor, wenn ihn keiner mehr berührt.«) wie übrigens auch schon Hennes Weisweiler der Meinung, dass es Erfolg versprechender sei, den Eckball (mit dem »Gegenbein«) zum Tor hin anzuschneiden.

Dass Fußballeraussagen nicht gerade das Orakel von Delphi sind, haben wir auf den vorausgegangenen Seiten schon wiederholt feststellen müssen. In der Frage nach dem sinnvollsten Schnitt bei den Eckbällen irren jedoch gleich beide Lager. Denn auf der Grundlage meiner Auswertung von 3000 Eckstößen lässt sich feststellen, dass es hinsichtlich eines sich anschließenden Torerfolgs überhaupt keine Rolle spielt, ob der Ausführende des Eckballs diesen nun zum Tor hin oder vom Tor weg anschneidet, da beide Ausführungsvarianten in 2,1 Prozent aller Fälle einen Treffer nach sich ziehen.

Insofern konnten in dieser Hinsicht gleich zwei der im Fußballsport lange Zeit bestehenden Lehrmeinungen ad absurdum geführt und als der reinste Hokuspokus entlarvt werden. (Befällt Sie nun langsam die böse Ahnung, viele Jahre der reinsten Varietévorführung aufgesessen zu sein? – Udo Latteck: »Sie können ruhig etwas lauter nicken!«) Mit Blick auf das hier vorgestellte Resultat erscheint es mir dann auch als großes Rätsel, wie Charles Hughes, Direktor im Englischen Fußballverband, in seinem 1990 unter dem Titel »The Winning Formula« erschienenen Buch behaupten kann, dass eine Mannschaft im Anschluss an einen zum Tor hin angeschnittenen Eckball eine dreifach höhere Chance auf einen Torerfolg hat als nach einem Eckball vom Tor weg.

»Über die Flügel zum Erfolg«

»Die Mannschaft muss mehr über die Flügel spielen« stellt eine Aussage dar, die jedem, der den Fußballsport seit vielen Jahren verfolgt, unzählige Male untergekommen ist (Bertolt Brecht: »Unsichtbar wird die Dummheit, wenn sie genügend große Ausmaße angenommen hat«). Einer solchen Forderung liegt die Vermutung zugrunde, dass Angriffe über die Außenpositionen erfolgreicher sind als solche durch die Mitte. Folglich plädieren beispielsweise Trainer und Experten immer wieder dafür, Angriffe über die Flügel vorzutragen, wie die nachstehenden Beispiele eindrucksvoll zu belegen vermögen:

Trainer/Spieler

- Ottmar Hitzfeld: »Im modernen Fußball wird das Zentrum immer mehr abgedichtet, sodass die Teams mehr über die Seiten attackieren müssen.«

- Berti Vogts: »Der internationale Trend geht dahin, dass man über die Außenpositionen zum Erfolg kommt. Ist ja auch logisch, weil die geballte Kraft im Mittelfeld steht, zentral vor der Abwehr.«
- Marcell Jansen: »Die Abwehrbollwerke sind so perfekt, da kommt man oft nur noch mit Flügelspiel durch.«

Fachbücher

- Charles Hughes: »Für die Mannschaften ist es sehr bedeutsam, dazu in der Lage zu sein, effektiv über die Flügel angreifen zu können, zumal dort mehr Freiraum verfügbar ist.«
- Autorenteam um Professor Hugo Döbler (im Kapitel 6, »Fußball«, des Hochschullehrbuchs »Sportspiele«): »Bleibt also festzuhalten, dass dem Flügelspiel gegenüber den Angriffen durch die Mitte eine deutlich höhere Bedeutung für den Spielerfolg zugemessen wird!«
- FIFA: »Mannschaften sollten so viel wie möglich über die Flügel spielen.«

Medien

- Florian König (RTL): »Über die Außen, da wird's gefährlich – eine alte Fußballerweisheit, aber sie trifft immer wieder zu.«
- Marcel Reif (Premiere): »Es ist sinnvoll und wahr, dass man über die Außen kommen muss.«
- Tom Bartels (RTL): »Das ist das richtige Rezept – der FC Bayern muss über die Flügel spielen.«

Was im Zusammenhang mit den Aussagen zum Flügelspiel beziehungsweise Spiel durch die Mitte besonders auffällt, ist, dass nur höchst selten von irgendeiner Seite ein vermehrtes Spiel durch die Mitte gefordert (Dettmar Cramer: »Wir müssen die gegnerische Mannschaft da schlagen, wo sie am stärksten ist, also durch die Mitte«), dieses stattdessen zumeist als uneffektiv abgekanzelt wird (»unser Spiel war zu sehr durch die Mitte angelegt«; »es konnte ja nichts dabei herauskommen, weil wir es immer wieder durch die Mitte versucht haben«; »wir sind viel zu früh zur Mitte gedrängt«), wie beispielsweise im Nachbericht von ARD-Kommentator Marc Schlömer zum Spiel VfL Bochum gegen Schalke 04 in der ARD-»Sportschau« vom 28. April 2007: »In der zweiten Hälfte ging es für

Schalke immer wieder ab durch die Mitte – eines Tabellenführers damit nicht würdig.«

Aus Sicht des Wissenschaftlers habe ich mich schon immer gefragt, woher die Trainer, Spieler, Manager, aber auch Journalisten ihre Aussagen zum angeblich erfolgreichen Spiel über die Außenpositionen eigentlich beziehen. Wer von all den Menschen kann mehrere tausend Angriffe und die hieraus entsprungenen Tore, die nötig erscheinen, um eine verlässliche Aussage zu diesem Thema treffen zu können, überhaupt im Gedächtnis behalten? Irgendwie steht hier zu befürchten, dass seit Jahrzehnten unreflektiert weitergegebene Vermutungen, deren Wahrheitsgehalt jedoch niemals angezweifelt und schon gar nicht überprüft wurde, als sicheres Wissen verkauft wurden.

Laut Fußballtheorie wohnen beiden »Angriffsarten« ihre jeweils spezifischen Vor- beziehungsweise Nachteile inne: Das Spiel durch die Mitte führt auf direktem Weg zum Tor, dafür steht hier die gegnerische Deckung besonders massiert. Bei den Angriffen über die Flügel bietet sich in aller Regel mehr Freiraum zum Durchbruch, dafür ist jedoch der Weg zum Tor weiter, weswegen es alles andere als »logisch« ist, über die Flügel zu spielen, wie Berti Vogts in seinem oben aufgeführten Zitat behauptet.

Doch nun zu den harten Fakten, welche die Forderung nach dem vermehrten Flügelspiel ebenfalls als Märchen aus Tausendundeiner Nacht entlarven. Denn wenn ich mir die Ergebnisse meiner Analyse zu mehr als 10 000 Angriffen vor Augen führe, dann zeigt sich folgendes überraschende Bild: Vorstöße über die Außenpositionen führen in 1,5 Prozent aller Fälle zu einem Tor. Doch auch Angriffe durch die Mitte ziehen in 1,5 Prozent aller Fälle einen Treffer nach sich. Damit besteht in Bezug auf die Effektivität keinerlei Unterschied zwischen Angriffen über die Außen beziehungsweise durch die Mitte (Rudi Völler würde wohl sagen: »Wie so oft liegt auch hier die Mitte in der Wahrheit ...«).

Anhand dieses Befundes ist nun auch klar geworden, dass die Fußballöffentlichkeit von all jenen, die immer wieder behauptet haben, Flügelspiel sei erfolgreicher, als in der Mitte durchzubrechen, nichts anderes als nur an der Nase herumgeführt wurde (Wenn Sie sich die bisher präsentierten Ergebnisse vor Augen führen, dann wird Ihnen bestimmt auffallen, dass der Fußball ganz anders aussieht, als Sie jahrzehntelang angenommen haben, beziehungsweise Sie merken dann, wie Ihr bisheriges Fußballwissen in sich zusammenbricht wie ein Einfamilienhaus in Florida bei der ersten Orkanböe und wie plötzlich alle widerlegt werden, die behauptet haben, Flügelspiel sei effizienter als ein Angriff durch die Mitte) wie übrigens auch die Verantwortlichen des AC Florenz von ihrem brasilianischen Spieler Edmundo, der vorgab, aus gesundheitlichen Gründen nicht rechtzeitig nach Europa zurückkehren zu können – dann aber das Pech hatte, in den Fokus von Fernsehkameras zu geraten, als er bei bester Gesundheit am Karneval von Rio teilnahm.

»Standardsituationen sind im Fußballsport ein immens wichtiger Erfolgsfaktor«

»Jede Analyse von Welt- und Europameisterschaften seit Anfang der 90er-Jahre unterstreicht Standardsituationen als immens wichtigen Erfolgsfaktor im internationalen Spitzenfußball«, steht im Analysebericht des DFB zur Fußballweltmeisterschaft 2006. Wer solch einen Satz und insbesondere die Formulierung »immens wichtig« liest, der ist schnell verleitet zu denken, dass etwa 70, 80 oder gar 90 Prozent aller Tore im Fußballsport im Anschluss an Freistöße, Elfmeter, Eckbälle, Abstöße und Einwürfe fallen würden. Eine solche Auffassung lässt sich wissenschaftlich jedoch nicht rechtfertigen, zumal in meinen Analysen zu über 15 000 Bundesligatoren der Anteil an Treffern, die aus Standardsituationen heraus resultierten, gerade einmal bei 29 Prozent lag, ein Wert, der durch verschiedene andere Studien, wie etwa jene der FIFA zur WM 2002 (28 Prozent) und zur WM 2006 (31 Prozent) weitgehend bestätigt wird. Demzufolge sitzen alle jene, die glauben, Standardsituationen hätten eine überragende Bedeutung hinsichtlich des Toreerzielens, ebenso einem gewaltigen Irrtum auf wie Torsten Legat, der nach seinem Transfer zum VfB Stuttgart auf die Frage, wie ihm denn Spätzle schmecken, antwortete: »Die hab ich noch nicht probiert, aber im Allgemeinen mag ich Geflügel.« Nebenbei bemerkt: Man könnte sich durchaus fragen, wie es zusammenpassen soll, dass der DFB in seiner WM-Analyse Standardsituationen als »immens wichtigen Erfolgsfaktor im internationalen Spitzenfußball« einstuft, während die deutsche Nationalmannschaft diese vor der WM 2006 kaum eingeübt hat, wie »Jogi« Löw in einem Interview kurz vor dem Turnier einräumte: »Standardsituationen – die haben wir bisher nicht trainiert, weil wir wenig Zeit hatten …« Einer der ganz besonderen Treffer der Fußballgeschichte fiel dann allerdings doch aus einer Standardsituation heraus: In ganz Brasilien läuteten die Kirchenglocken, eine Sonderbriefmarke wurde gedruckt, und der Präsident des Landes genehmigte sogar einen Feiertag, als Pelé am 19. November 1969 im Auswärtsspiel seines FC Santos bei Vasco da Gama Rio de Janeiro seinen 1000. Treffer erzielte – ausgerechnet per Elfmeter, da er doch während seiner langen Karriere niemals müde wurde zu behaupten: »Die feigste Form der Torerzielung im Fußball überhaupt ist jene per Strafstoß.«

»Direkte Freistöße sind bedeutend für den Spielerfolg im Fußball«

Bereits im Kapitel »Die Spielphilosophie« sind Sie von mir dazu angehalten worden, nicht alles für bare Münze zu nehmen, was in Fußballfachbüchern steht (Felix Magath: »Ich kenne auch kein Buch, das das Fußballspiel erklären kann, zu schwierig, zu kompliziert«). An dieser Stelle möchte ich diesen Hinweis anhand eines konkreten Beispiels aus dem Werk des bereits erwähnten Charles Hughes mit dem Titel »The Winning Formula« konkretisieren. Darin heißt es auf Seite 113, dass direkte Freistöße ein wichtiger Faktor in Bezug auf das Erzielen von Toren und den Spielerfolg sind. Entgegen weitverbreiteten Vorstellungen spielen direkte Freistöße hinsichtlich des Toreerzielens und des Spielerfolgs jedoch eine vergleichsweise untergeordnete Rolle, wie ich Ihnen anhand meiner eigenen Analyseergebnisse im Folgenden beweisen möchte: In den Bundesligaspielzeiten 1989/90 bis 2007/08 sind in der höchsten deutschen Liga 16730 Tore gefallen. Ganze 464 davon resultierten aus einem als Torschuss ausgeführten direkten Freistoß, was einem Anteil von noch nicht einmal 3 Prozent entspricht (überhaupt fielen nur 12 Prozent aller Tore aus Freistoßsituationen heraus). Angesichts eines derart niedrigen Wertes besitzt die Aussage, direkte Freistöße seien für das Erzielen von Toren enorm wichtig, in etwa die gleiche Qualität wie die Behauptung, Rudelbildung sei ein beim Tischfußball häufig in Erscheinung tretendes Ereignis. Lassen Sie mich Ihnen in diesem Zusammenhang noch ein aktuelles Beispiel eines Spitzenklubs aus der Fußballbundesliga aufführen: Bayern München konnte vom 27. Januar 2006 (als Michael Ballack in Mönchengladbach erfolgreich war) bis einschließlich des letzten Spieltags der Saison 2007/08 in 84 aufeinanderfolgenden Bundesligaspieltagen kein einziges Tor aus einem als Torschuss ausgeführten direkten Freistoß erzielen – und gehörte in diesem Zeitraum dennoch immer der Spitzengruppe der Bundesliga an (Meister 2006 und 2008), womit direkte Freistöße so bedeutend für den Erfolg nun auch nicht zu sein scheinen.

»Wir wollen nichts dem Zufall überlassen«

Eine Aussage wie die obige, beispielsweise von Bayern Münchens ehemaligem Kotrainer Michael Henke, verleitet fast zu der Annahme, im Fußball sei es möglich, durch entsprechende Planung beziehungsweise Vorbereitung sämtliche Unwägbarkeiten während eines Spiels zu kontrollieren oder gar völlig auszuschalten (Felix Magath: »Fußball soll nicht Zufall sein, sondern planbar und gewollt«). Doch weit gefehlt! Meinen eigenen Erhebungen zufolge fällt fast die Hälfte aller Tore im Fußballsport infolge zufälliger Einflüsse. So waren immerhin 415 (48 Prozent) der 860 Treffer in der Bundesligasaison 2007/08 nichts anderes als Zufallsprodukte, beispielsweise durch einen abgefälschten Schuss, einen vom Innenpfosten abprallenden Ball, eine Fehlentscheidung des Schiedsrichters, einen unkontrollierten Abpraller, einen schweren Abwehrfehler oder ein gegnerisches Eigentor. Bestätigung finden die eigenen Befunde durch verschiedene Studien von Professor Martin Lames vom Institut für Sportwissenschaft der Universität Augsburg (»Knapp die Hälfte aller Tore im Fußball weisen bei ihrem Zustandekommen also ein Merkmal auf, das als Beleg dafür genommen werden kann, dass unkontrollierbare, zufällige Faktoren im Spiel waren«), der ebenfalls feststellte, dass annähernd jedes zweite Tor reine Glücksache, also nicht planvoll herausgespielt war, wobei ihm die besondere Häufigkeit von Zufallstoren beim Stand von 0:0 auffiel. Das Ergebnis eines Fußballspiels generiert sich also zu einem bemerkenswert hohen Teil durch eine Vielzahl nicht überschaubarer Zufallsfaktoren, die einen deutlich höheren Einfluss auf die Entstehung des Spielausgangs nehmen, als die meisten glauben beziehungsweise zugeben wollen (Lames: »Der heimliche Torschützenkönig ist der Zufall«). Angesichts dieser Tatsache würde man sich wünschen, dass von allen Beteiligten die Bedeutung des Zufalls im Fußball wesentlich mehr akzeptiert werden würde, anstatt jedes Spielergebnis ausschließlich als Produkt der Leistung einer Mannschaft zu werten, was auch Professor Lames als wenig sinnvoll einstuft: »Es ist eine Unsitte, nach jedem 1:0 die Sieger in den Himmel zu loben und die Verlierer niederzumachen.« Vielmehr fordert der Sportwissenschaftler eine neue Fußballphilosophie: »Wir müssen Zufall als wesentliches Element des Spiels akzeptieren – und nicht meinen, den Zufall kontrollieren beziehungsweise ausschalten zu können.«

Den Zufall als offensichtlich bedeutsamen Einflussfaktor haben die Vertreter des DFB in ihrem Analysebericht zur WM 2006 offensichtlich noch nicht so recht akzeptiert, zumal sie dort schreiben: »Späte Torerfolge wie z. B. das 1:0 von Deutschland durch Oliver Neuville im Gruppenspiel gegen Polen, vor allem aber die ›beiden Stiche ins deutsche Fußballherz‹ kurz vor dem Ende des Halbfinalspiels Italien – Deutschland sind alles andere als Zufallsprodukte! Sie sind Ausdruck taktischer Variabilität der Top-Teams bei der Weltmeisterschaft 2006. ... Diese Lösungsrezepte sind alles andere als spontane Reaktionen und Anweisungen des Trainers, sondern mit dem Team einstudierte, bis ins Detail vorbereitete Automatismen.« Zu dieser Aussage wäre in Stichpunkten anzumerken: Ungefähr 50 Prozent aller Tore im Fußball fallen aufgrund zufälliger Einflüsse. Beim 1:0 von Italien gegen Deutschland landet ein (zu kurz abgewehrter) Eckball irgendwie vor den Füßen von Andrea Pirlo. Dieser spielt den Ball dann per Hacke (!) auf Fabio Grosso weiter, der sich als linker Außenverteidiger wohl erstmals in seiner gesamten Karriere auf einer halbrechten Position in den gegnerischen Strafraum verirrt hat – und das soll laut DFB einer der »einstudierten, bis ins Detail vorbereiteten Automatismen« gewesen sein. Wer bitte soll das verstehen? Ich, der es gern mit Nobelpreisträger Daniel Kahneman hält (»Wir Menschen sind dafür geschaffen, Muster zu sehen. Deshalb sieht der Zufall für uns nach Ordnung aus. Wenn Sie mit der Annahme starten, dass die Welt verstehbar ist, dann können Sie sich davon nicht mehr lösen. Sie können nicht zugeben, dass gewisse Dinge grundsätzlich nicht durchschaubar sind.«), jedenfalls nicht.

Wesentlich mehr anzufreunden vermag ich mich da schon mit der Antwort von Kabarettist Dieter Hildebrandt, als er gefragt wurde, was ihm am Fußball so gut gefalle: »Och, dass Luft drin ist und er springt und dass er manchmal dahin springt, wo er nicht hin soll, und manchmal ins Tor...« Dorthin ist er übrigens auch bei Oliver Bierhoffs »Golden Goal« im EM-Finale von 1996 nur mehr oder weniger zufällig gesprungen, wobei – und jetzt kommt der eigentliche Zufall ins Spiel – dieser Treffer gar nicht zustande gekommen wäre (so jedenfalls die Überlieferung), wenn sich nicht Monika Vogts im Vorfeld der EM 1996 bei ihrem Ehegatten (übrigens der einzige Mann, der als Spieler und als Trainer den EM-Titel gewinnen konnte) erfolgreich für die Mitnahme Bierhoffs zu diesem Turnier ausgesprochen hätte...

»Die Anzahl der Fouls im Fußball ist in den letzten Jahren deutlich gestiegen«

Aufgrund der in den letzten Jahren – ob der immer besseren athletischen Voraussetzungen der Spieler – sich stetig steigernden Dynamik des Spiels vertreten viele Betrachter der Fußballszene, wie beispielsweise Brasiliens ehemaliger Nationaltrainer Parreira, den Standpunkt, dass die Anzahl der Fouls im Fußball sich ständig erhöhen und es somit zu einer zunehmenden Unfairness im Fußballsport kommt. An der in *Sport Bild* am 5. September 2007 (siehe Seite 96) abgedruckten Grafik, welche die durchschnittliche Anzahl an Regelverletzungen in den Bundesligaspielzeiten seit 1998/99 wiedergibt, wird jedoch sehr schnell deutlich, dass genau das Gegenteil einer solchen Annahme der Fall ist! Die von den Schiedsrichtern geahndeten Fouls sanken von durchschnittlich 41 in der Spielzeit 1998/99 auf 37 in der Saison 2006/07, womit der niedrigste Wert der letzten neun Jahre erreicht wurde. Danach befragt, ob heute in der Bundesliga brutaler gespielt wird als früher, hatte auch Rudi Völler eine unmissverständliche Antwort parat: »Auf keinen Fall!« Dennoch ist schwer zu beantworten, ob sie gänzlich vorbei sind, die Zeiten, in denen »Eisen-Dieter« Schlindwein vom FC St. Pauli auf die Feststellung Jürgen Klinsmanns, dass es im Stadion Am Millern-

BUNDESLIGASTATISTIK

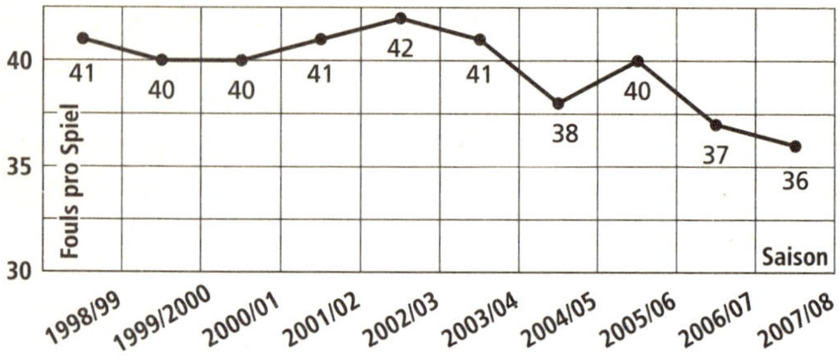

Die Grafik zeigt für jede Saison seit 1998 die Zahl der Fouls pro Bundesligaspiel

Quelle: *Sport Bild* 36/2007, S. 12

Abb. 1 *Entwicklung der durchschnittlichen Anzahl an gepfiffenen Fouls (Bundesligaspielzeiten 1998/99–2007/08)*

tor ein weiter Weg sei von den Kabinen zum Platz, noch antwortete: »Macht nix. Zurück wirst du getragen.«

»Ein Spieler hat fast alle Standardsituationen ausgeführt«

Wenn Sie Liveübertragungen von Fußballspielen im Fernsehen oder im Radio verfolgen, dann hören Sie regelmäßig die Reporteraussage, dass Standardsituationen fast stets Sache eines einzelnen Spielers sind. Den mir vorliegenden Analyseergebnissen entsprechend sind, wenn man alle Spiele einer Saison zusammen betrachtet, einzelne Spieler anteilsmäßig in Höhe von 20 bis 30 Prozent, teilweise auch annähernd 40 Prozent zuständig für die Ausführung verschiedener Arten von Standardsituationen, wie etwa Eckbällen oder Freistößen – was in gewisser Weise auf das im Fußballsport immer wieder erwähnte »Spezialistentum« (»Freistoßspezialist«, »Eckballspezialist«, »Einwurfspezialist«) bei der Ausführung ruhender Bälle hindeutet. Dass in einzelnen Begegnungen einzelne Spieler jedoch »fast alle Standardsituationen ausführen«, wie es immer so schön heißt, das verkennt die Realität allerdings völlig. Schauen Sie sich nur einmal an, wie viele Abstöße, Freistöße aus der eigenen Spielfeldhälfte und vor allem Einwürfe von Mitspielern der »Spezialisten« erledigt werden, der vom Radio- beziehungsweise Fernsehreporter gerade mal wieder als jener Akteur hervorgehoben wurde, dem die Ausführung fast aller Standardsituationen obliegt. Aber dass Menschen hin und wieder zu gewissen Übertreibungen neigen, ist ja so neu nun auch wieder nicht, wie etwa die Aussage von Uwe Reinders belegt: »Wenn einer erzählt, der Reinders hat in der Kneipe ein Bier getrunken, macht der nächste 17 daraus, und in der Zeitung steht, er war voll wie ein Eimer.«

»Fast alle Aktionen im modernen Fußball laufen unter gegnerischem Störeinfluss ab«

»Warum kommt der Mann so frei zum Schuss?«, fragte Branko Zebec, als er während eines Bundesligaspiels nach einem alkoholbedingten Nickerchen auf der Trainerbank aufwachte. Schließlich erklärte ihm jemand, dass es sich um einen Strafstoß für das gegnerische Team handelte. Der von Zebec in dieser Szene gewünschte Störeinfluss ist ein Phänomen, das viele Betrachter inzwischen bei fast allen Aktionen des modernen Fußballspiels vermuten. Insbesondere aufgrund der in den zurückliegenden Jahren stark gestiegenen Laufleistung der Spieler wird immer wieder davon ausgegangen, dass inzwischen fast alle Spielhandlungen unter gegnerischer Bedrängnis ausgeführt werden müssen – was sich jedoch als reinster Irrglaube erweist! Denn meinen Analysen zu mehr als 60 000 Ballkontakten zufolge wurden die den Ball führenden Spieler bei mehr als der Hälfte (!) aller Spielhandlungen nicht vom Gegner gestört (Hans Meyer: »Wenn kein Gegner mehr da ist, ist Fußball richtig schön«). Die Gründe für diesen vergleichsweise hohen Wert: Die Spieler sind beim Spielaufbau in der eigenen Hälfte meist unbedrängt, werden auch in seitlichen Positionen innerhalb der gegnerischen Spielfeldhälfte nicht immer direkt angegriffen, finden bei fortgeschrittenem Spielverlauf sowie aufgelockerten Strukturen mehr Freiraum vor und können Standardsituationen in regelkonformem Abstand zum Gegner ausführen. Völlig unbedrängt lief auch in einem Spiel der dritten spanischen Liga ein Spieler auf das gegnerische Tor zu – bis exakt zu dem Moment, da er sich einem ungewöhnlichen Störeinfluss ausgesetzt sah: Enrique Martin, Trainer der gegnerischen Mannschaft von Legranes, sprintete auf den Platz und hinderte ihn per »Notbremse« am erfolgreichen Torschuss. Martins anschließende Begründung für seine »Rettungsmaßnahme«: Er habe geglaubt, der gefoulte Spieler sei im Abseits gewesen!

»Faires Spiel führt zum Erfolg«

»Wir müssen einfach mehr Fouls als der Gegner machen, dann sind wir besser«, behauptet Brasiliens Weltmeistertrainer Luiz Felipe Scolari und spricht damit ein Thema an, über das im Fußball schon unzählige Diskussionen geführt wurden: den Zusammenhang von fairer/ unfairer Spielweise und dem Spielerfolg. Die Verfechter eines fairen Spiels argumentieren diesbezüglich vor allem, dass die aus Fouls resultierenden Standardsituationen zahlreiche Gegentore nach sich ziehen würden und die Mannschaft Gefahr liefe, durch Platzverweise in Unterzahl zu geraten. Die Befürworter einer harten/unfairen Gangart (Christian Beeck: »Wir haben mit der notwendigen fairen Brutalität gespielt«) weisen dagegen gern darauf hin, dass man mittels Fouls den Gegner einschüchtern, ihm also den Schneid abkaufen könne.

Nach einer systematischen Auswertung von mehr als 1000 Spielen vermag ich die Diskussion nun um folgende objektive Erkenntnisse zu ergänzen: Mannschaften, die mehr Fouls verüben als der Gegner, gewinnen geringfügig mehr Spiele (37 Prozent) als Mannschaften, die im Vergleich zum Gegner seltener zu unfairen Mitteln greifen (35 Prozent), wobei auf den vergleichsweise geringen Unterschied zwischen beiden Werten nochmals gesondert hingewiesen sei. Ein in die gleiche Richtung weisendes Ergebnis haben Gunnar Gerisch und Dieter Sommer auf der Grundlage langjähriger Studien zu Fouls und Regelwidrigkeiten im Spitzenfußball ermittelt, wobei auch in ihren Untersuchungen keine nennenswerte Differenz zwischen der von siegreichen beziehungsweise unterlegenen Mannschaften verursachten Anzahl an Fouls in Erscheinung trat. Wenn Autor Wolfgang Hars in seinem Buch »Nullkommafünfzunull« also schreibt: »Unfairness setzt sich durch: Stimmt nicht. Zum Glück bewahrheitet sich hier die Fußballweisheit einmal nicht, denn am Ende gewinnt meistens die fairste Mannschaft«, dann verfestigt er mit einer solchen Aussage eine fehlerhafte Fußballweisheit, anstelle sie richtigzustellen, zumal lediglich 35 Prozent aller Fußballspiele, also nur knapp mehr als ein Drittel, von der fairer spielenden Mannschaft gewonnen werden.

Dass Mannschaften sowohl mit vielen als auch mit wenigen Fouls Erfolg zu haben vermögen, belegen die folgenden beiden Beispiele:

- Der VfB Stuttgart hat, wie das *Sport Bild*-Sonderheft zur Bundesligasaison 2007/08 verrät, in der Spielzeit 2006/07 von allen 18 Mannschaften mit die meisten Fouls verursacht – und wurde am Ende trotzdem Deutscher Meister.
- Die deutsche Nationalmannschaft verursachte bei der WM 1990 zusammen mit England durchschnittlich die wenigsten Fouls pro Spiel – und gewann dennoch den Weltmeistertitel (was auch aus pädagogischer Sicht ein durchaus erfreuliches Ergebnis darstellt).

»Eckstöße gehören auf den Elfmeterpunkt geschlagen«

In zahlreichen persönlichen Gesprächen mit »Fußballprofessor« Dettmar Cramer (Franz Beckenbauer: »Ich kenne keinen Menschen, der so viel über Fußball weiß und der so spannend darüber erzählen kann wie er«) hat mir dieser einen kleinen Einblick in das hochinteressante Fußballverständnis Sepp Herbergers vermittelt. Dabei habe ich unter anderem erfahren, dass der Altbundestrainer (der die Bedeutung des Eckstoßes 1930 schon in seiner Diplomarbeit angesprochen hat) hinsichtlich der Eckballausführung stets forderte: »Eckstöße gehören auf den Elfmeterpunkt geschlagen!« Hinsichtlich der effizientesten Zielzone beim Eckball vertreten Fußballexperten jedoch durchaus auch abweichende Vorstellungen. So meinen zum Beispiel die einen, es sei am besten, den Eckball auf den kurzen Pfosten zu schlagen, während eine andere Gruppe die Auffassung vertritt, Eckstöße seien am effektivsten, wenn der Ball am langen Pfosten landet. Meine Auswertungen betreffend die Zielzonen der Eckstöße weisen nun darauf hin, dass sich heutige Fußballspieler gerade an Herbergers »Zielvorgaben« nicht allzu sehr zu orientieren scheinen: Nur 38 Prozent aller Eckbälle kamen in einer Zone zentral vor dem Tor (also in der Nähe des Elfmeterpunkts) herunter. Höchstwahrscheinlich bedingt durch den Aktionsbereich des Torhüters, wurde der »lange« Pfosten nur bei 13 Prozent aller Ecken angespielt. Immerhin 39 Prozent der Eckbälle wurden dagegen in Richtung »kurzer« Pfosten geschlagen, somit also in den beim Eckball am häufigsten angespielten Bereich vor dem Tor. Was jedoch besonders auffiel, war die Tatsache, dass sich zwischen den am häufigsten angespielten Zonen und den aus diesen Segmenten resultierenden Trefferquoten eine gewisse Diskrepanz ergab, zumal die meisten Ecken zwar auf den ersten Pfosten geschlagen wurden, die höchste Trefferquote jedoch die in die Zone zentral vor dem Tor hinein ausgeführten Eckstöße mit sich brachten (womöglich weil sich von hier den Angreifern günstigere Winkelverhältnisse bieten als am kurzen beziehungsweise langen Pfosten), womit die aktuelle Fußballergeneration gar nicht so schlecht beraten wäre, sich bei der Eckballausführung (zumindest annähernd) an Herbergers obiger Vorgabe zu orientieren.

»Im Fußballsport fallen viele Tore nach Eckbällen«

Im Anschluss an die Zusammenarbeit bei der WM 1990 in Italien erhielt ich von der Technischen Abteilung der FIFA eine Einladung zu einem Besuch im Hauptquartier in Zürich. Anlässlich dieses Termins wurde mir unter anderem ein Exemplar des Buches »FIFA: The FIFA/Coca-Cola International Academy« überreicht. Diesem Werk konnte ich in den zurückliegenden Jahren wiederholt interessante Fakten und Erkenntnisse über den Fußball entnehmen. Allerdings hatte mich schon damals die auf Seite 112 aufgestellte Behauptung, im Fußball würden viele Tore im Anschluss an Eckbälle entstehen, stutzig gemacht. Selbstverständlich hängt die Beurteilung dieser Aussage hinsichtlich ihrer Richtigkeit ganz maßgeblich davon ab, was man denn nun unter »viele« versteht, dennoch hatte ich sofort allergrößte Zweifel, ob es denn tatsächlich so »viele« sind, was auch immer man sich darunter vorstellen mag. Die von mir zu diesem Thema in der Zwischenzeit angestellten Analysen förderten dann zutage, dass von den 16730 in den Bundesligaspielzeiten 1989/90 bis 2007/08 erzielten Toren ganze 1414 (entspricht 8,5 Prozent) im Anschluss an Eckbälle gefallen sind. Ob dies nun wirklich so viele sind, wie von der FIFA postuliert, überlasse ich an dieser Stelle gern Ihrer eigenen Beurteilung.

»Die Verwertung der Torchancen ist im Fußball maßgeblich für den Erfolg«

Seite 162 des Sonderhefts der *Sport Bild* für die Bundesligasaison 2007/08 enthält eine der IMPIRE-Datenbank entstammende Statistik zur Verwertung von Großchancen. Diese vermag das allgemein vorherrschende Bild, wonach die Nutzung von Großchancen maßgeblich für den Erfolg im Fußball ist, durchaus auf den Kopf zu stellen. Denn: Schalke 04 erreichte von allen 18 Bundesligamannschaften in den 34 Saisonspielen die zweitschwächste Quote bei der Verwertung von Großchancen (von 78 führten lediglich 27 zu Toren, was einem Anteil von lediglich 34,6 Prozent entspricht), wurde am Ende aber dennoch Vizemeister (auch Bayern München konnte in der Saison 2007/08 mit einem absolut durchschnittlichen Ergebnis bei der Ausnutzung der Torchancen den Titel gewinnen). Und es kommt sogar noch dicker: Alemannia Aachen verzeichnete ligaweit die beste Nutzung von Großchancen (54 zogen 30 Treffer nach sich, was 55,6 Prozent entspricht) – und musste als Tabellenvorletzter den bitteren Weg in die Zweite Liga antreten. Was nutzte der Alemannia die beste Chancenverwertung, wenn die Mannschaft gleichzeitig von allen Teams die meisten Gegentore (70) kassierte, woraus sich wunderschön ablesen lässt, dass im Fußball immer die Bilanz aus Offensive und Defensive maßgeblich für den Erfolg ist.

»Die Mannschaft muss die volle Breite des Spielfelds ausnutzen«

Dass ich als Schüler, anders als von meinen Eltern beziehungsweise Lehrern gewünscht, von der vollen Breite des mir angebotenen Lernangebots Gebrauch gemacht hätte, diesen Vorwurf muss ich mir wohl eher weniger gefallen lassen. Was Wunder, war doch auch ich schon von frühester Kindheit an von einem »Krankheitsbild« geplagt, dessen Symptome der Buchautor Christian Eichler folgendermaßen beschrieb: »Milliarden von Hirnzellen bei Millionen von Menschen sind dauerhaft mit völlig nutzlosen Fußballerinnerungen blockiert, die möglicherweise ganze Hirnlappen von der Außenwelt abschneiden« (mit der Folge, dass mir nur aufgrund einer Sonderprüfung in Biologie, in der ich den Unterschied zwischen Hund und Katze erklären musste – was mir zufälligerweise gelang, weil am Vortag das Freundschaftsspiel gegen den SV Moosach-Hartmannshofen wegen Unbespielbarkeit des Platzes ausgefallen war –, die Rückversetzung an die Hauptschule erspart blieb). Letztendlich hat es dann mit dem Schulabschluss – auch ohne Ausnutzung der vollen Breite des Lernangebots – doch noch ganz gut geklappt. Und auch im Fußballsport wird immer wieder zu Angriffen über die volle Breite des Spielfelds geraten, so beispielsweise im oben bereits erwähnten FIFA-Lehrbuch. Dass auch diese gängige Forderung ins Reich der Legenden gehört, konnte im Rahmen meiner Untersuchung zum Angriffsverhalten im Fußball aufgedeckt werden. So ergab sich innerhalb einer Recherche zu mehr als 10 000 Vorstößen, dass Angriffe, bei denen die volle Breite des Spielfelds genutzt wurde, nicht den größten Erfolg mit sich bringen. Diesen erzielten Vorstöße, die in der Breite durch drei von vier unterschiedenen Zonen liefen. Die geringste Effektivität wiesen Angriffe auf, die nur durch eine beziehungsweise zwei Zonen hindurch vorgetragen wurden. Dieser Befund nimmt all jenen den Wind aus den Segeln, die dem Spiel in die Breite (zu) kritisch gegenüberstehen (Joachim »Jogi« Löw: »In der Bundesliga ist das Spiel ein bisschen in die Breite angelegt«; Dieter Hecking: »Wenig Ballsicherheit, zu viel Spiel in die Breite und Schwächen im Spielaufbau«). Dagegen hatten wohl einige Spieler des Hamburger SV bei einem Gastspiel in Split die volle Breite, nicht des Spielfelds, sondern offensichtlich des Alkoholangebots genutzt, als sie, wie der damalige Manager Günter Netzer berichtete, doch tatsächlich ein Doppelbett aus einem Hotelzimmer in den Swimmingpool warfen.

»Freistöße sind gefährlicher als Ecken und Elfmeter«

»Was ich heute am liebsten mache, ist Faulsein«, bekennt Günter Netzer seinen Lesern in seiner Autobiografie »Aus der Tiefe des Raumes«. Ich selbst hatte den jungen Mönchengladbacher, als er in München Mitte der siebziger Jahre in einem Einkaufszentrum in unserer Nähe eine Autogrammstunde gab, ganz anders kennengelernt. Ich wollte nämlich nicht nur für mich persönlich oder einige Freunde und auch nicht für die Mitschüler meiner Klasse, sondern gleich für die ganze Schule Autogramme – und Günter Netzer hat sie mir alle geschrieben. Schon damals waren meine Klassenkameraden schwer uneins darüber, ob Netzer nun der bessere Freistoß-, Eckball- oder Elfmeterschütze und welche dieser Standardsituationen für das gegnerische Tor am gefährlichsten sei. Der erste Teil der Frage war für mich schon immer absolut klar: Der Gladbacher Spielmacher war *der* Freistoßspezialist überhaupt. Auf den zweiten Teil vermag ich nun heute, mit einigen Jahren Verspätung, anhand eigener, objektiv ermittelter Daten eine entsprechende Antwort zu liefern. Wird Torgefährlichkeit definiert als der prozentuale Anteil, mit der eine Standardsituation zum Torerfolg führt, so ergeben sich für Elfmeter, als Torschuss ausgeführte direkte Freistöße, als Torschuss ausgeführte indirekte Freistöße und Eckbälle die in nachstehender Tabelle aufgeführten Werte.

	Anzahl	Tore	Trefferquote in Prozent
Elfmeter	2000	1499	75,0
Direkter Freistoß (als Torschuss)	1500	63	4,2
Indirekter Freistoß (als Torschuss)	1500	59	3,9
Eckball	3000	62	2,1

Tab. 3 *Trefferquote bei verschiedenen Standardsituationen*

Mit einer Erfolgsquote von immerhin 75,0 Prozent sind die Elfmeter die mit Abstand torgefährlichste Standardsituation. Als Torschuss ausgeführte direkte Freistöße (4,2 Prozent) schnitten etwas besser ab als die indirekten (3,9 Prozent). Die geringste Effizienz wiesen die Eckbälle auf, von denen lediglich 2,1 Prozent einen Torerfolg nach sich zogen. Ungeachtet der Torgefährlichkeit nehmen die einzelnen Standardsituationen einen deutlich unterschiedlichen Anteil an der Gesamtsumme an Toren ein. Betrachtet man beispielsweise 100 Bundesligatore, so fallen von diesen 7 Prozent nach einem Strafstoß, 9 Prozent im Anschluss an einen Eckball, 1 Prozent nach einem (als Torschuss ausgeführten indirekten Freistoß) und 3 Prozent nach einem (als Torschuss ausgeführten) direkten Freistoß. Womöglich wäre mir Günter Netzer (»Vernunft gehörte nicht in allen Lebensphasen zu meinen herausragenden Eigenschaften«) gar als noch größerer Freistoßspezialist in Erinnerung geblieben, wenn es für ihn nicht hin und wieder überhaupt keinen nennenswerten Unterschied zu machen schien, ob er nun ins Training ging oder einer anderen Beschäftigung folgte: »Ich nahm mir eben Freiheiten heraus, die heute undenkbar wären und es eigentlich schon damals waren. Die ich aber brauchte, für mein Leben und mein Spiel. Es konnte vorkommen, dass Training angesetzt war und ich pünktlich erschien – um Weisweiler mitzuteilen, dass ich wegen einer Autogrammstunde keine Zeit zum Training hatte.«

»Standardsituationen werden für das 1:0-Führungstor immer wichtiger«

»Mehr und mehr fällt aus Standardsituationen die 1:0-Führung im modernen Fußball«, behauptete Michael Skibbe am 8. Mai 2002 in einem ARD-Interview anlässlich des UEFA-Cup-Endspiels zwischen Feyenoord Rotterdam und Borussia Dortmund. Dieser Satz aus dem Mund von Michael Skibbe hat mich in diesem Moment so getroffen, als hätten mir Max Schmeling, Joe Louis, Henri Maske und die beiden Klitschko-Brüder gleichzeitig einen schweren Haken verpasst, weil ich mir beim besten Willen nicht vorzustellen vermochte, woher der damalige DFB-Trainer und Assistenztrainer von Rudi Völler bei der Nationalmannschaft seine Weisheit hatte und auf welcher Grundlage diese basieren sollte. Denn entsprechend meinen langjährigen Auswertungen zum Fußballsport lässt sich unzweifelhaft nachweisen, dass der Anteil an Toren aus Standardsituationen zum 1:0 (der bei durchschnittlich 31 Prozent liegt) in der Vergangenheit eben nicht gestiegen und die Führung im modernen Fußball eben nicht immer häufiger aus sogenannten »ruhenden« Bällen gefallen ist. Damit sitzt Michael Skibbe mit seiner Verlautbarung dem gleichen Irrtum auf wie Stefan Effenberg, der, als eine Art »Selbstverteidigung«, doch tatsächlich behauptete: »Jeder ist schon mal mit 1,07 Promille gefahren.«

»Im Spitzenfußball werden Spiele vor allem auch durch spektakuläre Einzelaktionen wie Durchbrüche entschieden«

Vielleicht war es ja der größte Augenblick in der gesamten Geschichte des Fußballsports, der sich am 22. Juni 1986 im Viertelfinale der WM 1986 zwischen Argentinien und England vor über 110 000 Zuschauern im Aztekenstadion von Mexico City ereignete: Diego Armando Maradona lässt sich ungefähr 10 Meter innerhalb der eigenen Spielfeldhälfte den Ball zuspielen, dribbelt dann während des folgenden etwa 60 Meter langen Alleingangs sechs englische Gegenspieler und dazu auch noch Schlussmann Peter Shilton aus und schiebt schließlich den Ball zum 2:1 ins leere Tor der Engländer. Womöglich hat gerade dieser Treffer – der später zum WM-Tor des 20. Jahrhunderts gewählt wurde – den DFB in seinem Lehrbuch »Fußball von morgen – Grundlagen- und Aufbautraining« zu obiger Feststellung veranlasst.

Nun: Durch was Fußballspiele grundsätzlich entschieden werden, ist bislang noch absolut ungewiss. Dass es nur vergleichsweise selten »spektakuläre Einzelaktionen wie Durchbrüche« sind, das konnte durch meine Studien inzwischen eindeutig nachgewiesen werden. So fallen in der Fußballbundesliga noch nicht einmal drei Prozent aller Treffer im Anschluss an einen Sololauf des Torschützen über eine Distanz von mehr als etwa 30 Metern. Von daher handelt es sich um einen gravierenden Irrtum zu glauben, im Spitzenfußball würden Spiele vor allem durch spektakuläre Einzelaktionen entschieden (im Grunde genommen bräuchte es schon fast eine tägliche Fernsehsendung, um all die Halb- und Unwahrheiten, die ständig über den Fußball verbreitet werden, richtigzustellen).

Alleingänge der ganz besonderen Art startete auch Luciano Gaucci, vormals Busfahrer, dann mächtiger Präsident des AC Perugia: Nicht nur, dass er in den ersten 13 Jahren seiner Amtszeit gleich 17 Trainer entließ, nachdem er zuvor bereits Al-Saadi Gaddafi, den Sohn des libyschen Diktators, ebenso zu seinem Klub lotste wie den gedopten Sprinter Ben Johnson (als Fitnesstrainer), er hätte am liebsten auch noch die deutsche Nationalspielerin Birgit Prinz verpflichtet – übrigens nicht für das Frauenteam, sondern für den Kader der immerhin in der italienischen »Seria A« spielenden Männermannschaft. Darüber, wie der Trikottausch nach dem Spiel wohl ausgesehen hätte, musste sich Gaucci allerdings nicht lange Gedanken machen, weil dieser Vorstoß dann doch nicht mit einem erfolgreichen Durchbruch abgeschlossen wurde.

»1 Ecke = ½ Tor«

»Ein jeder Eckball barg teutonische Gefahr« und »Der einstudierte Eckball verwirrte Ungarns Elf mit kryptischer Parabel« schrieb der Schriftsteller Ludwig Harig über die Eckstöße der deutschen Mannschaft im WM-Finale von 1954, von denen ja dann auch einer dem 2:2-Ausgleichstreffer durch Helmut Rahn vorausging. So wie damals schon Harig denken auch heute viele, dass Eckbälle allerhöchste Gefahr für das gegnerische Tor bedeuten (Friedhelm Funkel: »Jeder weiß, dass Eckbälle eine gefährliche Waffe sind«). Entsprechend einer uralten Fußballweisheit wird ein Eckball sogar mit einem halben Tor gleichgesetzt. Dass eine solche Rechnung jedoch nicht ganz aufgeht, ist das Resultat einer meiner Analysen zu 3000 Eckstößen aus Spielen des höchsten Leistungsniveaus. »Das darf doch wohl nicht wahr sein!«, waren meine ersten Gedanken nach Durchführung der entsprechenden Auswertungen zur Effektivität der Eckbälle. Denn es stellte sich heraus, dass – vollkommen anders als vermutet – nur etwa zwei Prozent aller Eckbälle in einen Torerfolg münden. Oder anders ausgedrückt: Erst im Anschluss an ungefähr jeden fünfzigsten Eckball kann eine Mannschaft einen Treffer bejubeln (womit die alte Fußballweisheit »1 Ecke = ½ Tor« korrekterweise in Richtung »25 Ecken = ½ Tor« modifiziert werden müsste). Wenn Sie sich dann noch vor Augen führen, dass eine Bundesligamannschaft durchschnittlich nur sechs Eckbälle pro Spiel zugesprochen bekommt, dann können Sie sich unschwer selbst ein Bild davon machen, wie lange es von einem Eckballtor bis zum nächsten dauert. Nehmen wir beispielsweise nur einmal die Bundesligasaison 2007/08: In dieser gelang Energie Cottbus in 34 Spielen nur ein einziges Tor nach einem Eckball, und selbst Meister Bayern München erzielte aus über 200 Eckstößen nicht mehr als nur drei Treffer (in der gesamten Spielzeit übrigens keinen einzigen nach einem Eckball von der linken Seite) – womit das von Ottmar Hitzfeld (»Es ist normal, dass Bundesligisten Eckbälle einstudieren«) angesprochene Eckballtraining offensichtlich nicht den ganz großen Erfolg mit sich bringt. Außerdem tauchen in der Bundesliga auch immer mal wieder einzelne Spieler auf, die 150, in Ausnahmefällen sogar annähernd 200 Eckbälle in Serie ausführen, ohne dass ihre Mannschaft hieraus Kapital zu schlagen vermag – da würde sich dann der eine oder andere Akteur sicherlich wünschen, beim FC Brentford aus London unter Vertrag zu stehen, denn der hat hinter jeder Eckfahne ein Pub stehen, wo sich ohne großen Umweg der ganze Frust sehr schnell ertränken ließe.

»Es ist wichtig, kopfballstarke Stürmer in den eigenen Reihen zu haben«

Dirk Adam, Frank Aurich, Jens Feldmann, Stefan Heigenhauser, Florian Holzkamp, Jörn Liedtke, Heiko Rahlfs, Holger Rahlfs, Rainer Schmidt, Ralph Tepp und Nikolaus Wagner – nein, es handelt sich nicht um eine Elf Ihnen bislang noch unbekannter talentierter Nachwuchshoffnungen des deutschen Fußballs, sondern um die Namen einiger meiner Kollegen, die mich über viele Jahre hinweg auf wirklich großartige Art und Weise dabei unterstützt haben, die SAT.1-»ran«-Datenbank für informative, aber bisweilen auch skurrile Informationen anzuzapfen. Dabei ist uns unter anderem aufgefallen, dass Hamburgs damaliger, sogar als »Air-Bäron« gefeierter Stürmer Karsten Bäron trotz einer Körpergröße von 1,94 Metern vom 13. November 1993 bis zum 1. Mai 1996 in der Bundesliga kein einziges Kopfballtor zu erzielen vermochte – und das, obwohl durch entsprechende Aussagen (»Es ist von allergrößter Bedeutung, im Sturmzentrum einen großen, kopfballstarken Stürmer zu haben«) immer wieder der Eindruck vermittelt wird, dass in einer Mannschaft unbedingt groß gewachsene, kopfballstarke und damit vermeintlich torgefährliche Angreifer spielen sollten. Dass es sich hinsichtlich der Bedeutung eines solchen Spielers jedoch durchaus um einen Trugschluss handeln könnte und »Air-Bäron« keinen Einzelfall darstellt, das vermögen auch die folgenden Zahlen anzudeuten:

- Der ob seiner Sprungkraft gar als »Hubschrauber« titulierte Vahid Hashemian konnte nach dem 10. April 2004 in der Bundesliga zweieinhalb Jahre lang kein Kopfballtor mehr erzielen.

- Der gewiss nicht kopfballschwache Miroslav Klose hat in der Nationalmannschaft ab dem 11. Juni 2003 bis zum 30. Juni 2006 drei Jahre lang kein einziges Tor per Kopf zustande gebracht.
- Dem 1,93 Meter großen »Rammbock« Carsten Jancker (Uli Hoeneß: »Jancker ist der ideale Mann für sogenannte Brechstangen-Situationen. Seine Kopfballstärke ist enorm. Der Letzte von dieser Sorte bei Bayern war mein Bruder Dieter.«) gelang in seinen ersten 37 (!) Bundesligaspielen für die Bayern kein einziges Tor mit dem Kopf.

Wer sich diese Fakten vor Augen führt, der könnte durchaus einmal grundsätzlich darüber nachdenken, ob es wirklich so sinnvoll ist, auf große, kopfballstarke Angreifer zu setzen und (teilweise endlos lange) auf deren Kopfballtore zu warten. Gleichzeitig scheint auch alles andere als gesichert, ob das von Joachim »Jogi« Löw nachstehend beschriebene Kopfballtraining wirklich so sinnvoll ist (oder ob die Spieler in der gleichen Zeit nicht lieber etwas anderes machen sollten): »Wenn sie einen halben Tag freihaben, können sie die Zeit nutzen, um beispielsweise 20 Minuten das Kopfballspiel zu trainieren. Schauen Sie sich Kevin Kuranyi an: Er macht das seit 2006 und hat dadurch sein Timing beim Kopfballspiel deutlich verbessert, trifft viel öfter per Kopf.« Und tatsächlich hat Kevin Kuranyi sowohl in der Nationalmannschaft als auch im Verein in dieser Phase zahlreiche Kopfballtore erzielt. Nur: Möglicherweise haben diese mit dem durchgeführten Training ebenso viel zu tun wie über einer Stadt kreisende Störche mit der Zahl der Geburten. Letztendlich ist der Zusammenhang von durchgeführtem Training und im Wettkampf erzielten Ergebnissen alles andere als einfach nachzuweisen, wie auch Nationalmannschaftsarzt Professor Tim Meyer in einem Interview mit »Bild der Wissenschaft« angemerkt hat: »Wenn man irgendeinen Trainingsbestandteil verändert, muss man schauen, ob sich die fußballspezifische Leistungsfähigkeit verbessert. Das ist ein Unterfangen, das manchmal an Unmöglichkeit grenzt.« Vielleicht ist die höhere Anzahl an Kopfballtoren ja auch lediglich dem Umstand zu verdanken, dass Kuranyis Mannschaftskameraden mehr über die Flügel spielen (wodurch er öfter zum Kopfball kommt) oder er sich bei seinen Kopfbällen häufiger von gegnerischen Abwehrspielern vernachlässigt sah, wie beispielsweise bei seinem Treffer am 30. Spieltag der Saison 2007/08 im Spiel gegen den Hamburger SV.

»Je bedeutender ein Spiel ist, desto häufiger wird es durch eine Standardsituation entschieden«

»Wie es dann immer ist in solchen Spitzenduellen, dann entscheidet eine Standardsituation«, beklagte sich Mirko Slomka am 17. März 2007 im »Aktuellen Sportstudio« des ZDF nach dem Bundesligaspitzenspiel zwischen Schalke 04 und dem VfB Stuttgart (in dem der einzige Treffer nach einem Eckball fiel) und brachte damit die Meinung vieler am Fußball Beteiligter zum Ausdruck: Je bedeutender ein Spiel, desto höher die Wahrscheinlichkeit, dass eine Standardsituation die Ursache für Sieg und Niederlage ist. »Im Gegensatz zur Mathematik ist Fußball nicht verlässlich berechenbar«, lautet eine ebenfalls von Mirko Slomka stammende Aussage, der man sich ohne Weiteres anschließen kann. Vergleichsweise gut berechenbar ist dagegen, wie viele Tore im Fußballsport beziehungsweise in Spitzenduellen aus Standardsituationen heraus fallen. Meinen Erkenntnissen zufolge sind es gerade einmal um die 30 Prozent, womit immerhin 70 Prozent aller Tore in diesen Spielen eben nicht die Folgen von Standardsituationen sind – und Mirko Slomka den Zuschauern nichts anderes als das reinste Fußballmärchen aufgetischt hat.

Möglicherweise resultiert der Irrglaube an die grundsätzlich hohe Wertigkeit der Standardsituationen in bedeutenden Spielen aus der Beobachtung der letzten Endspiele um die Fußballweltmeisterschaft, in denen tatsächlich auffällig viele Treffer mittels »ruhender« Bälle erzielt wurden. So fielen von den 35 Toren in den Finals von 1966 bis 2006 immerhin 23 im Anschluss an Standardsituationen – denken Sie beispielsweise an die beiden Kopfballtore im Anschluss an Eckbälle von Zinédine Zidane im WM-Finale von 1998 oder die beiden Standardtreffer im Finale der WM 2006 durch Zinédine Zidane (per Elfmeter) bzw. Marco Materazzi (nach Eckball) –, was einem Anteil von immerhin 65,7 Prozent entspricht. Vielleicht sollte man gerade deshalb, vor allem wenn man solche Spiele für das Fernsehen kommentiert, immer mit Toren aus »ruhenden« Bällen rechnen und mit Aussagen hinsichtlich der Standardsituationen ganz besonders zurückhaltend sein, anders als etwa ARD-Reporter Gerd Rubenbauer, der sich in der Mitte der zweiten Spielhälfte des WM-Finales von 1990 doch glatt zu folgender Prognose verstieg: »Aber ich wage den kessen Spruch, Deutschland wird auch ohne Elfmeter Weltmeister« – woraufhin Andreas Brehme in der 85. Minute den entscheidenden Strafstoß zum 1:0 gegen Argentinien in die Maschen setzte und Deutschland Weltmeister wurde.

»Wer sich mehr Großchancen erspielt als der Gegner, der gewinnt auch das Spiel«

»Das Motto für mich als Trainer lautet ganz einfach: Wie schaffe ich es, der Mannschaft Mittel und Wege an die Hand zu geben, sodass der Gegner möglichst wenig Torchancen herausspielen kann und wir umgekehrt aus dieser Situation heraus möglichst viele Torchancen kreieren können? Und wenn es uns über den Verlauf einer gesamten Saison gelingt, dieses Verhältnis immer zugunsten der herausgespielten Torchancen zu schaffen, dann werden wir unter dem Strich auch mehr Spiele gewinnen als verlieren«, schreibt Ralf Rangnick in einem Fachbeitrag zu »ballorientiertem Abwehrverhalten« und liegt damit voll auf der Wellenlänge der meisten anderen Fußballinteressierten: Wer sich mehr Torchancen erarbeitet als der Gegner, der ist in aller Regel auch erfolgreicher.

Und tatsächlich ist ihnen allen auf der Grundlage der von mir zu diesem Thema zusammengetragenen Daten durchaus recht zu geben, womit, nachdem bislang bereits zahlreiche Fußballtheorien als gravierende Irrtümer beziehungsweise Ammenmärchen enttarnt wurden, an dieser Stelle (endlich) auch einmal eine These als zutreffend bestätigt werden kann. Meine Recherchen haben nämlich ergeben, dass immerhin zwei Drittel aller Fußballspiele von jenen Mannschaften gewonnen werden, die sich mehr hundertprozentige Torgelegenheiten erspielen als der jeweilige Gegner. Damit weist die »Großchance« einen deutlich höheren Zusammenhang mit dem Spielerfolg auf als beispielsweise die individualtaktischen Spielhandlungen »Torschuss«, »Flanke«, »langer Pass«, »Eckball« oder »Zweikampf«.

Einem ganz besonderen Zweikampf bei einer Großchance sah sich Aharon Kalderon in einem Spiel zwischen Hapoel Tel Aviv und Beitar Jerusalem aus der Saison 1968/69 ausgesetzt: Nachdem er schon zwei Abwehrspieler und den Torhüter hinter sich gelassen hatte und den Ball eigentlich nur noch ins verwaiste Tor schieben wollte, stellten sich ihm plötzlich zwei uniformierte Soldaten in den Weg. Als er auch noch den ersten der beiden ausgespielt hatte, zielte der zweite mit seiner Maschinenpistole auf den Kopf von Kalderon. Dieser zögerte einen kurzen Moment, schoss den Ball dann aber doch ins Tor – um danach (letztendlich erfolgreich) um sein Leben zu laufen.

»Aus direkten Freistößen von seitlichen Positionen fallen viele Tore«

Am 7. Februar 2007 verwandelte Torsten Frings im Länderspiel gegen die Schweiz aus einer nur etwa zehn Meter von der Eckfahne entfernten Position einen Freistoß direkt, wobei der Ball unberührt von Freund und Feind am »verdutzt dreinblickenden« Torhüter in der langen Ecke einschlug. Im Nachlauf der ZDF-Übertragung von diesem Spiel kommentierte Bundestrainer »Jogi« Löw diesen Treffer dann mit den Worten: »Auf diese Art und Weise fallen im Fußballsport viele Tore.« Nun ja, was man eben so unter »viele« versteht. Wirft man einen Blick auf die 1697 Tore, die in den Bundesligaspielzeiten 2006/07 und 2007/08 erzielt wurden, so stellt man fest, dass von diesen nicht ein einziges aus einem direkten Freistoß aus einer Zone innerhalb der Grundlinie, der Seitenlinie, der seitlichen Strafraumlinie und der Verlängerung der vorderen Strafraumlinie gefallen ist! Wollen wir dem Bundestrainer (den ich bei derartigen Fernsehinterviews übrigens als fachlich kompetenten, freundlichen und überaus souveränen Gesprächspartner empfinde, und dies selbst dann, wenn es gilt, auch problematische Themen anzuschneiden) gerne zugute halten, dass sein Blick womöglich dadurch ein wenig getrübt war, dass Torsten Frings bei der EM 2004 im Spiel gegen Holland ein vergleichbarer Treffer gelang. Wie auch immer, es hat sich auch in dieser Situation als durchaus vorteilhaft erwiesen, dass ich von meinem Arbeitsplatz neben dem Kommentator (damals Bela Réthy, sonst auch Thomas Wark, Wolf-Dieter Poschmann oder Oliver Schmidt) aus per Sprechverbindung mit Moderator Johannes B. Kerner verbunden war. Es reichte, während Löw noch antwortete, ein kurzes »Nein!« auf das Ohr meines Kollegen, und schon entgegnete dieser dem Statement des Bundestrainers wenige Sekunden später in gleichsam charmanter wie inhaltlich absolut korrekter Art und Weise: »Na ja, so viele sind es nun auch wieder nicht.«

»Die Mauerbildung beim Freistoß bringt nichts«

»Mister Gorbatschow, reißen Sie die Mauer ein!« Das, was Ronald Reagan vom russischen Präsidenten forderte, hat sich sicherlich auch der eine oder andere Freistoßspezialist schon von den Regelhütern des Fußballs gewünscht – schließlich stellt für verschiedene Schützen dieser Standardsituation die gegnerische »Mauer« tatsächlich eine kaum zu überwindende Barriere dar. So landeten entsprechend meinen eigenen Untersuchungen zu jeweils 1500 direkten und indirekten Freistößen immerhin 33 Prozent aller direkten und 28 Prozent aller indirekten Freistöße (bei denen die aus der Mauer herauslaufenden Spieler sogar noch weitere 9 Prozent abzuwehren vermochten) in der Mauer, womit sich diese von allen aufgestellten Kategorien als das größte Hindernis für ein Freistoßtor erwies. Kein Wunder also, wenn in Funktionärskreisen tatsächlich schon darüber diskutiert wurde, ob nicht ein »Mauerbildungsverbot« eine sinnvolle Regeländerung sein könnte, um den Freistoßschützen einen noch größeren Vorteil zu verschaffen. Nur – wo sollte sich der von Trainer Ralf Rangnick ob seines Abwehrverhaltens beim Freistoß so harsch kritisierte Abwehrspieler Thomas Schneider dann noch verstecken? »Es könnte ja aua machen, es könnte ja einer mit Watte werfen. Wenn er Angst hat, soll er sich hinter die Mauer stellen.«

»Wegen der zunehmend defensiveren Ausrichtung der Mannschaften fallen im Fußballsport immer weniger Tore«

Als kleiner Junge im Alter von gerade einmal zehn Jahren zählten die Samstagnachmittage für mich zu den Höhepunkten der Woche, zumal ich dann zusammen mit meinem Großvater regelmäßig im Radio die Konferenzreportage »Heute im Stadion« verfolgt habe (während uns meine Großmutter mit leckerem Kuchen versorgte). Damals wurde jedes in der Bundesliga erzielte Tor von mir fein säuberlich in vorgefertigte Listen eingetragen. Wenn ich nun, gut

35 Jahre später, immer wieder die Aussage lese und höre, dass im Fußball von Jahr zu Jahr weniger Tore fallen würden (zumal Mannschaften immer häufiger auf eine stetig sicherheitsorientiertere Spielweise, zum Beispiel mit zwei Sechsern vor der Abwehr oder einem personell verstärkten Mittelfeld zugunsten des Verzichts auf einen zweiten Stürmer, vertrauen würden), dann stelle ich mir schon die Frage, ob kleine Jungs heutzutage wohl tatsächlich weniger Tore zu registrieren hätten (wenn sie sich denn am Samstagnachmittag mal ausnahmsweise nicht mit der Play-Station beschäftigen, sondern am Radio sitzen und Tore notieren würden) als ich damals.

Deren Beantwortung fällt übrigens vergleichsweise leicht: Wenn man beispielsweise die durchschnittliche Trefferquote pro Bundesligasaison ansieht, dann stellt man fest, dass in den letzten 20 Jahren die Anzahl an Toren alles andere als rückläufig war – von wegen also, »es fallen von Jahr zu Jahr weniger Tore«! Fasst man, beginnend mit der ersten Bundesligasaison 1963/64, immer fünf aufeinanderfolgende Spielzeiten zusammen und berechnet für diesen Zeitabschnitt die durchschnittliche Anzahl an Treffern pro Spiel, so ergibt sich die unten wiedergegebene Darstellung, aus der sich folgende Erkenntnisse ablesen lassen: In den letzten vier Fünfjah-

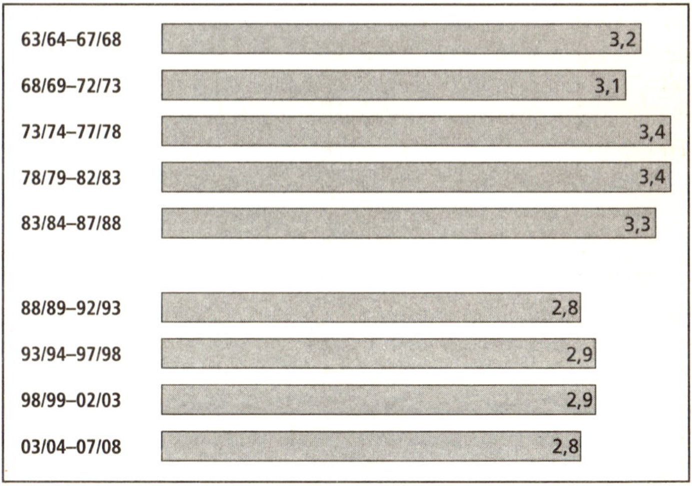

Abb. 2 *Entwicklung der durchschnittlichen Anzahl an Toren pro Bundesligaspiel*

resabschnitten lag die Trefferquote stets bei 2,8 beziehungsweise 2,9 Toren pro Begegnung. Im Gegensatz dazu fielen in den fünf Abschnitten von 1963/64 bis 1987/88 im Schnitt immer zwischen 3,1 und 3,4 Treffer pro Spiel, also mehr als in jenen ab der Spielzeit 1988/89. Dennoch: Die Behauptung, die Anzahl an Toren sei permanent rückläufig, ist, wenn man die Fußballbundesliga als Maßstab nimmt, schlicht und ergreifend so nicht korrekt – wie übrigens auch die Behauptung, es habe noch nie ein Jahr gegeben, in dem Deutschland all seine Länderspiele verloren habe, denn 1913 gab es in vier Begegnungen ein 0:3 gegen England, ein 1:2 gegen die Schweiz, ein 1:4 gegen Dänemark sowie ein 2:6 gegen Belgien.

»Der Spieler war zumeist nur durch Fouls zu stoppen«

In der WM-Achtelfinalbegegnung 1990 zwischen Brasilien und Argentinien (0:1) musste der bis dahin sehr stark spielende Brasilianer Branco wegen eines Schwächeanfalls (»ich sah das Stadion davonfliegen«) vorzeitig aus dem Spiel genommen werden. Branco behauptete seitdem, von den Argentiniern eine Trinkflasche gereicht bekommen zu haben, die mit einem Betäubungsmittel gemischtes Wasser enthalten hatte. So wie Branco damals nur durch einen üblen Trick ausgeschaltet werden konnte, so ist dessen Landsmann Diego aktuell zumeist nur durch Fouls zu bremsen, wie unter anderen Stefan Schiffner in seinem Kommentar zum Spiel Werder Bremen gegen Eintracht Frankfurt am vierten Spieltag der Saison 2007/08 in der »Sportschau« der ARD (»Diego, oft nur durch Fouls zu stoppen«) anmerkte. Auch wenn es sich bei Diego tatsächlich um den meistgefoulten Spieler der Fußballbundesliga handelt, so ist dieser, wie übrigens alle anderen Fußballspieler auch, in Wirklichkeit natürlich nicht ausschließlich mit unfairen Mitteln außer Gefecht zu setzen. Selbst ein Spieler wie Diego wird pro Spiel nicht 30- oder gar 40-mal mit einem Foul gebremst, sondern im Schnitt »nur« in etwa 5 Fällen. Dies würde aber bei Weitem nicht ausreichen, um einen Mann wie den brasilianischen Nationalspieler 90 Minuten lang an seinem Offensivdrang wirkungsvoll zu hindern. Da bedarf es über Fouls hinaus durchaus noch anderer, fairer Defensivmaßnahmen – weswegen obige Aussage ungefähr ähnlich sinnvoll ist wie das jahrelange Leugnen und zuletzt nur zögerliche Einräumen (Carlos Bilardo, mit einem Doktortitel der Medizin ausgestatteter Trainer des damaligen Teams: »Ich sage nicht, dass dies nicht passiert ist«) des Trinkflaschenanschlags durch die Argentinier.

»Früher waren die Spiele umkämpfter«

»Früher gab es massige Typen wie Berti Vogts. Wenn die spielten, konnte sich der Platzwart anschließend den Rasenmäher sparen«: Wer solch eine Aussage wie die von Fernsehkommentator Werner Hansch vernimmt, könnte schnell zu der Vermutung gelangen, im modernen Fußball gehe es wesentlich körperloser, weniger kampfbetont zu als noch vor einiger Zeit. Doch weit gefehlt! Denn tatsächlich hat im Fußballsport in den zurückliegenden Jahren die Anzahl der ausgetragenen Zweikämpfe zugenommen, wenn man den in der Beilage »Alle Zahlen & Fakten« der *Sport Bild* (Nr. 1/2008) aufgeführten Zahlen Glauben schenken möchte (siehe Abb. 3, Seite 116). Ihnen zufolge wurden in der Saison 1998/99 in einem Bundesligaspiel durchschnittlich noch 214 Zweikämpfe registriert. In der Spielzeit 2002/03 waren es dann bereits 228 Eins-gegen-eins-Situationen pro 90 Minuten. Im Spieljahr 2006/07 kam es schließlich zu 244 Zweikämpfen pro Spiel, ein Wert, der auch auf die 17 Vorrundenspieltage der Bundesligasaison 2007/08 zutrifft. Damit hat sich die durchschnittliche Anzahl an Zweikämpfen von 1998/99 bis einschließlich der Vorrunde der Saison 2007/08 um immerhin 30 Duelle pro Spiel erhöht. Interpretiert wird das Ansteigen der Werte bis hin zum aktuellen Höchststand in einer Anmerkung zur Grafik wie folgt: »Das ist aber nicht nur positiv zu bewerten, es steht nicht gerade für Spielkultur. Zum Vergleich: Der FC Barcelona bestritt in der Champions League in dieser Saison nur 171 Zweikämpfe pro Partie, lässt lieber den Ball laufen und stellt die Räume clever zu.« Diese Schlussfolgerung sollte all jenen, die von ihren Spielern ständig fordern, den (Offensiv-)Zweikampf zu suchen, durchaus einmal zum Nachdenken Anlass geben.

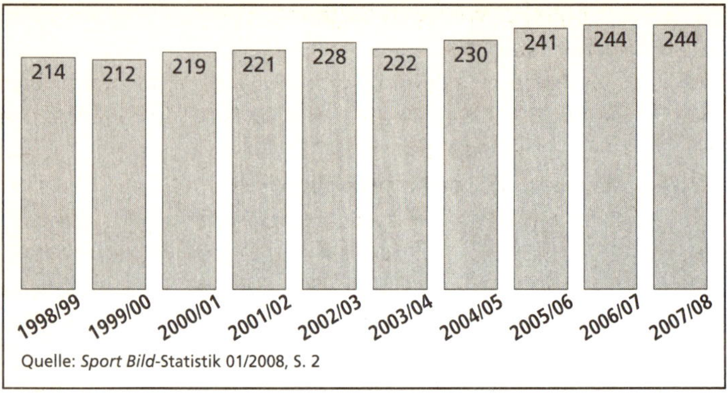

Abb. 3 *Entwicklung der Anzahl an Zweikämpfen pro Bundesligaspiel (Bundesligaspielzeiten 1998/99–2007/08)*

»Erfolgreiche Freistöße aus über 27 Metern sind heute keine Seltenheit«

Gut – der Meinung, dass Fußballspieler der Moderne beispielsweise aufgrund einer besseren Trainingsmethodik eine höhere Schusskraft aufweisen und deswegen weiter schießen, kann man sich durchaus noch anschließen. Dass jedoch »erfolgreiche Freistöße aus über 27 Metern Entfernung keine Seltenheit mehr sind«, stellt eine Aussage dar, die in etwa ebenso haltbar ist wie ein Schneeball in der Mittagshitze der Wüste Sahara. Denn: Wenn ich einen Blick in meine Datenbanken werfe, dann stelle ich fest, dass aus einer Entfernung von 27 und mehr Metern in den 306 Spielen einer Bundesligasaison nur weniger als ein Prozent aller Tore aus Freistößen resultieren. Damit besitzt die von Bray getroffene Feststellung in etwa den gleichen Wahrheitsgehalt wie die Behauptung, Dieter Hoeneß, Horst Hrubesch und Dieter Schatzschneider seien die geeignetsten Kandidaten für die Besetzung des ersten Solotänzers im Bolschoi-Ballett.

»Mit möglichst wenigen Ballkontakten pro Akteur spielen«

»Wir haben das mal analysiert, wahrscheinlich rührt aus meinem Mathestudium noch eine Vorliebe für Statistik her: Spitzenteams wie Bayern, Arsenal oder Barcelona haben im Schnitt 1,5 Ballkontakte pro Akteur. Wir lagen bei deutlich über zwei.... Die ganze Trainingsarbeit ist darauf ausgerichtet: schnell spielen, mit möglichst wenigen Kontakten«, lautete die Antwort von Mirko Slomka auf die Frage, warum seine Mannschaft in der Rückrunde der Saison 2005/06 nicht offensiv und aggressiv gespielt habe. Dem mit einem Staatsexamen in Mathematik ausgestatteten Slomka (den mir ZDF-Kollege Michael Steinbrecher als überaus angenehmen Menschen beschrieben hat) sei zu diesem Thema gerne einmal folgende Rechnung aufgemacht: In der Saison 2005/06 erzielte Schalke 04 aus etwa 3400 Angriffen 53 Tore, womit gerade einmal 1,4 Prozent aller Vorstöße mit einem Treffer endeten. Zusammen mit seinem Technik-/Taktiktrainer Nestor Jevtic hat Slomka dann Übungsformen entwickelt und trainieren lassen, welche die Spieler zu möglichst wenigen Ballkontakten zwingen. Nach dem Training des schnellen Spiels gelangen dann in der Saison 2006/07 aus ungefähr 3400 Angriffen 53 Tore, womit ebenfalls nur 1,6 Prozent erfolgreich waren. Bis einschließlich des 28. Spieltags der Saison 2007/08 (nach dem Slomkas Engagement als Trainer von Schalke 04 endete) gelangen den Königsblauen – denen die schnelle Spielweise inzwischen nach fast zwei Jahren Training doch in Fleisch und Blut übergegangen sein musste – aus etwa 2800 Angriffen 42 Tore, womit nun die Quote mit 1,5 Prozent nur mehr um 0,1 Prozent über jenem Wert lag, den das Team vor der Umstellung auf die neue Taktik erzielte. Angesichts dieser Resultate wäre Mirko Slomka vielleicht besser beraten, wenn er sich von dem Glauben, die Ballkontaktzeit eines Spielers habe irgendeinen Einfluss auf den Erfolg im Fußball, verabschiedet. Denn: Wo bitte ist jemals der Nachweis einer hohen Korrelation zwischen diesem Wert und dem Spielerfolg geführt worden? Nur zur Erinnerung: Fußball ist ein überaus komplexes Gebilde, da steht nicht zu erwarten, dass ein einzelner Faktor (hier: die Ballkontaktdauer einzelner Spieler) allein über Sieg und Niederlage entscheidet. Übrigens: Mit der im Eingangszitat von Slomka erwähnten »Vorliebe für Statistik« lässt sich die nachstehende, ebenfalls von ihm stammende Aussage schwerlich in Einklang bringen: »Ich habe als Mathematikstudent Statistik gehasst«…

»In der Bundesliga wird viel fairer gespielt als in der Premier League«

Die Foulhäufigkeit in den einzelnen europäischen Top-Ligen stellt ein überaus populäres Diskussionsthema dar. Im Rahmen solcher Gespräche wird dann zum Beispiel gern behauptet, dass in Spielen der italienischen Seria A wesentlich mehr Fouls verübt werden als in Bundesligabegegnungen. Einer anderen, ebenso häufig vertretenen These zufolge werden in der höchsten deutschen Spielklasse weniger Regelverletzungen begangen als in der englischen Premier League (Rudi Völler über die Bundesliga: »Es wird beispielsweise viel fairer gespielt als in der Premier League…«). In der Ausgabe 36/2007 der *Sport Bild* erschien nun eine Grafik zu den in Europas höchsten Spielklassen 2006/07 im Schnitt pro Spiel gepfiffenen Fouls, die einen Beitrag zur Objektivierung dieser Diskussion zu leisten vermag. Der Darstellung lässt sich unschwer entnehmen, dass in Italien mit 40 Fouls pro Spiel die meisten unfairen Attacken verzeichnet wurden und damit auch 3 mehr als in der Bun-

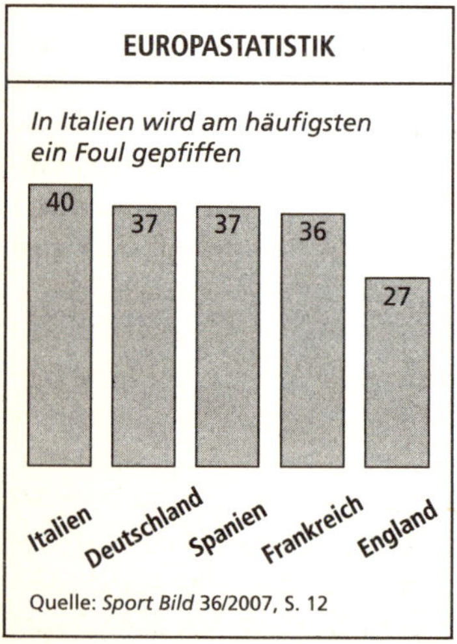

Abb. 4 *Durchschnittliche Foulhäufigkeit pro Spiel in Europas Top-Ligen in der Saison 2006/07*

desliga. Was jedoch den Vergleich von Deutschland und England anbelangt, so fällt auf, dass in der Bundesliga im Schnitt immerhin 10 Fouls mehr pro 90 Minuten gepfiffen werden als in der Premier League (27). Legt man also die von den Schiedsrichtern geahndeten Fouls als Maßstab für faires Spiel zugrunde, so stellt sich die Realität vollkommen anders dar, als von Rudi Völler vermutet: Die Engländer scheinen also wesentlich »zahmer« zu sein, als es die nachstehende Anekdote vermuten lassen würde: Im Verlauf der Begegnung zwischen dem FC Wimbledon und Newcastle United griff Vinnie Jones seinem Gegner Paul Gascoigne derart fest in die »Familienplanung«, dass dieser vor Schmerzen schrie (nach dem Match »bedankte« sich Gascoigne übrigens mit einer Rose bei Jones – der eine Toilettenbürste zurückschickte).

»Fußballspiele werden immer häufiger durch Standardsituationen entschieden«

Von Bundesligatrainern wie Falko Götz (»Standards entscheiden immer öfter Spiele«) über Redakteure vom *Kicker Sportmagazin* (»Immer öfter werden die Spiele durch Standardsituationen entschieden«) bis hin zu Sportwissenschaftlern wie Ken Bray (»Immer mehr Matches werden durch Standardsituationen entschieden«) vertreten sehr viele der am Fußballsport Beteiligten die Meinung, dass im Vergleich zu früheren Jahren die Bedeutung der Standardsituation gestiegen ist, wenn es darum geht, Fußballspiele zu entscheiden. Doch auch in dieser Hinsicht irren all diese Experten sich gewaltig. Denn bei der Betrachtung meiner gewonnenen Daten zum Thema Standardsituation konnte ich feststellen, dass eine derartige Entwicklung in der Vergangenheit überhaupt nicht stattgefunden hat, zumal in den zurückliegenden etwa 20 Jahren der Anteil an entscheidenden Toren (also jene zum 1:0, 2:1, 3:2 usw.) pro Saison mal höher und mal niedriger lag als der Durchschnittswert von knapp über 30 Prozent – womit von »immer wichtiger« beziehungsweise »immer öfter« in keinster Weise die Rede sein kann. Somit weist die Aussage, Standardsituationen würden immer häufiger Spiele entscheiden, in etwa den Wahrheitsgehalt auf wie die Behauptung, nicht Edmund Hillary und Sherpa Tenzing Norgay seien es gewesen, die am 29. Mai 1953 um 11.30 Uhr bei minus 25 Grad als Erste den 8848 Meter hohen Mount Everest bezwangen, sondern Sepp Herberger und sein Spielführer Fritz Walter.

»Das Gegentor fiel zum psychologisch ungünstigen Zeitpunkt kurz vor der Pause«

Die Vorstellung vom psychologisch ungünstigen Gegentor kurz vor der Pause ist im Fußballsport gang und gäbe und wird gerade von Fernsehkommentatoren in den Minuten vor dem Halbzeitpfiff immer wieder bemüht. Nur: Ob jemals jemand, der sich solchermaßen zu äußern beliebte, schon einmal intensiv darüber nachgedacht hat, warum ein Gegentreffer gerade in dieser Spielphase so ungünstig sein soll? Schließlich hindert die Pause den Gegner daran, weitere Treffer nachzulegen, und gibt jenem Team, welches das Tor kassiert hat, die Gelegenheit, den Schock zu bewältigen beziehungsweise taktische Umstellungen vorzunehmen. Zur weiteren Vertiefung des Themas hätte ich an dieser Stelle liebend gern die Auskunft eines Psychologen eingeholt, aber nachdem schon Hamburgs Bastian Reinhardt dessen Hinzuziehung mit den Worten »Gelaber hilft uns nicht weiter« kategorisch ablehnte, soll wenigstens versucht werden, dem Sachverhalt anhand empirischer Untersuchungsergebnisse weiter nachzugehen. Diese stammen von Professor Peter Ayton von der Universität der City of London, der anhand einer Studie zu über 350 Spielen der englischen Premier League mit dem Halbzeitergebnis 1:0 herausgefunden hat, dass keinerlei Korrelation zwischen dem Resultat am Ende des Spiels und dem Zeitpunkt des Torerfolgs besteht. Aytons Fazit: »Die Wahrscheinlichkeit eines Sieges, einer Niederlage oder eines Unentschiedens hängt nicht davon ab, wann das erste Tor geschossen wird.« Wenn Ihnen also mal wieder jemand etwas von einem »Gegentreffer zum psychologisch ungünstigen Zeitpunkt« erzählen möchte, dann sollten Sie solches Wortgeklingel entsprechend einordnen. Christoph Daum hat von einem derartigen Spruch übrigens noch nie recht viel gehalten, wie sich an seiner folgenden Aussage unschwer ablesen lässt: »Das Gegentor fiel zum psychologisch ungünstigsten Zeitpunkt. Aber man muss an dieser Stelle auch einmal die Frage stellen, ob es Gegentore gibt, die zu einem psychologisch günstigen Zeitpunkt fallen.«

»Nach Balleroberung muss man schnell in die Spitze spielen«

»So bin ich aufgewachsen. Das war unsere Lehre. Den schnellsten, den direkten Weg zum Tor«: Diese Aussage von Franz Beckenbauer macht deutlich, dass einem tempogeladenen Spiel im Fußball schon immer große Bedeutung zugemessen wurde. Spätestens seit der Berufung Jürgen Klinsmanns (»Wir in der Nationalmannschaft fordern … eine schnelle und direkte Spielweise«) zum Bundestrainer ist in Fußballdeutschland jedoch ein wahrer »Tempowahn« ausgebrochen. »Schnell nach vorne spielen« ist nunmehr das absolute Nonplusultra, wie zahllose Traineraussagen belegen. (»Jogi« Löw: »Bei Ballbesitz wollen wir möglichst schnell in die Spitze spielen und zum Abschluss kommen.« Felix Magath: »Wir wollen schnell nach vorne spielen, damit den Gegner unter Druck setzen und so unsere Chance suchen.« Thomas Schaaf: »Wir müssen vor allem ballsicherer werden und schneller spielen.« Lucien Favre: »Wir müssen schneller spielen und das Spiel besser lesen.« Dass der eine oder andere bei so viel Tempo schnell auch mal ins Straucheln gerät, beweist Eduard Geyer: »Wir haben zu wenig Spiel ins Tempo gebracht.«)

Gleichzeitig wird eine langsame Spielweise, wie sie (angeblich) von der deutschen Nationalmannschaft während der EM 2004 praktiziert wurde, in Bausch und Bogen verdammt, so etwa von Jürgen Klinsmann (»Und haben dabei verpasst, den Tempofußball anderer Nationen aufzunehmen. … Das hat man bei der EM 2004 in Portugal gesehen«), Felix Magath (»Wir spielen nicht schnell genug«), Aime Jacquet, Frankreichs WM-Coach 1998 (»Zu langsam, zu statisch, irgendwie verzweifelt. Das Ausscheiden der Deutschen spiegelt den Zustand ihres Fußballs wider.« Spieler wie beispielsweise Dietmar Hamann wurden sogar in nicht nachvollziehbarer Art und Weise als »Tempoverschlepper« abqualifiziert.), und dies, ohne dass irgendjemand abgesicherte Erkenntnisse dazu vorliegen hatte, dass das (vermeintlich) langsame Spieltempo der deutschen Elf in irgendeinem Zusammenhang mit dem frühen Ausscheiden stand.

Aussagen wie »temporeich nach vorne spielen«, »blitzartiges Umschalten nach Balleroberung«, »den vertikalen Pass suchen«, »den Ball umgehend in Richtung Tor spielen«, »den schnellen Pass in die Spitze spielen« klingen in insgesamt sehr temporeichen Zeiten eben viel besser und lassen sich wesentlich leichter verkaufen, als wenn ein Trainer sich erdreistet zu fordern, das Tempo aus dem Spiel zu nehmen, um mit seiner Mannschaft ein sicheres, langsames Aufbauspiel über viele Stationen zu praktizieren – selbst wenn dieses noch so erfolgreich ist. Nur damit wir uns nicht missverstehen: Ich leugne keineswegs, dass das Spiel in den zurückliegenden Jahrzehnten deutlich an Tempo gewonnen hat (Joseph Blatter: »Das Spiel ist schnell geworden. Wenn man die WM 1970 in Mexiko betrachtet, denkt man, die spielen in Zeitlupe.«) Doch bedeutet dies noch lange nicht, dass man deswegen auch schnell in die Spitze spielen muss!

Der Vorteil eines schnellen Spiels nach vorne ist sicherlich darin zu sehen, dass damit, insbesondere nach frühem Ballgewinn im Mittelfeld, Durchbruchchancen gegen einen in der Abwehr noch nicht gut organisierten Gegner genutzt werden können. Allerdings sei darauf hingewiesen, dass sich im modernen Fußball pro Begegnung nur vergleichsweise wenige Spielsituationen ergeben, in denen überhaupt die Möglichkeit besteht, rasch von Verteidigung auf Angriff umzuschalten, da kaum ein Gegner seine Abwehr vollends »entblößt« (Hamann: »Schnell spielen kann man nur, wenn die Räume da sind«), wofür die Spiele ab dem Achtelfinale der WM 2006 beredtes Zeugnis ablegen (Matthias Sammer: »Man kann nicht immer nur schnell in die Spitze spielen, gerade gegen Gegner auf Augenhöhe«). Wo war beispielsweise das von Jürgen Klinsmann (»Ein Ansatz ist, dass wir uns permanent fordern, höheres Tempo zu gehen unter höchster Konzentration«) ständig propagierte schnelle Spiel nach vorne in den beiden entscheidenden WM-Spielen gegen Argentinien und Italien (in denen über eine Spielzeit von zusammen 240 Minuten, was immerhin vier Stunden entspricht, gerade einmal ein einziges Tor gelang)? Wo landeten die von Jürgen Klinsmann (»Die Teams, die hohes Tempo gehen und die Konzentration 90 Minuten hochhalten können, sind bei dieser WM der Maßstab. Ich denke dabei an Schweden, Argentinien, die Elfenbeinküste oder die Niederlande.«) während der WM ob ihres Tempofußballs so über den grünen Klee gelobten Mannschaften am Ende? Und wo landeten die ob ihres modernen Tempofußballs so gefeierten Franzosen, Spanier, Tschechen und Portugiesen bei der EM

2004? Alle hinter den sich mit einer ultrakonservativen Defensivtaktik zum Titel mauernden Griechen! Im Rahmen einer Diskussion über die Nachteile des schnellen Spiels in die Spitze wäre grundsätzlich festzuhalten, dass Tempo kein Wert an sich ist. Unter Zeitdruck unterlaufen dem Menschen, wie zahlreiche wissenschaftliche Untersuchungen in der Zwischenzeit ergeben haben und was auch von den Vertretern der Praxis nicht bestritten wird (Jürgen Klinsmann: »Es ist klar: Je schneller gespielt wird, desto höher die Fehlerquote.« Paul Stalteri: »Höheres Tempo bedeutet nicht zwingend höhere Qualität, sondern oft auch eine höhere Fehlerzahl.« Michael Ballack: »... durch das hohe Tempo passieren auch mehr Fehler.«), mehr Fehler, als wenn er seine Aufgaben langsam und mit Bedacht erledigt. Für den Fußball bedeutet dies, dass ein schnelleres Spiel (Rudi Völler: »Ballannahme, Ballverarbeitung, Passgenauigkeit, dies alles im ICE-Tempo«) auch immer mit einer höheren Fehlerquote behaftet ist – mit vielen Ballverlusten und entsprechend vielen Gegentoren als Folge (Freddie Röckenhaus: »Bei dem ... immer wieder apostrophierten ›Hochgeschwindigkeitsfußball‹ gibt es nach wie vor allzu viele Entgleisungen«). So kassierte beispielsweise die deutsche Nationalmannschaft in der Ära von Jürgen Klinsmann (der übrigens in 108 Länderspielen 47 Tore erzielte und damit bei der Anzahl der Spiele nur von Lothar Matthäus mit 150 und bei der Anzahl der Tore nur von Gerd Müller mit 68 übertroffen wird) auffallend viele Kontergegentore aufgrund von Ballverlusten beim Spielaufbau, was dann auch Kapitän Michael Ballack zu folgender (Selbst-)Kritik veranlasste: »Wir spielen viel zu schnell nach vorne, mit viel zu viel Risiko. Wenn wir da den Ball verlieren, stimmt die Ordnung nicht, und wir laufen hinterher.«

Im Zusammenhang mit einer schnellen Spielweise wird, wie zum Beispiel durch Nationalmannschaftsmanager Oliver Bierhoff, häufig auf das in ausländischen Ligen gegenüber der Bundesliga höhere Tempo hingewiesen: »Fakt und nachweisbar ist auch, dass in der Bundesliga langsamer gespielt wird als in England, Spanien oder Italien. Wir müssen uns diesem Problem stellen.« Zu dieser Aussage seien folgende beiden Anmerkungen gestattet: 1. Es stellt sich die Frage, warum Bierhoff dies als »Problem« bezeichnet. Woher, bitte, will er den Beweis nehmen, dass schnelles Spiel erfolgreicher ist als ein sicherer, langsamerer Spielaufbau? 2. Wer die nachfolgenden Bemerkungen des ehemaligen Wigan-Athletic-Coaches Paul Jewell liest, der bekommt Zweifel, ob der englische Fußball wirklich so dynamisch ist: »Abgesehen von den Top-Vier spielt doch jeder nur noch Sicherheitsfußball, um drinzubleiben und weiter vom großen, leckeren Kuchen zu essen. Das Resultat sind dann solche Langweiler wie heute, die es in der Premier League immer häufiger gibt. Ich entschuldige mich bei den Leuten für diesen Müll.«

»Natürlich ist die Abwehr die Basis, aber das schnelle Spiel nach vorne ist nicht nur sehenswert, sondern auch erfolgreich.« Was die Attraktivität anbelangt, so ist dieser Aussage von Jupp Heynckes sicherlich zuzustimmen. In Bezug auf »erfolgreich« wäre jedoch anzumerken, dass es letztendlich nicht um »erfolgreich« sein geht, sondern darum, was am erfolgreichsten ist. Und gerade hinsichtlich dieser zentralen Fragestellung haben nun meine eigenen Untersuchungsergebnisse überaus interessante Erkenntnisse mit sich gebracht, die der gebetsmühlenartig wiederholten Forderung nach schnellem Vorwärtsspiel völlig widersprechen.

Definiert man einen Angriff als die Zeitspanne vom sicheren Gewinn des Balles durch eine Mannschaft bis hin zu dem Moment, wenn dieser definitiv wieder an den Gegner verloren geht (wobei währenddessen durchaus auch Spielunterbrechungen etwa infolge eines Fouls beziehungsweise eines im Seitenaus landenden Balles auftreten können), so zeigte sich im Rahmen meiner Analysen von mehr als 10 000 Angriffen, dass über viele Stationen aufgebaute Vorstöße mehr Erfolg versprechen als solche über wenige Stationen. Angriffe, die aus 1, 2 oder 3 Stationen bestanden, führten, wie die nachstehende Tabelle verdeutlicht, lediglich in 1 Prozent aller Fälle zu Toren, während solche über 7, 8 und 9 Stationen bereits in 3 Prozent aller Fälle erfolgreich abgeschlossen werden konnten. Aus 13, 14 oder 15 Stationen bestehende Vorstöße konnten gar in 7 Prozent aller Fälle mit einem Treffer beendet werden.

Fazit: Je mehr Stationen ein Angriff durchläuft, desto höher ist die Wahrscheinlichkeit, dass er mit einem Treffer zum Abschluss gebracht werden kann. Bestätigt wurden die eigenen Befunde durch die Untersuchungen von Pekka Luhtanen und Fausto Anzil, denen zufolge längere Angriffe ebenfalls häufiger zum Erfolg führten als kurze.

Stationenzahl	Anteil der Angriffe mit Torfolgen
1, 2, 3	1 Prozent
4, 5, 6	2 Prozent
7, 8, 9	3 Prozent
10, 11, 12	5 Prozent
13, 14, 15	7 Prozent

Tab. 4 *Erfolgsquote bei Angriffen mit verschiedenen Stationenzahlen*

Angesichts dieser Erkenntnisse sollten sich die Vertreter der Praxis durchaus einmal Gedanken darüber machen, ob es sinnvoll ist, weiterhin fast ausschließlich das schnelle Spiel nach vorne zu predigen beziehungsweise ein Aufbauspiel über viele Stationen zu verurteilen (Uwe Rapolder: »Deshalb ist lange Ballzirkulation heute passé.« Dieter Hecking: »Wir haben zu lange Ballstafetten gehabt.«), oder ob es nicht zweckmäßiger sein könnte, nach erfolgreicher Balleroberung zunächst einmal einen ballsichernden Pass zum Mitspieler und dann ein langsames Aufbauspiel über viele Stationen zu fordern. (Michel Platini: »Wenn ich mich am Tempo berauschen will, muss ich zu den Olympischen Spielen gehen und dem 100-Meter-Lauf zuschauen. Fußball ist mehr, Fußball ist komplexer.« Jupp Derwall: »Das Tempo, die Geschwindigkeit, sollte nicht im Vordergrund stehen als allein selig machendes Mittel.«) Vielleicht macht sich ja auch bald der Fußball in Anlehnung an Sten Nadolnys Romantitel »Die Entdeckung der Langsamkeit« das zu eigen, was der Soziologe Hartmut Rosa wie folgt zum Ausdruck gebracht hat: »Dennoch glaube ich, dass wir jetzt in den spätmodernen Gesellschaften in verschiedenen sozialen Bereichen Geschwindigkeiten erreicht haben, die schädlich für uns sind.... Die Entschleunigung könnte die mächtigste Gegenideologie des 21. Jahrhunderts werden.« Diese Worte sollten für uns die ideale »Vorlage« sein, um nun mit dieser »Entschleunigungsidee« in die Pause zu gehen.

Die Halbzeitpause 1:1

**»Sex vor einem Spiel!?
Das können meine Jungs halten, wie sie wollen.
Nur in der Halbzeit, da geht nichts.«**

(Berti Vogts)

»Ach, dass der Mensch so häufig irrt und nie recht weiß, was kommen wird!« Was den ersten Teil der Zeilen von Wilhelm Busch anbelangt, so haben Sie in »Die 1. Spielhälfte« eine Menge Beispiele für die tollsten Irrtümer rund um den Fußball kennengelernt. Den zweiten Teil des Verses betreffend sei die Halbzeitpause gerne dazu genutzt, um Ihnen – sozusagen zur genussvollen Entspannung und als wohlverdiente Erholung von all den Ihnen bislang präsentierten Zahlen, Daten und Fakten – eine andere Form von »Fußballirrtümern« vorzustellen, die aus dem Versuch erwachsen sind, Ereignisse im Fußballsport zu prognostizieren. Wenn Sie also von Ihrem traditionellen Halbzeitbier zurückkommen und hoffentlich nicht zu lange auf Ihre Wurst warten mussten (Yves Eigenrauch: »Fußball ist, wenn man in der Halbzeit für ein Würstchen in der Schlange stehen muss«), dann sollten Sie auf den folgenden Seiten über all die kuriosen Behauptungen schmunzeln, zu denen der griechische Philosoph Aristoteles wohl gesagt hätte: »Es ist wahrscheinlich, dass das Unwahrscheinliche geschieht.«

- Joachim »Jogi« Löw (über Miroslav Kloses Aussicht auf Torerfolge gegen den »Fußballzwerg« San Marino): »Miro wird am Wochenende das eine oder andere Tor schießen, das tut ihm gut.«
(Deutschland erzielte dann zwar gleich sechs Tore gegen San Marino, darunter war jedoch kein einziges von Stürmer Miroslav Klose – der jedoch nach der abermaligen Ernüchterung zuversichtlich behauptete: »Dann treffe ich halt gegen die Slowakei« … was sich dann ebenfalls als Fehlprognose herausstellen sollte.)
- Mirko Slomka: »Wir wollen mit den Bremern und Münchnern den Italienern zeigen, dass wir in der Bundesliga Fußball spielen können.«
(Nachdem schon die Nationalmannschaft am 1. März 2006 gegen Italien mit 1:4 verloren hatte, sollte dann in der von Slomka angesprochenen »italienischen Woche« am 7. März eine Niederlage von Werder Bremen gegen Juventus Turin, am 8. März eine Niederlage von Bayern München gegen den AC Milan und am 9. März eine Niederlage von Schalke in Palermo folgen – jedoch gelang es den Schalkern noch, dank des Sieges im Rückspiel eine Runde weiterzukommen.)
- Uli Hoeneß (über das Bayern-Team der Saison 2007/08): »Diese Mannschaft hat kein Talent zum Debakel.«
(Wie sagte schon Cäsar so treffend: »Die Menschen glauben gerne, was sie wünschen.« Dass jedoch gerade Fußballspiele keine »Wunschkonzerte« sind, belegt das 0:4 der Bayern bei Zenit Sankt Petersburg – eine der höchsten Europapokalniederlagen der Bayern aller Zeiten.)
- Bert van Marwijk (über die fehlende Durchschlagskraft des Dortmunder Angriffs in der Saison 2005/06 und seine Prognose für die Spielzeit 2006/07): »Man kann mit an Sicherheit grenzender Wahrscheinlichkeit davon ausgehen, dass wir mehr Tore schießen werden. Wir haben Valdez, Frei, Smolarek, Amoah – und auch Kringe trifft immer häufiger.«
(Trotz der »mit an Sicherheit grenzenden Wahrscheinlichkeit« folgten den nur 45 Dortmunder Toren in der Saison 2005/06 dann sogar nur mehr 41 Treffer in der Spielzeit 2006/07.)
- Franz Beckenbauer (über seinen Weltmeisterkandidaten 2006): »Italien wäre für mich einer der großen Favoriten gewesen, aber

der italienische Fußballskandal ist zu groß, als dass man ihn während der WM vergessen könnte.«
(Na ja, trotz Skandal: Italien wurde Weltmeister.)

- Thomas Schaaf (auf die Frage, ob Miroslav Klose in der Saison 2007/08 in Bremen spielen werde): »Ja definitiv, Miro Klose spielt die nächste Saison bei Werder.«
- Klaus Allofs (auf die Frage nach einem möglichen Wechsel Kloses zum FC Bayern): »Wir werden Klose mit Sicherheit nicht nach München ziehen lassen.«
- Jürgen L. Born (Vorsitzender der Geschäftsführung von Werder Bremen zu einem Transfer von Klose zu den Bayern): »... kategorisch ausgeschlossen, und dabei bleibt es.«
(Trotz all dieser anderslautenden Aussagen unterschrieb Miroslav Klose [»Ich kann mir nicht vorstellen, in der Bundesliga zu wechseln«] im Sommer bei den Bayern, was Klaus Allofs wie folgt kommentierte: »Der FC Bayern hat unsere Vorstellungen erfüllt, sodass wir unter den gegebenen Umständen zustimmen.« Ob die seitens der Bremer Verantwortlichen mit einer solchen »Taktik« [Rummenigge: »Was die jetzt versuchen, ist, einen Markt zu kreieren«] möglicherweise generierten Mehreinnahmen den Verlust jeglicher Glaubwürdigkeit aufzuwiegen vermögen, soll an dieser Stelle nicht kommentiert werden.)
- Karl-Heinz Rummenigge (im Mai 2006 über die Konkurrenten des FC Bayern): »Langfristig sehe ich aber einen ganz anderen Klub als Gefahr: Dortmund! Die leisten wieder gute Arbeit. Da gibt es in ein, zwei Jahren wieder das große Duell.«
(Am Ende der Saison 2006/07 belegte Dortmund dann lediglich den 9. Rang [immerhin 26 Punkte hinter Meister Stuttgart]. Nach Abschluss der Spielzeit 2007/08 lag der BVB sogar auf Platz 13 – mit nicht weniger als 36 Punkten Rückstand auf den Meister Bayern München.)
- Nelson Valdez (über seine Ziele für die Spielzeit 2006/07): »Ich will nach Möglichkeit häufiger treffen als in der vorigen Saison für Werder Bremen. Mein Ziel sind 15 Tore.«
(Nach 9 Toren für Bremen in der vorausgegangenen Spielzeit musste Valdez dann bis zum 32. Spieltag der Saison 2006/07 warten, ehe ihm im Dress von Borussia Dortmund sein erster

[und auch einziger] Saisontreffer gelang – übrigens zum weitgehend bedeutungslosen 2:0 in der Schlussminute des Spiels in Wolfsburg.)

- Thomas Doll (nach der 1:3-Heimniederlage am ersten Spieltag der Saison 2007/08 gegen den MSV Duisburg): »Gegen Schalke wird man eine andere Mannschaft sehen.«
  (Die »andere Mannschaft« von Borussia Dortmund verlor dann am zweiten Spieltag gar mit 1:4 gegen Schalke 04.)
- Thomas Doll (nach dem 3:0-Erfolg gegen Bremen am fünften Spieltag): »Alle haben jetzt verinnerlicht, worauf es ankommt.«
  (Nun: Am sechsten Spieltag verlor die Borussia dann gegen Hertha BSC, am siebten gegen Hamburg und am achten gegen Karlsruhe – so viel zum Thema »verinnerlichen«.)
- Thomas Doll (nach der 0:3-Heimniederlage am siebten Spieltag gegen den HSV): »Solch eine Leistung wird es nicht wieder geben. Ich bin sicher, dass ich diese Woche die richtigen Dinge tun werde.«
  (Nachdem die – vermeintlich – richtigen Dinge während der Woche dann getan wurden, verlor der BVB am achten Spieltag mit 1:3 beim Karlsruher SC.)
- Thomas Doll (über das bevorstehende Spiel gegen Arminia Bielefeld): »Das wird kein offener Schlagabtausch. ... Bielefeld steht kompakt und wird wenig zulassen.«
  (Das Heimspiel gegen die dann doch nicht ganz so kompakt stehenden Bielefelder gewann Dortmund schließlich mit 6:1 – wenigstens diesmal dürfte Thomas Doll seine zuvor geäußerte Fehlprognose ziemlich egal gewesen sein.)
- Jürgen Klopp (nach der 1:2-Heimniederlage von Mainz gegen Wolfsburg am elften Spieltag der Saison 2006/07): »Diesen Knacks wird man uns in Schalke nicht mehr ansehen. Dafür werde ich sorgen.«
  (Am zwölften Spieltag verlor Mainz gleich mit 0:4 »auf Schalke« – Jürgen Klopp nach dem Spiel in Gelsenkirchen: »Jetzt, jetzt stehe ich da wie ein Vollidiot.«)
- Uli Hoeneß (zu Beginn der Saison 2006/07): »Wir haben jetzt eine Mannschaft für die nächsten zwei, drei Jahre.«
  (Nach der 1:2-Heimniederlage der Bayern gegen den HSV am

28. April 2007 erklärte ebenjener Bayern-Manager dann: »Es ist ganz klar, das habe ich der Mannschaft auch gerade in der Kabine gesagt, dass diese Mannschaft total erneuert wird.« – Nobelpreisträger Professor Daniel Kahneman würde wohl konstatieren: »Wir lernen nicht, dass es unmöglich ist, Dinge vorherzusehen.«)

- Ottmar Hitzfeld (über das bevorstehende Spiel in Stuttgart): »Wir müssen dort ein Zeichen setzen, weil wir zuletzt zweimal nur unentschieden gespielt haben.«
(Das »Zeichen« in Stuttgart sah dann wie folgt aus: Auf die beiden Unentschieden gegen Dortmund [0:0] und Frankfurt [0:0] folgte ein 1:3 der Münchner gegen den VfB – übrigens die höchste Bayern-Niederlage der gesamten Vorrunde.)
- Dieter Hoeneß (im Jahr 2001): »Ich träume davon, spätestens 2006 mit der Meisterschale durch das Brandenburger Tor zu fahren.«
(Das mit den Träumen im Fußball ist so eine Sache: Mittlerweile schreiben wir das Jahr 2008, und die Hertha wurde noch immer nicht Meister, außerdem ist das Brandenburger Tor inzwischen für Autos gesperrt. Doch trotzdem ist Dieter Hoeneß weiterhin guten Mutes [»Ich weiß, was nötig ist, um Titel zu gewinnen«], vielleicht ja auch deshalb, weil ihm zu Ehren im Falle der Meisterschaft die Durchfahrt durch das Brandenburger Tor wohl ausnahmsweise gestattet werden würde.
- Karl-Heinz Rummenigge (im Frühjahr 2006 auf der Internetseite des FC Bayern): »Wir werden uns von niemandem dazu nötigen lassen, große Investitionen zu tätigen, wie es bei der ausländischen Konkurrenz der Fall ist.«
(Etwa ein Jahr später sagte Rummenigge dann der *Süddeutschen Zeitung*, der FC Bayern sei bereit, hohe Summen zu investieren, man »wolle eine große Mannschaft aufbauen«. Uli Hoeneß kommentierte dies an anderer Stelle dann mit den Worten: »Wir haben gesagt, wir machen das Spiel ohne Grenzen mal mit«, was wiederum Reiner Calmund wie folgt kommentierte: »Und Uli Hoeneß, der immer sagte, den Ablöse-Wahnsinn mache man nicht mit, hält es mit Adenauer: ›Was stört mich mein Geschwätz von gestern!‹«)

- Lothar Sander (damaliger Aufsichtsratsvorsitzender des VfL Wolfsburg): »National orientieren wir uns am FC Bayern. Aber international muss Manchester United unser Vorbild sein.«
(In den Spielzeiten 2005/06 und 2006/07 entging der VfL zweimal in Folge als Tabellenfünfzehnter nur um Haaresbreite dem Abstieg – aber immerhin reichte es 2007/08 unter dem neuen Trainer Felix Magath zur Qualifikation für den UEFA-Pokal.)
- Miroslav Klose: »Wales ist ein bisschen schwächer als Zypern. Ich glaube, dass die Zuschauer das eine oder andere Tor sehen werden.«
(Dem 4:0 gegen Zypern sollte ein 0:0 gegen Wales folgen.)
- Karl-Heinz Rummenigge (im November 2006): »Ich wage zu behaupten: In den nächsten zehn Jahren wird kein deutscher Klub mehr im Endspiel eines europäischen Wettbewerbs vertreten sein.«
(Vor dem Rückspiel im Halbfinale des UEFA-Cups gegen Sankt Petersburg lautete Rummenigges Prognose dann wie folgt: »Wer Getafe überstanden hat, übersteht auch Sankt Petersburg. Wir sehen uns in Manchester.« – Beim UEFA-Cup-Finale in Manchester trafen dann allerdings Zenit Sankt Petersburg und die Glasgow Rangers aufeinander.)
- Für die Saison 2007/08 prognostizierten 90,7 Prozent aller Bundesligaspieler bei der Umfrage des *Kicker Sportmagazins* den Abstieg von Energie Cottbus.
(Das den Klassenerhalt dann sogar schon am vorletzten Spieltag feiern konnte.)
- Uli Hoeneß (im November 2006): »Ich bin felsenfest davon überzeugt, dass wir am 34. Spieltag ganz oben stehen.«
(Am 34. Spieltag wurde dann der VfB Stuttgart als Meister gefeiert, während Hoeneß mit seinen Bayern noch nicht einmal einen Champions-League-Platz erreichte.)
- Ottmar Hitzfeld (auf die Frage nach den Konkurrenten um die Meisterschaft): »Jene des vorigen Jahres: Stuttgart, Schalke, Bremen, Dortmund mit Trainer Thomas Doll wird wieder erstarkt sein.«
(Kurz vor Saisonende bezeichneten sich die dann doch nicht ganz

so erstarkten Dortmunder auf ihrer eigenen Homepage [bvb.de] als »Libero vor den Abstiegsrängen«, der sich bis zum 34. Spieltag auf Rang 13 hat zurückfallen lassen – mit nur ganzen vier Zählern mehr als Absteiger Nürnberg, aber immerhin 36 Punkten Rückstand auf Hitzfelds Meister-Bayern.)

- Felix Magath: »Auch in diesem Jahr habe ich mit dem Tennislehrer meines Sohnes um 100 Euro gewettet, dass keiner der vier englischen Klubs den Wettbewerb gewinnt.«
  (Angesichts der Finalteilnahme von Manchester United und FC Chelsea konnte Magath seine Wettschulden dann sogar schon vor dem Endspiel am 21. Mai 2008 in Moskau begleichen.)
- Karl-Heinz Rummenigge (im *Bayern Magazin* zum Bundesligaheimspiel gegen Borussia Dortmund): »Ich warne davor, den Tabellenelften aus Dortmund zu unterschätzen. Beide Spiele werden sehr schwer und sicherlich kein Selbstläufer.«
  (In der Münchner Allianz-Arena führten die Bayern dann schon nach 22 Minuten mit 4:0 gegen den BVB, Endstand: 5:0 – bezüglich des DFB-Pokalfinales hatte Rummenigge mit seiner Prognose dagegen durchaus recht, denn dort ging's beim 2:1 nach Verlängerung schon wesentlich knapper zu.)
- Michael A. Roth (zu Beginn des Jahres 2008): »Wir kommen schnell unten raus. Der Abstieg ist überhaupt kein Thema bei uns.«
  (Der Abstieg war in Nürnberg womöglich so lange »kein Thema«, bis er am 34. Spieltag nach dem 0:2 im Heimspiel gegen Schalke definitiv feststand.)
- Felix Magath (kurz vor Saisonbeginn): »Es gibt Teams wie Bayern, Schalke, Bremen, Stuttgart, meinetwegen auch Leverkusen oder Nürnberg, für die der Abstieg überhaupt kein Thema ist.«
  (Nürnberg? Abstieg? Kein Thema? Am Ende reichten dem »Club« lediglich 31 gewonnene Punkte dann doch nicht zum Klassenerhalt.)
- Uli Hoeneß: »Ich bin überzeugt, dass Deutschland spätestens 2006 wieder Weltmeister ist.«
  ([Export-]Weltmeister war Deutschland 2006 wohl – nicht jedoch im Fußball.)
- Karl-Heinz Rummenigge (im Jahr 2005): »So einen Spieler wie

Lukas Podolski verpflichtet man nicht als Auffüller für den Kader, sondern als Stammspieler.«
(Seit seinem Transfer ist der Nationalspieler bei den Bayern nie so recht über die Reservistenrolle hinausgekommen, weswegen er sich – angeblich – schon wiederholt wegen eines Vereinswechsels Gedanken machte: »Ich bin kein Bankspieler!«)

- Jens Lehmann (vor dem Länderspiel in Florenz gegen Italien): »Wir kriegen die Bude nicht voll.«
(Woraufhin die Nationalmannschaft mit dem 1:4 eine der höchsten Länderspielniederlagen der letzten Jahre kassierte.)
- Angelos Charisteas (im März 2007 auf die Frage nach einem möglichen Wechsel zum »Club«): »Was soll ich in Nürnberg?«
(Nicht allzu lange nach dieser Aussage unterschrieb der Grieche für die Saison 2007/08 in Nürnberg.)
- Uli Hoeneß (im Jahr 2002 über Roque Santa Cruz): »... in fünf Jahren wahrscheinlich das Beste ist, das wir in der Welt haben.«
(In den acht Jahren beim FC Bayern, in denen er nie den erwarteten Durchbruch schaffte, gelangen Roque Santa Curz gerade einmal 31 Bundesligatreffer für die Münchner – Luca Toni traf allein in der ersten Bundesligasaison 24-mal für die Bayern.)
- Dr. Theo Zwanziger: »Ich habe immer gesagt, wenn wir das Achtelfinale schaffen, dann kommen wir auch ins Endspiel.«
(Der große Pelé, der selbst zweimal [1958, 1970] im Finale stand, vertritt die These: »Fussball lässt sich kaum vorhersagen« – die sich auch der Präsident des DFB zu eigen machen sollte, denn trotz des Achtelfinaleinzugs bei der WM 2006 reichte es für die deutsche Mannschaft am Ende dann doch nicht bis ins Endspiel.)
- Jürgen Klopp: »Wir werden die Velberter nicht unterschätzen, weil wir nicht bescheuert sind.«
(»Bescheuert« vielleicht nicht gerade, aber vielleicht ja – mit Verlaub gesagt – »be-kloppt«, denn Mainz verlor tatsächlich in der ersten Pokalrunde gegen den Oberligisten nach Elfmeterschießen und schied aus.)
- Franz Beckenbauer: »Die Löwen werden das Münchner Derby frühestens in 100 Jahren gewinnen.«
(Schon kurz danach gelang dem TSV 1860 München dann ein

1:0-Sieg gegen die Bayern, was Beckenbauer [»Nach meiner Profikarriere möchte ich mit Fußball nichts mehr zu tun haben«] wie folgt kommentierte: »Da sieht man mal wieder, wie schnell 100 Jahre um sind…«)

100 Jahre sind noch nicht um, allerdings die 15 Minuten der Halbzeit, weswegen es nun gleich mit der 2. Spielhälfte weitergehen soll.

»Es ist nicht immer alles wahr, was stimmt.«

(Fußballprofi Stefan Wessels)

»In der 1. Halbzeit haben wir ganz gut gespielt, in der 2. fehlte uns die Kontinu …, äh, Kontuni …, ach, Scheißfremdwörter: Wir waren nicht beständig genug!« Anders als Pierre Littbarskis Mannschaft hoffe ich, eine entsprechende Beständigkeit in meinen Ausführungen zu den Fußballirrtümern auch in der »2. Spielhälfte« (so wie es nur einen Rudi Völler gibt, so gibt es im Fußball auch nur eine Halbzeit, weswegen, wie schon die ersten 45 Minuten betreffend, nicht von einer 1. beziehungsweise 2. Halbzeit, sondern von einer 1. und 2. Spielhälfte gesprochen wird) weiter beibehalten zu können. In dieser möchte ich Ihnen – nachdem Sie hoffentlich gut erholt aus der Pause zurückgekehrt sind – erneut primär Informationen zu den »Kernbereichen« des Spiels zukommen lassen (Ergebnisse zu »Randaspekten«, wie zum Beispiel der Bedeutung von Trainerwechseln, der Herbstmeisterschaft oder des Heimvorteils im Rückspiel finden Sie dann unter »Die Verlängerung«), die sich von den Ergebnissen aus »Die 1. Spielhälfte« primär dadurch unterscheiden, dass nun zu einzelnen der diskutierten Irrtümer, Legenden, Mythen und Glaubenssätze die Faktenlage etwas weniger eindeutig ist als noch hinsichtlich des Großteils der vor der »Pause« präsentierten Fußballweisheiten. Von daher wird an den jeweiligen Stellen stets auch immer darauf hingewiesen, wenn bezüglich bestimmter Ereignisse beziehungsweise Zusammenhänge bislang noch keine abgesicherten Erkenntnisse vorliegen und es sich bei entsprechenden Aussagen von Trainern, Spielern, Managern oder sonstigen »Experten« um nichts anderes als reine Vermutungen und eben nicht um abgesichertes Wissen handelt.

»Trainer sollten nicht so viel rotieren.« (»Fußball ist keine Mathematik.«)

»Fußball ist keine Mathematik« – mit dieser öffentlichen Kritik gegenüber dem Mathematiklehrer Ottmar Hitzfeld zog Bayern Münchens, nach eigenen Worten »stinksaurer«, Vorstandsvorsitzender Karl-Heinz Rummenigge (der noch im Jahr 2004 über seinen Trainer sagte: »Er ist eine Persona gratissima und wird es immer bleiben«) nach dem 2:2 im UEFA-Cup-Heimspiel gegen Bolton Wanderers (ersatzgeschwächter Vorletzter der Premier League) am 8. November 2007 gegen die starke Rotation seines Cheftrainers (wobei Rummenigges Sorge um das Erreichen der nächsten UEFA-Cup-Runde sicherlich sehr gut nachvollziehbar war) zu Felde – und das, obwohl wir beim heutigen Kenntnisstand ganze Galaxien davon entfernt sind zu wissen, ob beziehungsweise in welchem Umfang die Rotation im Fußballsport überhaupt sinnvoll ist oder nicht, womit gleichzeitig nicht ausgeschlossen ist, dass Rummenigge (von dem übrigens auch die Aussage »Es ist schon überraschend, dass der Fußball statistischen Regeln unterliegt« stammt …) mit seiner Kritik vollkommen am Ziel vorbeischießt. (Nebenbei bemerkt: Ob die Rotation in irgendeinem Zusammenhang mit dem Endstand dieses Spiels von 2:2 steht, vermag kein Mensch mit Sicherheit zu sagen.)

Versucht man, sich der Sinnhaftigkeit/Sinnlosigkeit der Rotation – nachdem bislang noch keine verlässlichen empirischen Erkenntnisse zu diesem Thema vorliegen – auf dem Wege des logischen Nachdenkens zu nähern, so stößt man auf zahlreiche Argumente, die für beziehungsweise gegen ein Durchwechseln der Mannschaft sprechen.

Argumente gegen die Rotation

- Fehlendes Eingespieltsein der Mannschaft/gestörter Spielrhythmus (Uli Hoeneß: »Wichtig ist ja, und das weiß ja auch der Ottmar, eingespielt sein ist auch eine Macht. Und deshalb, rotieren ist prima, wenn man unglaublich viele Spiele hat. Aber die Spielautomatismen, die kriegt man nur, wenn man eingespielt ist.«)
- Verärgerte Stammspieler (Uli Hoeneß: »Wir müssen uns fra-

gen ..., ob das Rotieren das Richtige ist. Ob man die Spieler damit nicht total sauer macht ...«).

- Verringerte Leistungsstärke der Mannschaft, da nicht die (vermeintlich) besten Spieler auf dem Platz stehen.

Argumente für die Rotation

- Schaffung von Einsatzzeiten für alle Spieler aus dem Kader (»Seelenpflege der Ergänzungsspieler«; Michael Skibbe: »Bei unserem großen Aufgebot bleibt mir gar keine andere Wahl. Auch die Stars werden sich damit abfinden müssen.«).
- Schonung der Spieler (Speziell in Phasen einer hohen Dichte an Spielen; Ottmar Hitzfeld: »Mit der Rotation haben wir die Belastungen immer ausgehalten. Wenn man immer mit der gleichen Elf gespielt hätte, brichst du irgendwann ein. Wenn nicht heute, dann in drei Wochen. Dann kannst du die Titel eben nicht holen.«).
- Aufbau einer Konkurrenzsituation innerhalb des Kaders (Ottmar Hitzfeld: »Die Rotation ist ja nicht nur da, um Spieler zu schonen, sondern auch, um die Konkurrenzsituation hochzuhalten. Wenn ich immer mit der gleichen Startelf spiele, habe ich eine Zweiklassengesellschaft.«).

Welche der aufgeführten Argumente letztendlich überwiegen, ist bis heute ebenso eindeutig entschieden wie die Frage, ob nun die Henne oder das Ei zuerst da war, weswegen eine eindeutige Bewertung der Sinnhaftigkeit der Rotation derzeit auch ausgeschlossen ist. Von daher stellen all die Argumente der Befürworter der Rotation, wie zum Beispiel Professor Liesen (»Die von Ottmar Hitzfeld praktizierte Rotation ist grundsätzlich sinnvoll«), Ottmar Hitzfeld (»Rotation ist ein sinnvolles Konzept, und das werde ich auch beibehalten«) oder Jürgen Röber (»Rotation wird Normalität. Man hat ja woanders gesehen, dass man damit Erfolg haben kann«), beziehungsweise deren Gegner, wie beispielsweise Karl-Heinz Rummenigge (»Fußball ist keine Mathematik«), Uli Hoeneß (»In der Sache bin ich beim Kalle«) oder Berti Vogts (über den FC Bayern der Ära Jürgen Klinsmann: »Es muss und wird eine Stammelf geben«) nichts anderes als unüberprüfte Vermutungen dar ...

Beispiele aus der Vergangenheit, wie die Misserfolge von Italiens Nationaltrainer Arrigo Sacchi oder die Erfolge Ottmar Hitzfelds (»Mit der Rotation habe ich 1997 mit Dortmund und 2001 mit Bayern die Champions League gewonnen – und noch ein paar andere Titel mehr«) zeigen, dass man bei rotierender Aufstellung sowohl erfolgreich als auch erfolglos sein kann. Ob diese Erfolge beziehungsweise Misserfolge jedoch in irgendeinem Zusammenhang mit der Rotation stehen oder ob sich diese auch ohne diese eingestellt hätten, ist zurzeit noch ungeklärt. Die aus beiden Alternativen erwachsenden Konsequenzen sind dagegen unter anderem dem »Rotationsweltmeister« (Uli Hoeneß) Ottmar Hitzfeld sehr gut bekannt: »Wenn man rotiert und verliert, dann bekommt man was auf die Schnauze. Wenn man rotiert und gewinnt, dann ist es normal.«
Apropos Handgreiflichketen: Möglicherweise wird Ottmar Hitzfeld noch richtiggehend froh gewesen sein, dass sich Rummenigges »Attacke« ausschließlich auf verbaler Ebene abspielte, denn sein damaliger Präsident des SC Zug, Werner Hofstetter, ist ihm schon mal ganz anders »an den Kragen« gegangen: »Nach unzähligen Diskussionen war er einmal sogar mit der Hand an meiner Gurgel und würgte mich.«

»Da hätte der Spieler durch ein kurzes taktisches Foul gestoppt werden müssen«

Es war nicht in der Allianz-Arena in München, im Olympiastadion von Rom oder im Londoner Wembley-Stadion. Nein, ich schaute zusammen mit meinem Freund Jürgen Stelzner der Mannschaft seines Sohnes Alexander bei einem E-Jugend-Spiel auf der Sportanlage des oberpfälzischen SV Burgweinting zu, als doch der Trainer des Gegners tatsächlich einen seiner Spieler dafür »zusammenstauchte«, dass er einen durchgebrochenen Angreifer nicht mit einem taktischen Foul an der Torerzielung gehindert hatte! Nun ja, womöglich war dem Übungsleiter erst kurz zuvor in Paul Breitners Buch »Ich will kein Vorbild sein« folgende Aussage aufgefallen: »Wir müssen die Jugendlichen lehren, foul zu spielen! Das klingt vielleicht brutal, aber was hilft es, ständig um den heißen Brei herumzureden.... Bevor ich dem Gegner erlaube, ein Tor zu schießen, muss ich ihn mit allen Mitteln daran hindern. Wer das nicht offen zugibt, der lügt sich was vor.«

In der Jugend aus pädagogischer Sicht äußerst zweifelhaft, sind derartige taktische Fouls bei den Profis fast schon alltäglich, wie die bemerkenswert offenen Aussagen von Michael Zorc (»Über diese Makaay-Szene kann ich mich an Weihnachten noch aufregen. Entweder muss man den Ball im Mittelfeld sofort zurückerobern oder den Spieler durch ein taktisches Foul stoppen.«) beziehungsweise Otto Addo (»... oder ich foule den Gegner! Ein kurzes taktisches Foul, damit die Mannschaft wieder steht. Da kriegt der eine oder andere vielleicht die Gelbe Karte. Aber das ist Fußball.«) erahnen lassen. So selbstverständlich, wie das taktische Foul immer wieder gefordert wird, sowenig ist bislang jedoch über dessen Sinnhaftigkeit bekannt. Einerseits kann damit zwar ein gegnerischer Angriff unterbunden werden, andererseits hat eine solche Regelverletzung (von einer möglichen persönlichen Strafe wie etwa einer Verwarnung oder einem Platzverweis für den foulenden Spieler einmal abgesehen) immer einen Freistoß zur Folge, welcher der angreifenden Mannschaft zum Beispiel die Möglichkeit gibt, kopfballstarke Abwehrspieler nach vorne zu schicken oder direkt ein Tor zu erzielen. Ob es sich also tatsächlich rentiert, den Spieler unfair zu bremsen, oder ob die sich daran anschließende Freistoßsituation nicht wesentlich mehr Torgefahr in sich birgt, ist bis heute noch völlig ungeklärt, weswegen auch nicht ständig ein taktisches Foulspiel gefordert beziehungsweise dessen Sinnhaftigkeit hervorgehoben werden sollte.

»Doppelpässe spielen bei der Torvorbereitung eine große Rolle«

Die Bilder von den Doppelpässen zwischen Franz Beckenbauer und Gerd Müller beziehungsweise Günter Netzer und Gerd Müller (wie etwa bei Netzers »Tor des Jahres« 1972 beim 5:1 gegen die Schweiz) vor Augen, ist sich so mancher ziemlich sicher, dass dem Doppelpass bei der Torvorbereitung eine außerordentliche Bedeutung zukommt. Doch weit gefehlt! Richtig ist, einer eigenen Untersuchung entsprechend, hingegen Folgendes: Von den 16730 in der Fußballbundesliga während der Spielzeiten von 1989/90 bis 2007/08 erzielten Toren fielen gerade mal 156 im direkten Anschluss an einen Doppelpass, was einem Anteil von lediglich 0,9 Prozent aller Treffer entspricht (in den 306 Bundesligaspielen der Saison 2007/08 fielen von 860

Toren sogar nur ganze 2 [!] nach einem Doppelpass; die Mannschaft des FC Bayern vermochte in den 102 Bundesligabegegnungen der Spielzeiten 2005/06 bis 2007/08 nur ganze 2 Tore nach einem Doppelpass zu erzielen). In etwa vergleichbare Ergebnisse brachten die eigenen Analysen zur WM 1994 (nur 1 von 141 Toren fiel nach einem Doppelpass) und zur WM 2002 (nur 2 von 161 Treffern gelangen nach einem Doppelpass) mit sich. Somit kommt dem viel gerühmten Doppelpass hinsichtlich des Spielerfolgs womöglich eine kaum größere Bedeutung zu, als ob Franck Ribéry nun in Schuhen der Farbe Rot, Gelb oder Orange spielt.

Saison	Summe an Toren	Tore nach Doppelpass	Anteil an Toren nach Doppelpass (in Prozent)
89/90	790	4	0,5
90/91	886	16	1,8
91/92	994	8	0,8
92/93	898	15	1,7
93/94	895	10	1,1
94/95	923	20	2,2
95/96	831	6	0,7
96/97	911	7	0,8
97/98	883	6	0,7
98/99	866	7	0,8
99/00	885	4	0,5
00/01	897	7	0,8
01/02	893	7	0,8
02/03	821	12	1,5
03/04	909	9	1,0
04/05	890	6	0,7
05/06	861	5	0,6
06/07	837	5	0,6
07/08	860	2	0,2
Gesamt	16 730	156	0,9

Tab. 5 *Anteil an Toren nach Doppelpass an der Gesamtsumme aller Tore pro Saison*

»Abwehrspieler sollen sich ins Angriffsspiel mit einschalten«

Die Frage betreffend, ob sich Innenverteidiger ins Angriffsspiel einschalten sollen (Matthias Sammer: »Wir brauchen Innenverteidiger, die technisch und taktisch in der Lage sind, das Spiel zu prägen, es schnell zu machen, die Lücken erkennen und sich einschalten«) oder nicht (Oliver Kahn: »Die primäre Aufgabe von Manndeckern im modernen Fußball besteht darin, dass sie den Gegenspieler ausschalten müssen wie schon vor hundert Jahren. Ab und zu können sie sich aus dem Rückraum einschalten. Ein Manndecker muss erst hinten seinen Job machen. Es reicht, bei Standards mitzugehen.«), liegen bislang keinerlei verlässliche wissenschaftliche Erkenntnisse vor. Es kann gut sein, dass der mit aufrückende Abwehrspieler, zum Beispiel als zusätzliche Anspielstation, das Offensivspiel der Mannschaft zu beleben vermag, andererseits ist jedoch nicht auszuschließen, dass das mit derartigen Vorstößen einhergehende Risiko (etwa in Form gegnerischer Konterangriffe nach Ballverlust) gegenüber den Vorteilen dominiert. Welches Argument letztendlich überwiegt, ist bislang noch nicht zweifelsfrei geklärt. Von daher ist auch die Meinung von Lothar Matthäus (»Lucio muss doch stürmen. Seine Ausflüge sind vor einem Jahr noch gelobt worden.... Diese Stärken darf man ihm nicht nehmen.«) hierzu als rein persönliche zu betrachten. Ebenfalls ungeklärt sind übrigens auch die beiden Fragen, ob es sinnvoll ist, dass sich die Außenverteidiger (ständig) ins Angriffsspiel einschalten (Löw: »Wir brauchen Außenverteidiger, die mitgehen ...«), beziehungsweise ob es richtig ist, dass die beiden kopfballstarken Innenverteidiger bei Eckbällen (ständig) mit aufrücken. (So könnte man sich durchaus darüber wundern, warum es seit Jahrzehnten als so selbstverständlich hingenommen wird, dass diese jedes Mal etwa 60 Meter vor- und die gleiche Strecke wieder zurücklaufen, obwohl nur jede 50. Ecke zum Erfolg führt; Bayerns Innenverteidigern Lucio und Martin Demichelis jedenfalls gelang in der Bundesligasaison 2007/08 kein einziger Treffer nach einem Eckstoß.)

»Die Eckbälle müssten wesentlich variantenreicher ausgeführt werden«

»Die Varianten bei Eckbällen sind bei Weitem noch nicht ausgeschöpft. Über diese Entwicklung mache ich mir viele Gedanken.« Überlegungen wie die vorstehenden von Lothar Matthäus zu Varianten bei Standardsituationen wie zum Beispiel Eckbällen oder Freistößen werden im Fußballsport sehr häufig angestellt (Jürgen Kohler: »Zu viel denken ist immer schlecht«). Frankfurts Trainer Friedhelm Funkel spricht einer variablen Eckballausführung hohe Bedeutung zu: »Die Abwehrreihen stellen sich heutzutage immer besser und cleverer auf die gegnerischen Ecken ein. Man braucht immer wieder neue Varianten, um eine Abwehr noch auszutricksen.« Das große Problem ist nur: Bis heute ist leider überhaupt noch nicht bewiesen, ob das alles überhaupt Sinn macht (was übrigens auch für die immer wieder geforderten Freistoßvarianten gilt)! Denn: Es könnte ja durchaus sein, dass die »Grundform« (beispielsweise der hoch vor das Tor geschlagene Eckball) dermaßen effizienter ist als jede Variante (etwa der »kurz« gespielte oder auf einen außerhalb des Strafraums postierten Spieler geschlagene Eckball), dass es überhaupt keinen Sinn macht, großartig herumzuexperimentieren. Leider sind wir beim heutigen Stand der Forschung, was gesicherte Erkenntnisse zu diesem Thema anbelangt, noch viel weiter entfernt, als es Berti Vogts jemals vom Gewinn der Torjägerkanone in der Fußballbundesliga war. Darum sollte sich »Loddar« in dieser Hinsicht nicht allzu viele Gedanken machen, sondern lieber folgende Aussage von Martin Walser immer wieder beherzigen: »Sinnloser als Fußball ist nur noch eins: Nachdenken über Fußball.«

»Bei nassem Rasen muss verstärkt aus der zweiten Reihe geschossen werden«

Die beiden ARD-Kommentatoren Steffen Simon und Reinhold Beckmann sprechen davon, dass auf feuchtem oder schneebedecktem Rasen Schüsse aus der zweiten Reihe ein probates Mittel seien beziehungsweise sich auf alle Fälle lohnen würden. In beiden Fällen tut es mir (schon allein um die Aussage von César Luis Menotti zu entkräften, demzufolge »95 Prozent der Journalisten von Fußball keine Ahnung haben«) leid, dass ich während unserer langjährigen

Zusammenarbeit den beiden Kollegen nicht die Einsicht vermitteln konnte, dass zu diesem Thema bislang keine abgesicherten Erkenntnisse vorliegen. So kann nicht ausgeschlossen werden, dass Weitschüsse (Beachte: Aus einer Distanz von über 27 Metern benötigt man bereits 70 Versuche für einen Treffer!) von Haus aus derart erfolglos sind, dass es überhaupt keine Rolle spielt, ob der Rasen nun nass/schneebedeckt ist oder nicht. Die Aussage, dass bei derartigen Bodenverhältnissen Schüsse aus der zweiten Reihe ein probates beziehungsweise sich auf alle Fälle lohnendes Mittel seien, könnte infolgedessen durchaus falsch sein und sollte deswegen sinnvollerweise am besten gänzlich vermieden werden.

»Flanken sind ein sehr gutes Mittel, um zum Torerfolg zu kommen«

So zumindest behauptete es Otto Rehhagel als ZDF-Experte im Vorlauf der Übertragung des Spiels Deutschland gegen Irland bei der WM 2002. Meine Analyseergebnisse zu 2500 Flanken lassen an der Richtigkeit dieser Aussage jedoch größten Zweifel aufkommen. Denn es zeigte sich, dass nur 2,3 Prozent (!) aller Flanken einen Torerfolg nach sich ziehen, womit eine Mannschaft etwa 50 Flanken schlagen muss, um im Anschluss hieran überhaupt einen Treffer zu erzielen. Ob Flanken aber letztendlich ein gutes oder möglicherweise gar das schlechteste Mittel sind, um im Fußballsport zum Erfolg zu gelangen, das vermag bislang niemand mit Sicherheit zu sagen. Hierzu müssten unter anderem Erkenntnisse zur Effektivität alternativer Spielhandlungen vorliegen, mit denen die Effizienz von Flanken dann verglichen werden könnte. Da diese bislang jedoch fehlen (was auch in Zukunft leider der Fall sein dürfte), kann bis heute auch nicht ausgeschlossen werden, dass Flanken als Voraussetzung für den Torerfolg völlig sinnlos sind (Beispiele: Der deutsche Nationalspieler Christian Ziege vermochte in der Bundesliga über ein Jahr lang mit einer Flanke kein Tor vorzubereiten; der brasilianische Nationalspieler Jorginho schlug in der Bundesliga fast 150 erfolglose Flanken in Serie, bis ihm endlich mal wieder ein Tor-Assist gelang). In jedem Falle gilt: Bei allen Aussagen zu diesem Thema handelt es sich um reinste Spekulation und nicht, wie so viele dies der Öffentlichkeit immer wieder glauben machen, um abgesichertes

Wissen. Folglich würde man auf Horst Hrubeschs »Manni [Manfred Kaltz] von außen, Flanke hoch rein, ich Kopf, Tor« diesem am liebsten mit seinen eigenen Worten antworten: »Wir müssen das alles noch mal Paroli laufen lassen.«

»Im Fußball wird der Ball meist sehr lange in den eigenen Reihen gehalten«

Über nicht weniger als 25 Stationen wanderte der Ball innerhalb der argentinischen Mannschaft, bevor er im Spiel der WM 2006 im Tor von Serbien-Montenegro zum 2:0 (Endstand: 6:0) landete. Auch wenn die meisten sicherlich nicht davon ausgehen, dass es sich hierbei hinsichtlich der Angriffslänge um einen »normalen« Spielzug gehandelt hat, so vermuten doch viele, dass Angriffe im Fußball im Schnitt so über zehn Stationen pro Mannschaft vorgetragen werden – was sich jedoch als eine ins Reich der Fantasie zu verweisende Vorstellung erweist. Denn Angriffe im Fußball sind, so das Resultat meiner entsprechenden Recherchen, deutlich kürzer, als zumeist angenommen wird. Im Schnitt läuft der Ball gerade einmal über etwa fünf bis sechs Stationen innerhalb eines Teams, bevor er schon wieder an den Gegner verloren wird. Wer also von einer höheren Stationenzahl ausgeht, der sitzt ebenso einem Irrtum auf wie all jene, die glauben, Paul Gascoigne hätte nicht schon mal eine Stunde nach einem Länderspiel Station in einem Pub gemacht – noch immer im Nationaltrikot und mit Fußballschuhen an den Füßen. Hauptsächlich verursacht dürfte dieses Resultat durch die mit dem Fuß nur eingeschränkte Kontrollierbareit des Balles sein, aufgrund derer dieser meist sehr schnell wieder beim Gegner landet, sodass pro Spiel bis zu 100 Wechsel im Ballbesitz zwischen beiden Mannschaften möglich sind.

»Unnötige Fouls sollten vermieden werden«

Ein weiser Mann sagte einmal: »Je ernster ein Problem ist, desto oberflächlicher sind die Lösungsvorschläge.« Ein gutes Beispiel hierfür ist die in der Saison 2007/08 ausgetragene Zweikampf-/Foulspieldebatte, die unter anderem durch verschiedene Aussagen von Bundestrainer »Jogi« Löw ins Rollen gebracht wurde. Einige zentrale Thesen aus dieser Diskussion sollen nachstehend herausgegriffen, diskutiert und auf ihre Stichhaltigkeit hin überprüft werden:

- Joachim »Jogi« Löw: »Es gibt viel zu viele unnötige Fouls.«
  Anmerkung: Um es in aller Deutlichkeit zu sagen: Es ist ein großer Irrtum zu glauben, dass bislang abgesicherte Erkenntnisse dazu vorliegen, ob/welche Fouls erforderlich beziehungsweise überflüssig sind! Um dies zweifelsfrei beurteilen zu können, müsste man überprüfen können, wie das Spiel ohne das Foul weitergelaufen wäre, was jedoch nicht möglich ist. Belegt ist hingegen, dass Mannschaften, die mehr Regelverletzungen begehen als der Gegner, eine (geringfügig) höhere Anzahl an Spielen gewinnen und der VfB Stuttgart, eine der Mannschaften mit den meisten verursachten Fouls in der Saison 2006/07, am Ende gar Meister wurde – womit Fouls womöglich gar nicht so sinnfrei sind wie häufig angenommen. Am Rande: Wir erinnern uns noch sehr gut an die Szene aus Sönke Wortmanns Film »Deutschland – ein Sommermärchen«, in der Bundestrainer Jürgen Klinsmann in der Mannschaftskabine brüllend seine Spieler dazu auffordert, den Gegner durch die Wand zu klatschen – was sicherlich nicht die allerbeste »Foultherapie« im Löw'schen Sinne darstellt.
- Löw: »Ich sehe in der Bundesliga eine unglaublich hohe Anzahl Fouls, die vermeidbar sind, die zu gefährlichen Freistößen und zu Toren führen. Das ist im Übrigen auch statistisch belegt. … In dieser Saison wurden 69 Tore durch oder nach Freistößen erzielt, aber nur 41 nach Eckbällen. Ein Drittel der Freistoßtore bedeutete das 1:0. Und meistens gingen unnötige Fouls voraus.«
  Anmerkung: Dem Bundestrainer scheint wohl entgangen zu sein, dass sich die Sinnhaftigkeit von Fouls nicht allein an den daraus resultierenden Freistößen beziehungsweise Toren bemessen lässt. Vielmehr müsste man, wie oben beschrieben, überprüfen, was passiert wäre, wenn es kein Foul gegeben hätte, was jedoch (leider) ausgeschlossen ist, weswegen zu dieser Frage auch keine letztendlich abgesicherte Aussage möglich erscheint. Am Rande: In der von »Jogi« Löw angesprochenen Bundesligasaison wurden bis zum Ende gerade einmal 12 Prozent aller Tore aus einer Freistoßsituation heraus erzielt (in der Spielzeit zuvor lediglich 10 Prozent, noch eine Saison weiter zurück sogar nur 9 Pro-

zent), wobei ich mir durchaus die Frage stelle, ob eine derart niedrige Anzahl wirklich die ganze »Aufregung« rechtfertigt.

Urs Siegenthaler: »Heutzutage braucht man mehr denn je Stürmer, die die Bereitschaft haben, auf den Beinen zu bleiben. Wenn man sich fallen lässt, gibt's Freistoß, und der Gegner hat Zeit, sich wieder zu formieren. Nur wer steht, hat die Chance, den Ball weiterzuspielen und eine Überzahlsituation zu schaffen.«

Anmerkung: Im absoluten Widerspruch zu Löw, der die Freistöße aufgrund von Fouls als gefährlich einschätzt, verlangt DFB-»Chefscout« Urs Siegenthaler von den Spielern, »auf den Beinen zu bleiben«, also eben keinen Freistoß zu provozieren – was jedoch ebenfalls als völlig unüberprüfte These einzuordnen ist.

Joachim »Jogi« Löw: »Die Aktion von Naldo gegen Klose war typisch. Ohne Rücksicht auf die Gesundheit des Gegenspielers, ohne Chance, an den Ball zu kommen, wird hineingegrätscht. Da kann etwas nicht stimmen. Die Spieler müssen wieder ein richtiges Zweikampfverhalten lernen.«

Anmerkung: Die Kritik des Bundestrainers erweckt den Eindruck, als wüsste er, was »ein richtiges Zweikampfverhalten« ist. Fakt ist jedoch, dass bislang beispielsweise keinerlei gesicherte Erkenntnisse dazu vorliegen, was sinnvoll ist:

- zu versuchen, schon vor dem Gegner an den Ball zu gelangen,
- bei der Ballannahme zu stören oder erst, wenn der Gegenspieler diesen schon unter Kontrolle gebracht hat,
- sich mittels »Gleittackling« den Ball zu erkämpfen oder nicht
- beziehungsweise in der Eins-gegen-eins-Situation ein Foul zu verursachen oder nicht.

Und solange dies so ist, sollte man auch nicht von richtigem oder falschem Zweikampfverhalten sprechen!

Löw: »Es geht mir nicht um Kritik an Kollegen, nicht um internationale Härte, sondern um richtiges und intelligentes Zweikampfverhalten.«

Anmerkung: Was richtiges beziehungsweise intelligentes Zweikampfverhalten darstellt, ist, wie soeben dargestellt, bislang nicht bekannt. Im Grunde genommen geht es auch nicht um intelligentes Zweikampfverhalten, sondern um erfolgreiches. Wie jedoch Zweikämpfe zu führen sind, damit sie erfolgreich ausgehen, das steht noch immer in den Sternen!

⚽ Löw: »Ziel des Zweikampfes sollte sein, den Ball zu gewinnen, um möglichst schnell einen eigenen Angriff aufzubauen und den Gegner zu erwischen, solange er noch unorganisiert ist.«
Anmerkung: »Argumente, die durchsichtig sind, zeugen selten von Weisheit«, behauptet der Franziskaner Peter Amendt. Bezüglich dieser Aussage des Bundestrainers verhält es sich so, dass Ihnen bis zum heutigen Tage keiner der etwa 250 Millionen Menschen auf der Welt, die Fußball spielen, mit Gewissheit zu sagen vermag, ob es im Zweikampf am besten ist, den Ball einfach nur wegzugrätschen oder zu versuchen, diesen zu erkämpfen. So kann zum Beispiel nicht ausgeschlossen werden, dass ein Verhalten, das darauf ausgerichtet ist, im Zweikampf sicher an den Ball zu gelangen, mit zahlreichen verlorenen Duellen verbunden ist.

⚽ Christoph Metzelder: »Modern zu verteidigen heißt nicht, immer den ersten Zweikampf gewinnen zu müssen. Das Geheimnis ist, den Gegner so in Verlegenheit zu bringen, dass man einfache, klare Bälle gewinnt, ohne Foul spielen zu müssen.«
Anmerkung: Es geht nicht um modern oder nicht modern, sondern ausschließlich um Effizienz (Horst Hrubesch: »Modern ist, wenn du gewinnst«). Wenn der Abwehrspieler nicht gleich den ersten Zweikampf gewinnt, dann gelangt der Angreifer dadurch womöglich in Ballbesitz, was ihm Sicherheit am Ball gibt, aufgrund derer er dann zu einem späteren Zeitpunkt umso schwerer von diesem zu trennen ist. Wie bei so vielen Themen rund um den Fußball gilt auch hier: Alles hat seine Vor- und seine Nachteile. Was sich als günstigeres Verhalten herausstellt, weiß oftmals kein Mensch, auch Metzelder nicht, weswegen eine entsprechende Aussage auch wenig Sinn macht – denn das »Geheimnis« des Fußballs ist bislang noch nicht gelüftet.

⚽ Joachim »Jogi« Löw: »Gegen England war das auch ein Thema. Wir haben gesagt: Wir wollen einfach keine Fouls … Lasst Beckhams Stärke bei Freistößen nicht zum Tragen kommen. Wenn er zehn Freistöße schießt, fallen zwei Tore.«

Anmerkung: Falls England einmal gegen Papua-Neuguinea gespielt hätte, hätten 10 Beckham-Freistöße vielleicht zweimal zum Erfolg geführt – gegen in etwa gleichwertige Gegner jedoch nicht. Im Schnitt benötigt man selbst von den als Torschuss ausgeführten direkten Freistößen immerhin 24 für einen Treffer, wobei noch nicht einmal einem David Beckham ein etwa um das Fünffache besseres Ergebnis (laut Löw nur 5 Versuche für 1 Treffer) gelingt.

- Per Mertesacker: »Grätschen solltest du immer nur im Notfall. Es ist sehr riskant. Die Gefahr ist groß, dass du den Ball nicht triffst und ein Foul begehst. Zudem bist du außer Gefecht, da du am Boden liegst. Das kostet Zeit.«
Anmerkung: Der Vorteil des Grätschens liegt darin, dass auf diese Weise auch Bälle errreicht werden können, die sonst außer »Reichweite« lägen. Ein Nachteil ist sicherlich, wie Mertesacker völlig zu Recht anmerkt, dass der Spieler bei der Grätsche am Boden liegt und folglich »außer Gefecht« ist. Die von ihm angesprochene große Gefahr des Foulspielens ist allerdings so groß nun auch wieder nicht, zumal lediglich 15 Prozent aller Fouls Folgen einer Grätsche sind (Torsten Frings: »Am besten grätschen wir die Brasilianer schon bei der Hymne weg«). Ob das Grätschen sinnvoll oder überflüssig ist, ist bis heute nicht abschließend geklärt, weswegen auch die Aussagen von Arne Friedrich (»Das moderne Abwehrverhalten ist, den Ball abzulaufen, stehen zu bleiben. Somit werden Foulspiele verhindert.«), Armin Veh (»Ein guter Fußballer grätscht nicht«) beziehungsweise Otto Rehhagel (»Lasst die Grätschen sein!«) nichts anderes als unüberprüfte Behauptungen darstellen, deren Richtigkeit bei Weitem noch nicht erwiesen ist.
- Urs Siegenthaler (zur konträren Reaktion einiger Trainer aus der Fußballbundesliga auf die von Joachim Löw ausgelöste Zweikampfdebatte): »Das ist das Verhalten von Kleinkindern, die weinen und stampfen, weil sie nicht recht bekommen.«
Anmerkung: Abgesehen von der Frage, wer schon wissen will, was im Fußball »recht« ist, wäre dieser Aussage (ausnahmsweise) einmal nichts hinzuzufügen.

»Gute Dribbler braucht man heute mehr denn je«

Im Auftrag der beiden Sportchefs in diesem Zeitraum, Wolf-Dieter Poschmann und Dieter Gruschwitz, durfte ich als Fachberater der Sportredaktion des ZDF bei fast allen Fußball-Liveübertragungen des Senders seit dem Jahr 2002 vor Ort sein. Mein dabei wohl beeindruckendstes Erlebnis war das Länderspiel zwischen dem Iran und Deutschland am 9. Oktober 2004, bei dem mehr als 100 000 (fast ausschließlich männliche) Zuschauer im Azadi-Stadion von Teheran ein von mir niemals zuvor und danach erlebtes Spektakel veranstalteten. Möglicherweise gerade durch diese außergewöhnliche Fanunterstützung ganz besonders motiviert, stellte unten auf dem Rasen ein Spieler mit seinen herausragenden Dribblings die deutsche Defensive ein ums andere Mal vor allergrößte Probleme: Ali Karimi. Nicht ausgeschlossen ist, dass sich der FC Bayern München bei dessen Verpflichtung auch an diesen Galaauftritt des iranischen Nationalspielers und Dribbelkünstlers erinnerte, über den sein damaliger Trainer Felix Magath sagte: »Solche Spieler werden vor allem für Mannschaften immer wertvoller, die das Spiel machen müssen. Wenn der Gegner sich hinten reinstellt, brauchst du sie mehr denn je.« Auch Karl-Heinz Rummenigge schien von den Dribbelqualitäten Karimis und dessen Bedeutung für die Mannschaft des FC Bayern überzeugt: »Felix [Magath] wollte einen Spieler haben, der im Mittelfeld den Gegner ausspielen kann. Und da hat er recht: Heutzutage kannst du ja keinen mehr richtig freipassen, weil es dazu keinen Raum gibt – höchstens wenn du vorn einen Ochsen wie Didier Drogba hast, der vier Mann wegschiebt.« Hinsichtlich dieser Aussagen wäre anzumerken, dass bislang weder eindeutig entschieden ist, dass Dribbelkünstler gegen Mannschaften, die sich hinten reinstellen, immer wichtiger werden, noch zweifelsfrei geklärt ist, dass man heutzutage keinen Spieler mehr richtig freipassen kann (Würde sonst alle Welt, so auch Paul Breitner, ständig das Direktspiel/den »One touch-football« fordern?), weswegen lediglich von Vermutungen und keinesfalls von hieb- und stichfesten Fakten geredet werden kann. Was in Bezug auf das Dribbling bislang bekannt wurde, ist, dass die allerwenigsten Spieler mehr als 50 Prozent ihrer Dribbelzweikämpfe in der Offensive gewinnen können und nur etwa einem Viertel aller Tore im Fußballsport ein Dribbling durch den Torschützen vorausgeht, was den ehemaligen norwegischen Nationaltrainer Egil Olsen zu folgender Feststellung veranlasst hat: »Solch ein Ergebnis gibt zu erkennen, dass das Dribbling in eine torgefährliche Position hinein im modernen Fußball auf internationalem Niveau nicht länger ein bedeutsames Element darstellt.« Ich selbst würde eher sagen, dass bis heute niemandem verlässliche Kenntnisse dazu vorliegen, ob es sinnvoller ist, zu dribbeln oder zu passen, weshalb man auch nicht weiß, ob gute Dribbler mehr denn je vonnöten sind. (Wo war der herausragende Dribbler, als Griechenland 2004 Europameister, der VfB Stuttgart 2006/07 Deutscher Meister und Italien 2006 Weltmeister wurde?) Ali Karimi haben sie beim FC Bayern jedenfalls schon nach nur zwei Spielzeiten nicht mehr gebraucht. In seinen 33 Bundesligaspielen für den FC Bayern gelangen dem Iraner lediglich drei Treffer – und von denen nur ein einziger nach einem Dribbling.

»Es muss mehr direkt gespielt werden: ›One touch-football‹ – darauf kommt es an«

»Nur eine Ballberührung, Direktspiel. Aber kein konservierendes Direktspiel, das heißt, dass der eine den Ball zum anderen schiebt, quer oder nach hinten, um die Verantwortung abzugeben. … Nur mit dieser Art kann man absoluten Erfolg haben als Nationalmannschaft und mehr noch als Verein.« – Paul Breitner glaubt zu wissen, wie der Erfolg im Fußball zustande kommt: über Direktspiel. Ins selbe Horn stoßen beispielsweise auch Bundestrainer »Jogi« Löw (»schnelle Ballannahmen und Direktspiel, darauf kommt es an«), Bremens Sportdirektor Klaus Allofs (»es kann sich doch im Spiel nur etwas verändern, wenn … der Ball direkt gespielt wird«) oder Andy Roxburgh, Direktor der Technischen Abteilung der UEFA (»Spieler sollten dazu angehalten werden, … fantastische Direktpass-Angriffe in elektrisierendem Tempo vorzutragen, denn dies vermag zum Spielgewinn beizutragen«), während Rudi Völler (»Mit Hin- und Hergeschiebe des Balles und Den-freien-Mann-Suchen kommst du nicht weit. Du musst Duelle eins gegen eins gewinnen. Das machen die großen Nationen und die großen Spieler.«) gegenteiliger Ansicht ist. Wie sagte Argentiniens Weltmeistertrainer César Luis Menotti so treffend: »Fußball ist nicht so einfach« – eine Feststellung, die sich durchaus auch die oben genannten Herren zu Herzen nehmen sollten, wenn sie postulieren, dass Direktspiel bedeutsam sei, denn beim heutigen Wissensstand kann nicht ausgeschlossen werden, dass sie sich gewaltig irren.

Was ich zum Thema »Direktspiel« anhand meiner eigenen Untersuchungen inzwischen herausgefunden habe, ist die grundlegende Erkenntnis, dass Bälle, die direkt weitergeleitet werden, eine höhere Fehlerquote mit sich bringen als solche, die vorher angenommen, also unter Kontrolle gebracht werden. So nahmen beispielsweise sowohl von den kurzen (direkt: 82 Prozent, nach Ballkontrolle: 92 Prozent) als auch von den langen Pässen (direkt: 72 Prozent, nach Ballkontrolle 80 Prozent) jene, denen eine Ballkontrolle vorausging, häufiger einen positiven Verlauf als jene, die direkt ausgeführt wurden. Auf der anderen Seite vermögen direkte Abspiele jedoch zu einer Erhöhung des Spieltempos beizutragen beziehungsweise in bestimmten Situationen für ein gewisses Überraschungsmoment zu sorgen. Ob es sich deswegen jedoch lohnt, das höhere Fehlpassrisiko in Kauf zu nehmen, das vermag Ihnen derzeit niemand auf der Welt mit Gewissheit zu beantworten, weswegen bislang auch nicht zweifelsfrei entschieden werden kann, ob es nun sinnvoll ist, den Ball direkt abzuspielen oder ihn erst unter Kontrolle zu bringen. Diese Erkenntnis sollten all jene beherzigen, die glauben, unablässig den »One touch-football« fordern zu müssen. Wer weiß, vielleicht ist ja gerade das gegenteilige Verhalten, also mit Hilfe von Dribblings à la Cristiano Ronaldo, Ronaldinho oder Franck Ribéry zu versuchen zum Erfolg zu kommen, wesentlich sinnvoller als Direktpässe. Solange auf eine solche Frage keine verlässliche Antwort auf der Basis gesicherter Informationen möglich ist, sollte man meiner Meinung nach mit der Propagierung des Direktspiels überaus zurückhaltend umgehen und nicht wie Paul Breitner behaupten: »Nur mit dieser Art kann man absoluten Erfolg haben, als Nationalmannschaft und mehr noch als Verein.« Nobelpreisträger Daniel Kahneman würde auf eine solche Aussage hin wohl feststellen: »Das ist eine der interessantesten Fragen überhaupt – warum Menschen nicht lernen, was sie nicht wissen.«

»Es gibt bewährte Lösungsmöglichkeiten für Standardsituationen«

Die Sportbibliothek der TU München in der Zentralen Hochschulsportanlage im Olympiapark enthält mehrere hundert Monografien und Zeitschriftenartikel zum Thema Fußball. In einem der Bücher mit dem Titel »Fußball perfekt«, das von Gerhard Bauer stammt, stieß ich auf der Seite 107 auf folgenden Satz: »Es gibt eine Reihe von bewährten Lösungsmöglichkeiten für Standardsituationen.« Nachdem ich kurz gegrübelt hatte, was bislang an fundierten Fakten hierzu verfügbar ist, fragte ich mich, ob es tatsächlich »bewährte Lösungsmöglichkeiten« für diese sogenannten ruhenden Bälle gibt. Nach weiterem, intensiverem Nachdenken bin ich schließlich zu der Erkenntnis gelangt, dass bislang noch nicht einmal gesicherte Informationen zu den grundlegendsten Fragestellungen rund um die Standardsituationen existieren, zum Beispiel, ob es sinnvoller ist…

… einen Eckstoß kurz oder lang auszuführen,

… einen direkten Freistoß aus zentraler Position und etwa 20 Metern Torentfernung platziert oder als »Gewaltschuss« auf das Tor zu schießen,

… einen Einwurf nach vorne auf einen gedeckten oder nach hinten auf einen freien Mitspieler auszuführen,

… einen Freistoß aus dem Mittelfeld hoch vor das Tor zu schlagen oder den Ball kurz abzuspielen,

… einen Abstoß »lang«, also weit in die gegnerische Hälfte hinein, oder »kurz«, also zu einem knapp außerhalb des Strafraums stehenden Mitspieler, auszuführen.

Im Grunde genommen liegt bislang so gut wie kein gesichertes Wissen zur sinnvollsten Ausführung von Standardsituationen vor – sieht man einmal von den in der Zwischenzeit, unter anderem durch die eigenen Untersuchungen, aufgedeckten Erkenntnissen zu den besonders effizienten Ausführungsstrategien beim Strafstoß ab (vgl. »Das Elfmeterschießen«). Nur: Diese waren dem Autor Gerhard Bauer 1980, dem Jahr, in dem sein Buch mit dem Hinweis auf die »bewährten Lösungsmöglichkeiten für Standardsituationen« erschien, alle noch nicht bekannt.

»Wir konnten die entscheidenden Zweikämpfe nicht gewinnen«

»In den entscheidenden Zweikämpfen waren van Basten gegen Kohler, Gullit gegen Borowka, Rijkaard gegen Völler und R. Koeman als freier Mann siegreich«: So steht es im Technischen Bericht des DFB zur Euro 1988 bezüglich des von Deutschland gegen die Niederlande mit 1:2 verlorenen Halbfinalspiels (nach dessen Anpfiff laut *Süddeutscher Zeitung* letztgenannter Spieler das Trikot von Olaf Thon behandelt habe, »wie zivilisierte Menschen normalerweise ihr Toilettenpapier benutzen«). Dieser – im Fußballsport immer wieder zu hörenden – Feststellung, der zufolge es nicht gelungen sei, die entscheidenden Zweikämpfe zu gewinnen, schließt sich zwangsläufig die Frage an, ob es solche Duelle im Fußball überhaupt gibt. Wer sich wie ich dem Gedankengut eines interaktionstheoretischen Ansatzes im Sportspiel verbunden fühlt, der steht der These vom entscheidenden Zweikampf überaus skeptisch gegenüber. Denn stellen Sie sich nur einmal folgende Situation vor: Spieler A verliert im Offensivzweikampf am gegnerischen Strafraum den Ball. Danach können seine Mitspieler B, C und D ihre Defensivzweikämpfe im Mittelfeld nicht gewinnen, woraufhin dann Spieler E seinen Gegner im Zweikampf nicht am erfolgreichen Torschuss zu hindern vermag. Es scheint schwer einsichtig, warum der Zweikampf von Spieler E nun »entscheidend«, das heißt von größerer Bedeutung sein soll als die Duelle seiner Mitspieler A, B, C und D (denn hätte auch nur einer von diesen seinen Zweikampf gewonnen, wäre es gar nicht erst zu der – vermeintlich – entscheidenden Eins-gegen-eins-Situation des Spielers E gekommen). Wenn also Jürgen Klopp nach der 0:4-Niederlage von Mainz bei Schalke die Behauptung aufstellt: »Fakt ist, wir haben die Mehrzahl der Zweikämpfe gewonnen, aber einfach die falschen verloren«, so wäre dem entgegenzuhalten, dass es – zumindest meiner Auffassung nach – überhaupt keine »falschen« oder »richtigen« Zweikämpfe gibt, sondern, wie an oben aufgeführtem Beispiel illustriert, allen Eins-gegen-eins-Situationen die gleiche Bedeutung zukommt. Deswegen vermag ich eine solche Aussage sogar noch um ein Vielfaches schlechter mit meinem Fußballverständnis in Einklang zu bringen als den von BBC-Kommentator John Motson beschriebenen Spielertypen: »Jetzt kommt einer, der in der Lage ist, im Eins-gegen-eins Überzahl zu schaffen«, denn hierbei könnte es sich ja vielleicht schon um den von Hertha-Trainer Lucien Favre als »polyvalent« bezeichneten Fußballer der Moderne handeln ...

»Besser passen statt dribbeln!«

»Passen oder dribbeln?« lautet eine der ganz zentralen Fragen des Fußballsports. Und um die Antwort gleich vorwegzunehmen: Wir wissen bislang schlicht und ergreifend noch nicht, was besser ist. Wenn es lediglich um die Überwindung freien Raumes, zum Beispiel beim Spielaufbau innerhalb der eigenen Hälfte oder beim Angriffsvortrag im Mittelfeld, geht, dann wird von vielen Seiten gefordert, »passen statt dribbeln«, da diese Spielweise in aller Regel schneller ist (Sepp Herberger: »Der schnellste Spieler ist der Ball«), wenngleich nicht übersehen werden darf, dass Dribblings eine höhere Erfolgsquote versprechen als Pässe. Keinerlei verlässliche Informationen existieren hinsichtlich der Frage, ob ein beispielsweise in zentraler Position 25 Meter vor dem gegnerischen Tor agierender Mittelfeldspieler, dem im Abstand von etwa anderthalb Metern ein Abwehrspieler gegenübersteht, nun ein Dribbling (bei dem er Gefahr läuft, den Ball an den Gegner zu verlieren) oder ein Kombinationsspiel (bei dem er das Risiko eines Fehlpasses eingeht) mit einem Mitspieler suchen soll. Gleichfalls ist es mir ein Rätsel, woher Felix Magath zu wissen glaubt, welche Handlungsalternative in welcher Situation sich als die günstigere herausstellt, wenn er sich wie folgt über Bastian Schweinsteiger äußert: »Wenn er dribbeln sollte, spielt er ab, wenn er abspielen sollte, fängt er an zu dribbeln.« Als (erfolgreicher?) Dribbelkünstler versucht hat sich Schweinsteiger auch, als es darum ging, die Frage zu umkurven, was er nachts um etwa zwei Uhr in weiblicher Begleitung im Whirlpool auf dem Trainingsgelände des FC Bayern gemacht (ich spreche hier ganz bewusst nicht von »getrieben«) habe, und seine Antwort lautete: »Ich wollte meiner Cousine nur die Räumlichkeiten zeigen.«

»Das Mittelfeld muss schnell überbrückt werden«

Weil er wegen Fluchens vom Platz flog, geriet der englische Amateurspieler Carl Wood derart in Rage, dass er mit seinem Auto auf das Spielfeld zurückkehrte und in höchster Geschwindigkeit die anderen Spieler und den Schiedsrichter umherscheuchte. Zumindest annäherungsweise das gleiche Tempo, das Wood bei seiner Hetzjagd an den Tag legte, wünschen sich viele Trainer (»Jogi« Löw: »Wir müssen versuchen, das Mittelfeld schnell zu überbrücken«) von ihren Mannschaften, wenn es um die Durchquerung des Mittelfelds geht – eine Forderung, die in meinen Augen alles andere als unzweifelhaft erscheint. Schließlich liegen zu dieser im Fußballsport seit Jahrzehnten weitverbreiteten Lehrmeinung bislang keinerlei abgesicherte Forschungsergebnisse vor, und außerdem lassen sich weitere Gründe gegen eine solche Taktik anführen. So ist beispielsweise ein schnelles Spielen auch immer mit einem höheren Risiko an Ballverlusten verbunden, in deren Folge sich dem Gegner angesichts einer dann womöglich vollkommen unorganisierten Defensive die Gelegenheit zum Kontern bietet. (Ad de Mos: »Ich spiele weiterhin mit Risiko. Schließlich profitieren alle davon: wir, das Publikum und auch der Gegner.«) Nicht unerwähnt bleiben soll, dass das schnelle Überbrücken des Mittelfelds jedoch auch seine Vorteile mit sich bringt, wie zum Beispiel die Chance, eine noch in der Vorwärtsbewegung befindliche gegnerische Hintermannschaft zu überlaufen und so auf direktem Weg den Torerfolg zu suchen. Aber wie gesagt: Letztendlich bewiesen ist diese These bislang noch nicht. Wer also die Frage, ob ein schnelles Durchqueren des Mittelfelds ein sinnvolles angriffstaktisches Verhalten darstellt, korrekt beantworten möchte, der sollte unverblümt zugeben: »Ich weiß es nicht!«

»Kick and rush ist unattraktiv und erfolglos«

Eine Spielweise getreu dem Motto »Kick and rush« (bei dem die Mannschaften den Ball zumeist mit hohen, weiten Bällen in die Spitze befördern) wird häufig als unattraktiv (Gary Lineker: »Die Spiele von Wimbledon schaut man sich am besten nur im Videotext an«), antiquiert (»Fußball für Höhlenmenschen«) und erfolglos bezeichnet. Jedoch was bereits den Aspekt der Attraktivität anbelangt, gibt es durchaus auch anderslautende Stimmen. So stellte beispielsweise Liverpools Trainer Rafael Benítez die Frage: »Warum wird Schönheit immer mit Kurzpässen verbunden?« Hinsichtlich der Effektiviät von »Kick and rush« bemängeln zahlreiche Experten immer wieder, dass ein solches Angriffsspiel mit hohen, weiten Bällen in Richtung gegnerischen Strafraum viel zu durchsichtig und deswegen erfolglos sei. Tatsache ist jedoch, dass bis heute überhaupt noch nicht bewiesen ist, dass einer solchen Spielweise eine geringere Effektivität innewohnt als einem auf Kurzpässen basierenden sicheren Kombinationssystem über mehrere Stationen. Nur weil vergleichsweise wenige Mannschaften das Spiel mit zahlreichen hohen, langen Pässen in die Spitze praktizieren, ist noch lange nicht gesagt, dass solch eine Angriffstaktik weniger erfolgreich ist als ein sogenanntes positionelles Angriffsspiel – zumal auch hierbei lediglich etwa 1,5 Prozent aller Vorstöße einen Treffer nach sich ziehen, was nicht gerade das allerbeste Argument darstellt um »Kick and rush« als uneffektiv zu verdammen.

»Die Mannschaft müsste mehr aus der zweiten Reihe aufs Tor schießen«

Ob wohl die vielen spektakulären Weitschusstore in der Geschichte des Fußballsports, wie beispielsweise Paul Breitners fulminanter »Sonntagsschuss« im ersten Spiel der deutschen Mannschaft bei der WM 1974 gegen Chile, Lothar Matthäus' Treffer bei der WM 1990 gegen Jugoslawien oder Torsten Frings' Tor im Eröffnungsspiel der WM 2006 gegen Costa Rica (Helmut Rahn hätte zwar »aus dem Hintergrund schießen« müssen, befand sich bei seinem Schuss zum 3:2 im WM-Finale von 1954 allerdings schon innerhalb des gegnerischen Strafraums) die Ursache dafür sind, dass – wie nachfolgende Zitate bekunden – immer wieder der Schuss aus der zweiten Reihe gelobt beziehungsweise gefordert wird?

- Günter Netzer: »Aus der Entfernung zu schießen ist ein probates Mittel.«
- Florian König: »Schalke muss früher den Abschluss suchen – mit Fernschüssen.«
- Christoph Daum: »Vom Torschuss aus der zweiten Reihe wird viel zu wenig Gebrauch gemacht.«

Wie auch immer – wer den Fußballsport seit vielen Jahren verfolgt, dem sind Anmerkungen wie die zuvor zitierten sattsam bekannt. All diesen Statements ist jedoch entgegenzuhalten, dass wir bislang überhaupt nicht wissen, ob Weitschüsse nun Erfolg versprechend sind oder nicht, das heißt, dass die Wirksamkeit von Schüssen aus der zweiten Reihe – obwohl alle Welt ständig davon spricht beziehungsweise diese fordert – bislang durch nichts belegt ist! Anhand eigener Analysen von 30 000 Torschüssen ist mir inzwischen der Nachweis gelungen, dass von innerhalb des Strafraums jeder 7. Torschuss erfogreich ist, während von außerhalb nur jeder 37. Schuss einen Treffer nach sich zieht (insgesamt liegt der Anteil an Weitschusstoren bei etwa 13 Prozent aller Treffer), wobei aus einer Entfernung von über 22 Metern mehr als 56 und aus einer Distanz zum Tor von mehr als etwa 27 Metern schon über 70 Schüsse für einen Treffer vonnöten sind! Diese Ergebnisse sagen allerdings noch nichts über die Sinnhaftigkeit des Weitschusses aus. So müsste zunächst unter anderem einmal untersucht werden, wie viele Bälle beim Versuch des Anspiels in den Strafraum hinein an den Gegner verloren gehen. Da dies allerdings bislang noch nicht geschehen ist, mangelt es bis dato an verlässlichen Aussagen darüber, ob Weitschüsse sinnvoll sind oder nicht. Dem zufolge sollte dann aber auch nicht, wie zum Beispiel von Christoph Daum, bemängelt werden, dass Schüsse aus der zweiten Reihe viel zu selten sind. Wie nachfolgendes Beispiel belegt, scheint der Weitschuss unter ganz besonderen Voraussetzungen allerdings doch eine nicht anzuzweifelnde Berechtigung zu besitzen: Howard Kendall vom FC Everton traf im Achtelfinalhinspiel im Europapokal der Landesmeister (Saison 1970/71) aus gut und gerne 30 Metern zum 1:1 gegen Gladbachs Torhüter Wolfgang Kleff – der in diesem Moment gerade damit beschäftigt war, Klopapierrollen aus seinem Strafraum zu entfernen.

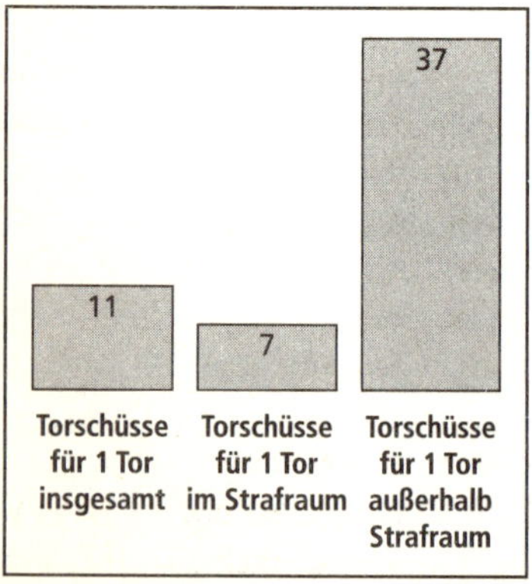

Abb. 5 *Anzahl an Torschüssen für 1 Tor von innerhalb und außerhalb des Strafraums*

»Die Mannschaft muss die Schnittstellen in der Viererkette-Abwehrkette suchen«

Vor dem Spiel beim Confederations Cup 2005 in Köln gegen Tunesien empfahl Urs Siegenthaler den deutschen Nationalspielern, die angeblich nicht ganz festgefügten Schnittstellen in der tunesischen Abwehrkette zu suchen. Anlässlich zweier längerer Gespräche (eines davon beim UEFA-Cup-Finale 2005 in Lissabon und eines auf der Zugfahrt von Nürnberg nach Hannover während des Confederations Cups 2005) habe ich Urs Siegenthaler als überaus humorvollen Menschen kennengelernt und ihn bei unserer ersten Begegnung auf das aus meiner Sicht zum Fußballsport nur sehr bruchstückhaft vorliegende gesicherte Wissen hingewiesen. Die oben wiedergegebene Aussage lässt mich jedoch vermuten, dass meine gut gemeinten Hinweise noch nicht ganz beim von der *Süddeutschen Zeitung* als »strategischen DFB-Vordenker« sowie »mastermind im deutschen Fußball« bezeichneten »Chefscout« der Nationalmannschaft angekommen sind – und das, obwohl bislang absolut unklar ist, ob es überhaupt Sinn macht, diese Nahtstellen der Viererkette zu suchen. Womöglich erweist es sich ja als wesentlich effektiver, außen an ihr vorbeizuspielen oder sie mit langen Bällen zu überwinden. Da hierzu bislang noch niemandem (auch Herrn Siegenthaler nicht) verlässliche Ergebnisse vorliegen (weswegen auch Marcel Reif nicht anmerken sollte, dass die Viererkette-Abwehrkette am besten über die Außen zu »knacken« sei), macht es in meinen Augen auch wenig Sinn, einfach mal so »ins Blaue hinein« zu fordern, man müsse die Schnittstellen der Abwehrkette suchen. Von daher sei Urs Siegenthaler mit einem Zwinkern im Auge an folgende von ihm selbst stammende Aussage erinnert: »Enttäuschend für mich ist immer wieder, wie voreingenommen Menschen sein können. Wenn sie nicht die Bereitschaft haben, gedankenneutral an eine Sache heranzugehen, dann sind sie von ihrer Vorgabe schon so gefesselt, dass sie nur noch sehen, was sie sehen wollen.«

»Einwürfe müssen grundsätzlich nach vorne ausgeführt werden«

Ich stand knöcheltief im Morast, war von Kopf bis Fuß mit einer einzigen Schlammschicht bedeckt und sah tatsächlich aus wie ein Schwein, das sich stundenlang im Dreck gesuhlt hat, als ich, rechter Verteidiger der D-Jugendmannschaft der TSG Pasing, Mitte der eigenen Spielfeldhälfte einen Einwurf zurück auf einen kurz vor dem Strafraum postierten Mitspieler ausführte, der Ball dabei jedoch inmitten einer riesigen Schlammpfütze stecken blieb und dadurch dem Gegner die Gelegenheit zum 1:0-Führungstreffer eröffnete. Erinnern kann ich mich an diesen Vorfall nicht nur deshalb, weil am Abend nach dem Spiel bei uns zu Hause die Waschmaschine ob der Arbeitslast ihren Geist aufgegeben hat (woraufhin mein Vater und meine Mutter stundenlang im Keller standen, um diese zu reparieren beziehungsweise die Schmutzwäsche per Hand zu waschen, wofür – und nicht nur hierfür – ihnen auch auf diesem Wege nochmals tausendmal gedankt sei), sondern auch, weil mich mein Trainer damals mit den Worten: »Den Ball muss man beim Einwurf immer nach vorne werfen«, ziemlich »zur Sau« gemacht hat (was eigentlich, siehe oben, gar nicht mehr nötig gewesen wäre …). Auch heute, also über 30 Jahre später, höre ich immer noch lautstarke Kritik dieser Art, wenn ich zu meinem »Heimatverein« gehe, um dort beim Training oder bei den Spielen der Jugendmannschaften zuzusehen (»Alexander! Wie oft soll ich dir noch sagen, dass der Einwurf immer nach vorne ausgeführt werden muss!?«).

Im Rahmen meiner Dissertation mit dem Thema »Zur Diagnostik taktischer Leistungen im Sportspiel« vermochte ich bei der Analyse von Spielen von Profi-, Amateur- und Jugendmannschaften im Zusammenhang mit der Richtung der Einwürfe festzustellen, dass diese wie nachfolgend dargestellt ausgeführt werden:

Nimmt man die Richtungen »diagonal« (25 Prozent) und »steil« (19 Prozent) zusammen, so erhält man für die nach vorne geworfenen Bälle einen Wert von nur 44 Prozent. Ob die Forderung, den Einwurf nach vorne auszuführen, jedoch grundsätzlich richtig oder falsch ist, dazu lässt sich bislang keine verlässliche Aussage treffen. Bei den vorwärts geworfenen Bällen ist der Mitspieler meinen eigenen Erkenntnissen zufolge zwar häufiger einer gegnerischen Be-

Abb. 6 *Ausführungsrichtung der Einwürfe*

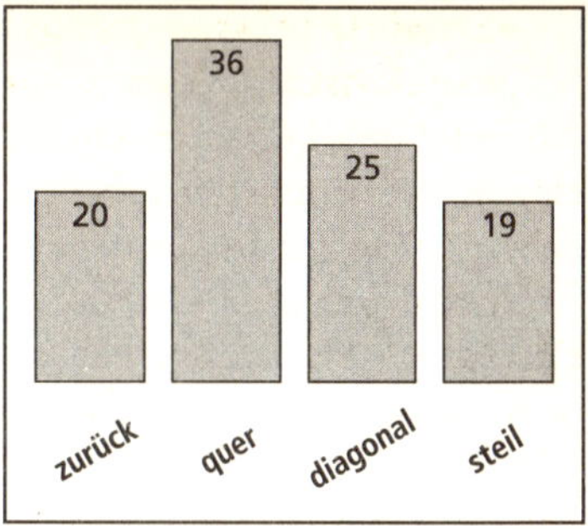

drängnis ausgesetzt, jedoch dafür ein Raumgewinn in Richtung gegnerische Torlinie möglich. Bei den beispielsweise zurück oder quer ausgeführten Einwürfen ist die Einwirkung des Gegners auf den Mitspieler zwar geringer (weswegen der Ball dann auch öfter beim »eigenen Mann« landet), dafür jedoch kein Raumgewinn zu erzielen. Welche Ausführungsrichtung sich letztendlich als die günstigste erweist, kann Ihnen bis zum heutigen Tag niemand schlüssig erklären.

»Die Mannschaft hat den Fehler gemacht, sich nach dem Führungstor zu weit in die eigene Hälfte zurückfallen zu lassen«

»Bei den Italienern verhinderte deren Mentalität ein besseres Ergebnis, dieses kreative Team hätte konsequenter die Entscheidung suchen müssen.« Mit diesen Worten beurteilte Jupp Heynckes das Ausscheiden der »Squadra Azzurra« bei der Weltmeisterschaft 2002. Hierzu wäre zunächst einmal anzumerken, dass Italien im Spiel gegen Südkorea – mit einer Organisation in der Defensive, wie sie bei diesem Turnier einmalig war – bis etwa eine Minute vor Spielende so gut wie keine Torchance des Gastgebers zuließ und bis dahin wie der sichere Sieger aussah, dann äußerst unglücklich den 1:1-Ausgleichstreffer hinnehmen musste, noch in der regulären Spielzeit den Sieg hätte sicherstellen müssen, als Christian Vieri aus etwa drei Metern über das leere Tor schoss und durch etliche, teilweise fast schon als skandalös (Stichwort: Bryon Moreno, der sich nach seiner Rückkehr von der WM in Chile ein neues Haus und ein neues Auto anschaffte, jedoch noch im selben Jahr von seinem Verband wegen Bestechlichkeit gesperrt wurde) zu bezeichnende Schiedsrichterfehlentscheidungen (gegen die noch nicht einmal Trapattonis Weihwasserfläschchen half) benachteiligt wurde. Darüber hinaus ist die Aussage von Heynckes ein wunderschönes Beispiel für das generelle Kritisieren von Mannschaften, die sich bei eigener Führung weit in die eigene Spielfeldhälfte zurückziehen, dann noch den Ausgleich hinnehmen müssen oder das Spiel gar noch verlieren – und das, obwohl bis zum heutigen Tage kein Mensch mit Sicherheit zu sagen vermag, ob es nach einer Führung richtig oder falsch ist, zunächst mal den eigenen Strafraum abzuriegeln.

Zahllose Fußballspiele wurden schon gewonnen, gerade weil sich Mannschaften nach einer Führung weit zurückgezogen haben, wobei dann zumeist niemand die clevere Taktik, »hinten dichtzumachen«, für lobenswert hielt. Populär ist nur, dann zu kritisieren, wenn solch eine Taktik schiefgeht. Nur: Wer weiß schon – vielleicht ist es im Fußball ja grundsätzlich wesentlich effektiver, sich bei Führung weit in die eigene Hälfte zurückzuziehen, um den Vorsprung über die Zeit zu bringen beziehungsweise durch Konterangriffe auszubauen, als in solch einer Situation selbst das Spiel weiter offensiv zu gestalten und dabei dann womöglich in einen Konter des Gegners zu laufen. Solange dies jedoch nicht zuverlässig geklärt ist, sollte auch nicht als Fehler kritisiert werden, wenn sich in Führung gegangene Mannschaften anschließend weit zurückziehen. (Marcel Reif: »Der FC Bayern zu passiv. Sie verfallen wieder in den alten Fehler, sich am eigenen Strafraum zu versammeln.«) All den Kritikern sei deswegen zugerufen: »Im Nachhinein ist man immer schlauer.« Wie übrigens auch im Fall der Weltmeister-Prognose von Jörg Daniel: Angesichts des taktischen Verhaltens der Italiener im Vorrundenspiel gegen Tschechien antwortete der DFB-Trainer auf die Frage nach den Titelchancen der »Squadra Azzurra« bei der WM 2006: »Nein, Weltmeister kann man mit einer so defensiven Ausrichtung nicht werden, weil die Räume nach vorne viel zu weit werden.« Wenige Tage später stand Italien dank einer auch im weiteren Turnierverlauf vergleichsweise »defensiven Ausrichtung« (Simone Perrotta: »Ich werde auch gern mit zehn Verteidigern Weltmeister – das wäre mir völlig egal.« Gianluca Zambrotta: »Zuerst einmal heißt es, zu elft zu verteidigen. Darauf kann man dann in der Offensive aufbauen.«) als Weltmeister fest.

»Die Stürmer müssen sich mehr einbringen und mehr Bälle fordern«

- Karl-Heinz Rummenigge (über Stürmer Roy Makaay): »Roy muss mehr für sich und die Mannschaft arbeiten.«
- Uli Hoeneß (über Stürmer Lukas Podolski nach dem 3:2-Sieg der Münchner am 24. Spieltag der Saison 2006/07 in Berlin): »Bis zu seinem Tor hat er mir gar nicht gefallen. Er muss sich mehr einbringen, die Bälle fordern.«
- Hoeneß (über Stürmer Roy Makaay): »Er muss dahin kommen, wo er war – dass er nicht nur Tore schießt, sondern auch mitarbeitet. Dass er in der Mannschaft wieder ein Faktor wird.«

Immer wieder (wie hier von Karl-Heinz Rummenigge und Uli Hoeneß) wird von den Stürmern verlangt, sich mehr in das Spiel der Mannschaft zu integrieren beziehungsweise sich häufiger »anzubieten«. Ob ein solcher Apell sinnvoll oder möglicherweise sogar vollkommen kontraproduktiv ist, vermag beim aktuellen Wissensstand niemand zu sagen. Denn: Wer mehr »(mit)arbeitet«, wird auch schneller müde, und dem fehlt dann möglicherweise in der »entscheidenden« Szene vor dem Tor die nötige Spritzigkeit/Konzentration. Zudem darf die Forderung, die Stürmer sollten ständig mitarbeiten, sich mehr anbieten, anspielbereit und ins Spiel eingebunden sein, durchaus bezweifelt werden, wenn man sich folgenden Fall vor Augen führt: Theofanis Gekas wurde in der Bundesligasaison 2006/07 im Dress des VfL Bochum mit immerhin 20 Treffern Torschützenkönig – und das, obwohl er von allen eingesetzten Bundesligaspielern die wenigsten Ballkontakte hatte!

»Es wäre besser gewesen, der Spieler hätte einfach nur mal draufgehalten«

Uli Hoeneß (laut Philipp Selldorf von der *Süddeutschen Zeitung* »kein Mann, der im akademischen Trainerdeutsch Spiele analysiert«) hat sich in den zurückliegenden Jahren wiederholt zum, seiner Meinung nach, Erfolg versprechendsten Torschussverhalten der Spieler des FC Bayern München geäußert:

- Hoeneß (nach der 2:4-Niederlage der Bayern im DFB-Pokal-Achtelfinale in Aachen): »Sie müssen die Bälle nicht reinwichsen wollen, sondern einfach mal reinschießen. Die wollen immer Schönheitstore machen – das ist doch das Problem. Aber im Pokal muss man auch mal einen mit der Picke reinmachen.«
Anmerkung: Ob »Schönheitstore« oder »mit der Picke reinmachen« – weder zum einen noch zum anderen existieren bislang gesicherte Erkenntnisse, womit diese Aussage von Hoeneß (*Süddeutsche Zeitung*: »Die Niederlage war noch nie das Geschäft des Uli Hoeneß«) nichts anderes als eine reine Vermutung darstellt, die hinsichtlich ihres Wahrheitsgehalts durchaus auch vollkommen falsch sein kann. Rein theoretisch betrachtet bringt der Schuss mit der Picke den Vorteil mit sich, dass er ohne große Ausholbewegung vergleichsweise ansatzlos erfolgt, wodurch Abwehrspieler und Torhüter weniger Zeit zum Reagieren haben. Der Nachteil liegt jedoch darin, dass die Trefffläche vorne an der Fußspitze eher klein und es von daher schwieriger ist, den Schuss genau zu platzieren.
- Hoeneß (ebenfalls nach dem verlorenen Pokalspiel in Aachen, mit Bezug auf eine Szene, in der Schweinsteiger eine Flanke stoppt und den Ball nicht volley aus der Luft nimmt): »... wenn er einfach mal draufhalten würde«.
Anmerkung: Auch hier gilt: Bislang liegen keinerlei abgesicherte Erkenntnisse dazu vor, ob es sinnvoller ist, in solch einer Situation den Ball direkt auf das Tor zu schießen oder ihn vor dem Torschuss erst zu stoppen. Der Vorteil von »einfach mal draufhalten« liegt sicherlich in der höheren Schussschärfe und der geringeren gegnerischen Bedrängnis, der Nachteil ist die verminderte Genauigkeit solcher Schüsse. Welches Verhalten Erfolg versprechender ist, vermag bislang niemand zu sagen, weswegen es auch vergleichsweise sinnfrei ist, eine entsprechende Kritik zu äußern.
- Hoeneß (nach einer vergebenen Chance von Markus Feulner im Bundesligaspiel zwischen Bayern München und Werder Bremen am 12. April 2003): »Ich erwarte mehr Risiko, mehr Bereitschaft. Wenn ich so eine Chance habe wie der Feulner gegen Bremen, dann muss der Torwart mit dem Ball ins Netz fliegen – aber so ein Gestolpere ...«

Anmerkung: Dass der »Torwart mit dem Ball ins Netz fliegen muss« – dieser Spruch ist im Fußball schon lange gang und gäbe. Tatsache ist jedoch: Bislang ist nicht bekannt, inwieweit der »Gewaltschuss« (Nationalspieler Per Mertesacker nach einer vergebenen Großchance: »Ich hätte draufhauen sollen«) wirklich die günstigste Handlungsalternative darstellt. Seinem in der hohen Geschwindigkeit liegenden Vorteil steht der Nachteil der geringeren Schusspräzision gegenüber.

Fazit: Uli Hoeneß habe ich in den zurückliegenden Jahren als überaus humorvollen Menschen kennengelernt, und von daher sei ihm mit einem Zwinkern im Auge Folgendes zugerufen: In den letzten 20 Jahren wurden von mir über 20 000 Tore und mehr als 30 000 Torschüsse analysiert, und trotzdem vermag ich nicht mit Bestimmtheit zu sagen, ob es besser ist, den Ball beim Torschuss »reinzuwichsen«, »mit der Picke reinzumachen« oder gar mitsamt dem Torhüter im Kasten zu versenken. Und solange zu einem bestimmten Sachverhalt keine abgesicherten Kenntnisse vorliegen, scheint es auch nicht besonders sinnvoll, hierzu unüberprüfte Vermutungen in den Raum zu stellen wie beispielsweise durch Freiburgs ehemaligen Kotrainer Achim Sarstedt (»Das Wichtigste ist eine gute Abschlusstaktik. Solange wie möglich Präzision vor Härte, denn so erzielt man die meisten Erfolge.«) oder Sportwissenschaftler Hans-Dieter Herzog (»… die Schärfe des Torschusses mit der Zielgenauigkeit in Einklang zu bringen, wobei beide Faktoren als gleichrangig zu betrachten sind«) geschehen beziehungsweise von »muss man«, wie am Beispiel von Uli Hoeneß verdeutlicht, zu sprechen. Dass »reinwichsen/draufhalten« möglicherweise nicht die allerbeste Schussart darstellt, das hätte Uli Hoeneß eingedenk seines Elfmeter(fehl)schusses von 1976 möglicherweise schon viel früher erahnen können …

»Der klassische Spielmacher ist nicht mehr zeitgemäß«

Paul Breitner war sicherlich einer der beeindruckendsten Menschen, die ich in den letzten 20 Jahren im Fußballsport (so auch während unserer gemeinsamen Kooperation für SAT.1 und das DSF) kennengelernt habe. Einerseits, weil er mit seinen teilweise durchaus kontroversen beziehungsweise kritischen Ansichten und Auffassungen oftmals wunde Punkte angesprochen hat, die andere am liebsten unter den Teppich gekehrt hätten, und andererseits, weil er es als einer der ganz wenigen Fachleute über viele Jahre hinweg verstanden hat, dem Publikum von der Masse der Expertenmeinungen abweichende Betrachtungsweisen zum Fußballsport zu vermitteln (beim gemeinsamen Heimflug von einem Länderspiel am 7. Juni 1997 in Kiew lieferte er mir vier Stunden lang auf wirklich faszinierende Art und Weise eine sekundengenaue Schilderung seines Elfmeters aus dem WM-Finale von 1974; das Einzige, was ich bei der Landung nicht wusste, war, von welcher Firma die Kreide zur Markierung des Elfmeterpunkts stammte...). Wenn Paul Breitner mit der Aussage, die »breit angelegte Diskussion um eine Nummer 10 für den FC Bayern, also um einen Spielmacher oder Regisseur, geht an der Aktualität vorbei« meint, ein »Zehner« sei nicht mehr zeitgemäß, dann wäre hierzu anzumerken, dass wir – Aktualität hin oder her – bis heute nicht wissen, ob dieser nun wichtig oder unwichtig ist. Aus diesem Grunde sind auch alle anderen Aussagen für (Berti Vogts: »Ohne eine Nummer 10 beziehungsweise einen Spielmacher wie Deco, Pirlo oder Riquelme geht gar nichts.« Andreas Müller: »Schalke braucht eine Nummer 10.«) oder wider den Spielmacher (Mark van Bommel: »Ob du über außen kommst oder durch die Mitte, du brauchst keinen Spielmacher«) als nichts anderes als reine Spekulation einzuordnen. Fragen Sie doch einfach nur einmal Olaf Thon (Wolfgang Hars: »amtierender Großmeister der verbalen Nullsumme«), wo denn der von ihm (»nur mit großen Zehnern gewinnt man Titel«) propagierte »große Zehner« war, als Griechenland 2004 Europameister wurde.

»Bei der Flanke muss man bis zur Grundlinie vorstoßen«

Fast so ähnlich wie die Schallplatte mit dem Sprung, die sich unaufhörlich auf dem Teller dreht... und bei der die Nadel immer wieder in der gleichen Rille hängen bleibt, wurde Rudi Völler als Teamchef der Nationalmannschaft nicht müde darauf hinzuweisen, dass es wichtig sei, den Ball erst von der Grundlinie vor das Tor zu flanken – was einer seit Jahrzehnten überaus populären Forderung unter Fußballtrainern entspricht. Gleichzeitig wird, wie die nachstehenden Zitate illustrieren sollen, von verschiedenen Seiten die frühe Flanke aus dem sogenannten Halbfeld fast schon in ähnlicher Weise verurteilt wie der »Schwalbenkönig«:

- Marcel Koller: »Wir haben 43 Flanken geschlagen, die meisten aber aus dem Halbfeld. Wir müssen in den Rücken des Gegners kommen, um gefährlicher zu werden.«
- Tom Bartels: »Die Außen gehen nicht bis zur Grundlinie, sondern flanken aus der Mitte des Feldes. So kann man schwer Gefahr erzeugen.«
- Rüdiger Abramczik: »... aber ansonsten hat sich die Flanke sehr verändert. Sie wird fast nur noch aus dem Halbfeld geschlagen, weil keiner mehr Eins-gegen-eins-Duelle an der Grundlinie riskieren will.«

Jedoch soll nicht unerwähnt bleiben, dass durchaus auch anderslautende Auffassungen zur günstigsten Flankenposition existieren. So empfehlen beispielsweise sowohl die kanadischen Forscher David Partridge und Ian Franks als auch Charles Hughes, Autor des Buches »The Winning Formula«, die Flanke bereits zu einem möglichst frühen Zeitpunkt zur Mitte zu schlagen.

Für die These des Vordringens bis zur Grundlinie (was, wie nachfolgende Aussage von Bremens Sportdirektor Klaus Allofs nach einem 0:0 seiner Mannschaft bei Energie Cottbus verrät, häufig ein gar nicht so einfaches Unterfangen darstellt: »Um in den Rücken dieser Abwehr zu kommen, muss man ja fast bis an die Werbebande«) spricht, dass man von dort aus in den Rücken der Abwehr zu flanken vermag. Dagegen ist der Vorteil der frühen Flanke darin zu sehen, dass hierbei die gegnerische Bedrängnis geringer ist als im Bereich nahe der Torauslinie.

Auf der Basis meiner Ermittlungsresultate zu diesem Thema kann ich Folgendes feststellen: Etwa 30 Prozent aller Flanken werden aus einer Zone am Flügel im Abstand von weniger als 5,5 Metern zur Grundlinie geschlagen. Zudem zeigte sich, dass Flanken aus den Zonen nahe der Torauslinie eine höhere Erfolgsquote versprechen, das heißt, mit steigendem Abstand zu dieser musste häufiger geflankt werden, um ein Tor erzielen zu können. Leider kommt jetzt jedoch das große ABER: Da bislang unter anderem noch keinerlei Erkenntnisse dazu vorliegen, wie viele Bälle an den Gegner verloren gehen, wenn beispielsweise versucht wird, von der (imaginären) Verlängerung der Strafraumlinie bis zur Grundlinie vorzudringen, kann auch nicht verlässlich ausgesagt werden, ob es effizienter ist, bis zur Grundlinie vorzudringen oder im Gegenteil die Flanke bereits früh, etwa aus dem sogenannten Halbfeld, vor das Tor zu schlagen. Von daher scheint es völlig obsolet, das eine oder das andere zu propagieren. In welcher Form sich Rudi Völler bei seinen zukünftigen Aussagen zur Flanke an einem solchen Hinweis orientieren wird, vermag ich Ihnen jedoch ebenso wenig mitzuteilen wie, inwieweit er auf das ihm von Rainer Calmund unterbreitete Angebot eingegangen ist: »Rudi Völler wird weiterhin unsere Infrastruktur samt Sekretärin nutzen können.«

»Es ist von allergrößter Bedeutung, dass die Mannschaft eingespielt ist«

»Das Kriterium einer guten Mannschaft ist ihr Eingespieltsein«, schrieb der damalige Bundestrainer Helmut Schön in einem Fachbeitrag vor der Fußballweltmeisterschaft 1974. Nicht nur »der Mann mit der Mütze«, sondern auch unzählige weitere »Experten« messen dem Eingespieltsein einer Mannschaft allerhöchste Bedeutung zu. In diesem Zusammenhang wird immer wieder darauf verwiesen, dass es einige Zeit in Anspruch nimmt, bis ein Team diesen Status erreicht hat (Horst Heldt: »Es dauert, bis eine Mannschaft eingespielt ist«). Bitte erwarten Sie von mir nicht, dass ich Ihnen an dieser Stelle nun eine exakte Zahl nenne, aus der klar ersichtlich wird, ob Eingespieltsein bedeutsam ist oder nicht. Aber es sei mir der Versuch gestattet, Ihnen anhand von drei Beispielen aufzuzeigen, dass an dieser Fußballauffassung möglicherweise weit weniger dran ist, als viele stets vermuten:

Deutsche Nationalmannschaft 2006

Obwohl Politiker wie etwa der SPD-Sportexperte Reinhold Hemker (»Die WM steht vor der Tür, da muss langsam mal klar sein, wer spielt. Klinsmann hat gute Spieler, aber es gibt zu viele Unsicherheiten. Er sollte endlich sagen, auf wen er setzt.«), Journalisten wie beispielsweise Karl-Heinz Heimann vom *Kicker Sportmagazin* (»Dass Jürgen Klinsmann bewusst den Konkurrenzkampf fördert, ist zum jetzigen Zeitpunkt richtig. Das kann ruhig noch ein Jahr so weitergehen, dann allerdings muss die endgültige Formation weitgehend stehen und sich für die Weltmeisterschaft einspielen können.«), Fernsehexperten wie zum Beispiel Günter Netzer (»ganz, ganz wichtig, dass sich die Hintermannschaft einspielen kann«) oder Bundesligamanager wie etwa Uli Hoeneß (»Man sollte die Mannschaft konsequent einspielen lassen: elf, zwölf, dreizehn Spieler«) im Hinblick auf die WM 2006 von Bundestrainer Jürgen Klinsmann eine eingespielte Nationalmannschaft forderten, hat dieser sehr lange Zeit »experimentiert« und am Ende dennoch den dritten Platz bei diesem Turnier erreicht.

VfB Stuttgart 2006/07

Der VfB Stuttgart hat vor der Saison 2006/07 einen großen Umbruch innerhalb seines Bundesligateams vollzogen (Armin Veh: »Wir haben eine komplett neue Mannschaft, nicht mehr mit der vom Vorjahr zu vergleichen«), indem unter anderen Ljuboja, Tiffert, Grönkjaer, Soldo und Hinkel durch Farnerud, Hilbert, Osorio, Pardo, da Silva und Boka ersetzt wurden. Dennoch wurden die Schwaben mit diesem stark veränderten Team Deutscher Meister (und kämpften sich zudem bis ins Pokalfinale vor).

FC Bayern München 2007/08

Der FC Bayern München trennte sich zur Saison 2007/08 von den Spielern Görlitz, Hargreaves, Karimi, Makaay, Pizarro, Salihamidzić und Santa Cruz und integrierte unter anderen Hamit Altintop, Jansen, Klose, Ribéry, Kroos, Schlaudraff, Sosa, Toni und (Rückkehrer) Zé Roberto neu in den Kader. Daraufhin war von verschiedenen Seiten zu hören, es werde wohl eine Zeit dauern, bis sich die neue Mannschaft konsolidiere, so etwa von Klaus Allofs (»Bei vielen neuen Spielern muss die Mannschaft erst einmal zu einer Einheit werden. Das kann dauern.«), Tim Borowski (»Die neue Elf braucht ihre Zeit, muss sich erst finden«), Torsten Frings (»Sie müssen sich erst finden, haben ja fast die komplette Stammelf ausgetauscht. Das wird seine Zeit dauern.«), Horst Heldt (»Aber diese neue Bayern-Elf muss sich erst finden«), Karlheinz Wild, Bayern-Experte des *Kicker Sportmagazins* (»Denn der Findungsprozess dieses mit sieben oder acht neuen Mitgliedern angereicherten Kaders wird einige Zeit brauchen«). Tatsächlich legten die Münchner dann jedoch einen »märchenhaften Start« (Ottmar Hitzfeld) hin.

Fazit: Welche Bedeutung es wirklich hat, dass eine Mannschaft eingespielt ist, ist bislang noch immer völlig offen. Mit Blick auf die oben aufgeführten Beispiele ist nicht auszuschließen, dass dieser Aspekt eventuell absolut überschätzt wird und stattdessen andere Faktoren, wie zum Beispiel die Qualität der Spieler (Mark van Bommel: »Gute Spieler passen sich ganz schnell an«), möglicherweise von wesentlich größerer Bedeutung sind. So schrieb dann auch Philipp Selldorf in der *Süddeutschen Zeitung* über das Sturmduo Miroslav Klose/Luca Toni: »Dieses Paar hat nach zwei Monaten auf dem Platz mehr Verständnis füreinander als seit 50 Jahren glücklich angetraute Eheleute.«

»Mit Libero kannst du heutzutage keinen Erfolg mehr haben«

»San Marino wird ja mit einer Viererkette spielen und mit Libero noch dazu. Das ist ja, wie wenn einer Gürtel trägt und Hosenträger obendrein. Doch es wird nicht viel nützen, die Hose rutscht dennoch.« Im Gegensatz zu der hier von Johannes B. Kerner beschriebenen Mannschaft des »Fußballzwergs« bei ihrer 0:6-Niederlage gegen Deutschland müssen sich heutzutage die meisten anderen Teams dafür entscheiden, ob sie einen »freien Mann« in ihrer Hintermannschaft spielen lassen oder einer Abwehrkette vertrauen. Bei fast allen Mannschaften ist eine solche Entscheidung dabei längst zugunsten einer Dreier- beziehungsweise Viererkette und gegen das Spiel mit Libero, das häufig als antiquiert und ineffizient angesehen wird, gefallen. Dabei konnten in den zurückliegenden Jahren mit dem Libero als Organisator der Abwehr durchaus beachtliche Erfolge gefeiert werden:

- Obwohl bei der WM 1990 bereits die Mehrzahl aller Teams mit einer Abwehrkette operierte, gewann Deutschland mit Libero Klaus Augenthaler den Titel.
- Auch 1996 wurde Deutschland mit einem – zeitweise vor der Abwehr spielenden – Libero (Matthias Sammer) Europameister.

- 2001 gewann der FC Bayern München mit Libero die Champions League. (Karl-Heinz Rummenigge: »Der Patrick Anderson hat einen Libero à la Willi Schulz gespielt, und wir hatten auch ein antiquiertes taktisches System mit zwei Stoppern davor, mit Linke und Kuffour.«)
- Im Jahr 2004 siegte Griechenland mit Libero Traianos Dellas bei der EM in Portugal.
- São Paulo gewann mit einem zurückhängenden Mittelmann in der Dreier-Abwehrkette 2005 die FIFA-Klubweltmeisterschaft in Japan.
- Ägypten wurde mit Libero im Jahr 2006 Afrikameister.

Wie anhand dieser Beispiele ersichtlich, lässt sich die häufig als altmodisch, überholt und wenig Erfolg versprechende Spielweise mit einem Libero als so erfolglos nun auch wieder nicht einordnen. Wobei überhaupt festzuhalten wäre, dass mir in den letzten zwei Jahrzehnten keine einzige wissenschaftliche Studie untergekommen ist, die das Agieren mit einer Abwehrkette (Klaus Augenthaler: »Wenn der Kopf nicht da ist, sondern nur eine Hülle, dann ist es egal, ob du mit einer Viererkette spielst oder einer Schneekette«) als effizenter ausgewiesen hätte als das mit Libero.

»Fast jeder Zweikampf führte zu einem Foul«

»Hier wird bewusst die Gesundheit der Spieler gefährdet. Das ist Wahnsinn! Fast jeder Zweikampf war Foul ...«, schimpfte Uli Hoeneß (*Süddeutsche-Zeitung*: »Niemand im deutschen Fußball regt sich so wunderbar auf wie Uli Hoeneß«) nach dem Bundesligaspiel seiner Bayern gegen Hannover 96 am 25. August 2007, als seiner Meinung nach insbesondere Franck Ribéry zu häufig das Ziel unfairer Attacken des Gegners war. Wenn Fußballspiele durch eine (vermeintlich) große Häufigkeit von Fouls gekennzeichnet sind, so wird immer wieder gern auf die Aussage »Fast jeder Zweikampf führte zu einem Foul« zurückgegriffen – und dies, obwohl eine solche Feststellung vollkommen an der Realität vorbeizielt, es sich also um nichts anderes als um eine weitverbreitete Fehleinschätzung handelt. Denn normalerweise werden, das ist aus meinen eigenen Recherchen in diese Richtung hervorgegangen, in einem Fußballspiel etwa 240 Zweikämpfe geführt, von denen 40 mit einer unfairen Aktion, das sind gerade mal 17 Prozent, abgeschlossen werden. Selbst wenn in einem einzelnen Spiel einmal nur 180 Eins-gegen-eins-Situationen, aber gleichzeitig 60 Fouls auftreten sollten, dann würde der Anteil der unfairen Duelle auch erst bei einem Drittel liegen, wobei sogar in solch einem Fall nicht von »fast jeder« die Rede sein sollte. Im oben angesprochenen Spiel der Bayern gegen Hannover kam es insgesamt zu 214 Duellen Mann gegen Mann, in denen die Hannoveraner 24 und die Münchner 14 Fouls verursachten, womit lediglich 11,2 Prozent der von den Gästen bestrittenen Eins-gegen-eins-Situationen mit einer Regelverletzung endeten. Übrigens: Sollte Bayern-Manager Uli Hoeneß (Christof Kneer: »Schalke hat Gazprom, Wolfsburg hat VW, Hertha hat Sportfive, Bayern hat Uli Hoeneß«) nachstehende Aussage von Mehmet Scholl über das Verhalten der Münchner in der Champions League lesen, so dürfte es ihm dämmern, dass auch seine Spieler durchaus keine Kinder von Traurigkeit sind: »Manchmal waren solche Spiele auch eine Schlacht und Fouls unser Mittel. Einmal gegen Arsenal London, da hat der Jens Jeremies deren Franzosen Vieira umgetreten – aber übel! –, und als der wieder aufstand, hat der Jerry zu ihm gesagt: ›Siehst du die Mittellinie? Kommst du drüber, macht es aua! Hier drüben aua, da drüben gut!‹«

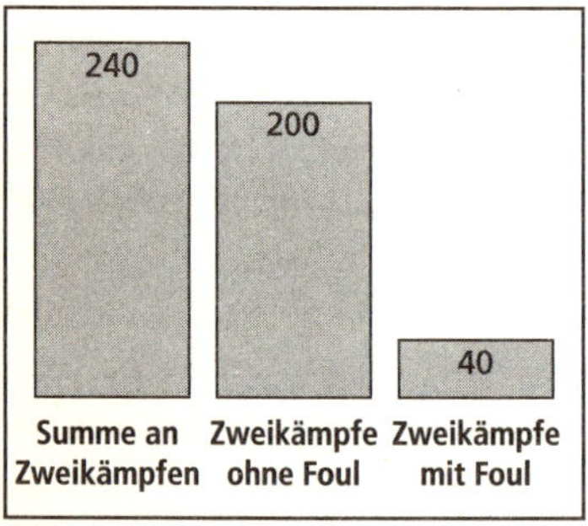

Abb. 7 *Anteil der Fouls an den Gesamtzweikämpfen (pro Spiel)*

»Die Spieler müssen in der Offensive entschlossen die Zweikämpfe suchen«

Hat Ihnen auch schon einmal jemand weiszumachen versucht, dass Alkoholkonsum und Gespräche über den Fußball das Sinnloseste und Dümmste auf dieser Welt überhaupt sind? Ich persönlich glaube seit allerspätestens dem 17. November 1988 nicht mehr daran: Am Abend dieses Tages saß ich in der Sportschule Duisburg-Wedau nämlich mehrere Stunden bei einer, von mehreren Bieren begleiteten, »Fachsimpelei« über den Fußball mit einem mir von Beginn an sehr sympathischen Menschen zusammen, der sich am Ende des Gespräches dann als Professor für Sportwissenschaft »outete« und sich ganz spontan dazu bereit erklärte, mein Promotionsvorhaben zu betreuen. Professor Werner Schmidt hat dann während der über fünfzehnjährigen Entstehungszeit meiner Dissertation nicht nur stets in aller »Loy-«alität zu mir gestanden, sondern auch meine Denkweise bezüglich der Zusammenhänge im Sportspiel/Fußball maßgeblich geprägt. So hat er mich immer wieder auf die hierbei gegebene Komplexität des Geschehens und die somit ausgeschlossenen monokausalen Erklärungsversuche hingewiesen. Außerdem wurde ich von ihm dazu angehalten, auch stets das Gegenargument zu einer bestimmten These im Auge zu behalten. Vor diesem Hintergrund sollen, wenn es im Folgenden um eine der ganz großen Glaubensfragen im Fußballsport, nämlich ob es in der Offensive sinnvoller ist, die Eins-gegen-eins-Situation mit einem Abwehrspieler zu suchen oder diese, etwa durch eine rechtzeitige Abgabe des Balles, besser zu vermeiden, geht, zunächst einmal einige Zitate jener Vertreter vorgestellt werden, die den Offensivzweikampf favorisieren:

- Joachim »Jogi« Löw: »Wir weisen die Spieler generell auf ihre Stärken hin. Zum Beispiel sagen wir zu Lukas Podolski: ›Dribble! Wenn du dreimal hängen bleibst, mach weiter, suche die Eins-gegen-eins-Situationen, suche den Abschluss.‹«
- Oliver Bierhoff: »Was wir fordern, sind mehr Eins-gegen-eins-Situationen im offensiven Bereich und mehr Risikobereitschaft unserer Akteure beim Spiel nach vorne.«
- Dieter Hecking: »... gegen tief stehende Mannschaften sind Stürmer gut, die permanent das Eins-gegen-eins suchen ...«
- Michael Skibbe (in einem Referat auf dem Internationalen Trai-

nerkongress des Bundes Deutscher Fußball-Lehrer 2004): »Des Weiteren haben wir zu wenige Spielertypen, die im Angriff mit Risiko und Tempo das Eins-gegen-eins suchen und gewinnen. Diese Einzelaktionen sind aber wichtig wie nie zuvor, um eine kompakte gegnerische Hintermannschaft ausspielen zu können.«

- Rudi Völler (auf die Frage, ob Spieler geschimpft werden sollen, die im Dribbling den Ball an den Gegner verlieren): »Nein, das gibt es nicht. Ich verzeihe, wenn einer mal hängen bleibt. Es ist besser, er probiert's, als wenn irgendwelche Alibiflanken aus dem Halbfeld geschlagen werden, die der Torwart sowieso runterfängt.«
- Felix Magath: »Statt solches zu fordern, sollten wir besser fördern: dass die Jungs wieder spontan und selbstverständlich das direkte Duell eins gegen eins suchen.«
- Bastian Schweinsteiger: »Als Fußballer muss man etwas probieren und eins gegen eins gehen, sonst kommst du nie an einem Gegenspieler vorbei.«

Die Vertreter der anderen Seite (die nachstehend zu Wort kommen sollen) behaupten dagegen – vielleicht weil sie davon ausgehen, dass es nur logisch ist, den Zweikampf in der Offensive zu meiden, wenn man ihn in der Defensive sucht –, dass es sinnvoller sei, im Angriff den Duellen mit einem Gegenspieler aus dem Weg zu gehen:

- Ottmar Hitzfeld: »Wir müssen noch besser werden, schneller abspielen, dürfen nicht so viel ins Dribbling gehen.«
- Thomas Schaaf (zu Bastian Schweinsteiger): »Gegen Holland hättest du mehr abspielen müssen.«
- Felix Magath: »Vor allem Cristiano Ronaldo spielte nicht die Rolle, die ich erwartet hatte. Er trat auf wie in früheren Zeiten und machte seine alten Fehler: Immer wieder lief er sich in der gegnerischen Abwehr fest, er spielte zu selbstverliebt und legte zu viel Egoismus an den Tag.«
- Tim Borowski: »Deco weicht direkten Zweikämpfen perfekt aus. Und das ist gut so.«

Anhand der von mir in den zurückliegenden Jahrzehnten gesammelten Erkenntnisse und Erfahrungen zum Fußballsport fällt die Antwort auf die Frage, ob es sinnvoller ist, den Zweikampf in der Offensive zu suchen oder zu vermeiden (und den Ball stattdessen vorher weiterzuspielen), kurz und knapp aus: Beim gegenwärtigen Stand der Forschung wissen wir es schlichtweg nicht! Was im Zuge meiner Untersuchungen bislang deutlich wurde, ist, dass die Erfolgsquote bei Offensivzweikämpfen generell nur bei etwa 46 Prozent liegt und diese bei Zweikampfdribblings in der Offensive sogar noch schlechter ausfällt. Um die Frage, Zweikampf in der Offensive oder nicht, zweifelsfrei beantworten zu können, müsste man wissen, wie effizient alternative Spielhandlungen (zum Beispiel der Pass im Rahmen eines Kombinationsspiels) sind, und diese dann den Werten für den Offensivzweikampf im Dribbling gegenüberstellen. Da entsprechende Erkenntnisse bislang jedoch noch nicht vorliegen, macht es überhaupt keinen Sinn, einerseits zu fordern, Spieler müssten die Eins-gegen-eins-Situation in der Offensive suchen, und sie andererseits zu kritisieren, weil sie die Auseinandersetzung Mann gegen Mann beim Angriff gemieden haben – denn möglicherweise ist der Dribblingzweikampf in der Offensive ja die sinnloseste Handlungsalternative überhaupt.

»Michael Ballack ist der torgefährlichste Mittelfeldspieler der Welt«

Michael Ballack ist von verschiedenen Seiten, darunter Günter Netzer und Karl-Heinz Rummenigge, als der »torgefährlichste Mittelfeldspieler der Welt« bezeichnet worden. Damit wir uns nicht falsch verstehen – es soll an dieser Stelle keinesfalls die, unbestritten vorhandene, Torgefährlichkeit von Ballack bezweifelt, jedoch auf eine etwas differenziertere Betrachtung Wert gelegt werden. Denn zieht man zunächst die Länderspiele heran, so fällt auf, dass Ballack zwar schon häufig gegen »kleine« und »mittlere« Gegner getroffen hat, gegen »große« Gegner wie Brasilien, Argentinien, Italien, England, Spanien, Holland oder Frankreich nur ganze 2 seiner 35 Länderspieltore erzielen konnte: eins davon nach einem Eckball gegen Holland, das andere per Elfmeter gegen Brasilien (womit Ballack gegen die großen Fußballnationen dieser Welt aus dem laufenden Spiel heraus überhaupt noch kein Tor gelungen ist). Und was die Champions League betrifft, so ist Folgendes zu vermerken: In den immerhin 28 Spielen, die Michael Ballack in der europäischen

Königsklasse in den Spielzeiten 2002/03, 2003/04, 2004/05 und 2005/06 für den FC Bayern München bestritten hat, gelangen ihm gerade einmal 3 Tore. Grenzt man ein darunter befindliches Elfmetertor aus, so bleiben lediglich 2 Treffer – und die erzielte Frank Lampard, Mittelfeldspieler beim FC Chelsea, am 6. April 2005 in der Champions-League-Begegnung gegen die Bayern nicht nur innerhalb eines Spieles, sondern sogar binnen 10 Minuten.

»Spiele den Ball vertikal nach vorne und vermeide alle Quer- und Rückpässe«

»Wenn man gegen so ein Bollwerk spielt – und sie haben [sich] im Prinzip mit neun Leuten vor ihrem eigenen Strafraum positioniert, muss man versuchen, schnell in die Spitze zu spielen, die Bälle vertikal zu spielen, statt quer zu spielen«, lautete im Nachlauf der ARD-Übertragung vom Länderspiel zwischen Deutschland und China am 12. Oktober 2005 die Antwort des damaligen Bundestrainers Jürgen Klinsmann auf die Frage von Waldemar »Waldi« Hartmann, warum sich Deutschland gegen die defensiv ausgerichtete chinesische Hintermannschaft so schwer getan habe. Nachdem uns »Dolmetscher« Peter Neururer (»Vertikal? Früher nannte man das Steilpass«) mit der Begrifflichkeit vertraut gemacht hat, wäre zu dem von Jürgen Klinsmann angesprochenen vertikalen Spielen der Bälle Folgendes anzumerken: Zum Zusammenhang von Abspielrichtung und Spielerfolg im Fußballsport liegen bislang keinerlei fundierte Erkenntnisse vor, weswegen ich es als nicht unbedenklich empfand, dass der damalige Bundestrainer vor einem Millionenpublikum nichts anderes als eine reine Vermutung (die durchaus auch vollkommen falsch sein kann) als abgesichertes Wissen verkaufte und diese dann auch noch mit dem Wort »muss« versah, anstatt – dem Titel des Glaubens-Bestsellers des ehemaligen brasilianischen Nationalspielers Jorginho, »Steilpass. Ehrliche Bekenntnisse« folgend – frank und frei einzugestehen, dass hierzu bislang keinerlei gesicherte Erkenntnisse vorlägen (wie es ebenso wenig einsichtig war, warum der Moderator nicht gleich insistierte, woher Klinsmann entsprechende Kenntnisse habe und ob er seine Aussage damit auch untermauern könne – um durch ein solch kritisches »Nachsetzen« zu vermeiden, dass sich eine derart unüberprüfte Auffassung in der Öffentlichkeit verbreitet).

Was die sinnvollste Abspielrichtung bei den Pässen anbelangt, so existieren unter Fußballfachleuten die unterschiedlichsten Vorstellungen (»versuche den Ball, wann immer möglich, nach vorne zu spielen«, »versuche den Ballbesitz zunächst durch einen Rückpass zu sichern«, »spiele keine Rückpässe«, »die vielen Querpässe sollten unbedingt abgestellt werden«), wobei aktuell der vertikale Pass nach vorne ganz besonders »en vogue« zu sein scheint. Bei der Durchsicht nicht unerheblicher Teile der deutschsprachigen Sportspielliteratur bin ich jedoch an keiner einzigen Stelle auf einen definitiven Hinweis gestoßen, dem zufolge nun »steil«, »diagonal«, »quer« oder gar »zurück« sich als die beste Zuspielrichtung erweist.

Gleichzeitig ist mir aufgefallen, wie negativ etwa Quer-/Rückpässe durch Experten wie beispielsweise Joachim »Jogi« Löw (»Wir haben festgestellt, dass wir unsere Spielweise ändern müssen. Bei der EM wurde viel quer und zurück gespielt, da gab es kaum Torchancen.«), Uli Stielike (»Seit Monaten kann man beobachten, dass der Ball bei uns zu oft quer gespielt wird«), Thomas Hitzlsperger (»In Deutschland wird öfter noch mal hintenherum gespielt«), Patrik Sander (»Die erfolgreichen Mannschaften spielen kaum noch quer. Bei Ballbesitz geht der Ball sofort in die Spitze.«) oder Jupp Derwall (»Aber was unbedingt abgestellt werden muss, sind diese Quer- und Rückpässe. Fürchterlich!«) bewertet werden, obwohl deren Einfluss auf den Ausgang des Spiels bislang vollkommen unbekannt ist.

Übrigens: Wo war eigentlich das zuvor ständig beschworene, durch vertikale Pässe schnell in die Spitze vorgetragene, deutsche Spiel in den entscheidenden Begegnungen der WM 2006 gegen Argentinien und Italien? Einer von mir diesbezüglich durchgeführten Analyse zufolge waren in den 120 Minuten des Achtelfinalspiels gegen Argentinien gerade einmal 26,7 Prozent aller deutschen Pässe »steil« (also vertikal) ausgerichtet, während über 50 Prozent (!) »quer« beziehungsweise »zurück« verliefen. (Schon nach der Auftaktbegegnung gegen Costa Rica monierte das *Kicker Sportmagazin:* »Der vom Bundestrainer propagierte vertikale Pass fand eher selten statt.... Sonst aber produzierte in der Regel lähmendes Quergeschiebe einen zähen Offensivfluss.«) Hier scheint die »Passung« ebenso wenig zu stimmen wie im Analysebericht des DFB zur WM 2006. Dort steht nämlich auf Seite 99 unter der Teilüberschrift »Leitbild

DFB-Spielphilosophie« ein Rahmentext mit der Überschrift »Steil statt quer«. Bei der Betrachtung der im Folgenden dann propagierten Spiel- und Trainingsformen (Seite 100 ff.) lässt sich dann jedoch kaum ein Steil-, dafür jedoch zahlreiche Diagonal- und Querpässe entdecken, was mit dem aufgestellten Leitbild ebenso schwer in Einklang zu bringen ist wie die nachfolgende Aussage von Jürgen Klinsmann aus dem Jahr 2006 zu Los Angeles und einer Übernahme des Trainerjobs in München weniger als zwei Jahre später: »Ein wichtiges Argument ist, dass wir dort ein normales Leben in der Anonymität führen. Das ist unbezahlbar.«

»Nach Balleroberung muss man schnell von Abwehr auf Angriff umschalten«

An über 100 Stellen in Fachbüchern beziehungsweise Fachartikeln zum Fußballsport erscheint der Hinweis, dass es wichtig sei, schnell von der Defensive in die Offensive überzugehen. Eine entsprechende Forderung ist auch ständig seitens verschiedener Vertreter der Fußballpraxis, wie etwa von Ottmar Hitzfeld (»Entscheidend ist das Umschalten auf die Offensive«), Günter Netzer (»Aber sie müssen schneller umschalten von Abwehr auf Angriff und umgekehrt«) oder Rudi Völler (»Wichtig ist das schnelle Umschalten«), zu vernehmen. Auch Uli Hoeneß scheint von solch einer taktischen Maßnahme überzeugt zu sein, was durch seine Äußerung im *Bayern Magazin* ersichtlich wird: »Auch das Umschalten von Abwehr auf Angriff sollte meiner Meinung nach noch schneller gehen.« Eine ebenfalls von Uli Hoeneß stammende Aussage lautet: »Die besten Freunde sind die, die einem kritisch gegenüberstehen, die einem ohne Rücksicht auf Verluste die Wahrheit sagen.« Nun, auch wenn ich weder zu den engsten Freunden noch zu den größten Feinden von Uli Hoeneß zähle (allerdings allergrößten Respekt vor seinen in den zurückliegenden Jahrzehnten für den FC Bayern München und den deutschen Fußball erbrachten Leistungen aufbringe), möchte ich ihm dennoch »ohne Rücksicht auf Verluste« mitteilen, dass es keinerlei verlässliche Erkenntnisse dazu gibt, ob ein schnelles Umschalten von Abwehr auf Angriff überhaupt sinnvoll ist. So kann nicht ausgeschlossen werden, dass es dabei ganz besonders häufig zu eigenen Ballverlusten kommt, welche die Gefahr sich anschließender Kontergegenangriffe (gegen eine in der Vorwärtsbewegung befindliche Hintermannschaft) mit sich bringen. Womöglich ist es also viel sinnvoller, den Ball zunächst einmal mittels eines ballsichernden Passes zu einem Mannschaftskollegen zu spielen, um daran anschließend in den Angriff überzugehen. Letztendlich gilt es jedoch auch zu diesem Thema zu konstatieren: Die Effizienz eines schnellen Umschaltens von Abwehr auf Angriff ist bisher durch nichts endgültig belegt, weswegen auch zu diesem Thema bislang keine verlässliche Aussage möglich ist. Von daher ist auch alles andere als sicher, ob sich Uli Hoeneß (»Ich bin nicht mehr die Abteilung Attacke, sondern die Abteilung Wahrheit«) mit seiner »Umschalten«-Aussage nicht ein klein wenig in der Abteilung geirrt hat.

»Vor dem eigenen Tor darf man keine Querpässe spielen«

So lautet eine Uraltweisheit des Fußballsports. Die damit verbundene Sorge beruht darauf, dass ein Spieler des Gegners einen solchen Querpass abfangen und dann allein auf das Tor zulaufen könnte. Die nachfolgende Darstellung, die alle langen Pässe der Mannschaft des FC Bayern München im Bundesligaheimspiel der Saison 1991/92 gegen Borussia Mönchengladbach enthält, illustriert jedoch sehr eindrucksvoll, dass sich Fußballmannschaften an eine solche Vorgabe ganz offensichtlich nicht zu halten scheinen. Denn wie aus der nachstehenden Grafik ersichtlich wird, riskierten die Münchner zahlreiche weite Querpässe unmittelbar vor dem eigenen Strafraum, womit sie gegen die entsprechende Fußballweisheit ebenso verstießen wie Horst Hrubesch und Uwe Reinders in nachfolgender Anekdote gegen das Gebot des guten Anstands: Während des Trainingslagers des deutschen Kaders vor der WM 1982 bestellten beide Nationalspieler – sehr zum Leidwesen des Kochs – jeden Abend 100 (!) Rühreier, aßen davon jedoch nur immer zwei oder drei und ließen den Rest zurückgehen. Als der damalige Schatzmeister Egidius Braun dann die entsprechende Rechnung sah, fiel er fast in Ohnmacht. Zum Beweis ihrer Buße für diese Schikane hatten Reinders und Hrubesch den Küchenchef dann wenigstens zum Endspiel der Nationalmannschaft gegen die Italiener in Madrid eingeladen.

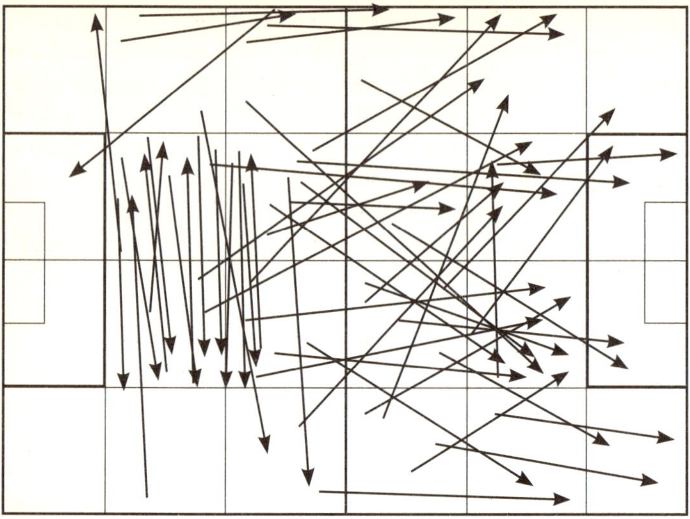

Abb. 8 *Lange Pässe (über eine Distanz von mehr als 25 Metern) der Mannschaft von Bayern München im Bundesligaheimspiel der Saison 1991/92 gegen Borussia Mönchengladbach*

»Konterangriffe sind im Fußballsport von großer Bedeutung für den Spielerfolg«

»Und wieder ein Konter. Wieder Cha Bum. Was macht er? Wieder drüber!« Mit diesen Worten kommentierte Fernsehreporter Holger Obermann eine Spielszene, ohne zu merken, dass gerade die Zeitlupenwiederholung eines bereits vorausgegangenen Angriffs lief. Um eine immer wiederkehrende Wiederholung handelt es sich auch, wenn beispielsweise Andy Roxburgh, Technischer Direktor der UEFA, in einem Fachbeitrag darauf hinweist, dass Konterangriffe von großer Bedeutung für den Spielerfolg im Fußball sind. Zu einer solchen Aussage wäre anzumerken, dass – den eigenen Untersuchungen zufolge – Konterangriffe tatsächlich einen hohen Erfolgsquotienten mit sich bringen, was übrigens ebenfalls für die Mannschaftssportarten Basketball und Handball bereits nachgewiesen werden konnte. Auch wenn der Anteil an Konterangriffen im Verlauf des Spiels ansteigt, so liegt das Problem jedoch darin, dass sich Fußballmannschaften insgesamt nur äußerst selten die Möglichkeit hierzu bietet. Dies gilt insbesondere für Heimmannschaften, die entsprechend meinen systematischen Beobachtungen im Schnitt gerade einmal zu zwei Kontern pro Spiel kommen. Insgesamt resultieren im Fußballsport ganze 18 Prozent aller Treffer aus Schnellangriffen – ob diese, wie von Roxburgh vermutet, von großer Bedeutung für den Spielerfolg sind, darf ebenso angezweifelt werden wie die Adäquatheit der Erklärung von Gerald Asamoah für die von ihm in weniger als drei Jahren in Hannover fabrizierten fünf Autounfälle: »Mit dem Einparken hapert es ein wenig bei mir.«

»Die Mannschaft müsste mehr Flanken schlagen«

»Nicht genug« – mit diesen beiden Worten bewertete Ottmar Hitzfeld nach dem 0:1 seiner Bayern bei Eintracht Frankfurt am 26. Spieltag der Saison 2006/07 die in seinen Augen zu niedrige Anzahl von neun Flanken durch seine Mannschaft. Bei allem Respekt vor den wirklich beeindruckenden Erfolgen (unter anderem zweifacher Champions-League-Sieger, zweifacher Welttrainer des Jahres), die Ottmar Hitzfeld als Trainer vorweisen kann, seien an dieser Stelle gleichwohl Zweifel erlaubt, ob eine Forderung nach mehr Flanken überhaupt Sinn macht, was wie folgt begründet sei:

- Einmal münden, wie bereits an anderer Stelle dargestellt, nur 2,3 Prozent aller Flanken in Tore, das heißt, im Schnitt fällt nur nach etwa jeder 50. Flanke ein Treffer.
- Andererseits fallen im Fußballsport lediglich 20 Prozent aller Tore nach Flanken, jedoch immerhin 50 Prozent nach Passspiel.
- Und schließlich, das hat eine eigene Auswertung von über 1000 Partien ergeben, verlieren Mannschaften, die mehr Flanken schlagen als der jeweilige Gegner, einen etwas höheren Anteil an Spielen.

Von daher ist bei Weitem nicht sicher, ob die von Hitzfeld bemängelte zu niedrige Anzahl der Flanken überhaupt der falsche Weg ist, um die Erfolgsaussichten im Fußball zu erhöhen. Ob dies wohl auch Nottingham Forests damaliger Coach Brian Clough erahnt hat, als er bereits vor 30 Jahren sagte: »Wenn Gott gewollt hätte, dass wir im Himmel spielen, hätte er Gras auf den Wolken erschaffen.«? Übrigens: Franck Ribéry schlug in seiner ersten Saison bei den Bayern mehr als 100 (!) Flanken, von denen trotz eines

Miroslav Klose (1,82 Meter) und eines Luca Toni (1,94 Meter) als Sturmspitzen lediglich eine einzige einen Treffer nach sich zog. Hier könnte Ottmar Hitzfeld nun wirklich und unwidersprochen behaupten: »Nicht genug!«

»Fußballspiele werden in der Abwehr gewonnen«

Geht es im Fußball um das Erringen von Titeln, so lautet eine alte Trainerweisheit sehr häufig: »Defense wins championships.« Seit Jahrzehnten existiert im Fußball ein ungeschriebenes Gesetz, wonach der Abwehrleistung höchste Bedeutung hinsichtlich des Erfolges zukommt, was auch nachfolgende Zitate in aller Deutlichkeit belegen:

- Felix Magath: »Erfolgreicher Fußball ist defensiv ausgerichtet, auch wenn sich der offensive wie bei Barca mal durchsetzen kann.«
- Ottmar Hitzfeld: »Das Abwehrverhalten ist elementar. So viele Tore schießt man in der Regel nicht.«
- Thomas Doll: »Viele – gerade die erfolgreichen – Teams legen das Schwergewicht auf die Defensive. Zunächst einmal wollen diese Nationen in der Abwehr gut stehen. Die ist die Basis, auf der das Spiel entwickelt wird.«
- Valerien Ismael: »Gut verteidigen ist die Voraussetzung für den internationalen Erfolg.«
- Frank Rost: »Denn es hat sich oft bewahrheitet, dass Spiele vorne gewonnen werden, Meisterschaften aber in der Defensive.«
- José Pekerman: »Stürmer gewinnen Spiele, die Abwehr holt Titel.«

Dass eine starke Defensivleistung im Fußball von gewisser Relevanz zu sein scheint, lassen die im Folgenden aufgeführten Beispiele erahnen:

- Giovanni Trapattoni wurde, gemessen an den gewonnenen Titeln, mit einer ultradefensiven Spielweise zu einem der erfolgreichsten Fußballtrainer aller Zeiten.
- In Italien weist die Mannschaft von Juventus Turin mit einer seit Jahren vergleichsweise defensiven Ausrichtung größte Erfolge auf. (Rudi Völler: »Schauen Sie nach Italien. Juventus spielte selten den schönen Fußball, holte aber mit seiner Defensivstrategie die meisten Titel.«)

- Bei der EM 2004 gewann mit Griechenland ein außergewöhnlich abwehrstarkes Team den Titel.
- In der Vergangenheit wurden wiederholt Mannschaften Fußballweltmeister, die extrem wenige Gegentore kassierten – 1994: Brasilien 3, 1998: Frankreich 2, 2002: Brasilien 4, 2006: Italien 2 (die deutschen Frauen blieben auf dem Weg zum WM-Titel 2007 sogar gänzlich ohne Gegentreffer).

Ob nun eine offensive oder eine defensive Ausrichtung mehr Erfolg verspricht, ist bislang noch nicht eindeutig bewiesen. Eines fällt jedoch auf: In der 45-jährigen Bundesligageschichte ist »nur« 19 Mal jenes Team Meister geworden, das die meisten Tore erzielt hat, aber schon in 26 Fällen jene Mannschaft, welche die wenigsten Gegentore kassierte. Damit trifft Ottmar Hitzfelds These, »Meister wird der, der die wenigsten Tore kriegt«, zwar nicht hundertprozentig zu, weist aber immerhin in die richtige Richtung. Als durchaus abwehrstark erwies sich im Halbfinale der WM 1934 zwischen Italien und Österreich auch der schwedische Schiedsrichter Ivan Eklind. Als sich der Österreicher Karl Zisachek in günstiger Angriffsposition befand, war es dieser »Unparteiische«, der die Italiener in höchster Not durch einen gelungenen Abwehrkopfball rettete.

»Ein Spiel dauert 90 Minuten«

Der an Fußballweisheiten und -regeln so reiche Sprücheschatz Sepp Herbergers umfasst nicht nur Bonmots wie »Der Ball ist rund« oder »Der nächste Gegner ist immer der schwerste«, sondern auch die Feststellung: »Ein Spiel dauert 90 Minuten« (womit eigentlich gemeint war, dass ein Spiel niemals vor Ablauf der Spielzeit entschieden ist und die Mannschaft deswegen stets bis zum Schlusspfiff des Schiedsrichters konzentriert bleiben sollte). Dass ein Spiel nicht nur 90 Minuten, sondern teilweise deutlich länger dauert, das weiß die Fußballöffentlichkeit allerspätestens seit dem 26. Mai 1999. An diesem Tag musste nämlich der FC Bayern München im Champions-League-Finale gegen Manchester United nach 90:34 und 92:47 Minuten noch zwei Gegentore hinnehmen. Für all jene, die gerne wissen möchten, nach wie vielen Minuten ein Fußballspiel in der Regel denn wirklich zu Ende ist, nun folgende Informationen: Laut Untersuchungen betreffend die Nachspielzeit dauern Fußballspiele 94:20 Minuten, wobei sich die Nachspielzeit zur ersten Spielhälfte (1:40 Minute) und jene zur zweiten Spielhälfte (2:40 Minuten) zu einer Gesamtnachspielzeit von 4:20 Minuten addieren. Wenn es nach dem (angeblich betrunkenen) Schiedsrichter Wolf-Dieter Ahlenfelder gegangen wäre, dann hätte die Spielzeit der Bundesligabegegnung zwischen Werder Bremen und Hannover 96 am 8. November 1975 wesentlich kürzer ausfallen müssen als die statistisch ermittelten 94:20 Minuten. Denn bereits nach 29 Minuten der 1. Spielhälfte pfiff Ahlenfelder zur Halbzeit. Erst auf Intervention seines Linienrichters sah er sich veranlasst, das Spiel noch 16 Minuten weiterlaufen zu lassen. Während des Spiels streckte Ahlenfelder einem Fotografen die Zunge heraus, und außerdem gab er noch zum Besten: »Wir sind doch Männer, wir trinken kein Fanta.« Was Sie im Folgenden nun trinken, diese Wahl überlasse ich Ihnen gern selbst – nur sollten Sie sich etwas beeilen, denn angesichts so vieler unentschiedener Themen in der »2. Spielhälfte« kann unser Spiel nach 90 Minuten noch keine Entscheidung gefunden haben, weswegen es nun gleich mit der »Verlängerung« weitergeht.

Die Verlängerung 2:2

»Die Realität ist anders als die Wirklichkeit.«

(Berti Vogts)

»Leider werden heute in der Verlängerung kaum mehr Tore erzielt«, stellte Joseph Blatter etwas resigniert fest, nachdem bei der WM 2006 in Deutschland in 6 Verlängerungen ganze 3 Treffer fielen (und in der Folge nur in 2 von 6 Spielen, in deren Verlauf eine Entscheidung zustande kam), weswegen der FIFA-Präsident auch darüber nachgedacht hat, die Verlängerung womöglich gleich ganz abzuschaffen und nach einem 90-minütigen Unentschieden direkt zum Elfmeterschießen überzugehen. Etlichen Fußballfans würde in solch einem Fall sicherlich ganz schön das Herz bluten, denn die vielen Dramen, die sich in den zurückliegenden Jahrzehnten in so mancher Verlängerung abgespielt haben, zählten unzweifelhaft zu den absoluten Highlights in der Geschichte des Fußballsports – denken wir nur einmal an das »Jahrhundertspiel« zwischen Deutschland und Italien bei der WM 1970 in Mexiko, als zwischen der 97. und der 110. Minute nicht weniger als 5 Tore fielen, oder aber an das Halbfinale der WM 1982 zwischen Deutschland und Frankreich, in dem zwischen der 92. und der 108. Minute der Ball gleich viermal im Netz landete. Solange es die Verlängerung also noch gibt, sei diese gerne dazu genutzt, um Ihnen, nachdem unter »Die 1. Spielhälfte« und »Die 2. Spielhälfte« zahlreiche Irrtümer im Zusammenhang mit den »Kernaspekten« des Spiels aufgeklärt wurden, in diesem Abschnitt des Buches Mythen, Legenden beziehungsweise Unwahrheiten zu präsentieren und richtigzustellen, die Fragestellungen und Zusammenhänge betreffen, die sich vorwiegend im »Umfeld« des unmittelbaren Geschehens am Ball abspielen.

»Sex vor dem Spiel wirkt leistungsmindernd«

»Sex vor einem Spiel? Das können meine Jungs halten, wie sie wollen.« Bei Weitem nicht alle Trainer und Betreuer aus dem Bereich des Fußballsports stehen diesem Thema derart aufgeschlossen gegenüber wie Berti Vogts. Auch heute findet man immer noch Verantwortliche, die den Spielern in der Nacht vor dem Spiel den Geschlechtsverkehr, getreu dem Motto »Sex vor dem Spiel ist leistungshemmend«, am liebsten verbieten möchten (Kabarettist Thomas Koschwitz: »Wenn Fußballer durch den Verzicht auf Sex bessere Leistungen bringen würden, hätte die Betriebsmannschaft des Vatikans längst den Europapokal gewonnen«). Was so mancher Aktiver (Dr. Erich Spannbauer, in den siebziger Jahren der FC-Bayern-Mannschaftsarzt: »Die würden am liebsten dreimal täglich und möglichst noch eine halbe Stunde vor dem Spiel«) von obiger Behauptung hält, bringt Brasiliens Fußballweltmeiser Romario unmissverständlich zum Ausdruck: »Das ist der größte Unsinn. Die Spieler denken nur an das Eine, aber im Doppelzimmer liegt anstelle einer schönen Señorita nur ein Mitspieler. Gute Stürmer können nur Tore schießen, wenn sie am Abend vor dem Spiel guten Sex hatten. Dafür war ich das beste Beispiel. Die Trainer sollten da umdenken.« Unterstützung könnte dieser Forderung vonseiten der Wissenschaft zuteilwerden. Denn: Will man den – zugegebenermaßen noch nicht allzu zahlreichen – Untersuchungen zu diesem Thema Glauben schenken, so bestehen aus wissenschaftlicher Sicht keinerlei ernsthafte Gründe dafür, dass Sex vor dem Spiel die Leistungskraft schmälert. Ganz im Gegenteil! In der Zwischenzeit existieren sogar vereinzelte Studien (meines Wissens jedoch noch nicht zur deutschen Fußballnationalmannschaft, auch wenn der DFB in den letzten Jahren wiederholt betont hatte, Forschungsarbeiten zum Fußballsport verstärkt unterstützen zu wollen …), denen zufolge von Sex in der Nacht vor dem Wettkampf eine leistungssteigernde Wirkung auszugehen vermag. Dessen positiver Einfluss auf die Sportler wurde von Dr. Werner Bartens in seinem »Lexikon der Medizinirrtümer« wie folgt erklärt: »Natürlich werden beim Geschlechtsakt Energien und Kraftreserven verbraucht. Aber das ist nicht alles, was beim Sport wichtig ist. Denn sexuelle Aktivität treibt auch den Testosteronspiegel bei Männern in die Höhe, außerdem steigert sie meist die Laune, die Aufmerksamkeit und verbessert das Lebensgefühl. Und ein erhöhtes Maß davon kann zu mehr Kampfkraft, mehr Leistungswillen und positiver Aggression führen. Für manche Sportarten mag das wichtig sein, um den Wettkampf motiviert zu bestreiten und den Kampfgeist und Siegeswillen der Athleten zu stärken.« Dass trotz derartiger Informationen der eine oder andere Profi möglicherweise sogar freiwillig auf ein heißes Liebesabenteuer unmittelbar vor dem Spiel seiner Mannschaft verzichtet, lässt nachstehende Aussage von Fredrik Ljungberg erahnen: »Wenn ich in der Nacht vor einem Spiel Sex habe, verliere ich jegliches Gefühl in meinen Füßen.«

»Erfolg kann man nicht kaufen«

In Zeiten einer fortschreitenden Kommerzialisierung des Fußballsports taucht, nicht selten seitens der »armen« Vertreter der Branche, die Behauptung auf, man könne den Erfolg im Fußballsport nicht kaufen. Professor Bernd Frick von der Universität Witten/Herdecke hat inzwischen jedoch den Nachweis geführt, dass mit einer Anhebung des Etats eines Klubs auch dessen Erfolgsaussichten steigen. Allein eine zehnprozentige Erhöhung des Marktwerts der Mannschaft verspricht, bei konstant gehaltenen Kadern der Konkurrenz, einen Sieg mehr pro Spielzeit, womit Karl-Heinz Rummenigge also nicht ganz falschliegt, wenn er behauptet: »Die Qualität einer Mannschaft wird auf dem Transfermarkt entscheidend bestimmt.« So haben etwa die finanziellen Zuschüsse von Klubeigner Roman Abramowitsch den Verein FC Chelsea zu einer festen Größe in der Spitzengruppe der Premier League werden lassen, inklusive des einen oder anderen Meistertitels innerhalb der letzten Jahre. International lässt der heiß ersehnte Gewinn der Champions League – trotz einer »Spritze« von angeblich etwa 750 Millionen Euro – jedoch noch immer auf sich warten. Aber wer weiß, vielleicht fördern zukünftige Forschungsarbeiten ja zutage, dass man in dieser Spielklasse mindestens eine Milliarde Euro für den Titelgewinn investieren muss. Dies dürfte für die etwa eine Milliarde Menschen auf der Welt, die mit weniger als einem Dollar am Tag auskommen müssen, kaum mehr von Belang sein als die Antwort von Atlético Madrids Präsident Jesùs Gil y Gil auf die Frage, warum er sich denn für geschätzte 200 Millionen Euro ausgerechnet einen Flugzeugträger gekauft habe: »Ich hatte noch keinen.«

So weit, so gut – wenn da nicht der »Fall« des FC Bayern München wäre, der Presseberichten zufolge in der Saison 2007/08 mehr als 70 Millionen Euro in neue Spieler investierte, was Uli Hoeneß anlässlich einer Podiumsdisskussion auf die Frage nach seinem Traum antworteten ließ: »Wenn die anderen uns mal wieder mit dem Fernglas suchen müssten.« Wenn man sich die Ergebnisse der Spiele des FC Bayern dann einmal genauer ansieht (und außer Acht lässt, dass der Verein am Ende mit deutlichem Vorsprung Meister und zudem Pokalsieger wurde), dann fällt auf, dass die Münchner in dieser Spielzeit (fast) die Hälfte (exakt waren es 23 von 54, also immerhin 43 Prozent!) ihrer Begegnungen in der Bundesliga, im DFB-Pokal und im UEFA-Cup nach 90 Minuten nicht gewinnen konnten (siehe Tab. 6, Seite 192) und das, obwohl sie in all diesen Begegnungen stets die teurere Mannschaft auf dem Feld hatten als der Gegner (Wo also war in diesen immerhin 23 Spielen der unter anderen von Matthias Sammer oder Ralf Rangnick angesprochene Unterschied, den angeblich die Qualität der Einzelspieler ausmacht? Und wo war dieser, als Dänemark 1992 und Griechenland 2004 Europameister wurden, der FC Porto 2004 die Champions League gewann oder der VfB Stuttgart 2007 Deutscher Meister wurde? Und warum gewinnt Chelsea London mit seinem teuersten Team der Welt nicht seit Jahren die Champions League, wenn man sich Erfolg kaufen kann?). Der hier präsentierte Befund gibt begründeten Anlass zu der Vermutung – legt man einzelne Spiele zugrunde –, dass die These »Man kann sich Erfolg nicht kaufen« berechtigt ist. Johannes B. Kerner hat das Abschneiden der Bayern in der Halbzeitpause deren Spiels bei Belenenses Lissabon auf die ihm eigene humorvolle Art und Weise dann wie folgt kommentiert: »Wie sagte Uli Hoeneß vor der Saison: Die Gegner werden ein Fernglas brauchen, um uns in dieser Saison zu sehen. Ich habe den Eindruck, es würde eine Billiglesebrille von der Tankstelle reichen.«

Datum	Wettbewerb	Heim (H)/ Auswärts (A)/ Neutral (N)	Gegner	Ergebnis
02.09.07	Bundesliga	A	Hamburger SV	1:1
15.09.07	Bundesliga	H	FC Schalke 04	1:1
28.10.07	Bundesliga	A	Borussia Dortmund	0:0
03.11.07	Bundesliga	H	Eintracht Frankfurt	0:0
10.11.07	Bundesliga	A	VfB Stuttgart	1:3
08.12.07	Bundesliga	H	MSV Duisburg	0:0
15.12.07	Bundesliga	A	Hertha BSC	0:0
10.02.08	Bundesliga	H	Werder Bremen	1:1
24.02.08	Bundesliga	H	Hamburger SV	1:1
16.03.08	Bundesliga	A	Energie Cottbus	0:2
29.03.08	Bundesliga	A	1. FC Nürnberg	1:1
04.05.08	Bundesliga	A	VfL Wolfsburg	0:0
06.08.07	DFB-Pokal	A	Wacker Burghausen	1:1
27.02.08	DFB-Pokal	H	TSV 1860 München	0:0
19.04.08	DFB-Pokal	N	Borussia Dortmund	1:1
08.11.07	UEFA-Cup	H	Bolton Wanderers	2:2
29.11.07	UEFA-Cup	A	Sporting Braga	1:1
14.02.08	UEFA-Cup	A	FC Aberdeen	2:2
12.03.08	UEFA-Cup	H	RSC Anderlecht	1:2
03.04.08	UEFA-Cup	H	FC Getafe	1:1
10.04.08	UEFA-Cup	A	FC Getafe	1:1
24.04.08	UEFA-Cup	H	Zenit St. Petersburg	1:1
01.05.08	UEFA-Cup	A	Zenit St. Petersburg	0:4

Tab. 6 *Ergebnisse ausgewählter Bundesliga-, DFB-Pokal- und UEFA-Cup-Spiele des FC Bayern München nach 90 Minuten in der Saison 2007/08*

»Im Europapokal ist es ein Vorteil, das Rückspiel zu Hause bestreiten zu dürfen«

Trainer (Felix Magath: »Wir wollen schlichtweg den Vorteil, das Rückspiel des Achtelfinals zu Hause in unserem neuen Stadion austragen zu können«); Spieler (Andreas Hinkel: »Ein großer Vorteil ist, dass wir das Rückspiel zu Hause haben«; Mark van Bommel: »Zuerst zu Hause zu spielen ist normalerweise ein Nachteil«); Manager (Uli Hoeneß: »Der kleine Nachteil gegen Milan ist, dass wir zuerst zu Hause spielen müssen«); Präsidenten (Franz Beckenbauer:

»Unser Vorteil ist es im Gegensatz zu den vergangenen Jahren, dass das zweite Spiel in München stattfindet«) und Experten/Zeitungskolumnisten (Berti Vogts: »Wenn die verbliebenen zwei deutschen Vertreter an diesem Donnerstag die Hinspiele des UEFA-Cup-Achtelfinals angehen, haben sie einen großen Vorteil: Der Hamburger SV wie Schalke 04 können zunächst auswärts antreten«) sind fast unisono der Meinung, dass es im Europapokal besser ist, zunächst auswärts zu spielen. Und in dieser Hinsicht haben sie alle recht! Denn im Europapokal erreicht bei immerhin 55 Prozent aller Duelle, die in Hin- und Rückspiel entschieden werden, jene Mannschaft die nächste Runde, welche zunächst auswärts antreten muss und dann im Rückspiel Heimrecht hat. Ein möglicher Grund für das Zustandekommen dieses Ergebnisses liegt wohl darin, dass im Fall einer im Rückspiel auszutragenden Verlängerung der Gastgeber 30 Minuten länger vor eigenem Publikum spielen und damit von der Unterstützung durch seine Fans (und eventuell einen »Heimschiedsrichter«) profitieren kann (Carsten Ramelow: »Gerade zu Hause liegt unsere Heimstärke«). Von der Unterstützung durch die eigenen Fans dürfte auch Schalke 04 beim klaren 3:0-Heimerfolg gegen Arminia Bielefeld profitiert haben. Dennoch brachen auch die gegnerischen Anhänger zumindest einmal in lauten Jubel aus: dann nämlich, als ihre Mannschaft das Eckenverhältnis von 13:0 auf 13:1 »verkürzen« konnte.

»Fußball fördert die Gesundheit«

Schon im Jahr 1912 verbannte das »Königlich-Bayerische Staatsministerium des Inneren für Kirchen- und Schulangelegenheiten« mit Blick auf das Unfallrisiko die »Fußlümmelei« vorsorglich aus dem Sportunterricht der höheren Schulen und Lehrinstitutionen, was verdeutlicht, dass das Thema »Verletzungen« seit jeher eng mit dem Fußball verwoben ist. Dass der Fußballsport bereits die kuriosesten Krankenfälle mit sich gebracht hat, sollen die drei nachfolgend aufgeführten Beispiele illustrieren:

- Franz Michelberger handelte sich im Trainingslager des FC Bayern München in Israel eine Knieprellung ein, als er beim Einsteigen in den Mannschaftsbus von einem Kamel gegen die Stufen gedrückt wurde.

- Svein Grondalen vom FC Nottinghamshire kollidierte in den siebziger Jahren beim Joggen mit einem Elch und war daraufhin gezwungen, sogar eine Länderspielteilnahme abzusagen.
- Darren Barnard vom FC Barnsley musste gar eine fünfmonatige Pause einlegen, nachdem er sich 1998 beim Ausrutschen in einer Lache, die sein Hund auf den Küchenfliesen hinterlassen hatte, eine Verletzung am Knie zugezogen hatte.

Der Fußballsport wird jedoch nicht nur von einer ganzen Reihe kurioser Unfälle begleitet, sondern auch von unzähligen Irrtümern im Zusammenhang mit der Häufigkeit, Entstehung, Art und Behandlung (Dr. Hans-Wilhelm Müller-Wohlfahrt: »Wegen Gyula Lorant hätte ich beinahe aufgehört. Er hat mir mal erklärt, dass man einen herausgesprungenen Meniskus am besten mit der Eckfahne wieder reinhaut.«) von Verletzungen. Anhand der sich anschließenden Ausführungen soll nun versucht werden, das Dickicht all dieser Mythen etwas zu entflechten.

⚽ *»Beim Fußball ist die Verletzungsgefahr höher als in anderen Mannschaftssportarten«*

Das Fußballspiel ist durch eine hohe Intensität, häufige Körperkontakte, viele Zweikämpfe und zahlreiche Fouls gekennzeichnet. Vor diesem Hintergrund verwundert es kaum, wenn immer wieder davon zu hören ist, Fußballspieler seien – gerade im Vergleich zu anderen Sportarten – besonders verletzungsgefährdet. In der Zwischenzeit liegen zu diesem Thema eine ganze Reihe sehr aussagekräftiger Untersuchungen vor, die zu einer Objektivierung der Diskussion beizutragen vermögen. So konnte ein Team um die Professoren Lars Peterson und Toni Graf-Baumann in einer groß angelegten Studie (insgesamt wurden 738 in 22 Endrunden von FIFA-Wettbewerben ausgetragene Begegnungen analysiert) im Verlauf von 20 289 gespielten Stunden 1718 Verletzungen feststellen, was einer Verletzungsrate von 2,6 pro Spiel entspricht. Beim Vergleich der Verletzungshäufigkeit in verschiedenen Mannschaftssportarten machte Klaus Eder, Mitglied im medizinischen Team der deutschen Fußballnationalmannschaft, die interessante Entdeckung, dass im Basketball und im Handball pro 1000 Stunden Spiel mehr Verletzungen auftraten als im Fußball. Die oft zu hörende Behauptung, im Fußball sei das Verletzungsrisiko wesentlich höher als in anderen Sportspielen, stimmt also ebenso wenig wie die Vermutung, Thomas Strunz habe sich seinen Sehnenabriss am Schambeinknochen nicht beim Fußball, sondern bei einer anderen Form der »Körperertüchtigung« zugezogen, zumal der Betroffene selbst unmissverständlich zu verstehen gab: »Hört sich lustig an, ist aber trotzdem beim Fußball passiert.«

»Verletzungen im Fußballsport passieren fast nur unter Gegnereinfluss«

Wer davon ausgeht, Verletzungen im Fußballsport wären fast ausnahmslos auf einen Körperkontakt zurückzuführen, der sitzt einem gewaltigen Irrtum auf! Denn – dies haben eigene Untersuchungen sowie Recherchen anderer Wissenschaftler ergeben – im Fußball ereignet sich mehr als jede dritte Verletzung ganz ohne Beteiligung eines Gegenspielers. Vollkommen ohne gegnerischen Störeinfluss kam auch der von Ottmar Hitzfeld nachstehend beschriebene »Unfall« zustande: »Vor zwei Tagen hat Michael Rensing beim Schuhebinden einen Hexenschuss bekommen. Ich bin aber zuversichtlich, dass er spielen kann. Zur Not finden wir jemanden, der ihm die Schuhe bindet.«

»Verletzungen im Fußball sind fast immer die Folge eines Fouls«

Auf dem Holzweg befindet sich, wer glaubt, die meisten aller Unfälle im Fußballsport wurden durch Fouls verursacht. Nicht weniger als etwa 60 Prozent aller Verletzungen kommen ohne unfaires Einwirken eines Gegenspielers zustande, wie eine Untersuchung von Klaus Eder sowie eine eigene Recherche zur EM 1992 beziehungsweise zur WM 1994 ergaben. Kein Foul lag auch vor, als im Jahr 1970 bei der Begegnung der beiden englischen Profimannschaften Brentford und Colchester Torhüter Chic Brodie mit einem kleinen Terrier (der angeblich nicht auf den Namen »Berti« hörte …) zusammenstieß und sich hierbei seine Kniescheibe derart kompliziert zertrümmerte, dass er daraufhin seine Schuhe an den Nagel hängen musste.

»Der Fuß ist im Fußballsport der am häufigsten von Verletzungen betroffene Körperteil«

Man könnte ja durchaus glauben, dass der Fuß im Fußballsport am verletzungsanfälligsten ist (Guido Buchwald: »Ich habe 'ne Oberschenkelzerrung im linken Fuß«). Tatsächlich jedoch rangieren das Knie- und das Sprunggelenk (mit einem Anteil von jeweils etwa 20 Prozent) in einer von Peter Niklas in der Zeitschrift *fußballtraining* vorgestellten Statistik zu den gefährdeten Körperregionen ganz vorne. Fußverletzungen liegen mit einem Wert von 8,7 Prozent sogar noch hinter den Kopfverletzungen, die 9,4 Prozent ausmachen. Eine der kuriosesten Verletzungen im Fußballsport hat dann aber doch den Fuß, genauer gesagt den Zeh, betroffen: Weil er versuchte, im Trainingslager eine herabfallende Rasierwasserflache mit dem Fuß abzufangen, schnitt sich Santiago Cañizares vom FC Valencia mit einer Scherbe alle Sehnen im großen Zeh durch, woraufhin er sogar seine Teilnahme an der WM 2002 absagen musste.

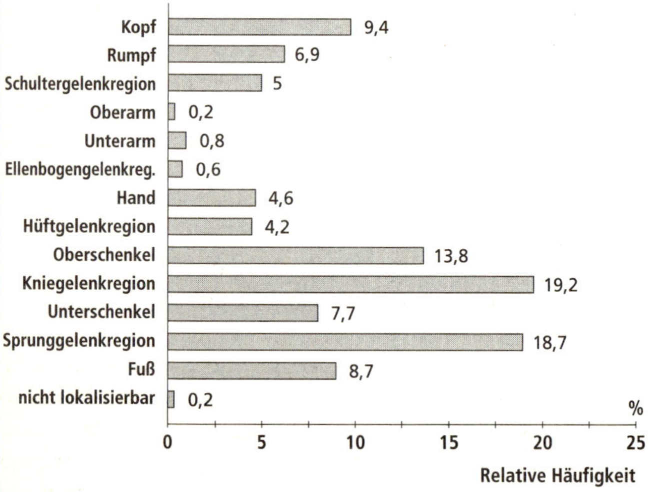

Quelle: *fußballtraining* 11/12 1997, S. 10 (Beitrag von Peter Niklas)

Abb. 9 *Verletzungslokalisation*

⚽ *»Verletzungen im Fußball ereignen sich fast alle während des Spiels«*

Wer glaubt, Fußballverletzungen würden fast ausschließlich während des Spiels vorkommen, der übersieht, dass in etwa jede dritte Verletzung im Training auftritt, wie dies beispielsweise die in der Zeitschrift *fußballtraining* veröffentlichte Untersuchung von Peter Niklas illustriert. Weder im Training noch im Spiel handelte sich ein englischer Journalist seine wirklich allzu kuriose Verletzung ein: Profi Vinnie Jones vom FC Wimbledon biss ihm doch tatsächlich in die Nase! (Stellen Sie sich nur mal vor, Gerhard Delling würde so mit Günter Netzer umgehen; das Beispiel Oliver Kahn und Johannes B. Kerner traue ich mich ob Kahns tête-à-tête mit Heiko Herrlich gar nicht zu verwenden …)

⚽ *»Fußball ist wesentlich weniger verletzungsgefährlich als Rugby«*

Dies ist auch so eine Aussage, deren Richtigkeit so mancher unterschreiben würde. Doch weit gefehlt! Entsprechend einer Studie des medizinischen Forschungszentrums der FIFA (F-MARC) zu männlichen Amateurspielern im Alter von 14 bis 18 Jahren ergab sich für den Fußball eine um das 2,7-fach höhere Verletzungsrate als für das vermeintlich viel härtere Rugbyspiel. Wenn Ihnen beim Freizeitkick Ihr Gegenüber also mal wieder einen äußerst schmerzhaften »Bodycheck« verpasst, dann ist von nun an nicht mehr so ganz sicher, ob die spontane Reaktion: »Tickst du noch richtig? Wir spielen Fußball und kein Rugby!«, überhaupt ihre Berechtigung hat.

»Neue Besen kehren auch nicht besser: Trainerwechsel bringen im Fußball zumeist nicht den gewünschten Erfolg«

Von nicht weniger als 26 Trainern hat sich Atlético Madrids Präsident Jesùs Gil y Gil (»Einen Trainer zu ernennen ist für mich nicht mehr, als ein Glas Sherry zu bestellen«) in den ersten 16 Jahren seiner Amtszeit getrennt. Da vermag noch nicht einmal Nürnbergs Präsident Michael A. Roth (»… es ist halt so, dass sich Trainer irgendwann abnutzen«) mitzuhalten, der es bislang auf »nur« 17 Trainerentlassungen brachte. Im Gegensatz dazu war Guy Roux bei AJ

Auxerre (mit kleinen Unterbrechungen) immerhin 44 Jahre als Trainer im Amt, was selbst die 16 Jahre Verweildauer von Volker Finke beim SC Freiburg deutlich in den Schatten stellt.

Wie die aufgeführten Beispiele anschaulich zu illustrieren vermögen, bestehen zwischen einzelnen Vereinen und deren Verantwortlichen offensichtlich völlig unterschiedliche Vorstellungen hinsichtlich der optimalen Beschäftigungsdauer ihrer Cheftrainer – der Sonderfall Ernst Middendorp (»Wie lange ich Trainer in Bielefeld bin, entscheide nur ich«) sei an dieser Stelle einmal ausgeklammert… Bezüglich der Bedeutung und Sinnhaftigkeit eines Trainerwechsels im Fußballsport existiert eine unheimliche Menge sich nicht selten vollkommen widersprechender Vorstellungen, Auffassungen und Einstellungen (»neue Besen kehren gut« kontra »alte Besen kehren besser«). Gerade in Krisenzeiten wird ein Austausch des Trainers häufig als letzte Chance angesehen, das Ruder nochmals herumzureißen. Die mit einem Trainerwechsel verbundene Hoffnung auf eine Wende zum Guten basiert häufig auf folgenden Überlegungen: Ein neuer Trainer sorgt für frischen Wind; ein neuer Trainer bringt neue Ideen; ein neuer Trainer vertraut auf andere Trainingsprogramme; die Spieler müssen sich unter dem neuen Trainer wieder mehr beweisen, wodurch ihre Motivation und ihr Engagement steigen.

Welchen Erfolg Trainerwechsel in der Realität mit sich bringen, dazu gibt es in der Zwischenzeit eine ganze Reihe wissenschaftlicher Untersuchungen, deren Erkenntnisse nachstehend in Auszügen vorgestellt werden sollen, um dadurch auch in dieser Hinsicht mit dem einen oder anderen seit Jahren kursierenden Irrtum aufzuräumen.

Was bei der Durchsicht der einzelnen Studien besonders auffällt, ist die Tatsache, dass in fast allen Arbeiten ein zumindest kurzfristiger Effekt eines Wechsels auf der Trainerposition nachgewiesen werden konnte. Damit scheint sich der Austausch des Trainers auf kurze Sicht in jedem Fall zu lohnen, was beispielsweise für Vereine, die in der entscheidenden Phase der Saison gegen den Abstieg kämpfen, eine durchaus interessante Information darstellen könnte:

- Professor Giselher Tiegel vermochte auf der Basis einer Analyse von 53 Trainerwechseln in den Bundesligaspielzeiten 1963/64 bis 1973/74 aufzuzeigen, dass in den ersten vier Wochen nach einem Trainerwechsel eine ausgeprägte Leistungsverbesserung eintrat.

- Professor Hartmut Gabler konstatierte für den Geltungsbereich der Fußballbundesliga – gemessen an den Spielergebnissen – ebenfalls einen kurzfristigen Leistungsanstieg nach Trainerwechseln.
- Anhand einer Auswertung von 206 Trainerwechseln in den ersten 35 Bundesligaspielzeiten gelangte Professor Bernd Strauß zu der Erkenntnis, dass sich innerhalb des ersten Monats nach dem Wechsel des Trainers eine Leistungssteigerung vollzogen hatte.

Der kurzfristige Leistungsanstieg der Mannschaft unmittelbar nach dem Tausch des Trainers wird von den verschiedenen Autoren auf den Aspekt der Motivation zurückgeführt. Nach der Amtsübernahme des neuen Coaches strengen sich die Reservisten in der Regel besonders an, um einen bis dahin etablierten Spieler aus dem Team zu drängen, während gleichzeitig das Stammpersonal mit erhöhten Anstrengungen versucht, seine Position auch in der Ära des neuen Trainers zu behaupten.

Hinsichtlich der Frage, ob sich Trainerwechsel auch mittel- und langfristig lohnen, ist die Befundlage in den verschiedenen diesbezüglich bereits vorliegenden Untersuchungen dagegen weit weniger eindeutig:

- Entsprechend einer im Jahr 2003 präsentierten Langzeitstudie der Universität Münster unter Leitung von Professor Bernd Strauß versprechen Trainerwechsel langfristig keinen besonderen Erfolg, zumal die untersuchten Mannschaften schon nach etwa einem Vierteljahr meist das gleiche, teilweise sogar ein niedrigeres Niveau erreichen wie vor dem Austausch des Trainers.
- Sonja Bick und Daniel Mahnken haben in ihrer Diplomarbeit mit dem Titel »Die Effizienz von vorzeitigen Trainerwechseln in der 1. und 2. Fußball-Bundesliga im Hinblick auf die Zielsetzung für die Saison« anhand einer Betrachtung von 455 vorzeitigen Trainerwechseln im Zeitraum von 1981/82 bis 2004/05 herausgefunden, dass neue Trainer, die mindestens 20 Spieltage mit der Mannschaft arbeiten können, eine Positionsverbesserung in der Tabelle erreichen.
- Gemäß einer Untersuchung von Nicole Lück und Dr. Hart-

mut Preuß vom Institut für Sportwissenschaft der Universität Rostock zu 92 vorzeitigen Trainerwechseln in den Bundesligaspielzeiten 1997/98 bis 2006/07 (die 11 Interimstrainer blieben unberücksichtigt) verspricht eine vorzeitige Trainerentlassung hinsichtlich der Tabellenposition langfristig keinen Erfolg, jedoch bezüglich der von den Mannschaften gewonnenen Punktezahl. Diesen Befund ordneten die Autoren wie folgt ein: »Der Sinn eines vorzeitigen Cheftrainerwechsels kann daher nicht mehr generell in Frage gestellt werden. Denn in der Regel war er in den letzten 10 Jahren nach den Erkenntnissen dieser Ausführungen erfolgreich.«

Kritisch gegenüber den Studien zum Einfluss der Trainerwechsel auf den Erfolg von Fußballmannschaften wäre jedoch anzumerken, dass Erkenntnisse darüber fehlen, ob nicht auch der entlassene Trainer die gleiche Leistungssteigerung mit der Mannschaft erzielt hätte. Zudem sollte, wie auch Professor Giselher Tigel ausführt, nicht davon ausgegangen werden, »dass der Trainerwechsel allein einen entscheidenden Einfluss auf die Leistungssteigerung der Mannschaften besitzt«.

Extra für den oben erwähnten Nürnberger Präsidenten Michael A. Roth sei abschließend noch ein wissenschaftlicher Befund zur Intensität von Trainerwechseln vorgestellt: Diesem zufolge sind Mannschaften mit weniger häufigen Trainerwechseln im Allgemeinen erfolgreicher als solche, die den Trainer ständig austauschen – was nach dem erneuten Abstieg seines »Clubs« in der Saison 2007/08 unter dem neuen Trainer Thomas von Heesen inzwischen womöglich auch Herr Roth nicht mehr anzweifeln wird. Übrigens: Was Klubchef Roth trotz seiner zahlreichen Trainerentlassungen bisher noch nicht praktizierte, war ein Trainerrauswurf in der Halbzeit eines Spiels. Diesen hat ihm Fortuna Kölns Präsident Jean Löring voraus, der sich am 15. Dezember 1999 bei einem 0:2-Rückstand gegen Waldhof Mannheim zur Pause mit folgenden Worten von seinem Chefcoach Harald »Toni« Schumacher trennte: »Du hast hier nichts mehr zu sagen, du Wichser!«

»Der Anteil ausländischer Spieler in der Bundesliga erhöht sich ständig«

»Der österreichische Fußball ist sukzessive in eine schwierige Situation geschlittert, weil sehr viele durchschnittliche Ausländer gekauft worden sind. Da fahren Vereinspräsidenten an den Plattensee auf Urlaub und bringen sich dann vier Kellner mit.« Ganz so »dramatisch«, wie Christoph Daum die Verhältnisse bei unseren südlichen Nachbarn so ironisch beschrieben hat, stellen sich diese in der Fußballbundesliga sicherlich nicht dar. Dennoch vermag die auf Seite 202 wiedergegebene Grafik eindrucksvoll zu illustrieren, dass sich der Anteil der in der Bundesliga zum Einsatz gekommenen Spieler aus dem Ausland von der ersten Bundesligasaison 1963/64 (1,78 Prozent) über die Spielzeiten 1993/94 (21,10 Prozent) und 1995/96 (24,71 Prozent; Bosman-Urteil 1995) bis hin zur Saison 2002/03, in welcher der Wert mit 59,08 Prozent seinen bisherigen Höhepunkt erreichte, drastisch erhöhte, zumal sich der Anteil der ausländischen Spieler in der Liga im Vergleich der Spielzeiten 1993/94 und 2002/03 nahezu verdreifachte. Was nun jedoch gegen die Theorie vom ständig ansteigenden Ausländeranteil spricht, ist die Tatsache, dass dieser nach der Saison 2002/03 bis hin zur Spielzeit 2005/06 (54,40 Prozent) abgesunken ist (auch wenn danach wieder ein leichter Anstieg zu verzeichnen war).

Die Entwicklung in der höchsten deutschen Spielklasse dürfte sich durchaus auch zum Leidwesen des Bundestrainers vollzogen haben, denn seit längerer Zeit stellen die deutschen Profis nur noch die Minderheit. Während es in den siebziger und achtziger Jahren noch einen Pool von etwa 250 Erstligaspielern mit deutschem Pass gab, stehen heutzutage an einem Bundesligaspieltag im Durchschnitt lediglich ungefähr 90 bis 100 deutsche Spieler auf dem Platz. Von diesen kommen etwa 50 aus Alters- beziehungsweise Leistungsgründen für einen Einsatz in der Nationalmannschaft überhaupt nicht in Frage, womit der Bundestrainer seinen Kader nur mehr aus einem Kreis von annähernd 50 Spielern zu besetzen vermag.

In diesem Zusammenhang taucht dann sehr schnell der Vorwurf auf, die Plätze der jungen Deutschen seien von durchschnittlichen Ausländern besetzt. Unter anderen von FIFA-Präsident Joseph Blatter stammte der Vorschlag, anhand einer »6+5-Regelung« (derzu-

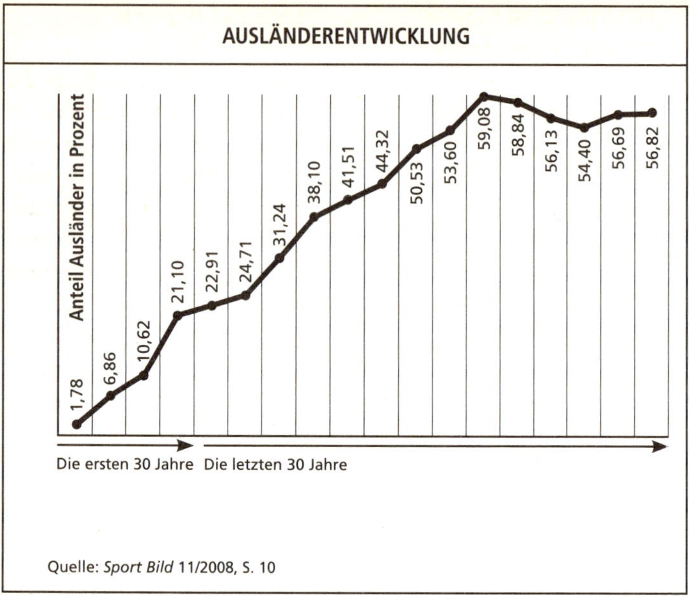

Abb. 10 *Entwicklung des Ausländeranteils in der Fußballbundesliga*

folge jeder Verein mindestens sechs einheimische Spieler, also potenzielle Nationalmannschaftskandidaten, einsetzen müsste) die Anzahl der ausländischen Spieler zu begrenzen. Verschiedene Verantwortliche aus der Bundesliga sehen die eigentliche Ursache dafür, dass sich die jungen deutschen Spieler gegen die ausländische Konkurrenz nicht entsprechend zu behaupten vermögen, jedoch ganz woanders:

- Steffen Heidrich (Manager von Energie Cottbus): »Schuld daran ist der Wohlstand in Deutschland. Bei vielen jungen Spielern fehlt mir der letzte Wille.«
- Berti Vogts (Ex-Trainer von Bayer Leverkusen): »Alle Kinder, alle Jugendlichen hierzulande sind Wohlstandsjünglinge.«
- Heribert Bruchhagen (Vorstandsvorsitzender von Eintracht Frankfurt): »Unsere jungen Talente gehen drei-, viermal die Woche zum Training, das war's. Und wenn es regnet, bringt Mutti sie mit dem Auto.«

»Die meisten Fußballspieler stehen auf dem Platz eh nur faul herum«

»Fußballer sind doch lauter faule Hunde, die auf dem Platz die meiste Zeit eh nur tatenlos herumstehen« – so oder zumindest so ähnlich (Max Merkel: »Der Basler spielt wie eine Parkuhr. Er steht rum, und die Bayern stopfen Geld rein.«) lautet eines der zahlreichen Vorurteile bezüglich der läuferischen Aktivitäten von Fußballspielern, wozu ja vielleicht auch Aussagen wie jene des ehemaligen HSV-Spielers Jürgen Kurbjuhn beigetragen haben: »Wenn ich nicht will, lauf ich im Spiel nicht mehr als einen Kilometer, und da ist der Weg von und zu der Kabine schon drin.« Dass die Spieler insbesondere dann, wenn sie dem höheren Leistungsbereich angehören, alles andere als »faule Hunde« sind, soll nachstehend ebenso richtiggestellt werden wie so manch weiterer Irrtum rund um die Laufleistung im Fußballsport.

»Die Spieler müssen ständig in Bewegung sein«

Sie werden es mir womöglich nicht glauben, aber der AC Florenz hat im Jahr 1998 doch tatsächlich einen Fiat Ducato angeschafft, um die Profis von der Umkleidekabine bis zum Trainingsplatz zu chauffieren – über eine Distanz von nicht einmal 150 Metern! Wenn schon nicht auf dem Weg von der Garderobe zum Übungsplatz, so sollten die Spieler entsprechend einer altbekannten Trainerforderung wenigstens auf dem Spielfeld »ständig in Bewegung sein«. Doch auch hier, das haben in der Zwischenzeit eine ganze Reihe verschiedener Studien zu den Laufleistungen von Fußballspielern ermittelt, sieht die Realität ganz anders aus. So legt einer Studie von Professor Thomas Reilly zufolge ein einzelner Spieler pro Spiel immerhin etwa 45 bis 50 Bewegungspausen ein, in denen er auf ein und demselben Fleck steht. Diese addieren sich auf immerhin ungefähr fünf Minuten, wobei für einzelne Spieler sogar Bewegungspausen von sieben, in einem Ausnahmefall sogar von neun Minuten registriert wurden. Als durchaus bemerkenswert an einer Recherche des dänischen Forschers Jens Bangsbo kann angesehen werden, dass in die Kategorien »Spieler steht« und »Spieler geht« zusammen immerhin fast 60 Prozent der Spielzeit fallen. Kein Wunder also, dass sich Berti Vogts um die Gesundheit seiner Spieler nicht die allergrößten Sorgen machte, als er von der harten »Gangart« des kommenden Gegners sprach: »Die Kroaten sollen ja auf alles treten, was sich bewegt – da hat unser Mittelfeld ja nichts zu befürchten.«

»Fußballspieler laufen heute auch nicht recht viel mehr als früher«

»Spieler laufen heute nicht mehr als früher«, gibt Autor Bernd Schwedhelm über die Laufleistung von Fußballspielern in der *Bild am Sonntag* zum Besten – eine, wie ich meine, völlig unverständliche Aussage. Denn: Wie nachstehende Tabelle, in der Untersuchungsergebnisse zu den Laufleistungen von Fußballspielern seit dem Jahr 1952 zusammengefasst sind, offenbart, hat die von den Spielern bewältigte Wegstrecke in den zurückliegenden Jahrzehnten »dramatisch« zugenommen. Wurden einst gerade einmal etwas mehr als 3000 Meter gelaufen, so sind es heutzutage bereits ungefähr 11 bis 12 Kilometer, welche die Spieler pro 90 Minuten zurücklegen. Und weil die Laufleistung sich deutlich erhöht hat, die Spielfeldausmaße aber weiterhin unverändert blieben, sind auf dem Platz, wie es so schön heißt, »die Räume enger geworden«. Standen in den sechziger und siebziger Jahren die Spieler noch 15 Meter von ihrem Gegner weg, so ist diese Distanz bis heute deutlich geschrumpft. Dies hat zur Folge, dass das Spiel härter, kampfbetonter geworden ist und von den Akteuren ein Höchstmaß an Perfektion hinsichtlich der Balltechniken erfordert, die nach Auffassung von Horst Köppel jedoch nicht bei allen Aktiven gegeben ist: »Ich sehe in der Bundesliga Spieler, denen springt beim Stoppen der Ball weiter vom Fuß, als ich ihn jemals schießen konnte.« Übrigens: Sie glauben, die Torhüter würden vor ihrem Kasten nur faul herumstehen und müssten gerade in den Wintermonaten darauf achten, nicht einzufrieren? Weit gefehlt! Entsprechende Studien ermittelten für die Schlussleute eine zurückgelegte Laufstrecke pro Spiel von teilweise bis zu 4500 Metern. Da kann es dann, wie Uwe Rapolder zu berichten wusste, schon einmal vorkommen, dass Real Madrids ehemaliger Stürmerstar Ronaldo eine geringere Laufdistanz aufzuweisen hat als Valencias Torhüter Santiago Cañizares!

Jahr der Untersuchung	Anzahl an Spielen	Laufstrecke (in Metern)
1952	8	3 362
1962	?	5 486
1976	51	8 680
1983	9	9 790
1988	1	10 225
1991	3	10 800
1998	10	11 253
2005	22	11 507

Tab. 7 *Entwicklung der Laufleistung der Feldspieler*

⚽ *»Die Spieler müssten noch viel mehr laufen«*

»Alle guten Spieler kommen über die Laufarbeit – ein Ronaldinho läuft mehr als sein Gegner, ein Zidane läuft mehr als sein Gegner« – während also Jürgen Klinsmann das Hohelied der Laufarbeit anstimmt, ordnet Johan Cruyff deren Bedeutung vollkommen anders ein: »Sie laufen viel, laufen ist eine Art zu überleben.« Ronald Reng von der *Süddeutschen Zeitung* interpretiert dieses Cruyff-Statement für uns wie folgt: »In Barcelona ist es das übelste Kompliment: ein Team, das läuft. Das Barca, wie es sein soll, lässt laufen, Ball und Gegner.«

Darüber, ob im Fußball nun eher viel oder doch weniger gelaufen werden soll, gehen die Meinungen in Fachkreisen extrem weit auseinander, wie auch aus nachstehenden Zitaten ersichtlich wird:

Mehr Laufarbeit fordert:

- Thomas Doll (von Lukas Podolski): »Meiner Meinung nach muss er mehr arbeiten, noch mehr tun.«
- Uli Hoeneß (von Roy Makaay): »Er tut nach wie vor einfach zu wenig. Er läuft zu wenig und geht nicht in die Zweikämpfe.«

Weniger Laufarbeit fordert:

- Felix Magath (von Marcelinho): »Zuletzt ist er mir mitunter fast zu viel gelaufen, hat zu weite Wege zurückgelegt. Darunter hat seine Torgefahr gelitten.«
- Edmund Becker (von Tamas Hajnal): »Tamas ist prädestiniert für dieses System. Manchmal läuft er mir fast zu viel, verliert dabei die Kontrolle über das Spiel. Ab und an muss er ein bisschen Dampf herausnehmen.«

Versucht man, das Durcheinander von Aussagen und Meinungen zum Thema »viel beziehungsweise wenig laufen« durch verschiedene theoretische Überlegungen etwas zu entwirren, so wäre festzuhalten: Das Gegensatzpaar »viel laufen« und »wenig laufen« bringt jeweils verschiedene Vor- und Nachteile mit sich. Mittels großer Laufwege können in der Offensive Anspielstationen geschaffen und in der Defensive die Räume eng gemacht werden, was zunächst einmal durchweg positiv klingt. Mit einem hohen Laufaufwand sind unzweifelhaft aber auch diverse Nachteile verbunden: Wer viel läuft, ermüdet auch früher, verliert womöglich seine Konzentration, woraufhin ihm dann die nötige Dynamik (Hans Meyer: »Wenn man zu viel läuft, kann das bedeuten, dass der andere spritziger und geistig beweglicher ist«) fehlt, um den letzten Schritt eher am Ball zu sein als der Gegenspieler. Leverkusens Nationalspieler Stefan Kießling hat dieses Manko sehr treffend auf den Punkt gebracht: »Wenn man wie ich viele Wege geht, fehlt es ein wenig an Konzentration und Kraft vor dem gegnerischen Tor.«

Im Zuge einer Bewertung der Diskussion hinsichtlich der Laufleistung sei darauf hingewiesen, dass beim bisherigen Wissensstand keinerlei abgesicherte Erkenntnisse dazu vorliegen, ob mehr oder weniger laufen sinnvoll ist (Ottmar Hitzfeld: »Es kann nicht sein, dass Spieler in Länderspielen ein, zwei Kilometer mehr laufen als bei Bayern«). So vermag bis heute niemand mit Sicherheit zu sagen, welches die optimale Laufdistanz im Fußball ist und ob es eventuell günstiger wäre, statt 11 Kilometer 12 oder nur 10 zu laufen. Sollten Sie also zukünftig Aussagen wie jene von Herthas Trainer Lucien Favre (»Wir laufen zu wenig«) oder von Bert van Marwijk über Tinga (»Er ist taktisch sehr schlau. Er läuft nicht zu viel und nicht zu wenig.«) hören, so dürfen Sie sich ruhig einmal fragen, ob die Herren wirklich wissen, was der optimale Laufumfang ist oder ob hier nur reine Spekulationen als vermeintlich sichere Kenntnisse verkauft werden.

Bei der Beantwortung der Frage nach der idealen Distanz helfen den Übungsleitern auch die inzwischen zahlreich vorhandenen Laufweg-Analysesysteme nicht weiter, auf die Bundestrainer »Jogi« Löw Bezug nimmt: »Heutzutage kann man beweisen, mit welchem Tempo ein Spieler unterwegs ist – mit 60 Prozent, mit 70 Prozent oder mit 80 Prozent. Oder joggt er nur?« Denn: Wie sollen die hieraus hervorgehenden Daten von Nutzen sein, wenn man noch nicht einmal ansatzweise weiß, welches die optimale Laufdistanz oder das beste Lauftempo ist? Die in diesem Bereich seitens der Sportpraxis bestehende Ratlosigkeit lässt sich sehr schön am Beispiel einer entsprechenden Aussage von Karl-Heinz Rummenigge illustrieren: »Wenn unser Giovane Elber im Spiel 6,3 Kilometer läuft und drei Tore schießt, zuletzt aber bei 7,5 Kilometern nicht getroffen hat, soll ich ihm dann raten: Renn nicht so viel?« (Karl-Heinz Feldkamp würde wohl sagen: »Man muss ja nicht nur gucken, wie viel einer läuft, sondern was hinten rauskommt.«) Ratlos war übrigens auch Madame Pires ob der Leichtfüßigkeit ihres Ehemanns Robert in den Spielen der WM 1998, denn »wenn er eine Einkaufstüte hochtragen soll, schnauft er schon auf der zweiten Treppe.«

Gesamtfazit: Führen Sie sich bitte nur einmal folgende Fakten vor Augen: In einem Fußballspiel laufen 20 Feldspieler 90 Minuten kreuz und quer über das Feld, legen dabei insgesamt ungefähr 200 Kilometer zurück – und erzielen am Ende ein einziges Tor (womöglich sogar nur deshalb, weil der Angreifer in einer einzigen Situation einen halben Zentimeter vor dem Abwehrspieler an den Ball gekommen ist) –, und trotzdem fühlt sich ständig irgendwer dazu bemüßigt, seinen Kommentar zum richtigen beziehungsweise falschen Laufverhalten im Fußball abzugeben. Kommt Ihnen dies, gerade nach der Lektüre der bisherigen Seiten, in der Zwischenzeit nicht auch spanisch vor?

»Frauen haben vom Fußball eh keine Ahnung«

So wie immer wieder behauptet wird, dass Frauen viel mehr reden würden als Männer (was sich für Personen einer Altersgruppe von unter 30 Jahren übrigens als falsch herausstellte), so heißt es auch regelmäßig, Frauen hätten vom Fußball keine oder zumindest wesentlich weniger Ahnung als Männer. Doch Vorsicht! Sehr leicht könnte es sich auch hierbei um einen Irrtum handeln. So hat nämlich die irische Brauerei Guinness 1000 Frauen und Männer darum gebeten, die Abseitsregel zu erklären. Und siehe da: Während nur 53 Prozent der Herren dazu in der Lage waren, vermochten dies immerhin 68 Prozent der Damen! Ehrlich gesagt ist das Ergebnis der Männer auch kaum überraschend, hat doch schon der große

Fußballfachmann Hennes Weisweiler mit Blick auf das Verhalten von Günter Netzer Abseits wie folgt definiert: »Abseits is', wenn dat lange Arschloch zu spät abspielt.«

»Der Torjäger hatte mal wieder einen Lauf«

Im Zeitraum vom 27. September 1969 bis zum 3. März 1970 ist es Gerd Müller gelungen, in immerhin 16 aufeinanderfolgenden Bundesligaspielen stets mindestens ein Tor zu erzielen. Angesichts derartiger Serien heißt es dann, der jeweilige Spieler habe einen Lauf. Anhand einer Untersuchung zur englischen Premier League ist dem englischen Wissenschaftler Peter Ayton jedoch der Nachweis gelungen, dass Tore eines Spielers in vorausgegangenen Spielen keine positive Wirkung auf Treffer dieses Spielers in der folgenden Begegnung haben. Vergleichbare Ergebnisse brachten in der Zwischenzeit übrigens eine ganze Reihe von Untersuchungen auch zu anderen Sportspielen mit sich, in denen ebenfalls aufgezeigt werden konnte, dass die Trefferquote in folgenden Spielen nicht in Abhängigkeit von jener in vorausgegangenen Begegnungen steht. Auf die Leistungen eines Gerd Müller scheinen all diese Befunde jedoch nicht anwendbar zu sein. Der »Bomber der Nation« schoss getreu dem Motto »Wenn'st denkst, ist's eh zu spät« nicht nur 68 Tore in 62 Länderspielen, sondern ihm gelangen auch noch 365 Treffer in 427 Bundesligabegegnungen, was beides nicht nur einem Rekord für die Ewigkeit entsprechen dürfte, sondern auch als echter (»Dauer«-)Lauf bezeichnet werden kann.

»Schiedsrichter sind unparteiisch«

Zu den Leistungen der Schiedsrichter im Fußballsport kursiert eine unglaubliche Vielzahl an Mythen, Legenden und Fehleinschätzungen (und die eine oder andere Beleidigung wie jene von Ron Atkinson von Manchester United: »Ich mache nie Kommentare über Schiedsrichter. Und diese lebenslange Gewohnheit werde ich für dieses Arschloch nicht aufgeben.«).

Vor diesem Hintergrund scheint es mehr als angezeigt, auch bezüglich der Referees sowie deren Assistenten anhand wissenschaftlicher Untersuchungsergebnisse für etwas Aufklärung zu sorgen, also mit dem einen oder anderen Irrtum bezüglich der Unparteiischen aufzuräumen.

»Schiedsrichter liegen mit ihren Entscheidungen sehr häufig falsch«

Laut Volker Roth, dem Vorsitzenden des DFB-Schiedsrichterausschusses, hat ein Unparteiischer pro Spiel etwa 80 bis 100 Entscheidungen zu treffen. Bei der Beantwortung der Frage, ob diese zum großen Teil richtig oder falsch sind, hilft eine Studie holländischer Forscher weiter, die bei einer Analyse von 16 Spielen der WM 1986 herausfanden, dass 17,4 Prozent aller Schiedsrichterentscheidungen nicht korrekt waren. Bei der Interpretation derartiger Daten sollte jedoch nicht aus den Augen verloren werden, dass die Frage, ob eine Schiedsrichterentscheidung richtig oder falsch ist, häufig gar nicht zweifelsfrei beantwortet werden kann, was auch die nachstehende Aussage von FIFA-Referee Markus Merk deutlich macht: »Wir hatten am Video einen Testfall im Grenzbereich. Da haben sich sieben Schiedsrichter für Rot und sechs für Gelb entschieden.« Wesentlich eindeutiger ist dagegen die Frage nach den möglichen finanziellen Auswirkungen auch nur einer einzigen Schiedsrichterfehlentscheidung zu beantworten. Erwin Göbel, damals Finanzvorstand des 1. FC Kaiserslautern, liefert hierauf kurz und unmissverständlich die Antwort: »Ein Pfiff oder kein Pfiff – und schon ist eine Million weg.« Angesichts der hohen wirtschaftlichen wie auch sportlichen Bedeutung richtiger/falscher Schiedsrichterentscheidungen wird dann auch (zumindest ein klein wenig) verständlicher, dass sich einzelne Trainer, wie etwa Thomas Doll nach der 2:3-Heimniederlage von Borussia Dortmund gegen Schalke 04, gegenüber den Unparteiischen zur Verbreitung wahrer »Verschwörungstheorien« hinreißen lassen: »Gagelmann hat unsere Spieler angegrient. Er hat sie gar nicht ernst genommen auf dem Platz, hat sie lächerlich gemacht.« Nur: Warum springen Thomas Doll oder seine Trainerkollegen nicht mal über ihren eigenen Schatten und erklären unter Verzicht auf eine Kritik an der Schiedsrichterleistung schlicht und ergreifend: Wir haben aus 100 Angriffen nur ein Tor gemacht, das heißt, nicht weniger als 99 Vorstöße scheiterten; hier liegt die Schuld für die Niederlage nicht beim Schiedsrichter, sondern vorrangig bei mir und der Mannschaft.

⚽ *»Schiedsrichter bevorzugen weder die Heim- noch die Auswärtsmannschaft«*

Diesem Thema ist mittlerweile in zahlreichen wissenschaftlichen Arbeiten nachgegangen worden. Wesentliche Befunde aus diesen Studien zu den Themenbereichen »Gelbe und Rote Karten«, »Elfmeter« und »Nachspielzeit« sollen im Folgenden präsentiert werden:

- Die Ökonomen Matthias Sutter und Martin Kocher von der Universität Innsbruck konnten anhand einer Auswertung der Bundesligasaison 2000/01 nachweisen, dass die Schiedsrichter Auswärtsmannschaften häufiger mit Gelben Karten (Richard Rufus, Charlton Athletic: »Ich habe den Eindruck, der Schiedsrichter hatte eine neue Gelbe Karte und wollte sehen, ob sie auch funktioniert«) und Platzverweisen bedachten als die Heimteams.
- Laut einer Studie von Gunnar Gerisch und Joachim Krug verhängten die Unparteiischen eindeutig mehr Elfmeter zugunsten der gastgebenden Teams, weshalb Felix Magath mit seiner Vermutung, Heimmannschaften würden mehr Strafstöße zugesprochen bekommen, absolut richtig liegt.
- Neil Rickman und Robert Witt von der britischen University of Surrey vermochten in einer empirischen Studie aufzudecken, dass die Schiedsrichter in England, solange es noch keine Profireferees gab, im Durchschnitt 30 Sekunden länger nachspielen ließen, wenn die Gastmannschaft am Ende des Spiels mit einem Tor in Rückstand lag (in anderen Erhebungen konnte für die Bundesliga ein Vergleichswert von 40 Sekunden und sogar von 2 Minuten für die spanische Primera Division ermittelt werden).

Die offensichtlichen Unterschiede in der Behandlung von Heim- und Gastmannschaften können teilweise damit erklärt werden, dass Erstere meist offensiver spielen und somit beispielsweise häufiger im gegnerischen Strafraum auftauchen. Zudem ist davon auszugehen, dass die Fans des Heimteams sozialen Druck auf die Unparteiischen ausüben und die Referees aus diesem Grund die Heimmannschaft bevorzugen. Laut dem Sportpsychologen Alan Nevill von der englischen Universität Wolverhampton sind dabei selbst erfahrene Schiedsrichter vor dem Gruppendruck nicht gefeit: »Um den Rücken frei zu haben, lassen sie weiterspielen.« So haben etwa Per Pettersson-Lidbom von der Universität Stockholm und Mikael Priks von der Ludwig-Maximilians-Universität München herausgefunden, dass bei Spielen vor leeren Rängen (den »Geisterspielen«) Auswärtsmannschaften beim Schiedsrichter besser, Heimmannschaften dagegen schlechter wegkommen als bei Spielen vor Publikum. Verschiedene Wissenschaftler, wie beispielsweise der englische Forscher Peter Dawson, haben darauf hingewiesen, dass den Schiedsrichtern die Bevorzugung der Heimmannschaft vermutlich häufig gar nicht bewusst ist. Auch der italienische Amateurspieler Fernando D'Ercoli dürfte sich seiner außergewöhnlichen Geschmacksverirrung, die ihm 1990 unterlief, nicht bewusst gewesen sein: Die ihm vom Unparteiischen unter die Nase gehaltene Rote Karte riss er diesem aus der Hand – um sie dann aufzuessen!

»Früher wurden Rote Karten von den Referees viel später gezückt als heute«

Verwarnung in der 1. Minute. Gelb-Rote Karte in der 22. Minute. Noch eine Rote Karte in der 23. Minute (weil er auf die »Ampelkarte« hin den Schiedsrichter beleidigte). Und eine weitere Rote Karte dann, kurz nachdem er den Platz verlassen hatte (weil er die Eckfahne aus dem Boden riss und sie gegen den Boden donnerte) – Dean Windass von Dundee United gelang es 1997 doch tatsächlich, in einem Spiel gleich drei Rote Karten binnen kürzester Zeit zu kassieren. Dieses Fallbeispiel dürfte sicherlich auch nicht die Grundlage für folgenden Vergleich von Rudi Völler hinsichtlich der Frage, ob die Schiedsrichter heutzutage viel schneller Rot zeigen als noch vor einigen Jahren, gewesen sein: »In den achtziger und neunziger Jahren ging es verbal und körperlich ganz anders, viel wilder zur Sache – offen und versteckt. Und damals wurden Rote Karten viel später gezückt als heute.« Von Rudi Völler, einem »Kind der Bundesliga« dieser Jahre, möchte man eigentlich annehmen, dass er die Situation richtig einzuschätzen weiß, doch seine Erinnerungen stimmen nur teilweise. In den zehn Bundesligaspielzeiten von 1980/81 bis 1989/90 wurde im Schnitt tatsächlich nur alle 14,9 Begegnungen ein Spieler mittels einer Roten Karte des Feldes verwiesen. Doch schon in den zehn folgenden Saisonen von 1990/91 bis 1999/2000 griffen in bereits jedem 9,1. Spiel die Schiedsrichter zur Roten Karte, wobei dieser Wert jenem für die acht Spielzeiten von 2000/01 bis 2007/08 (9,6) vergleichsweise ähnlich ist. Das heißt, in den neunziger Jahren sowie im neuen Jahrtausend waren die Schiedsrichter mit der Roten Karte schneller zur Hand als noch in den achtziger Jahren.

Eine überaus schnell gezeigte Rote Karte, die mich persönlich »kalt erwischt« hat (und das, obwohl ich trotz meiner »rustikalen« Spielweise à la Berti Vogts in meiner gesamten Karriere nie vom Platz gestellt worden bin), ergab sich in folgender Situation: Ich sitze am 17. August 2005 beim Länderspiel zwischen Ungarn und Argentinien im Budapester Nep-Stadion und warte freudig erregt darauf, »den neuen Maradona« Lionel Messi in seinem ersten Länderspiel zu sehen. Doch was passiert wenige Sekunden nach dessen Einwechslung? Nach einem Ellbogenschlag gegen einen Ungarn ist Messi schon wieder vom Platz – und ich bin daraufhin doch etwas enttäuscht nach Hause geflogen.

Zeitraum	Spiele	Rote-Karten	Spiele für 1 Rote Karte
Saison 1980/81 – 1989/90	3060	206	14,9
Saison 1990/91 – 1999/2000	3134	344	9,1
Saison 2000/01 – 2007/08	2448	255	9,6

Tab. 8 *Entwicklung der Roten Karten*

»Die Schiedsrichter pfeifen immer für Bayern München«

Bayern München und die Schiedsrichter – ein seit vielen Jahren überaus kontrovers diskutiertes Thema. Während beispielsweise Uli Hoeneß (»Für die Schiedsrichter heißt es nicht ›in dubio pro reo‹, sondern ›in dubio contra Bayern‹), wie beispielsweise nach dem 1:1 gegen Werder Bremen am 10. Februar 2008, schimpft: »Im Zweifel pfeifen die Schiris immer gegen den FC Bayern München«, herrscht seitens der Gegner des Rekordmeisters die Meinung vor, die Münchner würden von den Unparteiischen mehr bevorteilt denn benachteilt. Ausgerechnet die österreichischen Ökonomen Matthias Sutter und Martin Kocher von der Universität Innsbruck glauben nun, mittels der Auswertung der Bundesligasaison 2000/01 eine Lösung für diesen seit Jahrzehnten in Deutschland tobenden »Glaubenskrieg« gefunden zu haben und sich in dieser Streitfrage als Schiedsrichter einbringen zu können: Laut Befund der beiden Wissenschaftler ist aus den von ihnen untersuchten Daten kein statistischer Beleg für eine einseitige Bevorzugung beziehungsweise Benachteiligung der Bayern ablesbar gewesen. Vielleicht ist ja genau das der Grund dafür, weshalb Bayern-Spieler wie etwa Willy Sagnol hin und wieder liebend gern einen Schiedsrichteraustausch vorgenommen hätten, wie Mehmet Scholl zu berichten wusste: »Der Willy Sagnol hat mal in Stuttgart zum Markus Merk gesagt: ›Schiedsrichter, wir wechseln!‹ – Der schaut raus und sagt: ›Da steht ja keiner!‹ – Der Willy: ›Nee, wir wechseln dich!‹«

»Schiedsrichter sind faule Hunde, die ihr Geld eh nur mit Rumstehen verdienen«

Diese Aussage mag, wenn überhaupt, für den einen oder anderen in unteren Spielklassen pfeifenden Unparteiischen gelten, nicht jedoch für die in der Bundesliga beziehungsweise in internationalen Begegnungen eingesetzten Top-Referees. Denn in der Zwischenzeit haben Laufwegmessungen ergeben, dass die Schiedsrichter pro Spiel immerhin ungefähr 11 500 Meter unterwegs sind und damit in etwa genauso weit laufen wie die Spieler. Während diese in ihrer Laufleistung in den 45 Minuten nach der Pause sogar etwas nachlassen, legen die Referees vor und nach dem Seitenwechsel annähernd die gleiche Distanz zurück. Für Schiedsrichter in höchsten Spielklassen reicht es heutzutage also nicht, nur den Ablauf des Spiels richtig zu antizipieren (Pierluigi Collina: »Die Taktik hat sich völlig verändert. Daher muss ein Schiedsrichter das eigene Stellungsspiel perfektionieren. Um zur richtigen Zeit am richtigen Ort sein zu können, muss er den Spielverlauf vorausahnen.«), nein, er muss auch topfit sein, um die hohen läuferischen Anforderungen bewältigen zu können. Dass Schiedsrichter bei derartigen Anstrengungen stark ins Schwitzen geraten, ist durchaus verständlich. Nicht ganz so gut nachvollziehbar ist dagegen das Geschenk, das Schiedsrichter-Glatzkopf Collina doch tatsächlich vom DFB überreicht bekam – einen Föhn!

»Die zweite Saison ist für Aufsteiger die schwerste«

Dass die zweite Saison nach dem Aufstieg die schwierigste sei, ist eine seit Jahrzehnten im Fußballsport zu hörende Behauptung. Der ehemalige Trainer des Karlsruher SC, Winfried »Winni« Schäfer, spricht in diesem Zusammenhang gar von einem »verflixten zweiten Jahr«. Möglicherweise liegt der Vermutung, in der zweiten Saison sei es für die Aufsteiger besonders problematisch, die Klasse zu halten, die Überlegung zugrunde, dass inzwischen die mit dem Aufstieg verbundene Euphorie gänzlich verflogen ist beziehungsweise die Mannschaft von den anderen Teams nun nicht mehr als vermeintlich leichter Gegner unterschätzt wird. Wie nachfolgende Daten eindrucksvoll zu belegen vermögen, handelt es sich beim »verflixten zweiten Jahr« jedoch um nichts anderes als das reinste Ammenmärchen! Denn: Immerhin etwa 40 Prozent der Aufsteiger traten sofort nach dem Aufstieg wieder den Weg in die niedrigere Spielklasse an, während die Abstiegswahrscheinlichkeit nach der zweiten Saison gerade mal bei 17 Prozent lag. Übrigens: Wem es als Aufsteiger gelingt, sich während der ersten vier Jahre in der neuen Spielklasse zu halten, der kann sich dann relativ sicher zu den arrivierten Klubs rechnen. Wenn also Jürgen Klopp die Existenz eines »verflixten zweiten Jahres« energisch verneint und entsprechende Aussagen als »Quatsch« bezeichnet, dann liegt er mit seiner Einschätzung absolut richtig. Bleibt zu hoffen, dass »Kloppo« zukünftig zahlreiche Nachahmer findet, denn jeder, der weiterhin behauptet, das zweite Jahr sei für Aufsteiger das schwierigste, gibt nur zu erkennen, dass er ähnlich hinter dem Mond lebt wie die Spieler von Inter Mailand, die im Jahr 1971 bis kurz vor ihrer Ankunft in Mönchengladbach davon ausgegangen waren, sie würden ihr UEFA-Cup-Spiel in einem Münchner Vorort austragen.

»Der Heimvorteil im Fußball existiert gar nicht«

73 Heimspiele in Folge ohne Niederlage blieb der FC Bayern München vom 11. April 1970 bis zum 14. September 1974, und gar 85 Begegnungen, ohne einmal verloren zu haben, überstand der

FC Liverpool im heimischen Stadion an der Anfield Road, ehe am 1. Februar 1981 die über drei Jahre anhaltende Serie mit einer 1:2-Niederlage gegen Leicester City zu Ende ging. Diese beiden Beispiele lassen schon erahnen, dass im Fußball das Phänomen des Heimvorteils existiert (Bernd Hölzenbein: »Früher war man als Kind bei Schlägereien auch zu Hause stärker als in Nachbars Garten«). Richtig deutlich zum Vorschein tritt dies jedoch, wenn man einen Blick auf die Ergebnisse sämtlicher von der Saison 1963/64 bis inklusive der Spielzeit 2007/08 ausgetragenen Bundesligaspiele wirft und dabei feststellt: Immerhin 52 Prozent aller Bundesligapartien können von der Heim- und nur 22 Prozent von der Auswärtsmannschaft gewonnen werden (die verbleibenden etwa 26 Prozent enden unentschieden). Entsprechend einer Studie der FIFA zu 6500 internationalen Spielen gewann der Gastgeber die Hälfte aller Begegnungen, während Auswärtssiege und Unentschieden jeweils ein Viertel ausmachten. Beim Vergleich der Ergebnisse aus dieser Untersuchung mit den Daten zur Fußballbundesliga wird deutlich, dass auf internationaler Ebene etwas weniger Heim- und dafür etwas mehr Auswärtssiege zu verzeichnen sind.

Den von Andreas Heuer, Physiker der Universität Münster, auf der Jahrestagung der Deutschen Physikalischen Gesellschaft 2008 vorgestellten Ergebnissen einer Auswertung von über 12000 Bundesligaspielen seit 1963 zufolge erzielt jede Mannschaft aus der höchsten deutschen Liga im Schnitt vor eigenem Publikum 0,7 Tore mehr als in fremden Stadien, was Heuer als Indiz für das Bestehen des Heimvorteils im Fußball wertete.

Nicht verschwiegen werden soll an dieser Stelle, dass Wissenschaftler der Universität Münster davon ausgehen, dass das Phänomen des Heimvorteils womöglich überschätzt wird und sich dieser im Zweifelsfall sogar auch ins Gegenteil verkehren kann. So sehen manche Forscher teilweise sogar eine Art »Heimnachteil«, wenn etwa der Gruppendruck seitens der Zuschauer und ein übermäßiges Maß an ausgeschütteten Hormonen die Spieler dazu veranlassen, unnötige Risiken einzugehen beziehungsweise überhart zu spielen.

Die möglichen Gründe für den erfolgfördernden Einfluss des Heimspiels, wie hoch er auch immer ausfallen mag, sind durchaus vielschichtig und lassen sich wie folgt zusammenfassen:

- Bevorzugung der Heimmannschaft durch den Schiedsrichter,
- höheres Maß an Vertrautheit der Heimmannschaft mit den örtlichen Gegebenheiten wie zum Beispiel dem Spielfeld,
- keine Reisestrapazen seitens des Gastgebers,
- Unterstützung der Heimmannschaft durch die Zuschauer.

Inwieweit die hier aufgeführten Faktoren sich jedoch im Einzelnen auf den Heimvorteil auswirken, vermag ich Ihnen leider ebenso wenig zu beantworten wie die Frage, warum Jürgen Klinsmann nun doch einen Vertrag beim FC Bayern München, der zwangsweise Reisen zu Auswärtsspielen beinhaltet, unterschrieben hat, da er doch erklärt hatte: »Ich habe keine Lust mehr auf Flughafen, Fußball und wieder Flughafen. Das brauche ich nicht mehr. Und ich benötige auch kein Geld mehr.«

»Die modernen Profis bestreiten pro Saison viel mehr Begegnungen als die Spieler früher«

Die hohe Belastung der heutigen Profis durch die vielen Spiele ist ein äußerst beliebtes Diskussionsthema. Im Verlauf eines derartigen Gesprächs fällt dann häufig das Argument, im Vergleich zu früher hätten die Spieler der Moderne pro Saison viel mehr Spiele zu bestreiten. Bundesliga-, Europapokal-, DFB-Pokal-, Ligapokal- und Länderspiele eingerechnet, kommt so mancher Profi aktuell auf gut und gern 60 bis 70 Pflichtspiele pro Saison. Blickt man jedoch einige Jahre zurück, so stellt man fest, dass die Spieler auch in der Vergangenheit schon ein beachtliches Programm zu absolvieren hatten:

- Thomas Helmer bestritt in der Saison 1995/96 immerhin 64 Pflichtspiele.
- Michel Platini: »Ich habe bei der EM 1984 in Frankreich neun Tore geschossen, obwohl ich vorher 80 Spiele gemacht hatte.«
- Uli Hoeneß kam in der Spielzeit 1973/74 auf 66 Pflichtspiele.
- Alfredo Di Stéfano berichtete davon, dass er mit Real Madrid in den sechziger Jahren bereits 70 Spiele pro Saison auszutragen hatte (wobei es in diesem Jahrzehnt lange noch nicht einmal Auswechslungen gab).

»Ich habe in einem Jahr 16 Monate durchgespielt« – auch wenn Franz Beckenbauer mit seinem Statement vielleicht nicht ganz recht hat, so kommt auch dadurch die hohe Belastung der Spieler bereits in früheren Jahren zum Ausdruck. Nicht zu übersehen ist jedoch, dass der Umfang und die Intensität der Laufleistungen heutzutage wesentlich höher liegen als beispielsweise noch vor etwa 40 Jahren. Mit der Folge, dass gerade große Stars, die häufig zum Einsatz kommen, am Ende der Saison vergleichsweise ausgebrannt erscheinen, was gerade bei der WM 2002 so mancher Fernsehzuseher deutlich vor Augen geführt bekam. Vor diesem Hintergrund scheint die in diesem Zusammenhang immer wieder gestellte Frage, wie viele Spiele pro Saison ein Profi überhaupt verträgt, durchaus ihre Berechtigung zu besitzen. Wie sicherlich auch das Kompliment an die Spieler von Bayer Uerdingen, die – aufgrund mehrerer Spielabsagen – im April 1986 innerhalb von acht Tagen nicht weniger als fünf Spiele absolvieren mussten, in denen sie, bei 15:6 Toren, immerhin 9:1 Punkte erreichten und damit die Grundlage für einen überraschenden dritten Tabellenplatz am Ende der Saison schufen, was belegt, dass ein gedrängtes Spielprogramm nicht zwangsweise von Nachteil sein muss.

»Die Herbstmeisterschaft ist ein Titel ohne Wert«

Gerade seitens jener, denen es mit ihrer Mannschaft nicht gelungen ist, nach der Hälfte einer Bundesligasaison in der Tabelle ganz oben zu stehen, ist oft die Aussage »Die Herbstmeisterschaft ist ein Titel ohne Wert« zu hören. Nun: In jedem Fall können die Spieler des »Wintermeisters« in der Weihnachtspause den Blick von der Spitze der Tabelle und damit einen (vermeintlichen) psychologischen Vorteil genießen. Und auch hinsichtlich eines am Saisonende zu erwartenden Titelgewinns stellt sich der Herbstmeistertitel als so uninteressant nun auch wieder nicht dar, zumal in den ersten 45 Bundesligaspielzeiten 31 Mal der Spitzenreiter nach der Hälfte der Saison am Ende auch die Meisterschaft zu feiern vermochte. Von daher scheint die immer wieder heruntergespielte Bedeutung der Herbstmeisterschaft nicht ganz einsichtig, wenngleich jedoch auch Rudi Assauer zu verstehen ist, der in Hinblick auf den Titel zur Saisonhalbzeit einmal meinte: »Deswegen verkaufen wir in Gelsenkirchen keinen Tannenbaum mehr.«

»Es gibt im Fußball keine Kleinen mehr«

Zu dieser Feststellung gelangte Rudi Völler am 6. September 2003 nach einem 0:0 der deutschen Nationalmannschaft in Island. Doch trifft die These vom Aufstand der »Fußballzwerge« gegen die »Fußballriesen« auch wirklich zu? Zweifelsohne haben die kleinen Fußballnationen in den zurückliegenden Jahren in puncto Athletik und Defensivverhalten so einiges gegenüber den arrivierten Fußballländern aufgeholt und vermögen in ganz seltenen Ausnahmefällen auch einmal eine Fußballgroßmacht ins Straucheln zu bringen. Aber die Regel ist das eben nicht – viel eher der große Sonderfall! So verrät ein Blick auf die Abschlusstabellen der Qualifikationsgruppen für die EM 2008 Folgendes: Die großen Nationen wie Italien, Frankreich, Spanien, Portugal oder Deutschland waren (mit Ausnahme von England) alle für die Endrunde in Österreich und der Schweiz qualifiziert, während gleichzeitig »Underdogs« wie Andorra, San Marino oder die Faröer-Inseln mit zusammen null gewonnenen Punkten (von 108 möglichen Punkten) aus 36 Spielen und einem Torverhältnis von 8:142 scheiterten. Womit Rudi Völlers obige Behauptung in etwa ebenso der Realität entspricht wie die Aussage: »An einem guten Tag kann jeder jeden schlagen.« (Thorsten Langenbahn: »Kirgistan, Laos oder Papua-Neuguinea werden Ballack & Co auch nach drei Bundesligaspielzeiten ohne Pause, zusätzlicher Champions-League- und DFB-Pokal-Belastung nicht die Stirn bieten können.«) P.S.: »Selbst vermeintlich schwächere Fußballnationen können inzwischen mit zehn Mann gut verteidigen, sogar San Marino gelingt das inzwischen«, behauptete Bundestrainer »Jogi« Löw im März 2008 – nachdem seine Mannschaft im Rahmen der Qualifikation für die EM 2008 das angesprochene San Marino (das die 12 Spiele mit 2:57 Toren abschloss und damit von allen europäischen Mannschaften die meisten Gegentore kassierte) einmal mit 6:0 und einmal gar mit 13:0 besiegte…

»Das 2:1 ist das häufigste Ergebnis im Fußballsport«

Wieder ein Irrtum, denn leider ergab meine Auswertung von 2000 Bundesligaspielen ein etwas anderes Bild: Das im Fußballsport am häufigsten auftretende Resultat ist nicht, wie von vielen angenommen, das 2:1 (es rangiert mit 8,7 Prozent erst an 2. Stel-

Abb. 11 *Häufigkeit einzelner Spielergebnisse (in Prozent)*

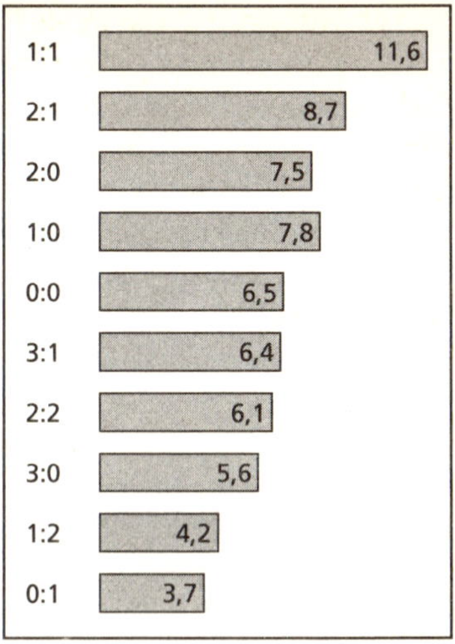

le), sondern mit einer Häufigkeit von 11,6 Prozent das 1:1. Wie Sie der Übersicht auf Seite 219 weiter entnehmen können, sind 2:0- (7,5 Prozent) und 1:0-Heimsiege (7,8 Prozent) häufigere Fußballergebnisse als das torlose Unentschieden (6,5 Prozent). Eine Heimniederlage tritt am häufigsten mit einem 1:2-Endergebnis in Erscheinung (4,2 Prozent).

»Die reichen englischen Klubs konnten in den letzten Jahren im Europapokal einen Titelgewinn nach dem anderen feiern«

Drei englische Vertreter im Halbfinale, ein rein englisches Endspiel und Manchester United als Titelträger – angesichts der Champions-League-Saison 2007/08 könnte man meinen, die reichen englischen Klubs hätten in jüngster Vergangenheit ob ihrer Finanzkraft im europäischen Fußball eine überragende Rolle gespielt und in den letzten Jahren einen internationalen Titel nach dem anderen gewonnen. Doch bei Betrachtung der Siegerlisten der europäischen Wettbewerbe der letzten Jahrzehnte gilt es festzuhalten: weit gefehlt! Vor »ManU's« Erfolg 2008 vermochten englische Vereine in den zurückliegenden 23 Jahren gerade einmal zwei Champions-League-

Triumphe zu feiern (Manchester 1999 durch die beiden Tore in der Nachspielzeit gegen die Bayern und Liverpool 2005 durch das gewonnene Elfmeterschießen gegen den AC Mailand), und im UEFA-Pokal reichte es nach 1984 gar nur zu einem einzigen Erfolg (Liverpool 2001). Alles in allem also eine äußerst magere Titelausbeute, und das, obwohl gerade die vier großen Mannschaften FC Liverpool, Manchester United, FC Arsenal und FC Chelsea alles andere als den von der *Times* sarkastisch so genannten »Eunuchenfußball« präsentiert haben: »Ein bisschen Gefummel, null Penetration. Die Impotenz im Strafraum ist eine Konstante.«

»Bei allem, was in Fußballfachbüchern geschrieben steht, handelt es sich um gesicherte Informationen – weswegen diese bedenkenlos geglaubt werden können«

Haben Sie Ihrem Chef schon jemals eine Rote Karte unter die Nase gehalten? Als Schiedsrichter eines Hochschulpokalturnierspiels zwischen einer Dozenten- und einer Studentenmannschaft stand ich vor der Entscheidung, den Spielregeln zu ihrem Recht zu verhelfen oder den erfolgreichen Abschluss meines Studiums ernsthaft zu gefährden, als der Leiter meines Studiengangs, Gerhard Bauer, zum wiederholten Male unsportlich agierte. Nun, damals stellte ich ihn vom Platz. Rot müsste ich ihm eigentlich auch für so manche Aussage in seinen zahlreichen Fußballfachbüchern (wie etwa »Fußball perfekt«; »Fußball«; »Lehrbuch Fußball: Erfolgreiches Training von Technik, Taktik und Kondition«) zeigen. In Erinnerung an die Worte meines ZDF-Kollegen und ehemaligen FIFA-Schiedsrichters Urs Meier, der mir empfahl, es brauche immer auch ein wenig Fingerspitzengefühl, will ich es angesichts der folgenden Sätze jedoch bei einer wohlgemeinten Ermahnung belassen:

- »Der Erfolg eines Torschusses hängt weniger von der Härte als von der Präzision des Schusses ab.«
  Hinweis: Hinsichtlich des Zusammenhangs von Schärfe und Erfolg eines Torschusses existieren bislang keinerlei verlässliche Erkenntnisse, die solch eine Aussage als gerechtfertigt erscheinen lassen.

- »Schüsse aus allen Lagen – auch aus der zweiten Reihe – sind Erfolg versprechend.«
  Hinweis: Bis heute liegen keinerlei verlässliche Erkenntnisse dazu vor, ob es überhaupt sinnvoll ist, »aus allen Lagen« beziehungsweise »aus der zweiten Reihe« zu schießen, oder ob es sich womöglich als wesentlich ratsamer darstellt, beispielsweise zu versuchen, in den Strafraum einzudringen und von dort zum Torabschluss zu gelangen.
- (Zur Taktik der Mittelfeldspieler:) »Bei eigenen Tempogegenstößen sollten die Mittelfeldspieler öfter diagonale Laufwege wählen.«
  Hinweis: Was die sinnvollste Richtung von Laufwegen anbelangt, so gibt es noch keine zuverlässigen Erkenntnisse, weswegen nicht ausgeschlossen werden kann, dass eine solche Empfehlung vollkommen unzutreffend ist.
- »Die Spieler sollten deshalb immer wieder aufgefordert werden, Eckstöße, Freistöße und Einwürfe ruhig, ohne Hast und präzise auszuführen.«
  Hinweis: Möglicherweise verspricht ja gerade die schnelle Ausführung dieser Standardsituationen (um etwa die noch nicht wieder organisierte gegnerische Hintermannschaft auszukontern) den größten Erfolg – gewiss ist sich dessen bis heute jedoch noch niemand, weswegen in einem Lehrbuch eine solche Aussage auch unterbleiben sollte.
- »Besonders wirkungsvoll ist es, wenn nach einem Tempodribbling nahe der Seitenlinie eine präzise Flanke auf die mit nach vorne stürmenden Mitspieler geschlagen wird.«
  Hinweis: Ob die »präzise Flanke« besonders wirkungsvoll ist, weiß weder Gerhard Bauer noch irgendwer sonst (was übrigens auch für die Sinnhaftigkeit des angesprochenen Tempodribblings gilt), weswegen solch eine Empfehlung sich lediglich als unüberprüfte Vermutung erweist.
- »Auf stereotyp gleiche Eckstoßausführungen kann sich der Gegner relativ schnell einstellen, deshalb sollten im Spielverlauf mehrere Varianten zum Einsatz kommen.«
  Hinweis: Wer wird schon mit Sicherheit wissen, ob die hier empfohlenen Varianten nicht alle wesentlich ineffektiver sind als der »stereotyp« hoch vor das Tor geschlagene Ball?

- (Über die Abschottung des Torraums beim Eckball:) »Deshalb sollte die vordere Torraumlinie durch drei Abwehrspieler besetzt werden.«
  Hinweis: Hinsichtlich der effektivsten Verteilung der Abwehrspieler beim Eckstoß mangelt es bislang an verlässlichen Erkenntnissen, weswegen eine solche Aussage nichts anderes darstellt als reine Spekulation.
- »Der Angriff kann vom Torwart gestartet werden, wenn er den Ball gefangen hat; dafür eignen sich weite Abschläge in die Tiefe des gegnerischen Spielfelds besonders gut.«
  Hinweis: Weite Torhüterabschläge bergen ein sehr hohes Risiko, weswegen es durchaus sinnvoller sein könnte, gänzlich auf diese zu verzichten.
- »Nur in Ausnahmesituationen sind weiträumige Steilpässe, die immer die Gefahr des Ballverlustes mit sich bringen, zweckmäßiger.«
  Hinweis: Ob »weiträumige Steilpässe« womöglich sogar *der* Erfolgsgarant schlechthin sind, ist noch immer unerforscht. Von daher sollte man auch mit entsprechenden Aussagen äußerst zurückhaltend umgehen.
- (Über die Abwehrtaktik beim Freistoß:) »Dabei werden die größten Spieler an den Ecken der Mauer postiert.«
  Hinweis: Sollten die meisten Freistöße über die Mitte der Mauer hinwegfliegen, könnte es viel sinnvoller sein, die größten Spieler zentral zu postieren. Da dies bis dato jedoch noch unklar ist, macht eine solche Empfehlung wenig Sinn.
- »Das sichere Zuspiel zum freien Mann ist dabei grundsätzlich einem riskanten Pass vorzuziehen.«
  Hinweis: Niemand auf der Welt kann Ihnen bis zum heutigen Tag sagen, ob es Erfolg versprechender ist, einen sicheren Pass zum freien Mitspieler oder ein riskantes Zuspiel auszuführen.
- »Immer wieder werden Punkte abgegeben, weil es die Mannschaft nicht versteht, einen für sie günstigen Spielstand durch kluges Ballhalten über die Zeit zu bringen.… Ein reines Defensivspiel ist dafür nicht das beste Mittel. Zweckmäßiger ist es, den Ball möglichst lange durch sicheres Abspiel und gefahrloses Dribbeln in den eigenen Reihen zu halten.«

Hinweis: Ob sich in solch einer Situation ein »reines Defensivspiel« als die beste oder die schlechteste Alternative erweist, ist bislang alles andere als gesichert.

- »Hier einige Beispiele für ein wirkungsvolles Angriffsspiel des Torhüters: In der Regel gilt: Genauigkeit vor Weite!«
  Hinweis: Die Frage, ob es für den Torhüter günstiger ist, den Ball weit wegzuschlagen oder »auf Nummer sicher« einem Mitspieler kurz zuzuspielen, ist bis heute noch nicht eindeutig beantwortet.
- »Gegen eng deckende oder gegen bekannt hart spielende Verteidiger, die bereits bei der Ballannahme stören, taktiert man beispielsweise mit direktem Abspiel in Form von Doppelpässen.«
  Hinweis: Doppelpässen wohnt eine vergleichsweise hohe Fehlerquote inne, weswegen es möglicherweise sogar ratsam sein könnte, gänzlich auf sie zu verzichten.
- »Im modernen Fußballspiel wird der Raum vor dem Tor durch ein mehrfach gestaffeltes Abwehrbollwerk massiv abgeschirmt. Am gefährlichsten sind deshalb Angriffe, die von rechts oder links über die Flügel vorbereitet werden.«
  Hinweis: Meine eigenen Untersuchungen förderten zutage, dass Angriffe über die Flügel den gleichen Erfolg versprechen wie Vorstöße durch die Spielfeldmitte.

Nicht nur die Lektüre der Bücher von Gerhard Bauer, sondern überhaupt die Durchsicht eines großen Teils der deutschsprachigen Fußballfachbücher hat ergeben, dass diese – an mehreren hundert Stellen! – falsche, fragwürdige, wenn nicht vollkommen unüberprüfte Aussagen beziehungsweise Ratschläge enthalten, weswegen es ein großer Irrtum wäre, all das, was in solchen Werken geschrieben steht, für bare Münze zu nehmen. Vor diesem Hintergrund sollte auch Peter Neururer seine »literarische« Entscheidung durchaus nochmals überdenken: »Ich habe früher auch die großen Philosophen gelesen. Doch dann habe ich gemerkt, dass die von meinem normalen Denken absolut abweichen. Jetzt lese ich nur noch Fußballfachbücher.«

Übrigens: Mein Studium habe ich trotz der Roten Karte für meinen Ausbildungsleiter dann doch noch erfolgreich beenden können, wobei mir die von Gerhard Bauer im Bereich Fußball vermittelten Kenntnisse (von den oben angeführten Aussagen einmal abgesehen) in meinem späteren Berufsleben ebenso hilfreich waren, wie es der Polizist war, der im Halbfinalspiel der WM 1930 zwischen Uruguay und Jugoslawien einen ins Toraus getretenen Ball (ohne dass der Schiedsrichter dies monierte!) zurück aufs Spielfeld schoss und damit den Tor-Assist zum 3:1 der Gastgeber leistete.

»Eine Diskussion über die Trainingsqualität im deutschen Fußball erübrigt sich«

In den zurückliegenden Jahren ist wiederholt ein Disput um den aktuellen Stand und die Qualität des Trainings in der Fußballbundesliga entbrannt. Wer behauptet, eine solche Diskussion wäre obsolet, weil hier eh alles auf allerhöchstem Niveau (Felix Magath: »Die Spieler aus den deutschen Vereinen sind also exzellent ausgebildet«) beziehungsweise nach allerneuesten Erkenntnissen ablaufen würde (Klaus Allofs: »Und es gibt doch niemanden in der Liga, der stur die gleichen Dinge macht wie vor 20 Jahren. Dann darf man das eben nicht so darstellen, als würden wir alle noch auf den Bäumen schlafen.«), der möge sich nur einmal die nachfolgenden Zitate von Wissenschaftlern beziehungsweise absoluten »Insidern« der Szene vor Augen führen, die unkommentiert für sich selbst sprechen:

- Lukas Podolski: »Und wir haben im Training eben viel gelernt mit Jürgen Klinsmann und ›Jogi‹ Löw. Wie wir uns bewegen, wie wir laufen sollen, das Taktische.« – *Süddeutsche Zeitung:* »Macht das Bayern-Trainer Felix Magath auch?« – Podolski: »Das haben wir bis jetzt, glaube ich, noch nicht gemacht.«
- Marcell Jansen: »Bei der Nationalmannschaft wurde mir erst so richtig vermittelt, wie man die Außenverteidiger-Position optimal zu interpretieren hat.«
- Jens Lehmann: »Zwei meiner Vereinstrainer in Deutschland haben gesagt: ›Ich habe von Torhütern keine Ahnung, mach es, wie du meinst.‹«
- Jens Lehmann (über das Training im deutschen Fußball): »Ich weiß nicht, wie in den Vereinen gearbeitet wird. Vergleicht man die Resultate in den europäischen Wettbewerben, scheint irgendetwas falsch gemacht zu werden.«

- Michael Ballack: »Wir hatten im technisch-taktischen Bereich Nachholbedarf. Das haben wir bei der WM ganz schnell abgestellt – gegen Italien und Argentinien hatten wir in dieser Beziehung keine Nachteile mehr. … Wir sind zuvor immer unheimlich weit aufgerückt. Wir waren bei Ballbesitz zu offen. Wir hatten keine Stabilität.«
- Philipp Lahm: »Dass aus dem Mittelfeld jemand blank auf die Abwehr zuläuft, wie uns das gegen Sankt Petersburg passiert ist – das passiert beim AC Mailand nicht. Und das sieht der Vorstand genauso, dass wir uns taktisch noch verbessern können und müssen und da einfach noch deutlich hinterherhinken im Vergleich zu anderen Mannschaften.«
- Professor Wilfried Kindermann (2006 WM-Chefmediziner): »Ich weiß, dass der körperliche Zustand unserer WM-Kandidaten im April nur durchschnittlich war. Die Bundesligavereine haben Nachholbedarf.«
- Professor Klaus-Michael Braumann (Institut für Sport- und Bewegungsmedizin): »In der Bundesliga wird häufig falsch trainiert. Die Belastung ist schlecht dosiert, dadurch kommen Spieler im Wettkampf oft zu spät.«
- Urs Siegenthaler (über die sechswöchige WM-Vorbereitung): »… was Klinsmann und Löw sechs Wochen akribisch einstudiert haben, können die Argentinier seit sechs Jahren. Und die Italiener seit sechzig.«

Auch wenn fairerweise einzugestehen wäre, dass hinsichtlich einer möglichst optimalen Trainingsgestaltung im Fußball bislang nur in relativ eingeschränktem Umfang wissenschaftlich gesicherte Erkenntnisse zur Verfügung stehen, so deuten all diese Aussagen doch darauf hin, dass die Qualität des Trainings in der Bundesliga in einigen Bereichen/bei einigen Vereinen noch etwas Luft nach oben zu haben scheint, was übrigens auch die Aussage von Professor Klaus Theweleit von der Kunstakademie in Karlsruhe vermuten lässt: »Die meisten Spieler bei der EM in Portugal haben eine Play-Station dabei. Die lernen auf der Play-Station Spielzüge, die haben sie auf dem Platz noch nie gesehen.«

»Geld schießt keine Tore«

Dieser, angeblich auf Otto Rehhagel zurückgehende, Spruch ist gerade nach den insgesamt schätzungsweise über 70 Millionen Euro schweren Transfers von beispielsweise Luca Toni, Miroslav Klose und Franck Ribéry zum FC Bayern München durch die Verantwortlichen des Klubs immer wieder bestritten worden. So meinte etwa Uli Hoeneß: »Ribéry ist der lebende Beweis, dass Geld doch Tore schießt. Und Luca Toni auch. Klasse schießt Tore, und Klasse kostet Geld.« Und wenn man sich die Torschützenliste am Ende der Saison ansieht, dann muss man ihm durchaus recht geben, denn Luca Toni (24 Tore, mit denen er gleich in seiner ersten Saison bei den Bayern Bundesliga-Torschützenkönig wurde), Franck Ribéry (11) und Miroslav Klose (10) erwiesen sich tatsächlich als überaus treffsicher und hatten damit maßgeblichen Anteil am Titelgewinn der Münchner. Nur: Dass es im Fußballsport zumeist auch Ausnahmen von der Regel gibt, dafür steht Theofanis Gekas, der in der Saison 2006/07 mit immerhin 20 Treffern Luca Tonis Vorgänger als Torschützenkönig der Fußballbundesliga war – und das, obwohl er im August 2006 für eine Leihgebühr von lediglich 300 000 Euro von Panathinaikos Athen zum VfL Bochum wechselte (angeblich war eine Kaufoption von nur 700 000 Euro vereinbart, die der Klub jedoch nicht wahrnahm, da Gekas nach der Saison dann nach Leverkusen wechselte).

»40 Punkte reichen [in jedem Fall] zum Klassenerhalt«

»So schnell wie möglich auf 40 Punkte zu kommen«, war das große Ziel von Karlsruhes Trainer Edmund Becker für die zweite Hälfte der Bundesligasaison 2007/08, in der seine Mannschaft als Aufsteiger nach Abschluss der Hinrunde mit bereits 28 gewonnenen Punkten überraschend auf dem 6. Tabellenplatz stand. Seit Einführung der Dreipunkteregelung in der Spielzeit 1995/96 gilt die »40« für viele als die große (Punkte-)Hürde, die, um den Klassenerhalt zu sichern, bewältigt werden muss. Bei einem Blick auf die Abschlusstabellen der einzelnen Spielzeiten seit dieser Regeländerung wird jedoch deutlich, dass bisher am Saisonende immer 39 Punkte für einen Nichtabstiegsplatz ausreichten. Übrigens: Seit 1995/96 konnten bereits mehrfach, zuletzt Bielefeld in der Saison 2007/08,

Mannschaften mit sogar nur 34 gewonnenen Punkten die Klasse noch halten. Dass man trotz des verpassten Saisonziels den Humor nicht verlieren muss, belegt das Beispiel von Michael Frontzeck, der sich nach seinem Gang in die 2. Liga mit Alemannia Aachen bei seinem ehemaligen Cheftrainer und Lehrherrn aus gemeinsamen Zeiten bei Borussia Mönchengladbach, Hans Meyer, wie folgt beschwerte: »Hans, du Schwein! Du hast mir zu wenig beigebracht. Jetzt sind wir abgestiegen« (woraufhin sich beide ein Lachen nicht verkneifen konnten).

»Elf Freunde müsst ihr sein!«

»Elf Freunde müsst ihr sein, wenn ihr Siege wollt erringen!« Diese oftmals Sepp Herberger zugeschriebene und spätestens seit den »Helden von Bern« oft zitierte Aussage hält Günter Netzer (»Vergesst doch das ganze Getue mit den elf Freunden auf dem Fußballplatz, das ist doch Kokolores«) für vollkommenen »Quatsch« und sendet damit auf einer Wellenlänge mit seinen 74er-Kollegen Paul Breitner (über das Team von 1974: »Elf Freunde hat es nie gegeben«) und Sepp Maier (über den Geist von Malente: »eher Himbeergeist«). »Freundliches Miteinander führt im Spitzensport nicht zu mehr Leistung«, meint auch Felix Magath, während andere Vertreter der Sportpraxis, wie beispielsweise Horst Köppel (»Wichtig ist eine mannschaftliche Harmonie«) dem Teamgeist die Stange gehalten haben. Und was meint die Forschung zu diesem Thema?: Dr. Andreas Wilhelm vom Institut für Sport und Sportwissenschaft der Universität Kiel hat die bereits existierenden Studien zum Zusammenhalt in Sportlermannschaften ausgewertet und in seinem Buch »Im Team zum Erfolg« zusammengefasst. Hierin kommt er zu folgendem Ergebnis: »Die Kohäsion wirkt sich nur geringfügig auf die Leistung aus. Mannschaften können somit mit niedriger als auch mit hoher Sozialkohäsion eine hohe oder niedrige Leistung erreichen.« Ein wunderschönes Beispiel für diesen Befund bieten die beiden Finalisten der WM 2006: auf der einen Seite die ob des Betrugsskandals (angeblich) so verschworenen Italiener und auf der anderen Seite die (angeblich) so gespaltenen Franzosen, bezüglich deren Teamgeist die französische Sportzeitung *L'Equipe* während der WM 2006 titelte: »Wir haben 23 Spieler, aber keine Mannschaft« –

was, wie Sie nun wissen, alles andere als von herausragender Bedeutung ist. Ebenfalls noch wissen sollten Sie, dass es den Spruch von den elf Freunden längst vor Herberger gegeben hat, zumal dieser bereits den Sockel der »Viktoria« zierte, der Statue, die ab dem Jahr 1903 dem Deutschen Meister überreicht wurde.

»Sämtliche Versuche von Trainern, Spielern oder Managern, das eigentlich Unerklärbare erklären zu wollen, sind als besonders geistreich anzusehen«

In aller Regel haben Fußballer unzählige mehr oder weniger taugliche Erklärungsmuster für das Zustandekommen von Erfolg und Misserfolg im Fußball in ihrem Repertoire. »Wenn Fußballer keine Erklärung haben für das Absurde, das dem Fußball bisweilen eigen ist«, so Ludger Schulze von der *Süddeutschen Zeitung*, »sagen sie: ›So ist Fußball‹« – oder sie verwenden manch andere zigfach gehörte, ewig blank gewienerte und hinsichtlich ihres Wahrheitsgehaltes dennoch äußerst fragwürdige Floskel –, um damit das eigentlich Unerklärbare des Fußballs zu fassen zu versuchen.

- Berti Vogts: »1994 haben drei Frauen das Team durcheinandergebracht und damit den Erfolg zunichtegemacht.«
- Rudi Assauer: »2001 sind wir ausgeschieden, weil wir am Tag der Attentate von New York ein Heimspiel austragen mussten.«
- Takis Lemonis (Trainer von Olmpiakos Piräus): »Der Rasen war zu hoch.«
- Jupp Heynckes: »Ich denke, dass die Niederlagen in Berlin und im Pokal in Osnabrück die Psyche der Spieler belastet haben. Vor allem die Fanproteste in Osnabrück sind nicht spurlos an ihnen vorbeigegangen.«
- Alex Ferguson (Trainer von Manchester United): »Die Niederlage liegt in den grauen Trikots begründet, die Spieler haben einander nicht gesehen.«
- Klaus Augenthaler: »Das Pokalhalbfinale gegen Stuttgart, als wir um ein reguläres Tor gebracht wurden, hat uns einen Knacks gegeben. Seitdem läuft es gegen uns …«
- Alan Pardew (Trainer des FC Reading): »Wir haben verloren, weil der Ball gelb war.«

- Armin Veh: »Momentan haben wir nicht die Lockerheit in der Birne.«
- Felix Magath (über den Patzer von Jan Simunek): »Das hat aber auch damit zu tun, dass er zum ersten Mal für die tschechische A-Nationalmannschaft nominiert wurde. Das ist ein riesiges Ereignis für ihn, das ihn aber auch ablenkt.«
- Thomas Schaaf: »... wenn man diese Leichtigkeit erst einmal verloren hat, dann ist es nicht so einfach, sie wiederzubekommen – das geht nur mit harter Arbeit.«
- Armin Veh: »Die Mannschaft war mental durcheinander.«
- Jan Schlaudraff: »Wenn man mehr Spaß hat, dann hat man automatisch auch mehr Erfolg.«
- Ivan Saenko: »Aus dieser Niederlage können wir viel Positives mitnehmen.«
- Gerald Asamoah: »Im Prinzip haben wir uns selbst geschlagen.«
- Marcel Koller: »Uns fehlt die Geilheit!«
- Edmundo: »Der Rasen des Stadions wurde nicht richtig gemäht« (würde nur noch fehlen, dass einer daherkommt und behauptet, die Temperatur der Rasenheizung sei um ein halbes Grad zu hoch eingestellt gewesen, weswegen der Fallrückzieher von der Mittellinie nicht im Torwinkel landen konnte).

Das *Fazit* am Ende dieses Punktes soll gerne aus dem Mund von »Fußballprofessor« Dettmar Cramer kommen: »Die Kugel hat ihr Eigenleben: Der eine Ball ist dumpf, der andere Ball hat ›Musike‹ in sich. Darum symbolisiert der Fußball eine Beständigkeit in der Unbeständigkeit. Er ist das Symbol für den wunderbaren Zufall, den der Mensch zu beherrschen sucht.« Der Zufall, so die landläufige Meinung, spielt auch beim Elfmeterschießen eine gewichtige Rolle. Dass die Ausführung eines Strafstoßes jedoch alles andere als »reine Glückssache« ist, wie es fälschlicherweise immer so schön heißt, davon soll, wie von so manch anderem Irrtum rund um den Strafstoß, im nun folgenden Kapitel »Das Elfmeterschießen« die Rede sein.

»Da kam dann das Elfmeterschießen.
Wir hatten alle die Hosen voll,
aber bei mir lief's ganz flüssig.«

(Paul Breitner)

»Gerade in den besten Spielen kommt das Elfmeterschießen, das einen Mannschaftskampf auf ein nervliches Eins-gegen-eins-Duell reduziert, oft wie ein Interruptus nach einem zweistündigen Liebesspiel des Fußballs.« Das von Christian Eichler so metaphorisch beschriebene Elfmeterschießen beendet in etwa jedes fünfte Entscheidungsspiel bei Weltmeisterschaften. Deutschland 1990, Brasilien 1994, Frankreich 1998 und Italien 2006 – immerhin vier der letzten fünf Weltmeister mussten auf ihrem Weg zum Gewinn des Titels ein Elfmeterschießen überstehen. Schon allein hieraus lässt sich die große Relevanz des Strafstoßes im Fußballsport unschwer ablesen. Doch trotz (oder vielleicht gerade wegen) seiner sehr hohen Bedeutung ranken sich rund um den Strafstoß derart viele Mythen wie sonst um kaum eine andere Spielhandlung. Nach Lektüre der nachfolgenden Seiten (an jenen Stellen, an denen dies nicht anders angegeben ist, erfolgen die Darstellungen immer aus der Sicht des Schützen) werden Sie unschwer erkennen, dass Bundesligavereine zwar für über 70 Millionen Euro neue Spieler verpflichten, aber gleichzeitig im Dunkeln tappen, wenn es darum geht, einen Strafstoß zu verwandeln, und dass sehr viele der unzähligen Elfmetermythen nichts anderes sind als reinste Märchen! Apropos Märchen: Am Ende des Kapitels erfahren Sie dann auch noch, was bislang kaum jemand wusste: Jens Lehmanns »Elfmeterzettelchen« aus dem WM-Achtelfinalspiel gegen Argentinien war wohl das eigentliche »Sommermärchen 2006«.

»Elfmeterschießen ist reine Glückssache«

»Elfmeterschießen, das ist irgendwie wie mit Frauen und Autos – reine Glückssache!« Mit dieser Aussage zum Zusammenhang von Glück und Erfolg beim Elfmeter steht Juri Sawitschew bei Weitem nicht allein da. So hat beispielsweise Michael Ballack nur wenige Minuten nach dem erfolgreichen Elfmeterschießen bei der WM 2006 gegen Argentinien ebenfalls darauf hingewiesen, dass Elfmeterschießen reine Glückssache sei. Im Rahmen meiner langjährigen Auswertungen zum Thema »Elfmeter« offenbarte sich jedoch, dass – wie auf den folgenden Seiten unmissverständlich ersichtlich wird – die einzelnen Ausführungsvarianten eine vollkommen unterschiedliche Erfolgsquote beinhalten. Von daher ist die Ausführung eines Elfmeters alles andere als eine reine Glückssache. P.S.: Wenn ausgerechnet Franz Beckenbauer äußert, Elfmeterschießen sei keine Glückssache, so ist diese Aussage aus seiner Sicht übrigens sehr gut nachvollziehbar. Einmal, weil Beckenbauer in seiner Bundesligakarriere immerhin die Hälfte aller Elfmeter vergeben hat, zum anderen, weil es dem »Kaiser« (»Ich bin ein Lieblingskind des Schicksals«) doch tatsächlich gelungen ist, sich als Elfmeterschütze schwer zu verletzen: Bei einem Turnier in Brüssel rissen ihm beim Anlauf zu einem Strafstoß die Adduktoren.

»Der Elfmeter ist eine todsichere Angelegenheit«

Für Hans-Joachim Abel (16), Ludwig Nolden (15) und Otto Rehhagel (12), die alle ihre Bundesligaelfmeter verwandeln konnten und damit als die sichersten Elfmeterschützen in die Geschichte der höchsten deutschen Spielklasse eingingen, stellte der Elfmeter eine »todsichere Angelegenheit« dar. Nicht jedoch für das Gros der Fußballspieler! Denn im Schnitt landen »nur« 75 Prozent aller Strafstöße im Netz. Somit führt einer von vier Elfmetern nicht zum Erfolg. Für einige der sonst so erfolgreichen Bundesligatorjäger bedeutete der unbedrängte Schuss aus 11 Metern sogar alles andere als eine »todsichere Sache«. So traf Jupp Heynckes nur bei 11 von 17 (65 Prozent), Jürgen Grabowski nur bei 15 von 23 (65 Prozent) und Wolfram Wuttge bei ganzen 8 von 14 (57 Prozent) Versuchen. Der mit 365 Treffern in 427 Bundesligaspielen erfolgreichste deutsche Torschütze aller Zeiten, Gerd Müller, ist gar der Bundesligaspieler mit den meisten vergebenen Elfmetern (12) – wobei der Bomber der Nation allein in seiner legendären 40-Tore-Saison (1971/72) alle drei Strafstöße verschossen hat.

»Die Abwehrquote des Torhüters beim Elfmeter ist auf der linken und rechten Seite identisch«

Am Vormittag des 10. März 2000 wurde ich von Jürgen Wittmann, seinerzeit Torhüter des Bundesligisten SpVgg Unterhaching, angerufen und gefragt, ob Schlussleute bei einem Hecht in die rechte Seite des Tores eine höhere Abwehrchance beim Elfmeter hätten, als wenn sie sich für die linke Seite entschieden. Nach einem Blick in meine Elfmeterdatenbank lautetet damals meine Antwort: Elfmeter, bei denen der Schütze auf die rechte Seite des Tores zielt, können vom Torhüter etwas häufiger abgewehrt werden (21,4 Prozent) als solche auf die linke Seite (19,4 Prozent). Am Abend desselben Tages glaubte ich dann bei der Betrachtung der Bundesligasendung meinen Augen nicht zu trauen: Im Spiel zwischen der SpVgg Unterhaching und dem 1. FC Kaiserslautern bekamen die Gäste in der 19. Minute einen Strafstoß zugesprochen. Der Franzose Youri Djorkaeff führte aus und schoss nach rechts. Jürgen Wittmann hechtete (wie telefonisch besprochen) nach rechts – und hielt! (Seit diesem Zeitpunkt ist zwischen uns ein freundschaftliches Verhältnis entstanden, an dem auch der Umstand nichts änderte, dass sich Wittman von nun an zwar bei allen Bundesligaelfmetern nur noch nach rechts warf, jedoch keinen einzigen Strafstoß mehr abzuwehren vermochte …)

»Die Spieler schießen beim Elfmeter bevorzugt ›über Kreuz‹«

Diese Aussage konnten meine Untersuchungsergebnisse für die Gruppe der Rechtsfüßler bestätigen, die (vgl. Seite 235, Abb. 12) tatsächlich häufiger nach links als nach rechts zielen. Für die Linksfüßler ergab sich jedoch ein andersgeartetes Bild: Sie zielten etwas häufiger nach links (also »longline«) als nach rechts. Wenn einem Torhüter beim Elfmeter also keinerlei Informationen zum Schützen vorliegen, dann sollte er bei einem Rechtsfuß eher mit einem Schuss auf die linke Seite des Tores rechnen. Ob für das häufigere »Über-

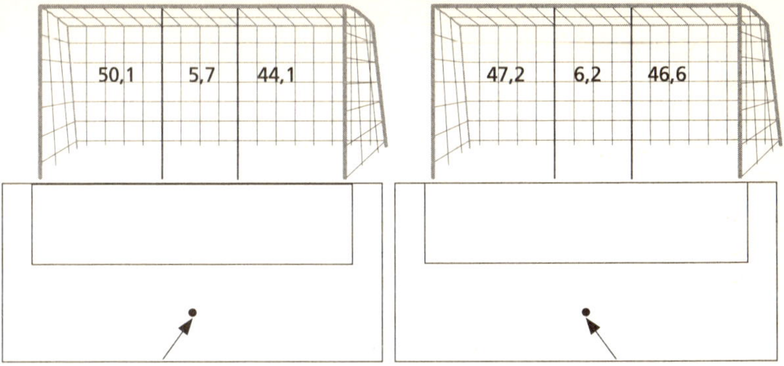

Abb. 12 *Schussrichtung von Rechts- (linke Grafik) und Linksfüßler (rechte Grafik) beim Elfmeter (Angaben in Prozent)*

kreuzschießen« der Rechtsfüßler, wie es *Kicker-Sportmagazin*-Redakteur Thomas Böker vermutet, eine kreative Limitation ausschlaggebend ist oder hierfür andere Gründe eine Rolle spielen, vermag an dieser Stelle nicht abschließend beantwortet zu werden – wie übrigens auch nicht die Frage, ob ARD-Reporter Wilfried Mohrens Aussage: »Möllers Achillesferse liegt zwischen seinen Ohren«, in irgendeinem Zusammenhang mit der Tatsache steht, dass Rechtsfuß Andreas Möller bei all seinen acht Bundesligaelfmetern ausnahmslos zur linken Seite, das heißt »über Kreuz«, zielte.

»Platziert geschossene Elfmeter sind erfolgreicher als Gewaltschüsse«

An der richtigen Schussschärfe beim Elfmeter scheiden sich schon lange die Geister. Manche Spieler, wie zum Beispiel Andreas Brehme im WM-Finale von 1990, bevorzugen die platzierte Variante mit dem Innenrist oder gar der Innenseite. Andere wiederum vertrauen auf den Spannstoß mit voller Kraft, so etwa Johan Neeskens im WM-Finale von 1974. Beide Ausführungsarten sind sowohl mit Vor- als auch mit Nachteilen behaftet. Der Vorteil des platzierten Balles ist in seiner höheren Genauigkeit, der Nachteil in seiner geringeren Schärfe zu sehen. Der Vorzug des Gewaltschusses liegt in seiner hohen Schussgeschwindigkeit, in deren Folge die Reaktionszeit des Torhüters eingeschränkt ist, während als Nachteil dieser Variante die große Streuung angesehen wird. Nachdem ich selbst, wohl beeinflusst durch unzählige Expertenaussagen in diese Richtung, jahrelang davon ausgegangen bin, dass der genau gezirkelte Schuss die bessere Variante sei, musste ich nach Durchführung der entsprechenden Berechnungen überrascht feststellen: »Einfach draufhauen« getreu dem Motto »Augen zu und volle Kanne« ist die effizientere der beiden Ausführungsarten (76,5 Prozent der »Gewaltschüsse« zappelten im Netz, von den platziert geschossenen Elfmeter landeten dagegen nur 71,5 Prozent in den Maschen). Bestätigung finden die eigenen Resultate übrigens durch eine Untersuchung von Mark Williams von der Universität Liverpool, der sämtliche Strafstöße der Premier League in den Spielzeiten von 1997/98 bis 1999/00 auswertete und dabei herausfand, dass die Spieler, die es mit Gewalt versuchten, eine um drei Prozent bessere Erfolgsquote verzeichneten als die »Platzierer«. Angesichts dieser Ergebnisse stellt sich dann durchaus die Frage, warum nur weniger als zehn Prozent aller Schützen beim Elfmeter den »Gewaltschuss« favorisieren. Wenn also der Engländer Ken Bray in seinem Buch »Wie man richtig Tore schießt – Die geheimen Gesetze des Fußballs« über die Elfmeterausführung schreibt, »Spannschüsse sind in der Praxis weniger erfolgreich, denn sie segeln oft am Tor vorbei oder über die Querlatte«, dann mag dies als schöner Beleg für den Irrtum auch seitens des Wissenschaftlers gelten (die Sorge wegen der am Tor vorbei- oder über die Querlatte segelnden Bälle nach Spannstößen kann Bray übrigens leicht genommen werden – deren Anteil liegt gerade einmal bei zwei Prozent!). Übrigens: Williams' Landsmann Peter Devine ist es bei einem der kuriosesten Elfmeter der Fußballgeschichte nicht ganz gelungen, das Spielgerät mit der nötigen Schärfe in Richtung Tor zu befördern (Werner Hansch würde wohl sagen: »Ein Schuss, so kraftvoll wie ein flauer Darmwind«): Im Pokalfinale der Northern Premier League rutschte der Spieler von Lancaster City vor der Schussausführung aus, berührte den Ball aber dennoch. Dieser rollte einige Zentimeter weit – und blieb dann liegen.

»Der Schütze sollte sich vor der Strafstoßausführung für eine Ecke entscheiden«

Wenn es um die erfolgversprechendste Ausführungsart des Elfmeters geht, dann treffen oftmals zwei Weltanschauungen aufeinander: Die eine Seite vertritt die Auffassung, der Strafstoßschütze müsse vor dem Elfmeter entscheiden, in welche Ecke er schießen wird. Das andere Lager ist fest davon überzeugt, dass es günstiger sei, (mit verschlepptem Anlauf) die Reaktion des Torhüters abzuwarten, um den Ball dann in Richtung freie Seite des Tores zu schieben (es wird übrigens ganz bewusst nicht davon gesprochen, der Spieler versuche den Torhüter »zu verladen«, zumal unzählige Diskussionen mit Torhütern der verschiedensten Leistungsklassen ergeben haben, dass sich diese zumeist vollkommen unabhängig vom Schützen für eine Ecke entscheiden). Die eigenen Untersuchungsergebnisse sprechen in diesem Punkt eine eindeutige Sprache: Während Elfmeter der ersten Art lediglich in 71,5 Prozent aller Fälle einen Treffer nach sich ziehen, führen Strafstöße, bei denen der Schütze den Torhüter »ausguckt«, in immerhin 94,3 Prozent aller Fälle zu einem Torerfolg. Kein Wunder also, wenn viele Spieler, die diese Schusstaktik wählten, wie zum Beispiel Anton »Toni« Polster, Rodolfo Esteban Cardoso oder Wynton Rufer als sehr sichere Elfmeterschützen in Erinnerung geblieben sind. Matt Le Tisseir erreichte in England auf diese Art und Weise sogar eine geradezu sensationelle Elfmeterbilanz: 53 Tore bei 54 Versuchen.

»Beim Elfmeter schießt man am besten in das linke oder rechte untere Toreck«

»Den Elfmeter sollte man am besten flach in die Ecke des Tores schießen«, lautet einer der Lieblingsratschläge von Fußballtrainern und Fußballfachbuchautoren. Tatsächlich verspricht jedoch die genau entgegengesetzte Ausführungsvariante, nämlich der Schuss hoch in die Mitte, eine bessere Erfolgsquote: Von den 51 von mir beobachteten Strafstößen, die in einer Höhe von über 1,22 Metern in Richtung Tormitte ausgeführt wurden, landeten 51 im Netz! Die sehr hohe Aussicht auf einen Treffer bei dieser Art von Elfmetern ist sicherlich auch darauf zurückzuführen, dass sich die Torhüter bei 99 Prozent aller Strafstöße »eine Ecke aussuchen«, weshalb Antonin

Panenka mit seiner Aussage »Kein Torwart bleibt stehen« weitgehend recht hat. Damit fällt die Wahrscheinlichkeit, als Schütze bei einem Schuss in die Arme des ruhig in der Mitte wartenden Torhüters der Dumme und damit womöglich auf Lebzeiten blamiert zu sein, ziemlich gering aus. Dagegen hat Englands Nationalspieler Gareth Southgate, einziger Schütze, der beim Elfmeterschießen im Halbfinale der EM 1996 nicht traf, noch heute unter seinem flach in die Ecke ausgeführten und von Andreas Köpke parierten Elfmeter zu leiden: »Alles, was die Leute von mir in Erinnerung behalten haben, ist: Der kann keine Elfmeter schießen.«

»Halbhoch geschossene Elfmeter können von den Torhütern am leichtesten abgewehrt werden«

Autor Werner Stapelfeld schreibt in seinem Fußballbuch, dass der Torhüter halbhoch geschossene Elfmeter vergleichsweise einfach erreichen kann – und hat mit dieser Annahme vollkommen recht. Bestätigung findet diese These durch meine Analysedaten zum Elfmeter, denen zufolge Strafstöße, die in einer Höhe zwischen etwa 0,40 und 0,80 Meter (also in etwa zwischen Knie- und Hüfthöhe, wenn Sie sich nicht gerade größenmäßig an Jan Koller orientieren) auf das Tor fliegen, von den Schlussleuten am leichtesten abgewehrt werden können. Wie in der Übersicht unten dargestellt, vermögen die Torhüter immerhin 38,1 Prozent dieser Elfmeter zu »entschärfen« –

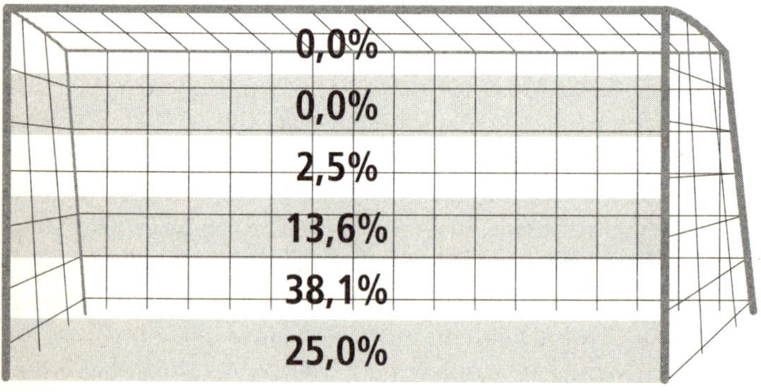

Abb. 13 *Abwehrquote der Torhüter beim Elfmeter in Abhängigkeit von der Schusshöhe*

eine Quote, die sie in keiner anderen Höhe des Tores erreichen, und ein Wert, der um fast das Doppelte über der durchschnittlichen Abwehrquote von etwa 20 Prozent liegt … wenn man nicht gerade die Rechenkünste von Torsten Legat (»Unsere Chancen stehen 70 zu 50«) beherzigt.

»Flach ausgeführte Elfmeter bringen den größten Erfolg«

In etlichen Fußballbüchern, wie zum Beispiel dem von Charles Hughes (»The Winning Formula«) oder jenem eines Autorenkollektivs unter der Leitung von Wolfgang Koch (»Fußball«), findet sich der Ratschlag, den Elfmeter flach auf das Tor zu schießen, da es sich hierbei um die effizienteste Ausführungsart handle. Nach Abschluss meiner Recherchen zu der Frage, ob dies denn auch den Tatsachen entspricht, musste ich mit gewisser Verwunderung feststellen: Genau das Gegenteil ist zutreffend! Zieht man in der Mitte des Tores, also in einer Höhe von 1,22 Metern, eine waagerechte Linie und betrachtet die Erfolgsquote sämtlicher Elfmeter, die ober- und unterhalb dieser virtuellen Grenze landen, so ergibt sich folgender Befund: Alle Strafstöße (also auch die, die das Tor verfehlen), die niedriger als 1,22 Meter in Richtung Tor fliegen, haben eine Erfolgschance von »nur« 71,9 Prozent. Im Gegensatz dazu landen von jenen Elfmetern, die höher als 1,22 Meter in Richtung Tor fliegen, 89,7 Prozent im Netz. Folglich sind flach ausgeführte Elfmeter, anders als von sehr vielen Experten angenommen, eindeutig weniger effizient als jene, welche, wie beispielsweise Fabio Grossos entscheidender Strafstoß im Elfmeterschießen des WM-Finales von 2006, hoch in Richtung Tor fliegen (Mehmet Scholl: »Die schönsten Tore sind diejenigen, bei denen der Ball schön flach oben reingeht«). Dies sollte Elfmeterschützen Anlass zu der Überlegung geben, Strafstöße zukünftig nur noch hoch auszuführen. Die Sorge, hierbei über das Tor zu schießen, ist dabei weitgehend unbegründet, zumal beim Strafstoß nur weniger als ein Prozent aller Bälle die Querlatte überfliegen. Wenn also Christian Eichler mit Bezug auf die beiden wohl wichtigsten Elfmeter in der deutschen Fußballgeschichte, den von Paul Breitner im WM-Finale von 1974 und den von Andreas Brehme im Endspiel von 1990, schreibt, es sei das Rezept des perfekten Elfmeters, Ball und Hirntätigkeit flach zu halten, dann wissen Sie von nun an, dass »Ball flach halten« alles andere als das beste Rezept darstellt. Und was das Flachhalten der Hirntätigkeit anbelangt, da hilft am besten Roy Makaay (mit sieben Treffern bei sieben Bundesligaelfmetern übrigens ein sehr sicherer Schütze) weiter: »Wenn ich anfange zu denken, dass der Torwart denkt, und der Torwart denkt, dass ich denke, dann kann ich lieber gleich schießen, ohne zu denken – das kommt aufs Gleiche raus.«

»Elfmeterschießen kann man nicht üben«

Bezüglich der Frage, ob man das Elfmeterschießen üben kann, gehen die Meinungen sehr weit auseinander. Paul Breitner etwa vertritt zu diesem Thema, wie in etwa auch der englische Nationalspieler Frank Lampard, folgende Auffassung: »Im Training kannst du fast alles simulieren. Aber diese Situation nach 120 Minuten in einem tobenden Stadion eben nicht. Der Bundestrainer sollte vorher sieben oder acht Spieler benennen. Und schießen müssen dann die, die sich in dieser Ausnahmesituation stark genug fühlen. Anders geht das nicht.« Allerdings ist Ken Bray, promovierter Physiker, der Sportwissenschaft an der Universität Bath lehrt, da entschieden anderer Ansicht: »Man kann Stress und Angst ganz leicht reduzieren – indem man übt. Kein Manager würde eine wichtige Präsentation halten, ohne sie vorbereitet zu haben.« Nach Brays Meinung gäbe es mehr Elfmetertore, wenn Strafstöße häufiger trainiert werden würden. Den Aspekt der Angstreduktion einmal außer Acht lassend, scheint mir persönlich sehr bedeutsam, den Spielern die effizientesten Ausführungsvarianten (zum Beispiel Schüsse auf die obere Hälfte des Tores) zu vermitteln und diese dann durch wiederholtes Üben zu automatisieren (Was hilft es, wie die nachstehenden beiden Beispiele der Engländer und Schweizer eindrucksvoll belegen, stundenlang Strafstöße zu üben, wenn hierbei ständig die weniger Erfolg versprechenden Varianten trainiert werden?). Von daher sollte auch, wie ich meine, der Elfmeter regelmäßig ins Trainingsprogramm integriert werden. Schließlich werden ja auch Freistöße – man denke nur an die portablen Freistoßmauern, die in der Zwischenzeit zu den Trainingsmitteln fast aller Vereine gehören – häufig trainiert. Warum also nicht auch die Elfmeter?

Beispiel England: Nach Bekunden von Nationalspieler Ashley Cole hatten die Engländer, wohl infolge ihrer schlechten Erfahrungen bei früheren Elfmeterschießen (getreu dem Motto »the same procedure as every year« gingen vier von fünf Entscheiden dieser Art bei EM- beziehungsweise WM-Endrunden verloren), bei der WM 2006 am Ende jeder Trainingseinheit Strafstöße geübt. Owen Hargreaves äußerte sich daraufhin zu den Elfmeterchancen seines Teams zwischenzeitlich sogar regelrecht euphorisch: »Wir haben Elfmeterspezialisten, die zu den Besten der Welt gehören. Ich habe mir unsere Penalty-Chancen vorgestellt, da gibt es keine Probleme.« Doch nur kurze Zeit nach dieser Aussage war England gegen Portugal dann erneut nur zweiter Sieger beim Elfmeter-Showdown.

Beispiel Schweiz: Auch das morgendliche Elfmetertraining der Schweizer vor dem WM-Achtelfinalspiel gegen die Ukraine nutzte nichts. Am Abend schieden die Eidgenossen nach dem Elfmeterschießen aus dem Turnier aus, ohne auch nur einen einzigen Strafstoß verwandelt zu haben – was in der gesamten WM-Geschichte bei 17 vorausgegangenen Elfmeterschießen übrigens keine einzige Mannschaft zustande brachte.

»Die erfahrenen, sicheren Schützen sollten bei einem Elfmeterschießen erst am Ende antreten«

»Vor der schriftlichen Prüfung hatte ich etwas Angst, denn ich habe bisher nur Autogramme geschrieben.« So wie Ernst-Günther Habig Fracksausen vor seinem Fußballlehrer-Diplom hatte, so leiden unerfahrene Elfmeterschützen im Allgemeinen unter dem leistungsreduzierenden Einfluss kognitiver Angst, wenn sie beim Elfmeterschießen übermäßig lange warten müssen. Deswegen empfehlen die Forscher Tim McGarry und Ian Franks, die vermeintlich unsicheren »Kantonisten« in einem Elfmeterschießen vorzuschicken. Entsprechend den Befunden der beiden Forscher lässt sich mit solch einer Strategie die Siegchance des Teams steigern. Was jedoch, wenn die unerfahrenen Schützen vorher alle vergeben und die wartenden erfahrenen Vollstrecker gar nicht mehr zum Einsatz kommen, weil das Elfmeterschießen längst entschieden ist? Die Angst vor dem »Nichts« wäre wohl ähnlich groß wie jene, die Ingolf Lück in der Komödie »One Way Man« vor Augen hatte: »Kennst du das Gefühl, du hast die Hand voller Asse – und der Rest der Welt spielt Schach?«

»Platziert geschossene Elfmeter sind kaum zu halten«

Die These, es gebe keine Deutschen, die frühmorgens um fünf Uhr mit Handtüchern Liegestühle am Strand ihres Urlaubsressorts reservieren würden (Stan Boardman, englischer Komiker, vor dem EM-Spiel 2000 zwischen England und Deutschland: »Unsere Jungs müssen rechtzeitig im Stadion sein, bevor die Deutschen die Handtücher ausbreiten können«), enthält in etwa den gleichen Wahrheitsgehalt wie die Behauptung, Torhüter hätten, zum Beispiel durch einen frühen Hecht auf eine Seite, auch bei sehr platziert geschossenen Elfmetern noch immer gute Abwehrchancen. Denn meinen Forschungsergebnissen zufolge sind Elfmeter, die das Tor in unmittelbarer Nähe zu Pfosten beziehungsweise Latte treffen, für die Torhüter so gut wie unhaltbar. So waren von den Strafstößen, die im Abstand von höchstens 41 Zentimetern zum Pfosten beziehungsweise höchstens 73 Zentimetern zur Latte das Tor trafen (insgesamt betrug deren Anteil 33,0 Prozent aller Elfmeter) in nicht weniger als 97,1 Prozent aller Fälle erfolgreich, was einer ganz ausgezeichneten Quote entspricht. Hinsichtlich der linken (97,2 Prozent) und rechten unteren Torecke (94,7 Prozent) offenbarten sich ebenfalls weit überdurchschnittliche Erfolgsquotienten. In so manchem Fußballbuch, wie etwa jenem von Talaga mit dem Titel »Fußballtaktik«, findet sich der Ratschlag, den Elfmeter platziert in die Torecke zu schießen. Trotz der oben vorgestellten, vergleichsweise eindeutigen Ergebnisse halte ich diese Empfehlung für fragwürdig. Schließlich ist bei einer solchen Strafstoßausführung immer auch mit einem Alutreffer beziehungsweise einem knapp am Tor vorbeifliegenden Ball zu rechnen.

»Der Torwart hat beim Elfmeter so gut wie keine Abwehrchance«

Weil es ihm niemand übel nimmt, wenn er den Schuss nicht abwehrt, kann der Torhüter aus dem Elfmeterduell mit dem Schützen eigentlich nur als Sieger hervorgehen. Somit dürfte die von Peter Handke in dessen Erzählung beschriebene »Angst des Torhüters beim Elfmeter« eine ziemlich kleine sein. Vielleicht ist ja gerade auch dies die Ursache dafür, dass die Abwehrchancen des Schlussmanns beim Strafstoß in der Realität gar nicht so niedrig sind, wie vielfach angenommen wird. So vermögen die Keeper im Schnitt immerhin 20 Prozent der Strafstöße zu »entschärfen«. Hinzu kommen weitere etwa 5 Prozent, bei denen der Schütze, möglicherweise weil er vom Torhüter irritiert beziehungsweise verunsichert wurde, den Ball an das Torgestänge oder daran vorbeischießt. Damit können sich der Torhüter und seine Mannschaftskameraden bei einem von vier Strafstößen über einen durch den Gegner vergebenen Elfmeter freuen. Dass der eine oder andere Schlussmann auch sehr lange auf sein erstes Erfolgserlebnis bei der Elfmeterabwehr warten muss, dafür steht Rafael Schäfer, der in der Bundesliga keinen der ersten 13 Strafstöße gegen ihn halten konnte. Schäfer sollte seine Hoffnung auf eine große Karriere deswegen noch lange nicht begraben: Weltmeister Sepp Maier ging gar erst aus dem 20. Elfmeterduell als Sieger hervor.

»Torhüter werfen sich beim Elfmeter immer nur rein zufällig zu einer Seite«

»Links stand das Glücksschwein meiner Tochter, und rechts bin ich hingegangen«, lautete die einfache Antwort von Christian Fiedler auf die Frage, warum er sich beim gehaltenen Elfmeter von Aachens Laurentiu-Aurelian Reghecampf am 31. Spieltag der Bundesligasaison 2006/07 gerade für diese Ecke entschieden hatte. Da nicht alle Torhüter wie der Hertha-Keeper mit einem Glücksschwein der Tochter aufwarten können, erhob sich die Frage, ob sich die anderen Schlussleute beim Strafstoß, dem alten Torwarttrick folgend, einfach nur zufällig auf eine Seite werfen oder ob sie womöglich auch ganz gezielte Abwehrstrategien einzusetzen versuchen. Dabei bin ich zu der durchaus interessanten Erkenntnis gelangt, dass verschiedene Torhüter die Entscheidung für den Hecht zu einer Seite wohl vom Schussbein des Schützen abhängig machen, wie die Beispiele auf Seite 244 (der Elfmeterschütze war stets ein Rechtsfüßler) zeigen:

Dabei rechneten die Herren Schober, Butt und Nikolov bei einem Rechtsfüßler ganz offensichtlich mit einem Schuss nach links, ihre Kollegen Rost, Illgner und Dreher dagegen mit einem Schuss

Torhüter	Beobachtete Elfmeter	Hecht nach links	Hecht nach rechts
Matthias Schober	13	11	2
Hans-Jörg Butt	20	13	7
Oka Nikolov	15	11	4
Frank Rost	29	8	21
Bodo Illgner	15	4	11
Bernd Dreher	13	2	11

Tab. 9 *Verhalten ausgewählter Torhüter beim Elfmeter*

nach rechts – was auf eine klare Abwehrstrategie hindeutet. Ganz so dumm beziehungsweise verrückt, wie gern behauptet wird (Tschik Cajkovski: »Die Torhüter spinnen alle ein bisschen. Ich kannte mal einen, der schrieb einen Brief deshalb so langsam, weil er wusste, dass seine Mutter nur langsam lesen konnte.«), scheinen die Torhüter also doch nicht zu sein.

»Wer beim Elfmeter die obere Hälfte des Tores trifft, erzielt eine sensationelle Trefferquote von 99 Prozent«

Eines der spektakulärsten Ergebnisse meiner langjährigen Analysen zum Fußballsport ergab sich bezüglich der Trefffläche beim Elfmeter. Dieses lautet wie folgt: Elfmeter, welche die obere Hälfte des Tores treffen, versprechen eine Erfolgsquote von immerhin 99 Prozent! (In der unteren Torhälfte lag der Wert nur bei 75 Prozent.) Um solch eine herausragende Trefferquote zu erzielen, muss der Schütze noch nicht einmal den Ball in einen der beiden Torwinkel schießen oder ihn millimetergenau an die Unterkante der Latte zirkeln. Es reicht schon, die obere Hälfte des Tores zu treffen (was aus einer Entfernung von elf Metern – insbesondere für Profis – ein durchaus realisierbares Unterfangen sein sollte), und schon zappelt der Ball so gut wie immer im Netz. Am liebsten hätte ich an dieser Stelle geschrieben, dass angesichts derart eindeutiger Daten noch nicht einmal mehr Winston Churchill behaupten würde: »Glaube keiner Statistik, die du nicht selbst gefälscht hast«, bis mich jedoch Statistik-Professor Antony Unwin darauf aufmerksam gemacht hat, dass dieser Satz gar nicht vom britischen Staatsmann stammt (der

Abb. 14 *Trefferquote beim Elfmeter in Abhängigkeit von der Schusshöhe*

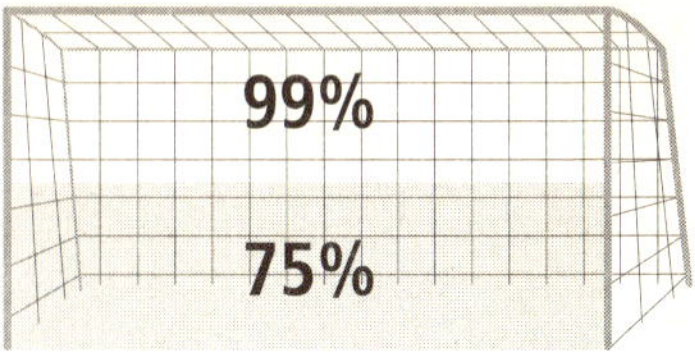

übrigens großen Wert auf Statistiken legte), sondern diesem nur von Joseph Goebbels angedichtet wurde, womit an dieser Stelle auch gleich noch dieser Irrtum aufgeklärt sei.

»Seitdem sich der Torhüter beim Elfmeter auf der Linie bewegen darf, stehen die Chancen des Schützen nur noch fifty-fifty«

Nach Barcelonas Stürmerstar Thierry Henry ist die Chance, einen Strafstoß zu verwandeln, auf fifty-fifty gesunken, seitdem es den Torhütern erlaubt ist, sich beim Elfmeter auf der Linie zu bewegen. Folglich dürften seit Änderung dieser Regel im Jahr 1997 nur mehr 50 Prozent aller Strafstöße zu Treffern führen. Es fällt zwar auf, dass die Trefferquote in den fünf Bundesligaspielzeiten nach dieser Regeländerung mit 72,4 Prozent niedriger ausfiel als jene in den fünf Saisonen zuvor (79,2 Prozent), das von Henry postulierte 50:50-Verhältnis wurde jedoch bei Weitem nicht erreicht, weswegen die Aussage des Franzosen in etwa die gleiche Qualität hat wie seinerzeit die Ankündigung, Arsenal London nicht verlassen zu wollen…

»Beim Elfmeterschießen ist es von Vorteil, den ersten Strafstoß ausführen zu dürfen, und nicht erst ›nachziehen‹ zu müssen«

Rund um die Auslosung der Mannschaft, die das Elfmeterschießen beginnt, wird immer wieder darüber spekuliert, ob es denn nun ein Vor- oder Nachteil sei, zuerst an die Reihe zu kommen. Sehr häufig wird hier die Meinung vertreten, dass es wesentlich günstiger sei, den ersten Schuss ausführen, also »vorlegen« zu dürfen, zumal dann die gegnerische Mannschaft mit dem Druck des »Nachziehens« fertig werden müsse. Mittels einer Auswertung von 60 Elfmeterschießen bei Welt- und Europameisterschaften, im Europa- beziehungsweise DFB-Pokal habe ich versucht, einer diesbezüglichen These auf den Grund zu gehen. Und siehe da – es zeigte sich tatsächlich, dass es möglicherweise ein Vorteil sein könnte, »vorlegen« zu dürfen, denn 35 (58,3 Prozent) dieser Entscheide vom Elfmeterpunkt aus sahen am Ende jene Mannschaft als Sieger, die zum ersten Strafstoß antrat. Zuerst geschossen hatte übrigens auch der englische Amateurspieler Paul Flack: Aus lauter Wut über die seiner Meinung nach falsche Schiedsrichterentscheidung wuchtete er den Ball ins eigene Netz – noch bevor der Gegner den ihm zugesprochenen Strafstoß ausführen konnte.

»Elfmeterstatistiken bringen dem Torhüter nichts«

Das Beispiel von Roberto Rojas belegt, dass Torhüter durchaus einfallsreich sind, wenn es darum geht, die Erfolgschancen ihrer Mannschaft zu erhöhen: Als im September 1989 im letzten WM-Qualifikationsspiel in Brasilien beim Stand von 1:1 ein Feuerwerkskörper auf dem Spielfeld landete, fiel der in der Nähe stehende chilenische Torhüter wie vom Blitz getroffen zu Boden. Der, vermeintlich stark blutende, Keeper wurde sofort vom Platz getragen, woraufhin seine Mannschaft das Spiel beendete und Protest einlegte. Zu Rojas Pech zeigten die Fernsehbilder jedoch, dass der Schlussmann gar nicht getroffen wurde, sondern sich selbst einen Schnitt zufügte (es wird sogar kolportiert, dass er vom Mannschaftsarzt mit Ketchup bestrichen wurde). Bei der Elfmeterabwehr versuchen die Torhüter mit den vielfältigsten, in einigen Fällen ebenfalls nicht allzu sportlichen Mitteln und Methoden zum Erfolg zu gelangen: Die einen werfen dem Gegenüber vor der Schussausführung noch ein paar »nette« Worte zu, andere versuchen mit ihrem Verhalten den Schützen zu irritieren (Tim Wiese: »Ich habe eine neue Technik, hample ein bisschen vor den Schüssen herum«), andere hechten spekulativ in eine Ecke, und wieder andere führen Buch über die bevorzugten Gewohnheiten/Schussecken, um dann im Bedarfsfall Informationen über den Schützen zur Hand zu haben. An der Sinnhaftigkeit derartiger Aufzeichnungen wird in Fußballerkreisen häufig gezweifelt. Dabei können solche Statistiken, wenn genügend viele Elfmeter beobachtet wurden, sehr wohl Sinn machen, weil verschiedene Spieler beim Strafstoß durchaus eine »Lieblingsecke« aufweisen. Dies soll anhand des Beispiels von Paulo Sergio belegt werden, der bei allen von ihm in der Bundesliga im Dress von Bayer 04 Leverkusen und des FC Bayern München ausgeführten Elfmetern ausnahmslos die linke untere Torecke anvisierte.

Dass es sich bei Paulo Sergio keinesfalls um einen Einzelfall handelt, sondern in der Bundesliga verschiedene Spieler ihre »Elfmeter-Schokoladenseite« haben, wird aus der folgenden Tabelle ersichtlich:

Spieler	Anzahl beobachteter Elfmeter	Schuss nach links	Schuss in die Mitte	Schuss nach rechts
Harry Koch	9	1	0	8
Andreas Brehme	11	3	0	8
Thomas Häßler	19	6	0	13
Ulf Kirsten	16	4	1	11
Stefan Effenberg	23	13	2	8
Andreas Möller	8	8	0	0

Tab. 10 *Schussrichtung ausgewählter Spieler beim Elfmeter*

Wenn Sie die hier aufgeführten Daten betrachten und dann mal wieder ein Statement wie das nachstehende von Frank Rost lesen, dann wissen Sie zukünftig selbst einzuschätzen, was eigentlich »Schall und Rauch« ist: »Stefan Effenberg hatte mal vor dem Spiel gegen uns drei Strafstöße nach links geschossen, aber gegen uns nach rechts. Statistiken sind Schall und Rauch.«

Die Tatsache, dass anstelle von aussagekräftigen Statistiken bei der Abwehr von Elfmetern in der Bundesliga bei vielen Vereinen weiterhin das reine Zufallsprinzip regiert, wird anhand der Aussage von Frankfurts Torhüter Markus Pröll über den Schalker Elfmeterschützen Lincoln ersichtlich: »Er hat im Pokal vor drei Jahren gegen uns in die gleiche Ecke geschossen. Deshalb bin ich jetzt wieder nach rechts geflogen.« In meinen Augen illustriert dieses Beispiel überaus eindrucksvoll, wie wenig professionell im Millionenbetrieb Bundesliga teilweise noch immer vorgegangen wird, auch wenn die ganz düsteren Zeiten, in denen Karl-Heinz Körbel das Scoutingsystem von Eintracht Frankfurt noch wie folgt kennzeichnete, inzwischen überstanden zu sein scheinen: »Ich hatte gedacht, dass die Eintracht sich schon etwas aufgebaut hat, ich war richtig erschrocken: Die hatten nur das *Kicker*-Sonderheft.«

P.S.: Falls Sie noch wissen möchten, wie die Geschichte mit Roberto Rojas ausgegangen ist: Die 24-jährige Brasilianerin, die den Feuerwerkskörper warf, schaffte es bis in den *Playboy*. Chile wurde von zwei Weltmeisterschaften ausgeschlossen, der Torhüter für den Rest seiner Karriere gesperrt. Das (offiziell noch nicht bestätigte) Strafmaß für den Mannschaftsarzt: lebenslang täglich zehn Stück Sahnetorte mit einer übergroßen Portion … Ketchup.

»Es macht für den Schützen keinen Sinn, Statistiken zum Abwehrverhalten der Torhüter beim Elfmeter zu führen«

Statistische Aufzeichnungen zu den Vorlieben beim Elfmeter scheinen, wie eben beschrieben, nicht nur für die Torhüter hilfreich, sondern auch für die Schützen. Dies insbesondere deshalb, weil zahlreiche Schlussleute beim Strafstoß ganz offensichtlich ebenfalls eine Lieblingsecke haben (beispielsweise die Schlussleute Dirk Heinen, Andreas Reinke oder Oka Nikolov, die deutlich häufiger in die linke Seite des Tores »tauchen«, während Frank Rost, Rafael Schäfer oder Bernd Dreher erheblich mehr den Hecht in die rechte Seite des Tores bevorzugen).

Torhüter	Summe an beobachteten Elfmetern	Hecht zur linken Seite	In der Mitte stehen geblieben	Hecht zur rechten Seite
Dirk Heinen	25	19	0	6
Oliver Kahn	59	35	3	21
Frank Rost	43	11	0	32
Matthias Schober	21	14	0	7
Oka Nikolov	20	14	0	6
Andreas Reinke	16	13	0	3
Bernd Dreher	23	7	1	15
Rafael Schäfer	13	3	0	10

Abb. 11 *Verhalten ausgewählter Torhüter beim Elfmeter*

»Bundesligavereine geben Millionenbeträge für neue Spieler aus, wissen aber nicht, wie man einen Elfmeter am erfolgreichsten ausführt«

»Also: Ich lege den Ball auf den Elfmeterpunkt. Es ist ein entscheidendes Spiel, ich steige ab, oder ich werde Champions-League-Sieger oder nicht. Und da liegt dieser Ball. Und der Trainer hat vorher gesagt: ›Wenn ein Elfmeter kommt, dann bist du es, der den schießen muss.‹ Und dann trete ich zum Ball, und vor meinen Augen wird es ganz schwer. Ich krieg ihn keine drei Meter weit. Warum? Weil da so viel Geld drin ist. Und deswegen werde ich den Elfmeter verschießen. Ist doch ganz klar.« Kabarettist Dieter Hildebrandt bringt mit dieser Aussage wunderschön auf den (Elfmeter-)Punkt, wie eng im Fußballsport, insbesondere in höheren Spielklassen, die Themen »Geld« und »Elfmeter« miteinander verbunden sind. Ein einziger vergebener Elfmeter kann über Meister- oder Vizemeisterschaft (denken Sie nur an das Beispiel von Michael Kutzop, der den wohl berühmtesten Strafstoß der Bundesligageschichte verschossen hat), Champions-League- oder UEFA-Cup-Teilnahme (Bernd Hoffmann: »Das sind dann mal eben 100 Millionen Unterschied«) beziehungsweise Auf- oder Abstieg und damit schnell über einige Millionen Euro entscheiden.

Vor diesem Hintergrund ist für mich nur schwer verständlich, warum Spieler, Trainer und Manager im Zusammenhang mit dem Elfmeter derart viel dem Zufall überlassen und sich so gut wie nicht um die teilweise bereits seit einem Jahrzehnt vorliegenden sportwissenschaftlichen Erkenntnisse in diesem Sektor bemühen. Dies insbesondere deshalb, weil inzwischen – das haben die bisherigen Ausführungen in diesem Kapitel unmissverständlich gezeigt und das soll die Zusammenfassung einiger wesentlicher Resultate im Folgenden nochmals verdeutlichen – bereits zahlreiche, teilweise sehr aussagekräftige Erkenntnisse zur effektivsten Ausführung und der Abwehr von Elfmetern vorliegen, die es den Vereinen ermöglichen könnten, ihre Erfolgsbilanz beim Strafstoß zu steigern:

- Bei den Strafstößen zwischen Knie- und Hüfthöhe liegt die Gefahr, dass sie von den Torhütern abgewehrt werden, um etwa das Doppelte über dem Durchschnitt.
- Torhüter, die erst kurz vor der Schussausführung in die linke be-

ziehungsweise rechte Seite hechten, haben ungefähr doppelt so gute Abwehrchancen wie jene, die sich viel zu früh für eine Seite entscheiden beziehungsweise erst auf den Schuss hin reagieren.

- Elfmeter, bei denen der Schütze den Torhüter »ausguckt«, also dessen Hecht auf eine Seite abwartet, um den Ball dann in der anderen, freien Seite des Tores zu platzieren, haben eine weit überdurchschnittliche Erfolgsquote von 94,3 Prozent.
- Für die hoch (über 1,22 Meter) ausgeführten Strafstöße ergab sich eine hervorragende Trefferbilanz von 89,7 Prozent (bei jenen unterhalb von 1,22 Metern dagegen nur ein Wert von 71,9 Prozent).
- Strafstöße, welche die obere Hälfte des Tores treffen, landeten in immerhin 99 Prozent aller Fälle im Netz.
- Von 51 hoch in die Mitte des Tores geschossenen Elfmeter zogen 51 einen Treffer nach sich.

Angesichts der hier präsentierten eigenen Erkenntnisse ist einerseits nicht nachvollziehbar, wie sich sogenannte »Experten« zu der Behauptung versteigen können: »Elfmeterschießen ist im Wesentlichen Zufall.« Andererseits ist absolut unverständlich, warum die Vertreter der (Profi-)Vereine entsprechendes Wissen nicht nutzen und stattdessen einen verschossenen Elfmeter, wie beispielsweise Bayer 04 Leverkusens Sportdirektor Rudi Völler, nur lapidar mit den Worten: »Ach was, so was passiert. Einen Elfer zu verschießen gehört zum Fußball dazu«, abtun.

Am Beispiel welch anderen deutschen Vereins ließe sich das Thema »Geld und Elfmeter« besser diskutieren als an jenem des FC Bayern München, über den Punkrocksänger Campino von den »Toten Hosen« (wohl als Entschuldigung für seinen Liedtext »Was für Eltern muss man haben, um so verdorben zu sein, einen Vertrag zu unterschreiben bei diesem Scheißverein«) sagte: »Man kann mit Bayern München nur ordentlich als Feind umgehen, wenn man unsachlich bleibt. Sobald man sich an Fakten hält, wird es schwierig.« Ich, sicherlich kein Feind von Bayern München und zudem ausgewiesener Freund von Fakten, darf in aller Sachlichkeit feststellen: Medienberichten zufolge hat der Verein in der Saison 2007/08 für angeblich mehr als 70 Millionen Euro neue Spieler verpflichtet.

Gleichzeitig gibt die Art und Weise, wie die Münchner in dieser Spielzeit ihre Elfmeter geschossen haben, sehr deutlich zu erkennen, dass offensichtlich kaum Kenntnisse hinsichtlich der optimalen Elfmeterausführung vorliegen beziehungsweise umgesetzt werden. So vergaben die Bayern im Pokalspiel der ersten Runde im Elfmeterschießen gegen Burghausen gleich drei Strafstöße, Luca Toni verschoss einen Elfmeter im Spitzenspiel gegen Werder Bremen; Hamit Altintop traf beim UEFA-Cup-Spiel in Aberdeen erst mit dem Nachschuss, Franck Ribéry versemmelte im Bundesligaspiel in Cottbus einen Elfer, und auch im UEFA-Cup-Heimspiel gegen Sankt Petersburg konnte der Franzose den gegnerischen Torhüter erst mit einem Nachschuss überwinden. Warum nur sieht beispielsweise ein sonst so rühriger Uli Hoeneß (»Ich sage grundsätzlich nichts zu verschossenen Elfmetern«), der mit ganzem Herzen an »seinem« FC Bayern hängt und fast Tag und Nacht zum Wohle des Klubs arbeitet (»Seit über vier Jahrzehnten ist dieser Verein mein Leben«), tatenlos mit an, wie seine Spieler – weil sie häufig eine wenig Erfolg versprechende Ausführungsart wählen – einen Elfmeter nach dem anderen verschießen?

Gar noch extremer stellt sich die Sachlage bezüglich des FC Chelsea dar, dessen Eigner Roman Abramowitsch in den letzten Jahren angeblich 750 Millionen Euro in Spieler investierte. Wenn man sich dann deren Art der Strafstoßausführung wie zum Beispiel in den verlorenen Elfmeterschießen des Champions-League-Halbfinals gegen den FC Liverpool am 1. Mai 2007 und wenige Wochen später im »Community-Shield«-Endspiel gegen Manchester United ansieht (wiederholt wurden unplatzierte, knie-/hüfthoch geschossene Bälle abgewehrt, wie übrigens auch bei Nicolas Anelkas letztendlich entscheidendem Fehlschuss im Champions-League-Finale von 2008 gegen Manchester United), dann sei einem schon die Frage erlaubt, wie man einerseits so viel Geld für neue Spieler ausgeben kann und andererseits nicht auch bereit ist, sich um entsprechende Informationen hinsichtlich einer erfolgreichen Elfmeterausführung zu bemühen.

»Was Bundesligaspieler und -manager zum Thema Elfmeter von sich geben, ist alles richtig«

Beim Vergleich von Aussagen zum Thema Elfmeter von Spielern, Trainern und Managern aus der Bundesliga mit den in meinen Datenbanken gespeicherten Ergebnissen ist es mir schon wiederholt gelungen, die schönsten »Irrtümer« aufzudecken. Anhand der nachfolgenden Beispiele möchte ich Sie nun an dem einen oder anderen Schmunzler teilhaben lassen:

- Am 11. Dezember 2005 konnte Oliver Kahn im Bundesligaspiel der Bayern gegen den 1. FC Kaiserslautern einen Strafstoß von Ervin Skela abwehren. Zwei Tage nach dem Spiel erschien dann in der *Süddeutschen Zeitung* folgende Kahn-Aussage zu den Elfmetergewohnheiten von Skela: »Er hat die Tendenz, in die von mir aus gesehen rechte Ecke zu schießen.«
  Fakt ist: Ervin Skela hat bis dahin jeweils 50 Prozent seiner Bundesligaelfmeter nach links und 50 Prozent nach rechts geschossen. Von einer Bevorzugung der rechten Ecke kann also beim besten Willen nicht die Rede sein.
- Am 5. Februar 2007 antwortete Frank Rost im *Kicker Sportmagazin* auf die Frage, ob ihm Informationen bezüglich Herthas Elfmeterschützen Marko Pantelić vorgelegen hätten, wie folgt: »Ja, ich interessiere mich ja ein bisschen für Fußball.«
  Fakt ist: Marko Pantelić hatte bis dahin in der Bundesliga gerade einmal einen einzigen Elfmeter geschossen – bei dem er dann auch noch auf die andere Seite des Tores zielte …
- In der Schalker Stadionzeitung zum UEFA-Cup-Heimspiel gegen Espanyol Barcelona am 15. Februar 2006 findet sich folgende Aussage von Andreas Müller über Huub Steevens: »Zudem hat er bis ins kleinste Detail gearbeitet. Es ist eben kein Glück mehr, wenn Jens Lehmann einen Elfmeter hält, weil ihm der Trainer sagt: ›Der schießt zu 90 Prozent in die Ecke.‹«
  Fakt ist: Unter Huub Steevens hechtete Torhüter Jens Lehmann noch nicht einmal bei der Hälfte aller gegnerischen Bundesligaelfmeter in die richtige Ecke, weshalb er während der gemeinsamen Tage »auf Schalke« ganze zwei Elfmeter in der Bundesliga abgewehrt hat – die zudem noch im Nachschuss gegen ihn verwandelt werden konnten.

⚽ Marc Ziegler hielt im DFB-Pokalspiel zwischen Borussia Dortmund und Werder Bremen in der 85. Spielminute einen Elfmeter von Diego. Am 31. Januar 2008 erschien dann im *Kicker Sportmagazin* folgende Notiz über Zieglers abgewehrten Strafstoß: »Von Torwarttrainer Wolfgang de Beer (44) hatte er zuvor nur erfahren, dass Diego ›mal nach rechts und mal nach links schießt‹.«
Fakt ist: Diego hatte bei allen von ihm bis dahin ausgeführten fünf Bundesligaelfmetern ausnahmslos die linke Seite anvisiert – die Behauptung Zieglers beziehungsweise de Beers ist also nichts anderes als reinste Fiktion!

Dass man nicht nur den Elfmeter-Aussagen von Spielern und Verantwortlichen aus der Bundesliga, sondern auch den Kommentaren internationaler Top-Stars nicht vorbehaltlos Glauben schenken sollte, zeigt der Fall Francesco Totti (»Was soll der Scheiß, ich kann kein Englisch« – als Antwort auf die Frage, was er als waschechter Römer zum Motto »carpe diem« zu sagen habe) sehr schön: In seinem Buch zählt der italienische Nationalspieler und Elfmeterspezialist zwei wichtige Gebote beim Strafstoß auf: 1. sich während des Anlaufs nie für eine andere Ecke entscheiden; 2. auf keinen Fall den Torwart anschauen. Nun: Beim Elfmeterduell im Achtelfinale der WM 2006 mit dem Australier Schwarzer änderte Totti nicht nur die Schussrichtung, sondern blickte auch noch auf den Schlussmann. Seine Erklärung für die offensichtliche Diskrepanz: »Tja, Bücher schreiben ist eben leichter als ein WM-Strafstoß in der 95. Minute.«

»Lehmanns Elfmeterzettelchen war das eigentliche Sommermärchen 2006«

Es war einmal …

… ein unscheinbares Zettelchen, um das sich in den Tagen, Wochen und Monaten nach dem Viertelfinalspiel der deutschen Mannschaft gegen Argentinien bei der WM 2006 so viele Mythen rankten, dass es allerhöchste Zeit wird, diesbezüglich für Aufklärung zu sorgen und das »Zettelchen« auf diesem Wege als das eigentliche Sommermärchen 2006 zu enttarnen.

Vor dem Elfmeterschießen gegen Argentinien am 30. Juni 2006

bekam Jens Lehmann von Torwarttrainer Andreas Köpke einen kleinen Zettel zugesteckt, auf dem die Namen der argentinischen Elfmeterschützen und deren Verhalten/Lieblingsecken notiert waren. Im Elfmeterschießen vermochte Lehmann zwei der vier gegnerischen Strafstöße (von Ayala und Cambiasso) abzuwehren. Nach dem Spiel wurde dann das Zettelchen wegen der darauf notierten Informationen allgemein als wesentliche Hilfe für den Einzug der deutschen Mannschaft ins Halbfinale angesehen.

Obwohl ich selbst wegen der monatelangen Vorbereitungen auf die Weltmeisterschaft (so etwa die Erstellung von Infomappen im Umfang von je 50 Seiten zu jeder der 32 teilnehmenden Mannschaften) und der Kooperation mit dem ZDF in Berlin (unter anderem eine zweimalige Beobachtung aller 64 WM-Spiele binnen gut eines Monats) zu diesem Zeitpunkt bereits vollkommen übermüdet war, konnte ich fast die gesamte Nacht nach dem Spiel nicht schlafen, weil ich – auch hinsichtlich meiner mehr als zwanzigjährigen wissenschaftlichen Beschäftigung mit dem Thema »Elfmeter«, in deren Rahmen ich über 2000 Strafstöße systematisch ausgewertet habe – einerseits allergrößte Zweifel an der Richtigkeit des Zettelchens hatte und mir andererseits diesbezüglich ständig eine Menge Fragen durch den Kopf gingen:

- Haben die Spieler des argentinischen Nationalmannschaftskaders in den letzten Jahren überhaupt Elfmeter geschossen?
  Hinweis: Bei einer ersten groben Recherche im Internet konnte ich für Ayala und Cambiasso, deren Elfmeter Jens Lehmann parierte, so gut wie keinen einzigen Elfmeter finden (eine der ganz wenigen Ausnahmen stellte Cambiassos Elfmeter im Halbfinale des Confederations Cup 2005 dar), was mein Gefühl, bei dem Zettelchen würde es sich um eine »Mogelpackung« handeln, verstärkte.
- Lag überhaupt eine genügend große Datengrundlage vor, auf deren Basis verlässliche (also nicht zufällige) Informationen hinsichtlich der von den argentinischen Spielern bevorzugten Schussecken abgeleitet werden konnten?
  Hinweis: Angeblich waren auf dem Zettel die Eigenheiten aller Schützen der Argentinier notiert, die DFB-»Chefscout« Urs Siegenthaler bei der Analyse von Elfmetern aus den vergangenen

vier Jahren aufgefallen waren. Selbst bei fünf oder sechs beobachteten Strafstößen scheint kaum eine sinnvolle Aussage zur Lieblingsecke des Spielers beim Elfmeter möglich – und wie viele Elfmeter hat jeder argentinische Schütze wohl in den letzten vier Jahren ausgeführt, wenn zum Beispiel ein Franz Beckenbauer in seiner gesamten Bundesligakarriere insgesamt nicht mehr als sechs geschossen hat. Die Anzahl der von den vier deutschen Schützen in den vier Bundesligaspielzeiten vor der WM 2006 in der Bundesliga ausgeführten Elfmeter hätte jedenfalls kaum für verlässliche Informationen ausgereicht: Tim Borowski (2), Oliver Neuville (5), Lukas Podolski (3), Michael Ballack (3, davon 1 nach rechts, 1 nach links und 1 in die Mitte des Tores). Urs Siegenthaler selbst äußerte sich über seine Elfmeterhinweise in der *FAZ Sonntagszeitung* vom 2. Juli 2006 wie folgt: »Ich stelle diese Informationen den Torhütern zur Verfügung. Was sie daraus machen, bleibt ihnen überlassen. Ich habe Lehmann keine Tipps gegeben, wohin er springen soll. Das muss er entscheiden. Ich habe ihm nur Wahrscheinlichkeiten genannt.« Mir stellt sich nur die Frage, auf welcher Basis diese Wahrscheinlichkeiten beruhen sollen, wenn zum Beispiel Ayala beziehungsweise Cambiasso zuletzt (fast) keinen Elfmeter geschossen haben (die von Siegenthaler zu beiden Spielern angeblich gesammelten Elfmeterdaten hätte ich deswegen zu gerne einmal gesehen).

- Sind die Elfmeter der argentinischen Spieler überhaupt lückenlos beobachtet worden?
  Hinweis: Stellen Sie sich nur einmal vor, welch verzerrtes Bild Sie erhalten würden, wenn Ihnen von den letzten sechs Elfmetern eines Spielers in den letzten vier Jahren drei entgangen wären, er bei diesen dreien aber jemals in die andere Ecke geschossen hätte als bei den drei erfassten.
- Woher sollen die Informationen zu den argentinischen Schützen überhaupt stammen?
  Hinweis: Kein einziger Spieler aus dem Kader Argentiniens spielte in der deutschen Bundesliga, manche sogar in Südamerika – wie will man da an gesicherte Erkenntnisse gelangen?
- Haben die Spieler beim Elfmeter überhaupt eine klar erkennbare Lieblingsecke?

Hinweis: Bezüglich der Informationen auf dem Zettel von Jens Lehmann wurde stillschweigend davon ausgegangen, dass alle Elfmeterschützen eine Seite des Tores klar bevorzugten. In der Realität sieht dies jedoch ganz anders aus, zumal hier verschiedene Spieler beim Elfmeter mal nach links, mal nach rechts und mal in die Mitte des Tores schießen, wie das unten stehende »Schussbild« aller von Michael Ballack in der Bundesliga ausgeführten Strafstöße verdeutlicht.

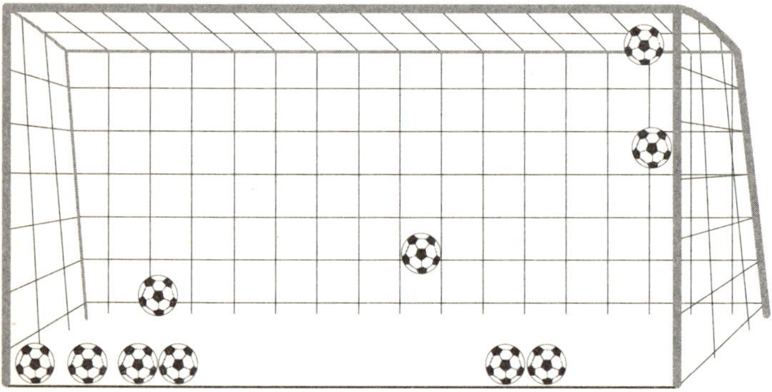

Abb. 15 *Schussbild der von Michael Ballack in der Fußballbundesliga ausgeführten Elfmeter*

- Liegen beim Elfmeter auch »schusseckenunabhängige« Ausführungsvarianten vor?
  Hinweis: Ja! Einzelne Spieler (etwa Roy Makaay) haben beim Elfmeter gar keine »Schokoladenseite«, sondern sie lassen sich vom Verhalten des Torhüters »inspirieren« (weshalb es nicht ausreicht, ausschließlich die Schussseite zu beobachten; vielmehr muss auch noch die Ausführungsart berücksichtig werden, um verlässliche Erkenntnisse zu erhalten).

Bestätigung meiner Vermutung, dass es sich beim Elfmeterzettelchen um einen »Bluff« handelte, habe ich dann durch Sönke Wortmanns schon wenige Wochen nach der WM erschienenes Buch »Deutschland. Ein Sommermärchen« erfahren, zumal darin auf der Seite 153 der Text der Notizen wiedergegeben war. Dabei offenbarte sich, dass auf dem Papier nur Informationen zu zwei argentinischen Spielern standen, die auch tatsächlich zum Strafstoß antraten (Ayala und Rodriguez), während Cambiasso und Cruz gar nicht aufgeführt waren. Somit konnte Lehmann nur einen einzigen Elfer (den von Ayala) mit Hilfe des Zettels gehalten haben! Einige Monate später war der Originalzettel dann in zahlreichen Zeitungen abgebildet. Hinzu kamen verschiedene Aussagen von Jens Lehmann, der mit seinem Bekunden, dass der Zettel ihm beim Elfmeterschießen »nicht wirklich« geholfen habe, den Mythos selbst beschädigte und zudem anmerkte, das Papier sei »nicht hundertprozentig korrekt wiedergegeben« worden.

Am Tag nach dem Spiel fand in Berlin die tägliche Pressekonferenz des DFB statt, an der auch Nationalmannschaftsmanager Oliver Bierhoff teilnahm und auf der das Elfmeterzettelchen ebenfalls thematisiert wurde.

Anmerkung: Von den mehreren hundert anwesenden Journalisten stellte jedoch kein einziger eine (kritische) Frage nach dem Wahrheitsgehalt der ganzen Elfmeterzettel-Geschichte (bereits mittels einer kurzen Recherche hinsichtlich Elfmetern von Ayala und Cambiasso im Internet wären größere Zweifel angebracht gewesen). Auch in den Tagen nach dem Spiel gegen Argentinien war in fast allen großen Tageszeitungen – von der *Berliner Morgenpost* über die *Welt am Sonntag*, den *Tagesspiegel* bis hin zur *Süddeutschen Zeitung* – davon zu lesen, dass auf dem Zettel die bevorzugten Schussrichtungen der Argentinier standen und Lehmann wusste, wie und wohin die Argentinier ihre Elfmeter schießen würden – eine kritische Anmerkung zum Wahrheitsgehalt des Zettels war dagegen auch hier nirgends zu finden. Und auch in den folgenden Wochen und Monaten hat kaum einmal ein Journalist, wie beispielsweise Philipp Selldorf von der *Süddeutschen Zeitung* (»Oder kommt gar heraus, dass der Zettel nur eine Attrappe zur psychologischen Kriegsführung war?«) Zweifel an der »Echtheit« des Elfmeterzettelchens angemeldet. Vielmehr erschienen noch Monate nach der WM Formulierungen wie beispielsweise jene am 18. Dezember 2006 im *Kicker Sportmagazin*: »Der Spickzettel, mit dessen Hilfe Nationaltorhüter Jens Lehmann im WM-Viertelfinale gegen Argentinien zwei Elfmeter hielt.«

In der *Frankfurter Rundschau* vom 3. Juli 2006 war dann folgende, durchaus interessante Aussage von Andres Köpke über den Inhalt des »Zettelchens« nachzulesen: »Das war eine praktische Hilfe, wir überlassen ja nichts dem Zufall. … Auf dem Zettel stand die Richtung natürlich immer aus Sicht des Torwarts. Und darauf war natürlich auch ein Riquelme, der schon ausgewechselt worden war, aber eben auch Ayala und Cambiasso.«

Anmerkung: Wie sich später herausstellen sollte, stand der Name von Cambiasso überhaupt nicht auf dem Zettel! Ob »Zettelschreiber« Köpke dies so kurz nach dem Spiel schon wieder vergessen hatte oder mit solch einer Auskunft nur zur Entstehung eines Mythos beitragen wollte?

In den Tagen nach dem Spiel tauchten dann verschiedene Spekulationen und Dementis auf, woher die Informationen auf dem Zettel überhaupt stammten. Nationalmannschaftsmanager Oliver Bierhoff (am 3. Juli 2006 in der *Süddeutschen Zeitung* über Jens Lehmann): »Er hatte Kontakt zu Huub Stevens, dessen Sohn Maikel hat eine Datenbank erstellt. Er hat Jens Informationen zukommen lassen über die argentinischen Kandidaten.«

Anmerkung: Am 3. Juli 2006 schreibt Frank Helmann in der *Frankfurter Rundschau*: »Assistenztrainer Joachim Löw verweist hingegen auf das Extrakt aus der eigenen Datensammlung – Stevens habe damit nichts zu tun.« Wenn man Helmanns Bericht Glauben schenken darf, so wäre entweder die Behauptung Oliver Bierhoffs oder die Aussage von »Jogi« Löw falsch. (Hinweis: Am 3. Juli 2006 taucht übrigens auch im *Kicker Sportmagazin* eine Meldung auf, der zufolge DFB-Coach »Jogi« Löw und »Chefscout« Urs Siegenthaler dementierten, dass Jens Lehmann auf Informationen von Huub Stevens zurückgriff.)

Am 3. Juli 2006 ist bezüglich des Elfmeterzettelchens im *Kicker Sportmagazin* folgende Aussage von Nationalmannschaftsmanager Oliver Bierhoff (auf die Feststellung des *Kicker*-Redakteurs: »Klinsmann hat im *Kicker*-Interview betont, dass der Stab nicht zu teuer und deshalb nicht verhandelbar wäre«) zu lesen: »Er hat recht. Die Kostendiskussion kann ich noch immer nicht nachvollziehen. Darüber hinaus muss sich jeder Bundesligist fragen, ob er den 30. Spieler im Kader verpflichtet oder dafür zwei Fitness- und zwei Techniktrainer engagiert. Oder das Scouting: Alleine die Liste der argentinischen Elfmeterschützen hat sich als so wertvoll erwiesen, da erübrigt sich jede Diskussion.«

Anmerkung: Es ist durchaus bemerkenswert, dass Bierhoff das Elfmeterzettelchen, von dem Lehmann später sagen sollte, dass es ihm gar »nicht wirklich« geholfen hat, als Argument im Rahmen einer Kostendiskussion verwendet. In einem Interview mit der *Süddeutschen Zeitung* vom 10. Juli 2006 habe ich ein solches Verhalten im Zusammenhang mit der Frage, ob es sich beim Zettelchen nur um einen »Placeboeffekt« handelte, (mit einem Zwinkern im Auge) wie folgt beantwortet: »Das kann durchaus sein, vielleicht hat das Zettelchen die Argentinier irritiert und so seinen Zweck bereits erfüllt. Dann sollte Oliver Bierhoff allerdings nicht die Werthaltigkeit der Scouting-Abteilung zu legitimieren versuchen, sondern eher dem Sportpsychologen ein großes Bier ausgeben.«

Aber wenigstens nahm das »Elfmeterzettelchen-Märchen« noch ein glückliches Ende: Jens Lehmann versteigerte den Wisch am 16. Dezember 2006 in der ZDF-Gala »Ein Herz für Kinder«. Der Erlös von immerhin einer Million Euro (»der teuerste Spickzettel aller Zeiten«) wurde einem guten Zweck und das Zettelchen der Sammlung im Haus der Geschichte der Bundesrepublik Deutschland in Bonn zugeführt …

… und wenn er nicht gestohlen wird, dann liegt er dort noch heute.

»Manchmal ist die Wahrheit der Fiktion überlegen.«

(Hans Magnus Enzensberger)

»Wir waren nicht aggressiv genug.« – »Wir sind zu wenig über die Außen gekommen.« – »Wir haben zu wenige Doppelpässe gespielt.« – »Wir haben uns zu weit zurückfallen lassen.« – »Wir sind nicht richtig in die Zweikämpfe gekommen« und so weiter und so fort ... In den zurückliegenden mehr als 20 Jahren bin ich in Fernseh-/Radiosendungen, in Printmedien, im Internet wie auch in persönlichen Gesprächen en masse mit derartigen Aussagen konfrontiert worden, die unter anderem bei Trainern, Spielern, Managern, Präsidenten, Experten oder Journalisten dazu herhalten mussten, das eigentlich Unerklärbare des Fußballsports zu erklären – und sich dabei, wie auf den vorangegangenen Seiten klar und deutlich ersichtlich wurde, wiederholt als gewaltige Irrtümer erwiesen haben. Im Gegensatz dazu waren die Momente, in denen sich jemand einfach nur aufgerafft und eingestanden hat, dass er ein Ereignis beziehungsweise einen Zusammenhang im Fußball nicht zu erklären vermag, fast noch dünner gesät als die Chancen der Mannschaften von San Marino, Aruba, Macau oder Brunei auf den Gewinn des Weltmeistertitels im Jahr 2014. Vor diesem Hintergrund möchte ich »Die Siegerehrung« sehr gern dazu nutzen, beispielhaft einige Zitate vorzustellen, in denen zu verstehen gegeben wurde, dass der Fußball nicht so leicht durchschaubar ist. »Heinrich Böll ist mit diesem Buch etwas sehr Seltenes geglückt: nämlich über den eigenen Schatten zu springen«, schrieb Günter Blücker in der *Frankfurter Allgemeinen Zeitung* über dessen Roman »Ansichten eines Clowns«. Auch den nachfolgend aufgeführten Personen aus dem Fußballsport ist es gelungen, über einen »Schatten« zu springen, nämlich jenen, im Fußball alles erklären zu wollen und zu können – wofür ihnen im Folgenden ein Wort der Anerkennung ausgesprochen sei, verbunden mit der Hoffnung, dass sich viele andere der am Fußball Beteiligten in Zukunft ein Beispiel an ihrem Verhalten nehmen mögen.

- Felix Magath (auf die Frage nach seiner Erklärung für die 1:3-Niederlage der Bayern in Bremen): »Ich habe mir am Sonntag durchaus überlegt, ob ich sage, dass ich keine vernünftige Erklärung dafür habe – und mich dann dazu entschlossen. Denn es gibt sie für mich und die Spieler, mit denen ich gesprochen habe, nun mal nicht …
  Und auf das Insistieren des Redakteurs: »Aus dem Munde eines Bayern-Trainers klingt das gar nicht gut …«
  »Es ist nicht so tragisch, wie Sie tun. Das heißt nicht, dass ich ratlos bin. Sondern es heißt, dass ich in der Analyse vom Samstag keine brauchbare Erklärung habe. Die kann ja keiner liefern, Sie auch nicht. Es gibt Spiele oder Phasen eines Spiels, die nicht erklärbar sind.«
  Anmerkung: Dies ist eine der beeindruckendsten Äußerungen bezüglich des Fußballsports, auf die ich in den zurückliegenden 20 Jahren gestoßen bin. Dabei habe ich es als besonders bemerkenswert empfunden, dass Magath auf das ungläubige Nachhaken des Redakteurs hin (der es offensichtlich nicht gewöhnt war, von einem Trainer des FC Bayern keine umfassende, bis ins kleinste Detail gehende Ursachenanalyse zu erhalten) nochmals darauf hingewiesen hat, keine brauchbare Erklärung zu besitzen und darüber hinaus auch noch anmerkte, dass diese niemand liefern könne – was ja letztendlich nichts anderem als der Realität entspricht.
- Günter Netzer (auf die ihm von Gerhard Delling nach dem Spiel gestellte Frage, wie es sein konnte, dass die deutsche Mannschaft von Spielbeginn an nicht den richtigen Einsatz zeigte): »Ich kann es nicht plausibel erklären. Ich müsste da irgendein dummes Zeug erklären, warum es so ist.«
  Anmerkung: »Sie haben von Fußball einfach keine Ahnung!«, brüllte der Spieler Günter Netzer vor versammelter Mannschaft seinen Trainer Hennes Weisweiler an. Dass Netzer selbst hiervon etwas versteht, hat er mit seiner Antwort auf die Frage des Moderators eindrucksvoll bewiesen. Denn warum die deutsche Nationalmannschaft am 14. Mai 2002 beim Auswärtsspiel in Wales in der Anfangsphase des Spiels nicht auf Touren kam, das ist (angesichts der verschiedensten hierfür in Frage kommen-

den Ursachen) tatsächlich nicht plausibel zu erklären, weswegen Günter Netzer hier die absolut zutreffende Antwort liefert – wofür ihm allerhöchster Respekt gebührt! Schade nur, dass Günter Netzer in den zurückliegenden Jahren auf so viele vergleichbare Fragen von Gerhard Delling nicht in ähnlicher Weise geantwortet, sondern immer wieder versucht hat, den Zuschauern auch die noch so kompliziertesten Zusammenhänge zu erklären. In solchen Situationen wäre es wiederholt wünschenswert gewesen, dass er wie im obigen Beispiel einfach nur mal gesagt hätte: »Ich kann es nicht plausibel erklären.«

- Rafael Benítez (auf die Frage, ob er erklären kann, wie der FC Liverpool das Champions-League-Finale gegen den AC Mailand nach einem 0:3 noch gewinnen konnte): »Nein, es ist immer noch unfassbar.«
  Anmerkung: Liverpools Trainer Rafael Benítez hätte ja (wie es übrigens von zahlreichen Medien in den Tagen nach dem Spiel widerholt kolportiert worden ist) zum Beispiel ohne Weiteres behaupten können, dass er durch seine Einwechslung von Dietmar Hamann in der Halbzeit der Begegnung die entscheidende Wende gegeben hat. Stattdessen verzichtet er hierauf und bringt zum Ausdruck, dass er hierfür keine Erklärung findet. Wie seine Mannschaft allein in den 15 Minuten nach dem Seitenwechsel den 0:3-Halbzeitrückstand gegen eine der besten Abwehrreihen der Welt noch egalisieren konnte, um dann am Ende nach Elfmeterschießen das Spiel sogar noch zu gewinnen, ist tatsächlich ebenso unfassbar wie die folgende, ebenfalls den englischen Fußball betreffende Geschichte: Nationalspieler Glen Johnson (der als Leihgabe des Abramowitsch-Klubs FC Chelsea in Portsmouth über zwei Millionen Euro im Jahr verdiente) wurde von einem Hausdetektiv dabei erwischt, wie er in einem Baumarkt einen teureren Toilettendeckel in den Karton eines günstigeren »umpackte«, um für diesen dann an der Kasse weniger bezahlen zu müssen (nun stelle man sich einmal vor, Nationalmannschaftskapitän Michael Ballack würde bei »Obi« beim »Entwenden« eines Klodeckels erwischt werden …).
- Marcel Koller (auf die Frage nach den Ursachen für die Bochumer Heimprobleme wie etwa beim 1:3 gegen Leverkusen): »Ich

weiß nicht, woran es liegt, dass wir zu Hause nicht gewinnen können.«
Anmerkung: Im Regelfall beantworten Trainer solch eine Frage damit, dass etwa zu wenig Druck auf den Gegner ausgeübt wurde, die Mannschaft das Mittelfeld zu langsam überbrückt hat, die Fanunterstützung fehlte oder sich der Rasen in zu schlechtem Zustand befand (alles Aspekte, von denen bis heute niemand weiß, ob sie überhaupt zutreffend oder möglicherweise vollkommen unzureichend für die Erklärung einer Niederlage sind). Anders verhält sich jedoch Marcel Koller, der – was in meinen Augen völlig korrekt ist – offen und ehrlich zugibt, nicht zu wissen, worauf die Heimprobleme beruhen. Einfach klasse! Denn wer will schon die tatsächlichen Ursachen kennen, warum eine Mannschaft vor eigenem Publikum nicht gewinnt, wo doch angesichts der Komplexität des Fußballspiels hierfür hunderte, wenn nicht gar tausende verschiedene Gründe in Frage kommen können. Damit die Mannschaft von Betis Sevilla ihr Heimspiel gegen Atlético Madrid in der Saison 2005/06 nur ja gewann, hatten sich die zehn- bis zwölfjährigen Balljungen nach dem Führungstreffer ihres Teams auffällig viel Zeit gelassen, um das Spielgerät zurückzuwerfen – bis dem Schiedsrichter diese Form des »Zeitspiels« in der 49. Minute zu bunt wurde und er allen 14 Burschen wegen Zeitschindens die Rote Karte zeigte.

Rolf Königs (auf die Frage, ob er sich vom Namen Jupp Heynckes' hat blenden lassen): »Nein. Warum das nicht so funktioniert hat, ist ein Rätsel. Ich kann es nicht erklären, er auch nicht.«
Anmerkung: Gladbachs Präsident hätte, wie das in derartigen Situationen normalerweise ja gang und gäbe ist, die wenig erfolgreiche Zeit unter Jupp Heynckes durchaus auch dem Trainer oder der Mannschaft zuschieben oder mit der allseits beliebten Floskel »Die Chemie zwischen Trainer und den Spielern stimmte nicht mehr« erklären können. Stattdessen gestand er in aller Offenheit ein, dass ihm das unbefriedigende Abschneiden ein Rätsel sei und er hierfür keine Erklärung habe – was meinem Dafürhalten nach das ideale Lehrbeispiel für alle Präsidenten, Vorstände, Aufsichtsräte und Manager darzustellen vermag, wenn

sie mal wieder danach befragt werden, warum der Trainer ihres Vereins keinen Erfolg hatte und daraufhin entlassen wurde, wie übrigens auch Atlético Madrids Übungsleiter Joaquin Peiro von seinem Präsidenten Jesùs Gil y Gil (angeblich, weil diesem das Aussehen des Trainers auf dem Mannschaftsfoto nicht gefiel).

- Hans Meyer (auf die Frage, warum beim 2:2 gegen Rapid Bukarest wieder ein Nürnberger Spieler unvermittelt im gegnerischen Strafraum auftauchte): »Es gibt Dinge, für die hat man auch mit 35 Jahren Berufserfahrung keine Erklärung.«
  Anmerkung: Wenn sich solch eine fantastische Antwort von Trainer-Oldie Hans Meyer nur auch mal all die anderen alten »Trainerfüchse« wie beispielsweise Udo Lattek (der einzige deutsche Trainer, der alle drei Europapokale gewann und über den Max Merkel sagte: »Udo Lattek haben sie das Blut abgenommen. Ergebnis: reiner Alkohol, verschmutzt durch rote Blutkörperchen«) oder Otto Rehhagel (der einzige Trainer, der als Ausländer einen EM-Titel gewann und von sich selbst sagte: »Jeder kann sagen, was ich will«), die unablässig meinen, den Fußball erklären zu müssen, zum Vorbild nehmen würden.
- Klaus Allofs (auf die Frage, warum Miroslav Klose seit sieben Spielen kein Tor mehr erzielt hat): »Es gibt keine schlüssige Erklärung dafür, dass ein Stürmer Phasen erlebt, in denen er den berühmten Möbelwagen nicht trifft.«
  Anmerkung: Der ehemalige Stürmer Klaus Allofs hätte, wie dies sonst auf derartige Fragen hin zumeist üblich ist, ja auch behaupten können, dass er aufgrund eigener Erfahrungen weiß, dass dieses und jenes für die Ladehemmung des Angreifers Klose ausschlaggebend sei. Nein! Klaus Allofs gesteht ein, dass es hierfür keine vernünftige Begründung gibt – und trifft mit dieser Aussage den berühmten Nagel absolut auf den Kopf. Nicht auf den Kopf, aber immerhin an demselben traf Duisburgs Trainer Norbert Meier den Kölner Spieler Albert Streit – um postwendend selbst in allerbester Schauspielermanier zu Boden zu sinken. Leider ließ sich der Referee täuschen und schickte Streit vom Feld. Erst die Fernsehbilder entlarvten die Zirkusnummer von Meier, der daraufhin dann entlassen wurde.
- Wolfgang Overath (auf die Frage, warum der 1. FC Köln un-

ter dem Trainer Christoph Daum trotz namhafter Neuzugänge hinter den Erwartungen zurückbleibt): »Wenn wir das wüssten, dann würde der Trainer genau dort den Hebel ansetzen.«
Anmerkung: Das gewisse Maß an Zurückhaltung, das Wolfgang Overath (»Normale Umgangsformen haben auf dem Spielfeld nichts zu suchen«) als Spieler in der einen oder anderen Situation hat vermissen lassen (zu Siemensmeyer: »Du altes Dreckschwein«; zu Gerd Müller: »Du fette Sau«; zu Berti Vogts: »Zieh die Schuhe aus, Berti, du lernst es ja doch nie«), das legt er mit dieser Aussage umso deutlicher an den Tag. Dies scheint insbesondere deshalb so bemerkenswert, als sich gerade ehemalige Weltstars beziehungsweise Weltmeister wie eben Wolfgang Overath, aber auch Johan Cruyff oder Michel Platini möglicherweise aufgrund ihrer eigenen Erfolge sehr häufig dazu berufen fühlen, der Öffentlichkeit die Ursachen für Erfolg beziehungsweise Misserfolg im Fußballsport zu erklären.

- Michael Zorc (auf die Frage nach dem Auf und Ab von Borussia Dortmund in den zurückliegenden Spielen): »Diese Leistungsunterschiede der letzten Wochen sind schwer zu erklären. Diese sind für jeden Experten schwer zu erklären.«
Anmerkung: Wie großartig wäre es wohl, wenn all die anderen Manager, Sportdirektoren, Geschäftsführer die schwere Erklärbarkeit der Zusammenhänge im Fußball ebenfalls einsehen und ähnlich deutlich zum Ausdruck bringen würden wie hier Michael Zorc. Zu irgendeiner Einsicht muss wohl auch Bayern-Manager Uli Hoeneß gekommen sein, der ehedem behauptete: »Ablösen von 50 oder 60 Millionen Mark sind doch geisteskrank«, in der Zwischenzeit jedoch Franck Ribéry, Medienberichten zufolge, für immerhin 25 Millionen Euro nach München holte.

- Ivan Saenko (auf die Frage nach den Gründen, warum dem 1. FC Nürnberg in den ersten 16 Saisonspielen nur drei Siege gelangen, in den letzten fünf Begegnungen dagegen vier): »Das ist wie so oft im Fußball. Man kann es nicht genau erklären.« Und auf die sich anschließende Frage, warum er plötzlich wieder treffe: »Auch das kann ich nicht erklären. Aber ich sage noch mal: Es gibt keine Zufälle.«
Anmerkung: Mit diesen beiden Antworten gelingt dem Nürn-

berger Angreifer Ivan Saenko gleich ein Doppelschlag, was die preisverdächtige Erklärung bestimmter Sachverhalte im Fußballsport anbelangt. Denn weder die Frage nach den Gründen für den Umschwung innerhalb der Nürnberger Mannschaft noch jene bezüglich der Ursachen für seine wiedererlangte Treffsicherheit lässt sich mittels gesicherten Informationen schlüssig beantworten. Eine kleine Einschränkung hinsichtlich der zweiten Antwort sei aber dennoch angebracht: Saenko sollte seine Behauptung, es gebe im Fußball keine Zufälle, durchaus nochmals überdenken – was auch dem ehemaligen Manager des 1. FC Nürnberg, Edgar Geenen, angesichts nachfolgender Beschimpfung der eigenen Spieler wohl gutgetan hätte: »Ihr seid Dreck. Ihr seid die Lepra. Am liebsten würde ich einige von euch in die Fresse hauen. Verpisst euch!«

⚽ Friedhelm Funkel (auf die Frage nach den Ursachen für die 0:3-Niederlage von Eintracht Frankfurt in Bochum): »Wir haben einfach heute schlecht gespielt, wir haben grottenschlecht gespielt, und das ist wie gesagt alles nicht immer erklärbar.«
Anmerkung: Diese wunderschöne Aussage von Frankfurts Trainer Friedhelm Funkel könnte, im wahrsten Sinne des Wortes, die ideale Vorlage für all jene Trainer, Spieler und Manager sein, die zukünftig mal wieder eine Niederlage ihrer Mannschaft zu erklären haben und eine adäquatere Antwort suchen, als sie Ewald Lienen nach dem fünften verlorenen Spiel seines MSV Duisburg in Serie präsentierte: »Wir sind auf dem richtigen Weg.«

⚽ Bodo Illgner (auf die Frage, warum die Engländer im Elfmeterschießen versagen): »Das habe ich mich auch schon oft gefragt. Ich weiß es nicht. Für manche Dinge gibt es keine Erklärung.«
Anmerkung: Da heißt es immer wieder, Schlussleute (und Linksaußen) hätten eine »Macke« (Sepp Maier: »Ich habe seit meinem 15. Lebensjahr im Tor gestanden, mich öfter als eine halbe Million Mal in den Dreck geworfen. Lässt das Rückschlüsse auf meinen Geisteszustand zu?«), und dann diese bemerkenswerte Aussage des ehemaligen Nationaltorhüters – Respekt! Schließlich hätte er, rein theoretisch, ja auch vermuten können, dass die ständigen Feierlichkeiten der englischen Spielerfrauen (der Chef des Nobelrestaurants in Baden-Baden, bei dem die Ladys es

nach den Spielen regelmäßig krachen ließen: »Ich habe 700 Liter Bier zusätzlich geordert. Die Mädels können ja ziemlich viel vertragen«) die Elfmeterschützen die letzte Konzentration gekostet hätten.

- Karl-Heinz Rummenigge (auf die Frage nach den Ursachen für die 1:4-Niederlage des FC Bayern beim AC Mailand): »Wir standen vor der Frage: Wie kommt es zu einer solchen Kette von Fehlern durch Spieler, die eigentlich Qualität haben? Ein Demichelis ist argentinischer Nationalspieler, ein Ismael ist ein gestandener Bundesligaspieler, ein Deisler ist deutscher Nationalspieler, ein Lizarazu hat alles gewonnen, was zu gewinnen war – und trotzdem diese Fehler. Richtig schlau, muss ich ehrlich sagen, sind wir alle auch heute noch nicht. Es ist einfach etwas passiert, was noch einen Schuss Unerklärlichkeit hat. Es ist ein Rätsel, was uns im letzten Jahr passierte gegen Chelsea, also beim 2:4 in London, und jetzt beim AC Mailand.«
  Anmerkung: Mir fällt auf die Schnelle kein Superlativ ein, um die Qualität solch eines Statements zu beschreiben – wobei es überaus erfreulich wäre, wenn Rummenigge sein Mitwirken in den verschiedensten Gremien des nationalen und internationalen Fußballs dazu nutzen würde, eine derartige Grundhaltung dem Fußball und seiner unglaublichen Komplexität und Vielschichtigkeit (und damit schweren Erklärbarkeit) gegenüber auch anderen Verantwortlichen und Entscheidungsträgern aus dem Bereich des Fußballs näherzubringen.
- Dieter Eilts (auf die Frage nach den Ursachen für die 1:4-Niederlage der deutschen U-21-Nationalmannschaft bei einem Turnier in Toulon gegen Frankreich): »Das ist auch nicht zu ergründen. Die Spieler sind keine Roboter. Jeder weiß, dass sowas nicht passieren darf, trotzdem kommt es immer wieder vor – in allen Mannschaften.«
  Anmerkung: Aus meiner Sicht wäre es überaus gewinnbringend, wenn sich andere Trainer und Verantwortliche des DFB dieser sehr kompetenten Aussage von Dieter Eilts anschließen und sich diese in Zukunft hinsichtlich ihrer eigenen Statements zum Vorbild nehmen würden.
- Hans Meyer (auf die Frage, ob er sich sicher gewesen sei, dass

der eingewechselte Daniel Klewer zum Helden im Elfmeterschießen werden würde): »In welcher Sache im Fußball können Sie sich eigentlich sicher sein?«
Anmerkung: Nachdem Trainer Hans Meyer im DFB-Pokalviertelfinalspiel gegen Hannover 96 in der 119. Minute einen Torhüterwechsel vornahm und Daniel Klewer mit zwei gehaltenen Elfmetern dann zum großen Helden wurde, hätte sich Nürnbergs Coach durchaus auch ob seiner »seherischen Kräfte« feiern lassen können. Stattdessen antwortet er mit der wirklich großartigen Gegenfrage, in welcher Angelegenheit man sich im Fußball denn überhaupt sicher sein könne! Im Spiegel einer solchen Aussage ist allerdings auch nur schwer nachvollziehbar, warum Hans Meyer (»Der Hans Meyer ist bis zum Erbrechen Realist«), wenn man sich im Fußball schon in kaum einer Sache sicher sein kann, in der Fußballzeitschrift *rund* im Rahmen einer Taktikserie meint, den Leuten den Fußball erklären zu können, und dabei Folgendes formuliert: »In fast allen Klassen wird viel zu viel geschlagen, auch wenn der Ball, der so mühsam erobert wurde, dann zu 95 Prozent verloren geht.« Wie auch immer: Meyers Elfmeterschießen-Statement jedenfalls war absolut bemerkenswert – wie übrigens auch die Erklärung von Thomas Helmer, warum er denn beide Arme mit ausgestrecktem Mittelfinger in Richtung Haupttribüne erhob: »Mit den beiden Fingern habe ich meiner Frau angezeigt, dass sie aus dem fünften in den zweiten Stock zu uns runterkommen soll.«

- Felix Magath (auf die Frage nach den Ursachen für die 1:4-Niederlage der Bayern beim AC Mailand): »Ich kann es auch nicht schlüssig erklären, da ist keiner da, der sagen kann: Das ist der Grund, oder das ist der Grund.«
Anmerkung: Nach dem Ausscheiden der Bayern im Achtelfinale der Champions League (Saison 2005/06) verzichtete Trainer Felix Magath darauf, irgendwelche fadenscheinigen Erklärungsmuster für die deutliche Niederlage seiner Mannschaft heranzuziehen. Vielmehr gibt er, was als gleichsam imponierendes wie auch absolut richtiges Vorgehen anzusehen ist, in aller Offenheit zu, dass er die Ursachen hierfür nicht schlüssig zu erklären vermag. Ergänzend wäre anzumerken, dass es in der Vergangenheit

wiederholt Felix Magath war, dessen verantwortungsbewusste Aussagen der extremen Komplexität des Fußballs in vollem Umfang gerecht wurden. Womöglich geschieht dies von einer von ihm in der Zwischenzeit als Trainer erreichten Position aus (»Wenn wir die ganze Woche in der Nase bohren und dann jeden Gegner schlagen, dann bohren wir eben die ganze Woche in der Nase«), die es ihm – ohne einen Ansehensverlust befürchten zu müssen – erlaubt, in aller Offenheit einzugestehen, dass bestimmte Zusammenhänge nicht erklärbar sind, was auch in den folgenden Zitaten von ihm klar zum Ausdruck kommt:

- Auf die Frage nach dem schlechten Start in der Bundesliga und zuletzt einer 1:3-Niederlage in Bremen: »Ich habe keine Erklärung für den schlechten Start.«
- Auf die Frage, warum Roy Makaay im Spiel beim FC St. Pauli Hamburg keine einzige Torchance hatte: » ... keine Ahnung, ich weiß es nicht.«
- Auf die Frage, warum es bei den Bayern ab einem gewissen Zeitpunkt in der Saison besser lief: »Ich hoffe, Sie fragen mich nicht nach einer Erklärung – die kann ich Ihnen auch nach fast 30 Jahren im Profifußball nicht liefern.«

César Luis Menotti: »Niemand sagt, dass Klinsmann im Besitz auch nur einer Wahrheit wäre. Der Fußball ist sehr weitschweifig, ich würde mich nicht trauen zu sagen, dass ich, dass irgendjemand die Wahrheit kennt.«

Anmerkung: Jedes Mal, wenn ich diese (auch schon unter »Die Spielphilosophie« vorgestellte) Aussage lese, dann lacht mir das (Fußball-)Herz, und gäbe es einen »Fußballnobelpreis«, so hätte ihn César Luis Menotti für dieses Statement, das sich am besten jeder Trainer, Spieler, Manager und Experte unters Kopfkissen legen sollte, unzweifelhaft verdient. Dass solch ein Gedanke ausgerechnet von »Fußballphilosoph« Menotti stammt, ist womöglich kein Zufall, schließlich braucht dieser – unter anderem als Trainer des argentinischen Weltmeisterteams von 1978 – ja nicht mehr den Schein zu erwecken, alle Vorgänge und Zusammenhänge im Fußball erklären zu können. Wer zu solch einer herausragenden Aussage in der Lage ist (die meiner Auffassung nach einen ähnlichen Höhepunkt darstellt wie der Sololauf von

Menottis Landsmann Maradona bei der WM 1986 im Spiel gegen England), der gibt unmissverständlich zu erkennen, dass er verstanden hat, wie unerklärlich der Fußball letzten Endes wirklich ist. Bleibt nur zu hoffen, dass alle am Fußball Beteiligten sich an dieser Aussage ein Beispiel nehmen und in Zukunft nicht mehr meinen, für Sieg und Niederlage beziehungsweise für Erfolg und Misserfolg irgendwelche fadenscheinigen, unzutreffenden Argumente heranziehen zu müssen/können – was dann sicherlich auch ein sehr wertvoller Beitrag zur Eindämmung der Verbreitung von Fußballirrtümern wäre.

**»Die Wahrheit schreitet siegreich voran,
und nichts vermag sie aufzuhalten.«**

(Émile Zola)

»Nach dem Spiel ist vor dem Spiel«, lautete schon vor mehreren Jahrzehnten eine der inzwischen überaus bekannt gewordenen Weisheiten Sepp Herbergers. Aktuell hat FIFA-Präsident Joseph Blatter diesen Gedanken in folgende Worte verpackt: »Ein Spiel, eine Meisterschaft oder eine WM mögen mit dem Schlusspfiff des Schiedsrichters zu Ende sein, aber zugleich wartet schon der nächste Anpfiff.« Damit Sie auch hierauf gut vorbereitet sind, möchte ich es in diesem Buch nicht dabei belassen, Irrtümer rund um den Fußball aufzudecken und zu korrigieren, sondern als kurzes »Nachspiel« (sozusagen als »Irrtums-Vermeidungsstrategie«) gern noch einige Empfehlungen (oder Thesen, wenn Sie so wollen) für eine irrtumsfreiere beziehungsweise wahrheitsgemäßere und vielleicht ja sogar noch bessere und noch erfolgreichere Zukunft des Fußballs geben – frei nach Friedrich Rückert: »Das sind die Weisen, die durch Irrtum zur Wahrheit reisen. Die bei dem Irrtum verharren, das sind die Narren.«

Überprüfen Sie Ihr Fußballwissen auf seinen Wahrheitsgehalt!

»Nur wer gewohnte Bahnen verlässt und Altbekanntes aus einer neuen Perspektive betrachtet, entdeckt und erfindet die Zukunft – für sich und andere«, heißt es in der Ankündigung zu Klaus Untermöhles Werk »Die Verrückten werden siegen«. Im Lichte dieser Aussage sollten alle Leser des ihnen vorliegenden Buches gleichsam wie alle am Fußball Interessierten ihr bisheriges Fußballwissen durchaus einmal auf ihren Wahrheitsgehalt hin überprüfen – und zwar in aller Ruhe, denn Erkenntnisgewinn hat zur Voraussetzung, dass das Tempo etwas reduziert wird. Nehmen Sie sich also einmal die Zeit, um all das, was Sie meinen, über den Fußball, die Zusammenhänge im Fußball zu wissen, und das, was Ihrer Auffassung nach für Sieg und Niederlage entscheidend ist – gerade vor dem Hintergrund der in diesem Buch aufgedeckten Irrtümer und der Ihnen auf den vorausgegangenen Seiten vermittelten Erkenntnisse – zu durchdenken, zu hinterfragen (Joachim »Jogi« Löw: »Ich habe kein Handbuch, aber was glauben Sie, wie wir uns ständig hinterfragen!«) und auf seine Richtigkeit hin zu überprüfen.

Vielleicht stellen Sie bei dieser grundlegenden Kontrolle Ihres Fußballwissens auf seinen Wahrheitsgehalt hin ja fest, dass Sie in der Vergangenheit dem einen oder anderen Glaubenssatz gefolgt sind, der sich in der Zwischenzeit als nicht mehr ganz so zutreffend herausgestellt hat (Ernst Happel: »Wenn man seiner Meinung mal richtig nachgeht, trifft man meist auf eine bessere«). Sollte dies tatsächlich der Fall sein, dann seien sie nicht allzu streng mit sich selbst, sondern übernehmen von nun an, ohne an Ihren alten, fehlerhaften Vorstellungen festzuhalten, einfach eine neuere, zutreffendere Auffassung vom Fußballsport. Eine kleine Bitte noch: Sollten Sie tatsächlich mehreren Irrtümern aufgesessen und deswegen nun etwas »frustriert« sein, so betreiben Sie nur ja nicht die gleiche Frustbewältigung wie die 8000 schottischen Fans nach der 0:3-Niederlage ihrer Mannschaft bei der WM 1998 gegen Marokko, die in einer einzigen Nacht immerhin 125 000 Liter Bier tranken – was fast 16 Litern pro Person entspricht.

Es sollte grundsätzlich akzeptiert werden, dass auch der Fußball keine irrtumsfreie Zone darstellt

Es ist zwar schon eine Weile her, dass man davon ausgegangen ist, die Erde sei eine Scheibe, dafür liegt es jedoch noch nicht ganz so lange zurück, dass die Existenz von Molekülen geleugnet wurde oder Atome nicht als spaltbar galten. So wie all diese Irrtümer inzwischen längst als solche akzeptiert sind, so sollten auch die am Fußballsport Beteiligten nicht mehr davon ausgehen, dass es im Bereich des Fußballs keine Irrtümer gäbe. Vielmehr sollten sie, auf der Basis der in diesem Buch vorgestellten Ergebnisse, eingestehen und akzeptieren, dass auch der Kenntnisstand zum Fußball von so manchem Irrtum durchzogen ist (Albert Einstein: »Welch eine triste Epoche, in der es leichter ist, ein Atom zu zertrümmern als ein Vorurteil«). Das heißt, es sollte, auch wenn diese bereits von Generation zu Generation weitergegeben wurden und inzwischen als schier unantastbare Dogmen galten, zugestanden werden, dass zahlreiche Fußballglaubenssätze nicht der Wahrheit entsprechen – weswegen diese zukünftig auch nicht mehr gepredigt werden sollten. Wenn es um das Loslassen veralteter, fehlerhafter Vorstellungen betreffend des Fußballs geht, so scheint der von Mathias Döpfner (Vorstandschef der Axel Springer AG) in einem Interview mit dem Magazin der *Süddeutschen Zeitung* aufgezeigte Weg exakt in die richtige Richtung zu weisen: »Falsche Positionen von gestern souverän zu räumen, anstatt sie reaktionär zu verteidigen, das ist Fortschritt.«

Prüfen Sie alle Ihnen vorgesetzten Aussagen zum Fußball auf ihren Wahrheitsgehalt

Mein Lehrer Heinrich Lohmöller, die beiden Betreuer meines Promotionsvorhabens, die Professoren Werner Schmidt und Roland Naul, aber auch Dettmar Cramer (vgl. »Der Dank an die ›Fans‹«) haben mir immer nahegelegt, grundsätzlich an allen Aussagen (über den Fußball) zu zweifeln – entsprechend der folgenden Darstellung von Sozialwissenschaftler Meinhard Miegel über dessen Doktorvater Heinrich Kronstein: »Dieser Mann hat mich vor allem eines gelehrt: Prüfe die Sachverhalte, und schaue dir alles ganz genau an. Verlass dich nicht auf das, was man dir sagt. Er wurde geradezu zornig, wenn man irgendwelche Autoritäten zur Unterstützung eines

Argumentes heranzog.« Deswegen: Zweifeln auch Sie daran, wenn Ihnen eine »Autorität« wie der Bundes- oder Bayern-Trainer mal wieder erzählt, dass Tempospiel, dass Spielverlagerungen oder dass Direktspiel so unglaublich wichtig für den Erfolg im Fußball seien. Denn letztendlich bewiesen sind im Fußballsport die allerwenigsten Dinge, die im Zusammenhang mit dem Erfolg stehen sollen, weswegen es als durchaus angemessen erscheint, all den entsprechenden Aussagen ebenso mit einer gewissen Skepsis zu begegnen wie der letztendlichen Richtigkeit der nachfolgenden Charakterisierung Rainer Calmunds durch Rudi Völler: »Ja gut, der arbeitet von morgens bis abends. Ja gut, so was nennt man im Volksmund, glaube ich, Alcoholic.«

Die Entscheidungsträger im Fußball sollten einer weiteren Verbreitung von Fußballirrtümern konsequent entgegentreten

An alle Entscheidungsträger im deutschen Fußball wäre die Frage zu richten, ob sie auch weiterhin einem Fußball vorstehen möchten, der sich in nicht unwesentlichen Teilen an den Geboten von Altbundestrainer Josef »Sepp« Herberger orientiert und hinsichtlich seines Wissensstandes auf unzähligen Halb- und Unwahrheiten basiert. Oder ob sie von nun an, da auf der Grundlage wissenschaftlicher Untersuchungen (vgl. dieses Buch) unzählige dieser, teilweise schon recht angejahrten, Weisheiten zum Fußballsport ad absurdum geführt wurden, einer weiteren Verbreitung von Halb- beziehungsweise Unwahrheiten mit aller Konsequenz entgegentreten möchten, um dadurch einer Abkehr vom falschen Fußballwissen hin zu einem realitätsnäheren Bild ihre Unterstützung zuteilwerden und auf diesem Wege ein in der öffentlichen Wahrnehmung der Realität entsprechendes Bild vom Fußball entstehen zu lassen (Uli Hoeneß: »Sind Dinge unlogisch, muss man sie ändern«).

Doch Vorsicht: Im Zusammenhang mit derartigen Bemühungen ist durchaus mit größeren Widerständen seitens der »Fußballkonservativen« zu rechnen, weswegen der nachfolgende Liedtext von Xavier Naidoo die Problematik der Aufgabe wohl sehr treffend kennzeichnen dürfte: »Dieser Weg wird kein leichter sein. Dieser Weg wird steinig und schwer.«

Trainer sollten einen Beitrag zu einem Paradigmenwechsel weg von der Vorstellung, alles erklären zu können, und hin zu einer Kultur der Zurückhaltung leisten

An die Trainer wäre die Bitte/Forderung zu richten, doch einzusehen, dass

... es wenig seriös erscheint, reine Vermutungen als sicheres Wissen zu verkaufen, weswegen jeder Trainer, bevor er eine Aussage zu einem bestimmten Zusammenhang im Fußball trifft, zunächst einmal darüber nachdenken sollte, ob ihm hierzu überhaupt abgesicherte Informationen vorliegen oder ob es sich hierbei ausschließlich um reine Spekulation handelt,

... es sich beim Fußball um ein multivariables Geschehen handelt (Professor Tim Meyer: »Fußball ist eine der komplexesten Sportarten der Welt«), in dem nicht ein einzelner Faktor entscheidend ist, weswegen eine eindimensionale Ursachenanalyse zum Scheitern verurteilt ist,

... zu den meisten Argumenten ein oder mehrere gute, teilweise sogar bessere Gegenargumente vorliegen, sodass bei entsprechenden Darstellungen und Diskussionen stets beide Seiten zu berücksichtigen sind,

... es dem Menschen aufgrund seines eingeschränkten Beobachtungs- und Speichervermögens nicht gelingen kann, die Ereignisse eines einzelnen Spiels zweifelsfrei zu memorieren und schon gar nicht jene mehrerer Begegnungen – womit gleichzeitig ausgesagt ist, dass mittels rein subjektiver Beobachtungen dem Trainer keine Erkenntnisse zum Beispiel dazu vorliegen können, ob nun Flügelspiel erfolgreicher ist als ein Angriff durch die Mitte oder ob die Mehrzahl aller gewonnenen Zweikämpfe zum Spielerfolg führt (Rudi Bommer: »Ein Trainer ist kein Zauberer«).

Jetzt, da sich aufgrund wissenschaftlicher Untersuchungen die Wahrheit über den Fußball immer deutlicher abzeichnet, mit der Folge, dass eine große Anzahl der Auffassungen vom Fußballsport falsch, teilweise falsch oder überaus strittig sind und zusätzlich zu großen Teilen des vermeintlich richtigen Fußballwissens bislang überhaupt noch keine abgesicherten Erkenntnisse vorliegen, sollten die Trainer einerseits offen zugeben, wenn bisherige Aussagen nicht der Realität entsprochen haben (Christoph Daum: »Wenn ich ehrlich bin, habe ich einfach nur Scheiße erzählt«). Andererseits sollten sie nicht glauben, der Öffentlichkeit weiter etwas vormachen zu müssen, denn die Fußballinteressierten werden – gerade wenn sie das in diesem Buch wiedergegebene Gedankengut kennen – sehr schnell durchschauen, wenn ihnen jemand etwas »unterjubeln« möchte. (Bernhard Peters: »Unterschätzen Sie die Leute nicht, die sich für Fußball interessieren. Die haben alle ein feines Gespür.«) Durch ein derartiges Verhalten würden die Trainer dann einen gewichtigen Beitrag zu einem Paradigmenwechsel weg von dem Glauben, alles wissen und erklären zu können, und hin zu einer kritischen Distanz beziehungsweise einer Kultur der Zurückhaltung leisten – was ganz wesentlich zu einer Eindämmung der Verbreitung von Irrtümern und Unwahrheiten zum Fußballsport führen würde.

Akzeptiere die Unerklärbarkeit des Erfolgs im Fußball!

»Wenn zwei Mannschaften, die eins zu eins gleich stark sind, gegeneinander spielen, die eine hat aber einheitliche Trikots an, die andere hat bunte T-Shirts, dann wird definitiv immer die Mannschaft mit den einheitlichen Trikots gewinnen. Denn die erkennen: Wir gehören zusammen«, behauptet Jürgen Klopp. Ob er dabei wohl bedacht hat, dass während eines Spiels 22 Spieler über 200 Kilometer kreuz und quer über den Platz laufen, dabei zu mehr als 1000 Ballkontakten kommen, von 100 Angriffen ganze 1,5 Prozent zu Toren führen (möglicherweise nur, weil der Angreifer eine Fußspitze eher am Ball war als der Abwehrspieler), von diesen etwa 50 Prozent aufgrund zufälliger Einflüsse fallen und Leistung/Erfolg im Sportspiel von hunderten, ja vielleicht tausenden verschiedenen Faktoren abhängen – von denen ein einziger die »Trikotfarbe« betrifft? Ich habe mir schon (sehr) oft die Frage gestellt, wie lange es wohl noch dauert, bis die am Fußballsport beteiligten Trainer (Brasiliens Nationaltrainer Carlos Dunga: »Am Ende gewinnt der, der besser spielt«), »Chefscouts« (Urs Siegenthaler: »Nicht der Beste wird Weltmeister, sondern der, der sein Wissen und seine Mittel am besten einsetzt«), »Experten« (Paul Breitner: »Man muss das Überraschungsmoment nutzen, dann hat man auch den Tempovorteil. … Wieso wurde

Stuttgart 2007 Meister? Weil sie genau das für ihre Verhältnisse optimal umsetzten«), aber auch Sportwissenschaftler (Professor Sigurd Baumann: »Bei spielerisch gleichwertigen Mannschaften wird sich im Verlauf eines Turniers diejenige durchsetzen, die den geringeren Kräfteverschleiß aufweist«) einsehen, dass wir noch immer meilenweit davon entfernt sind zu wissen, wie Erfolg im Fußball zustande kommt. Wobei in meinen Augen das schönste »Eigentor« in diese Richtung unzweifelhaft Nürnbergs Trainer Thomas von Heesen geschossen hat, der auf die Frage, warum er beim 2:2 gegen Bielefeld nicht auswechselte, antwortete: »Das ist eine Bankrotterklärung – die hohe Kunst des Nichtwissens.«

Die am Fußball Beteiligten sollten die große Bedeutung von Zufallseinflüssen nicht mehr länger leugnen

»Wie alles, was rund ist, ist auch der Fußball ein Sinnbild für das Ungewisse« – in Anbetracht dieser Aussage von Peter Handke sowie der in diesem Buch dargestellten Tatsache, dass fast 50 Prozent aller Tore im Fußball aufgrund zufälliger Ereignisse entstehen, sollten alle am Fußball Beteiligten wesentlich stärker als bisher akzeptieren, dass der Fußball in einem deutlich größeren Ausmaß, als wohl gemeinhin vermutet, von zufälligen Ereignissen beeinflusst wird. Zwei »Weltenbummler« des Fußballs, denen das offenbar bereits in aller Deutlichkeit bewusst geworden war, brachten es folgendermaßen auf den Punkt: »Im Fußball kann zwei plus zwei drei sein. Oder fünf, oder sieben« (Alfredo Di Stéfano); und Leo Beenhakker: »Ich bin jetzt seit 34 Jahren Trainer, da habe ich gelernt, dass zwei und zwei niemals vier ist.« Mit Blick auf die unzähligen Zufälligkeiten scheint denn auch höchst fraglich, ob es möglich ist, wie dies so häufig behauptet wird (Ludovic Magnin: »Aber insgesamt haben wir zu wenig getan, um das Glück auf unsere Seite zu zwingen«; Thomas von Heesen: »Wir haben das Glück zum Schluss gezwungen«), das Glück zu erzwingen. Nichtsdestotrotz sollten sich alle am Fußball Beteiligten aber durchaus auch ein wenig darüber freuen, dass es den Zufall gibt und dieser eine so gewichtige Rolle spielt.

Die Unerklärbarkeit der Ereignisse und Zusammenhänge im Fußball sollte offen eingestanden werden

»Geboten wurde allerdings keine Systemsicherheit, sondern eine Mixtur aus mangelhafter Qualität und Einstellung. Die mündete offensiv in schlechtes Passspiel und Timing, nicht vorhandene Staffelung und fehlende Abstimmung der Laufwege im Aufbauspiel, beide Spitzen agierten nur als Einzelkämpfer, daher kamen nur Fehlpässe oder lange Bälle auf isolierte Spieler oder ins Niemandsland zustande. In der Defensive: unzulängliches Verschieben zum Ball, ballentfernte Spieler schalteten teilweise sogar ab, schlechtes Stellungsspiel in der Innenverteidigung, zu zaghaftes oder aber kopfloses Zweikampfverhalten, keine Antizipation, kein Doppeln, deshalb kaum Druck auf den Gegner am Ball.« Wow!, da hat sich einer aber ganz schön Mühe gegeben, waren meine ersten Gedanken, als ich im *Kicker Sportmagazin* vom 7. Juni 2007 all diese (vermeintlichen) Ursachen für die 1:4-Niederlage der deutschen U-21-Mannschaft gegen Frankreich gelesen hatte (Olaf Thon: »Woran hat's gelegen? Das ist natürlich die Frage, und ich sag einfach mal: Das fragt man sich nachher natürlich immer«). Mit Blick auf die Komplexität, Relativität, Multistruktur und Mehrdimensionalität der Leistung im Sportspiel und den hier unkalkulierbar wirkenden Imponderabilien habe ich gleichzeitig jedoch auch ganz verwundert den Kopf geschüttelt und mich gefragt, warum Menschen nicht begreifen wollen, dass sie nicht in der Lage sind, den Fußball zu erklären. So wurde bislang für die oben aufgeführten Faktoren noch nicht nachgewiesen, ob sie in irgendeinem entscheidenden Zusammenhang mit dem Erfolg im Fußball stehen oder nicht. Und solange ein solcher Beweis noch aussteht, sollte man auch nicht versuchen, nach dem »Gießkannenprinzip« beziehungsweise der »Schrotschussmethode« die Ursachen für Sieg und Niederlage zu erklären. Wobei grundsätzlich auffällt, dass die Vertreter der Praxis, vergleichbar dem sich ewig um den Atomkern drehenden Elektron, stets wiederkehrende Erklärungsmuster für Sieg beziehungsweise Niederlage aufführen – und das, obwohl am Zustandekommen sportlicher Leistung Hunderte womöglich gar Tausende verschiedener Faktoren beteiligt sind. Gerade deshalb wäre es überaus wünschenswert, wenn Trainer, Spieler, Manager, Journalisten und »Experten« – den unter »Die Siegerehrung«

vorgestellten Positivbeispielen folgend – die sich aus der Vielschichtigkeit des Fußballspiels ergebende Unerklärbarkeit in aller Offenheit zugeben würden. Das heißt, sie sollten unverblümt eingestehen, nicht zu wissen, warum bestimmte Ereignisse oder Zusammenhänge im Fußball so und nicht anders gelaufen sind, anstelle ständig zu meinen, der Öffentlichkeit den Fußball erklären zu können. Gerade in der Umstellung von »alles zu wissen und alles erklären zu können« hin zu der Aussage »Das weiß ich nicht, das kann ich nicht erklären«, die manchem Praktiker womöglich wie die Abkehr vom Evangelium vorkommen muss, sehe ich eine der größten Herausforderungen, die der moderne Fußball zu bewältigen hat. Diese hat zur Voraussetzung, dass die Leute zunächst einmal begreifen, dass der Fußball zu vielschichtig ist, um all seine Ereignisse und Zusammenhänge erklären zu können. »Ich hoffe, Sie fragen mich nicht nach einer Erklärung – die kann ich Ihnen auch nach fast 30 Jahren im Profifußball nicht liefern«: Diesem wunderschönen Beispiel von Felix Magath folgend, sollten sich zukünftig also unter anderen Bundestrainer »Jogi« Löw, DFB-Sportdirektor Matthias Sammer oder Bayern-Trainer Jürgen Klinsmann ihrer Vorbildfunktion in diesem Sektor wesentlich bewusster sein und immer wieder einem Millionenpublikum vor laufender Kamera mitteilen: Der Fußball ist so komplex, das weiß ich nicht, das kann ich Ihnen nicht erklären.

Alle am Fußball Interessierten sollten begreifen, dass der Erfolg im Fußball nicht planbar ist

Wenn schon Professor Oliver Höner (»Beim Fußball ist Erfolg wesentlich schwerer planbar als in anderen Sportarten«), Oliver Haas, Dozent für Sportmanagement an der Universität Bayreuth (»Aber Erfolg ist im Sport schwer planbar«) und »Fußballprofessor« Ralf Rangnick (»Der Erfolg ist nicht planbar«) auf die schwere beziehungsweise gänzlich ausgeschlossene Planbarkeit des Erfolges im Fußball hinweisen, dann sollten sich von deren Aussagen auch alle anderen der am Fußball Beteiligten überzeugen lassen und zukünftig davon absehen darauf hinzuweisen, dass der Erfolg im Fußball (leicht) planbar sei.

Akzeptanz der Prognoseunfähigkeit von Ereignissen im Fußball

»Wir dürfen tendenziell offensiven Fußball erwarten«, lautete die vor der WM 2006 abgegebene Prognose von Urs Siegenthaler bezüglich der Ausrichtung der Mannschaften beim Endturnier in Deutschland. Am Ende stellte sich die WM dann als jene mit dem zweitniedrigsten Toredurchschnitt aller Zeiten heraus, wobei gerade in den Spielen ab dem Achtelfinale fast alle Mannschaften primär auf eine abwartende, auf Torsicherung bedachte Spielweise vertrauten. Vergleichbar dem DFB-»Chefscout«, scheiterte auch *Sport Bild* daran, anhand von Datenbankkategorien zu Beginn des Jahres 2008 den Deutschen Meister der Saison 2007/08 richtig zu prognostizieren (das Computerprogramm tippte auf Werder Bremen vor Bayern und dem HSV, tatsächlich holten sich jedoch die Münchner mit immerhin 10 Punkten Vorsprung auf Bremen den Titel, während Schalke und nicht der HSV den dritten Platz belegte). Im Spiegel der hier aufgeführten und Millionen weiterer fehlerhafter Voraussagen stellt sich die Frage, wann sich (endlich) die Einsicht durchsetzt, dass Ereignisse im Fußball nicht vorhersehbar sind (Professor Daniel Kahneman: »Wir lernen nicht, dass es unmöglich ist, Dinge vorherzusehen«), weswegen man auf entsprechende Prognosen am besten gänzlich verzichten sollte.

Wir wissen nicht, was im Fußball richtig oder falsch, wichtig oder unwichtig, entscheidend oder gar das Wichtigste ist!

Würden Sie Michael Ballack, Luca Toni, Ronaldinho oder Franck Ribéry glauben, wenn diese behaupten würden, sie könnten die Heisenberg'sche Unschärferelation bis ins kleinste Detail erklären? Wenn immer wieder Vertreter der Fußballpraxis daherkommen und zu wissen behaupten, was …

… wichtig beziehungsweise unwichtig (Bruce Arena: »Die psychologische Komponente ist mindestens ebenso wichtig wie die taktische, wenn nicht sogar wichtiger«; Christoph Daum: »Die Schnelligkeit hat unter den konditionellen Voraussetzungen im Fußball die größte Bedeutung«),

… entscheidend (Hans Meyer: »Alles was im Fußball entscheidend ist, hat mit Schnellkraft zu tun und mit schnellem Handeln«; Thomas Doll: »Entscheidend wird sein, die Vorherrschaft im Mittelfeld zu gewinnen«; Christoph Daum: »Entscheidend ist die Handlungsschnelligkeit, vorausdenkend zu agieren – auch ohne Ball«) oder

... »das Wichtigste« (Armin Veh: »Wir müssen über den Kampfgeist kommen. So einfach das klingt. Aber das ist das Wichtigste«; Carlos Alberto Parreira: »Das Einfühlungsvermögen des Trainers ist das Wichtigste überhaupt«; Torsten Frings: »Kompaktheit ist das A und O«; Joachim »Jogi« Löw: »Aber eine klare taktische Vorgabe ist das Wichtigste für unsere Mannschaft«) ist,

... dann sollten Sie auch diesen Aussagen durchaus skeptisch gegenüberstehen und davon ausgehen, dass wir angesichts der extremen Komplexität der Leistung im Fußballsport ganze Galaxien davon entfernt sind zu wissen, was richtig beziehungsweise falsch, entscheidend oder gar das Wichtigste ist – womit sich derartige Aussagen im Grunde genommen verbieten und deshalb künftig auch unterbleiben sollten.

Denn zu meinen, es sei richtig, aus einer Palette von mehreren hundert, ja vielleicht vielen tausenden verschiedenen Einflussfaktoren einen oder zwei herauszunehmen und als den wichtigsten/die wichtigsten hervorzuheben, ist in etwa ebenso schlecht nachvollziehbar wie der angebliche Grund, mit dem Frankfurts Trainer Horst Ehrmantraut seinen Kotrainer Bernhard Lippert von den Teamsitzungen aussperrte: »negative Aura«. Von all den von mir in diesem Zusammenhang in den letzten Jahren gelesenen Aussagen würde ich da am allerliebsten noch jener von Sergej Barbarez zustimmen: »Dass der Fußball Spaß macht. Das ist das Wichtigste überhaupt.«

Wir brauchen dringend eine wissenschaftliche Erforschung des Fußballsports

Immer noch gilt der Fußballsport, gemessen an seiner enormen Popularität und internationalen Verbreitung, bislang als wissenschaftliches Stiefkind, bei dem der empirisch abgesicherte Kenntnisstand zu diesem Sportspiel noch immer unübersehbare Lücken aufweist. Während man sich in anderen gesellschaftlichen Teilbereichen über die Bedeutung von Forschung und Entwicklung deutlich bewusst ist und beispielsweise Staat und Wirtschaft für Forschung und Entwicklung jährlich Milliarden ausgeben, um sich entsprechende Wettbewerbsvorteile zu erarbeiten, stellt sich die Frage, wo denn die entsprechenden Investitionen des Milliardengeschäfts Fußballsport, in dem noch so vieles auf unüberprüften Vermutungen beziehungsweise gravierenden Fehlannahmen beruht, wie dieses Buch ganz deutlich gezeigt hat, sind. Wie viel Geld haben beispielsweise der DFB und die DFL (deren »Bundesliga-Report 2008« die Umsätze der Vereine der 1. und 2. Liga für die Saison 2006/07 mit 1,75 Milliarden Euro ausweist) von ihrem (angeblich) je mehr als 50 Millionen Überschuss aus der WM 2006 in Forschung und Entwicklung investiert oder beispielsweise der FC Bayern München, der in den letzten Jahren laut Medienberichten mehrere hundert Millionen Euro in das neue Stadion und in neue Spieler (am Rande: jeder Bundesligaprofi verdient im Schnitt etwa eine Million Euro pro Saison) investierte. Ich will nicht so weit gehen zu behaupten, dass der Fußball ohne begleitende Unterstützung seitens der Wissenschaft bald nicht mehr am Ball sein wird, aber hinsichtlich der hieraus zu erwartenden Wettbewerbsvorteile sollten die beileibe nicht unvermögenden Verbände und Vereine durchaus einmal darüber nachdenken, ob sie nicht größere Summen in die Erforschung des Fußballspiels zu investieren bereit sind, denn wie sagte der englische Wissenschaftler Ken Bray so treffend: »Je mehr wir über die Wissenschaft im Fußball wissen, desto mehr können wir ihn genießen« (und möglicherweise auch Erfolg haben).

Die beiden Wünsche an die Sportjournalisten: Zurückhaltung bei eigenen Aussagen – kritisches Nachfragen bei Aussagen der Praxisvertreter

Auf der Basis der Ausführungen in diesem Buch wären an die Sportjournalisten folgende Wünsche zu richten: Einerseits sollten diese ihren tatsächlichen Kenntnisstand zum Fußball zunächst einmal kritisch hinsichtlich des Wahrheitsgehalts überprüfen, um dann auf der Basis dieser Kontrolle mit eigenen Aussagen beziehungsweise Erklärungsansätzen gegebenenfalls wesentlich zurückhaltender umzugehen als bislang. Wenn also beispielsweise Rainer Holzschuh, Chefredakteur des *Kicker Sportmagazins*, nach dem 0:0 der deutschen Mannschaft gegen Lettland bei der EM 2004 schreibt: »Nichts von diesen positiven Attributen war gegen die Letten zu sehen: Kein Schwung durch direkten Kombinationsfußball, kaum einmal verwirrende Positionswechsel, kaum Flügelläufe und vor allem keine Bewegung im Spiel ohne Ball«, dann sollte er sich durchaus einmal die Frage stellen, ob er wirklich gesicherte Kenntnisse dazu hat, dass diese von ihm vermissten Faktoren überhaupt von Relevanz hinsichtlich des Spielergebnisses sind (Am Rande: Wie stellte Dieter Hamann nach dem Spiel so treffend fest? »Wenn Miro Klose Sekunden vor dem Abpfiff das 1:0 macht, sagen wir alle: Wunderbar, wie Deutschland Geduld bewies«).

Parallel dazu sind die Journalisten aufgefordert, wesentlich kritischer nachzufragen, wenn Vertreter der Praxis Dinge zum Besten geben, die nicht gesichert (und deswegen möglicherweise falsch) oder inzwischen nachgewiesenermaßen unrichtig sind, damit nicht all die unüberprüften/falschen Aussagen unwidersprochen stehen bleiben und weiterhin zu einem vollkommen unzutreffenden Bild vom Fußball in der Öffentlichkeit beitragen. Ein Beispiel: Günter Netzer fordert als ARD-Experte seit Jahren von der deutschen Nationalmannschaft noch mehr Flügelspiel. Warum hat ihn Gerhard Delling eigentlich noch nicht einmal danach gefragt, ob er denn überhaupt weiß, wie viele Angriffe über die Flügel laufen, wie viele davon zum Erfolg führen und wie das vergleichbare Verhältnis bei den Vorstößen durch die Mitte aussieht (als Leser dieses Buches wissen Sie in der Zwischenzeit, dass Angriffe über den Flügel die gleiche Erfolgsquote mit sich bringen wie solche durch die Mitte)?

Unüberprüfte Zusammenhänge sollten als Vermutungen gekennzeichnet und nicht als unumstößliche Wahrheit verkauft werden

Wie in diesem Buch mehrfach hervorgehoben, sollte man – zumindest meiner Auffassung nach – ausschließlich Dinge behaupten/fordern, zu denen einem gesicherte Kenntnisse (die im Fußballsport jedoch zu den allermeisten Ereignissen und Zusammenhängen noch fehlen) vorliegen, und Aussagen, zu denen verlässliche Informationen noch nicht existieren, strikt unterlassen. Gleichzeitig sind

Sachverhalte, zu denen überprüftes Wissen bislang noch nicht gegeben ist, als reine Vermutungen zu kennzeichnen (und eben nicht als unantastbares Wissen zu verkaufen), um durch ein solches Verhalten zukünftig die Verbreitung von Un- beziehungsweise Halbwahrheiten zum Fußballsport deutlich eindämmen zu helfen. Dies sollten sich in erster Linie all jene zu Herzen nehmen (Ferrari-Geschäftsführer Jean Todt: »Wenn man clever ist und einem jemand einen guten Rat gibt – warum sollte man den nicht annehmen?«), die sich über fußballspezifische Sachverhalte beziehungsweise Zusammenhänge im Fernsehen mit dessen multiplikatorischer Wirkung äußern. Denn wer weiterhin mit der größten Selbstverständlichkeit etwa behauptet, dass es unzweifelhaft von größter Bedeutung sei, vor dem Flanken bis zur Grundlinie durchzugehen oder bei nassem Rasen auf Fernschüsse zu vertrauen, der gibt nur mehr zu erkennen, dass sein Fußballwissen aus einer Zeit stammt, in der die Zuschauer Brieftauben ins Stadion mitgenommen haben, um die zu Hause Gebliebenen über die Zwischenstände in Kenntnis zu setzen.

Der Fußball sollte sein Denken und Handeln an den neuesten wissenschaftlichen Erkenntnissen ausrichten

»Ja. Mein Eindruck ist, dass im Ausland viel offener mit wissenschaftlichen Erkenntnissen umgegangen wird. In Deutschland wird die Trainingsmethodik weitgehend durch Erfahrung geprägt. Wenn ich die Kommentare mancher Experten und früherer Spieler höre, die vor einer Verwissenschaftlichung des Fußballs warnen, muss ich lachen.« Noch weiter als Professor Wilfried Kindermann ist gar Pedro Gonzalez gegangen, der in seiner Doktorarbeit behauptete, dass die Bundesliga auf dem Stand von 1978 sei, was die Nutzung sportwissenschaftlicher Erkenntnisse im Bereich der Trainingsgestaltung anbelangt. Auch wenn DFB-Vizepräsident Dr. Hans-Georg Moldenhauer derartige Vorwürfe zurückweist, so ist durchaus nicht zu leugnen, dass zahlreiche Trainer wissenschaftlichen Erkenntnissen jahrelang abweisend gegenüberstanden, um nicht gleich von einer Wissenschaftsfeindlichkeit zu sprechen (Professor Tim Meyer: »Unter Trainern gibt es oft wenig Bereitschaft, Trainingspraktiken zu hinterfragen. Viele sagen: Ich kenne den besten Weg, ich war doch selbst ein erfolgreicher Sportler«). Und auch aktuell gibt es immer noch zahlreiche Trainer, die gerne davon absehen, Informationen aus dem PC irgendwelcher »blasser Wissenschaftler« zu erhalten, und stattdessen lieber auf ihre subjektiven Erfahrungen vertrauen beziehungsweise auf die Erfolge verweisen, die sie auch ohne eine entsprechende Beratung in der Vergangenheit erzielten. Mit der Konsequenz, dass so mancher Bundesliga- (und auch DFB-Trainer) grundlegende wissenschaftliche Erkenntnisse, welche inzwischen schon seit über einem Jahrzehnt bekannt sind, noch immer nicht sein eigen nennen kann. Fragen Sie nur einmal Trainer, inwieweit diese wissen, ob Rechtsfüßler beim Strafstoß häufiger nach links oder nach rechts schießen, ob Flanken von der rechten oder von der linken Seite eine höhere Erfolgsquote versprechen oder ob Eckbälle besser vom Tor hin oder vom Tor weg angeschnitten werden sollen, von der erfolgversprechendsten Ausführung beziehungsweise Abwehr von Elfmetern gar nicht zu reden. Doch gerade um Wettbewerbsnachteile für ihre Mannschaften und ihren Verein zu vermeiden, sollten sich Trainer, sollte sich der deutsche Fußball insgesamt wissenschaftlichen Erkenntnissen gegenüber wesentlich stärker öffnen als bisher, um diese dann in die Trainingssteuerung und Wettkampflenkung einfließen lassen zu können. Schließlich sollte es Grundbestandteil einer modernen Kultur sein, permanent nach neuesten wissenschaftlichen Erkenntnissen zu denken und zu arbeiten – weswegen sich alle im Fußballsport Tätigen durchaus dem Ansinnen von DFB-Fitnesscoach Marc Versteggen anschließen sollten: »Ich möchte eine progressive Fußball-Kultur schaffen, basierend auf neuen wissenschaftlichen Erkenntnissen.«

Wunsch nach Akzeptanz der Tatsache, dass wir bislang nicht wissen, wie Tore entstehen

»In diesem Geschäft gibt es nur eine Wahrheit: Der Ball muss ins Tor.« So simpel die hier von Otto Rehhagel getroffene Aussage auch klingen mag, so kompliziert stellt es sich im Fußball doch dar, den Ball ins Tor zu schießen. Dies lässt sich schon allein daran ablesen, dass im Schnitt nur 1,5 Prozent aller Angriffe zu Toren führen, von denen dann auch noch etwa die Hälfte auf dem Faktor Zufall beruht. Kein Wunder also, wenn hinsichtlich der Fragen, wie man im Fußball am besten Tore erzielt, was letztendlich entscheidend für den erfolgreichen Torschuss ist beziehungsweise wie sich die Torquote steigern ließe, keinerlei gesicherte Informationen vorliegen. Denn: Jedes Spiel ist anders, jede Spielszene ist anders, jedes Tor ist anders, und womöglich entscheiden Bruchteile von Sekunden darüber, ob der Ball nun ins Tor geht oder nicht – weswegen man nicht glauben sollte, dass man, wie dies Reinhard K. Sprenger in seinem Buch »Gut aufgestellt. Fußballstrategien für Manager« so treffend beschrieben hat, in einer bestimmten Situation X mit dem Werkzeug Y einen bestimmten Erfolg erzielt, denn diese Situation stellt immer nur eine Abstraktion, eine Zurechtbiegung dar, zumal es eine identische Situation nie gegeben hat und nie wieder geben wird. Ich selbst habe in den zurückliegenden Jahren mehr als 20 000 Tore systematisch analysiert, könnte Ihnen auf dieser Basis aber nicht sagen, was zu tun ist, um die Trefferquote auch nur um ein einziges Tor pro Spiel zu steigern. Angesichts dieser Fakten sollten Sie stets skeptisch sein, wenn Ihnen mal wieder jemand ankündigt: »Ein Tor liegt in der Luft.« Vielmehr gilt, was Werner Hansch so treffend formulierte: »Ein Tor, mit dem niemand rechnen konnte. Es lag nicht in der Luft.«

Beachte: Die Multistruktur der Leistung im Fußball steht der Annahme kausaler Beziehungen entgegen!

Angesichts der großen Anzahl und der engen Abhängigkeit der leistungsbestimmenden Faktoren voneinander verbietet es sich, »Wenn-dann-Beziehungen«/»Kausalitäten« der nachfolgenden Art herzustellen:

- Berti Vogts: »Benítez hat in Liverpool Riesenprobleme, weil er rotiert.«
- Sepp Herberger: »Das so erfolgreiche Abschneiden unserer Mannschaft in Schweden ist der beste Beweis dafür, wie hervorragend unsere Spieler die ihnen gestellte Heimaufgabe gelöst haben.«
- Uli Hoeneß (über mehr Kommunikation zwischen Trainer und Mannschaft): »Aber die Tatsache, dass wir auf Schalke und bei Bayer zwei Spiele noch gedreht haben, zeigt mir, dass die Kommunikation fruchtet.«
- Uwe Harttgen: »Schließlich hat die WM gezeigt, dass Klinsmanns Tempoverschärfung viel gebracht hat.«

- Matthias Sammer: »Ich weiß, dass Sie darauf hinauswollen, dass Deutschland im Juniorenbereich seit 1992 kein bedeutendes Turnier mehr gewonnen hat. Daran kann man erkennen, welche Fehler früher in der Nachwuchsarbeit gemacht wurden.«
- Gerhard Bauer: »Die Deutsche Nationalmannschaft hat im Endspiel um die Fußballweltmeisterschaft 1974 gegen den enorm starken holländischen Sturm von der ursprünglichen Manndeckung auf die Mann-im-Raum-Deckung umgeschaltet. – Mit viel Erfolg, wie der Gewinn des Weltmeistertitels beweist.«

Fazit: Wie sagte Hans-Joachim Osmers so treffend: »Vorsichtig mit den einfachen Wahrheiten! Es gibt eigentlich auch über Fußballspiele nur eine einzige einfache Wahrheit: Die Wahrheit ist kompliziert.«

Der Wunsch nach einem zurückhaltenderen Umgang mit Statistiken in den Medien

An verschiedenen Stellen in den Printmedien, aber auch im Fernsehen beziehungsweise im Internet erscheinen in der Zwischenzeit Statistiken zu Fußballspielen. Diese erfahren jedoch nicht gerade selten eine vollkommen ungerechtfertigte Interpretation, was anhand nachfolgender Aussagen aus der Sportzeitschrift *Sport Bild* belegt werden soll, in denen unzulässigerweise …

… von Torerfolgen in der zweiten Halbzeit auf die körperliche Verfassung einer Mannschaft rückgeschlossen,

… von den Ballkontakten/Pässen/Zweikämpfen einzelner Spieler auf deren Leistung geschlossen,

… von den Ballkontakten einzelner Spieler auf deren Laufbereitschaft geschlossen,

… ausschließlich anhand der Verteilung von Gegentoren über die Torfläche auf die »schwache Ecke« eines Torhüters geschlossen,

… ausschließlich auf der Basis von Ballkontakthäufigkeit und Passquote auf die Leistungsstärke einzelner Spieler geschlossen,

… ausschließlich auf der Basis der Kriterien »Tore«, »Tore nicht gegeben«, »Elfmeter«, »Elfmeter nicht gegeben« auf die Leistungsentwicklung von Schiedsrichtern geschlossen wird.

In all den hier aufgeführten Fällen werden mittels vorliegender

Zahlen Interpretationen vorgenommen, die durch das Datenmaterial nicht gerechtfertigt sind (weil sich zum Beispiel aus Gegentoren in der 2. Spielhälfte nicht eins zu eins auf die körperliche Leistungsfähigkeit schließen lässt), weswegen die hier vorgenommenen Aussagen, wenn schon nicht als grob fahrlässig, dann doch zumindest als absolut ungerechtfertigt einzuordnen sind.

Allein aufgrund der nur hier präsentierten Beispiele wäre ein deutlich zurückhaltenderer, verantwortungsbewussterer Umgang mit derartigen Statistiken zu fordern, wobei ich mir durchaus die Frage gestellt habe, warum beispielsweise Professor Josef Hackforth, der seit Jahren in *Sport Bild* eine Rubrik »Das Sportbarometer« unterhält, in deren unmittelbarem Umfeld all diese nur schwer nachvollziehbaren Statistik-Interpretationen erscheinen, den Redakteuren der Zeitschrift nicht schon längst ebenso eine Rückmeldung hat zukommen lassen wie die FIFA dem Engländer Nobby Stiles, die diesen sogar schriftlich dazu ermahnte, in den Spielen ab dem Viertelfinale der WM 1966 doch etwas fairer zu agieren als während der Vorrunde, in der der mit falschen Schneidezähnen und Problemen mit der Sehkraft ausgestattete Sohn eines Totengräbers mehrmals kurz vor einem Platzverweis stand.

Forderung nach Bereitschaft der Trainer zur ständigen Weiterbildung

»Wer aufhört, besser zu werden, hat aufgehört, gut zu sein« – angesichts dieser Erkenntnis von Eduard Mörike scheint die nachfolgende Forderung von DFB-Präsident Dr. Theo Zwanziger geradezu konsequent: »Wir brauchen mehr Innovationen bei unseren Trainern. Sie müssen wie Pädagogen ständig bereit sein, Neues aufzunehmen. Das ist bei uns ein bisschen verloren gegangen.« In diesem Zusammenhang wäre zu wünschen, dass Trainer neuen Erkenntnissen wie beispielsweise jenen, die in diesem Buch vorgestellt wurden, wesentlich offener gegenüberstehen, als dies bisher teilweise der Fall war. Auch wenn es für viele durchaus schwer sein dürfte, sich von alten, über viele Jahre lieb gewonnenen Idealen zu verabschieden (Daniel Passarella, Trainer, Weltmeister von 1978: »Es ist immer schwer, eingefahrene Gewohnheiten zu ändern, im Leben und im Fußball«), sollten Trainer doch zumindest versuchen, sich auf neue Wissensinhalte unvoreingenommen einzulassen (Ottmar Hitzfeld: »Und wir müssen lernbereit sein«; Mirko Slomka: »Ich habe ein Hochschulstudium absolviert und fühle mich besser, wenn ich mich weiterentwickle«). Denn inzwischen müsste auch der letzte Trainer erkannt haben, dass er Ressourcen zur Steigerung der Leistung seiner Mannschaft verschenkt, wenn er darauf verzichtet, neue Forschungsergebnisse in seine Trainingssteuerung und Wettkampflenkung mit einfließen zu lassen.

Der Wunsch nach einer differenzierteren Herangehensweise bei der Problemanalyse der deutschen Vereine im Europapokal

Dnjepr Dnjepropetrowsk, Krakau, Arnheim, Boavista Porto, Celtic Glasgow, Sochaux, Teplice, Lüttich, St. Petersburg, Schachtjor Donezk, Middlesbrough, Rapid Bukarest, Odense, Nancy, Newcastle, Vigo, Grodzin Grodisk – nein, es handelt sich keinesfalls um eine Aufzählung der ärmsten Städte Europas, sondern um eine (unvollständige) Liste von Klubs, an denen deutsche Mannschaften in den zurückliegenden Jahren im UEFA-Cup gescheitert sind. Und auch in der Champions League hat die Bilanz zuletzt kaum besser ausgesehen: Seit 2001 (Bayern München) gab es keinen deutschen Titelträger mehr, seit 2002 (Leverkusen) erreichte keine Mannschaft mehr das Finale, 2006/07 und 2007/08 stellte die Bundesliga nur jeweils einen Vertreter im Achtelfinale (von den 18 Spielen der Gruppenphase 2007/08 verloren die drei deutschen Mannschaften 11 und gewannen nur 5). All dies hatte ein zwischenzeitliches Absacken der Bundesliga in der 5-Jahres-Wertung der UEFA weit hinter die führenden Nationen England, Spanien, Italien und Frankreich zur Folge, wobei sogar die Gefahr drohte, von Rumänien überholt zu werden. Bayern Münchens Vorstandsvorsitzender Karl-Heinz Rummenigge kritisierte dieses Abschneiden dann auch in aller Deutlichkeit: »Es ist eine Katastrophe. Was die deutschen Vereine in den letzten Jahren im Europapokal abliefern, ist zu wenig« – wobei selbst seinem Verein, der sonstigen Lokomotive des deutschen Fußballs, zwischenzeitlich etwas die Kohlen auszugehen schienen (von 19 Auswärtsspielen in der Champions League konnten gerade einmal 2, mit 1:0 in Tel Aviv und mit 1:0 bei Rapid Wien, gewonnen werden), was dann auch Uli Hoeneß wie folgt einordnete: »Was wir vom FC Bayern in den letzten zwei, drei Jahren international erreicht haben, ist einfach zu wenig. Damit kann man nicht zufrieden sein, da müssen wir wieder bessere Ergebnisse erzielen.« Und auch der deutschen Nationalmannschaft ist nach dem 1:0-Erfolg am 7. Oktober 2000 in England in fast 20 (!) aufeinanderfolgenden Spielen gegen sogenannte große Gegner kein einziger Sieg mehr gelungen (Redakteur Philipp Köster: »Wie man einen Silberpokal hochhält, wissen unsere Nationalspieler nur aus Erzählungen ihrer brasilianischen und französischen Vereinskollegen«), was nicht gerade die allerbeste Basis für Oliver Bierhoffs »Dornröschenschlafkritik« an der Bundesliga darstellte.

Als Ursache für das unbefriedigende Abschneiden der deutschen Vereine in den internationalen Wettbewerben wird zunächst zumeist auf die, unter anderem aus höheren TV-Honoraren resultierenden, finanziellen Vorteile der Klubs aus Italien, England, Spanien und Frankreich hingewiesen (Andreas Müller: »Wir haben die Wasserpistolen, die anderen die Maschinengewehre«) – nur: Mannschaften wie den oben genannten BK Odense oder Vitesse Arnheim steht ein Bruchteil der Einnahmen von beispielsweise Bremen, Schalke, HSV, Dortmund oder Berlin zur Verfügung, weswegen etwa Franz Beckenbauer berechtigterweise anmerkte: »Irgendwann sollte man sich schon einmal Gedanken darüber machen, warum das so ist, denn am Geld allein kann es nicht liegen. Mannschaften aus Portugal oder Norwegen haben auch nicht mehr Geld zur Verfügung als die Bundesligisten und sind dennoch für Überraschungen gut.«

Als weiterer möglicher Grund für das Hinterherhinken der Bundesligaklubs im internationalen Vergleich wird gerne das niedrigere taktische Niveau der deutschen Mannschaften angeführt (Udo Lattek: »Zu den absoluten Top-Teams allerdings fehlt noch ein gewaltiges Stück. Da sehe ich technisch wie taktisch doch Nachholbedarf«). Ich selbst habe in meiner Dissertation beim Vergleich der Bundesliga und der italienischen Seria A hinsichtlich des gruppen- und mannschaftstaktischen Verhaltens zahlreiche, teils hochsignifikante Unterschiede zugunsten der italienischen Mannschaften feststellen können. Außerdem ist mir aufgefallen, dass bereits Anfang der neunziger Jahre von verschiedenen Seiten (etwa von Franz

Beckenbauer, Karl-Heinz Rummenigge, Stefan Effenberg und Rudi Völler) die taktischen Defizite der deutschen Klubs unter anderen im Vergleich zu den italienischen Vereinen bemängelt wurden. Wenn ich nun heute noch immer von der Rückständigkeit der deutschen Vereine in diesem Sektor lese (Christoph Daum: »... muss ich sagen, dass der italienische Fußball viel weiter ist als der deutsche. In England sowie Spanien ist das genauso«; Oliver Bierhoff: »Italien ist uns in puncto Taktik, Spielintelligenz und Zweikampfverhalten voraus«), lässt dies vermuten, dass hier in einem Zeitraum von annähernd 20 Jahren keine oder nur geringe Fortschritte erzielt wurden (Rudi Assauer: »Ein Klassestürmer köpft gegen uns den Ball schon rein, da wartet der Verteidiger immer noch auf die Flanke«) – was nicht gerade das allergrößte Kompliment in Richtung all jener Trainer darstellt, welche in diesem Bereich gearbeitet haben (Urs Siegenthaler: »Wissen Sie, wenn ich meiner Frau sage: Du, Schatz, ich gehe seit 20 Jahren abends zum Spanischunterricht, dann fragt sie mich auch irgendwann: Und warum kannst du's dann nicht?«).

Von verschiedenen Seiten, so etwa von DFL-Chef Dr. Reinhard Rauball oder Nationalmannschaftsmanager Oliver Bierhoff, ist inzwischen die Einberufung einer Expertenkommission angeregt worden, die sich mit den Problemen des deutschen Vereinsfußballs befassen soll (Karl-Heinz Rummenigge: »Die DFL muss einen Plan entwickeln, damit wir international in höhere Regionen kommen«). Nur: Wer von den Mitgliedern einer solchen Kommission will die exakten Ursachen für die offensichtlichen Defizite schon kennen (wenn es so einfach wäre, die Probleme mittels subjektiver Beobachtungen zu lösen, dann wäre dies sicherlich längst geschehen). Wolfgang Holzhäuser hat nun eine »fundierte fachliche Analyse« angekündigt – womit wir bereits beim nächsten Problem angelangt wären: Wie soll solch eine Analyse aussehen, und welche Konsequenzen soll sie mit sich bringen, wenn bislang nicht bekannt ist, welche Faktoren den Erfolg im Fußball sichern beziehungsweise welches Verhalten zum Erfolg führt?

Wer dann auch noch die nachfolgenden Aussagen, die meiner Auffassung nach auf kaum aussagekräftigen Analysen basieren, liest, der beginnt sich langsam wirklich größere Sorgen um die Zukunft des deutschen Fußballs zu machen:

- Oliver Bierhoff: »Die Italiener zum Beispiel sind uns in puncto Taktik, Spielintelligenz und Zweikampfverhalten voraus. Wir sehen durch Datenvergleiche aus der Champions League, dass wir zum Beispiel das Freilaufen und Ballfordern in höherem Tempo fördern müssen. Das gilt für Stürmer, aber auch für Mittelfeldspieler, da passiert noch viel zu viel im gemächlichen Trab.«
- Heribert Bruchhagen: »Wir haben ja schon vorher das Problem erkannt, dass unser Direktspiel im Mittelfeld im Vergleich zu England langsamer ist. Dass wir mit mehr Ballkontakten spielen. Dass wir viel mehr mit dem Ball laufen und das Spiel dadurch langsamer ist.«

Denn: Leider sind sich die Verantwortlichen offensichtlich nicht darüber im Klaren, dass es bei den Auswertungen, welche die Grundlage für die angesprochenen »Datenvergleiche« darstellen, zu einer Fragmentierung des Gesamtprozesses kommt (wie ließ doch Franz Kafka in seinem Roman »Das Schloß« seinen K. so treffend zu Pepi sagen: »Ihr Zimmermädchen seid gewohnt, durch das Schlüsselloch zu spionieren, und davon behaltet ihr die Denkweise, von einer Kleinigkeit, die ihr wirklich seht, ebenso großartig wie falsch auf das Ganze zu schließen«), das Problem von Rückschlüssen auf der Basis derartiger Befunde von wissenschaftlicher Seite bislang noch nicht einmal ansatzweise geklärt ist und ebenfalls noch nicht zweifelsfrei nachgewiesen ist, ob die hier angesprochenen Spielhandlungen überhaupt in einem nennenswerten Zusammenhang mit dem Spielerfolg stehen, weswegen ein solches Vorgehen für mich ähnlich schwer nachzuvollziehen ist wie die Angemessenheit der »tadelnden« Worte von Nürnbergs Trainer Hans Meyer in Richtung eines kleinen Balljungen: »Da brauchst du wohl keinen Ball holen, du Blinder.«

Der Fußball sollte die neuesten Erkenntnisse aus der Gehirnforschung nutzen

Die neuesten Erkenntnisse aus der Gehirnforschung sind durch den Fußballsport bislang weitgehend ausgegrenzt geblieben (Professor Heinrich Liesen: »... der Fußball aber in der Umsetzung der neuesten Erkenntnisse längst nicht mehr Schritt hält. ... Im Grunde sind wir 20 Jahre stehen geblieben«). Um das in diesem Felde noch weitgehend brachliegende Potenzial für den Fußballsport nutzen zu können, sollten sich, vergleichbar Ferrari-Geschäftsführer Jean Todt, auch die Verantwortlichen aus dem Fußballsport mit derartigen Erkenntnissen vertraut machen und Informationen aus der angewandten Hirnforschung (Stichwörter: »Verbesserung des Nervensystems«, »Training der Sinne«) übernehmen, damit die Phase, die Real Madrids ehemaliger Sportdirektor Valdano in nachfolgendem Zitat beschrieben hat, möglichst schnell überwunden werden kann: »Der Fußball hat die Eigenheit, Bewegungen mit Verspätung nachzuvollziehen, denn er ist ein sehr konservatives Medium. Die Klubs denken noch zu sehr im Präsens, nicht strategisch genug.«

Aus Analyseergebnissen zum Fußball lassen sich nicht so einfach Konsequenzen hinsichtlich der Trainingsgestaltung ableiten

- Ralf Rangnick: »Wenn mehr als ein Drittel aller Treffer nach Standards fallen, lohnt es sich, den Trainingsaufwand dafür noch mehr zu erhöhen.«
- Ralf Rangnick: »Wenn nur gut vier Prozent der Tore nach Rückpässen von der Grundlinie fallen, muss das Training des Spiels durch die Mitte intensiviert werden und nach Balleroberungen der erste Blick immer nach vorn gehen.«
- Andy Roxburgh (Leiter der Technischen Abteilung der UEFA): »Indem er die Entstehung von Toren unter die Lupe nimmt, kann ein Fussballlehrer Trainingsinhalte, taktische Schwerpunkte und Programme zur Weiterentwicklung der Spieler entsprechend anpassen.«
- Falko Götz (über die von ihm selbst in seinen Laptop eingegebenen Analysedaten): »Diese Protokollierung macht es möglich zu sehen, ob ich die Schwerpunkte, die ich mit der Mannschaft erarbeiten wollte, auch erreicht habe.«

Bei den hier aufgeführten Aussagen wird leider übersehen, dass die Ableitung von Handlungsanweisungen aus Beobachtungsergebnissen mit zahlreichen Problemen behaftet ist, weswegen hier die große Gefahr besteht, falsche Empfehlungen für das Verhalten im Wettkampf beziehungsweise die Gestaltung des Trainings auszusprechen. Von daher sollte sich diesbezüglich dringend das Bewusstsein durchsetzen, dass bei derartigen Ableitungen ein äußerstes Maß an Zurückhaltung geboten erscheint, will man nicht Gefahr laufen, einem ähnlichen Irrtum aufzusitzen wie Bielefelds Trainer Ernst Middendorp, der, nachdem seine Arminia nach dem 5. Spieltag auf dem 2. Rang der Tabelle angelangt war, zum Besten gab: »Wir werden alles tun, um Bayern-Jäger zu bleiben. Alles!« – Woraufhin dann zunächst 4 Niederlagen in Serie bei 1:14 Toren und bis zur Entlassung von Middendorp nach dem 16. Spieltag nur mehr 1 Sieg in 11 Spielen folgte – dafür aber unter anderen eine 1:6-Niederlage in Dortmund und gar eine 1:8-»Klatsche« in Bremen.

Verbesserung der Kooperation von Fußball und (Sport-)Wissenschaft

Fußballpraxis und (Sport-)Wissenschaft, die viele Jahre fast schon wie zwei Igel miteinander umgegangen sind, die sich näherkommen wollten, sollten zukünftig gegenseitige Ressentiments abbauen und wesentlich enger miteinander kommunizieren, als dies bisher der Fall war (DFB-Vizepräsident Dr. Hans-Georg Moldenhauer: »Was wir unbedingt brauchen, ist die Symbiose aus Wissenschaft und Entwicklung in allen verschiedenen Facetten, die zu betrachten sind«). Als positiver Vorschlag in diese Richtung ist die Idee von Professor Tim Meyer anzusehen, der anregt, an den Schnittstellen zwischen Sport(-Wissenschaft) und Sportpraxis wesentlich stärker als bislang Leute mit (sport-)wissenschaftlichem Hintergrund zu installieren. Dadurch könnte es unter anderem gelingen, den Erkenntnistransfer von der (Sport-)Wissenschaft in die Praxis zu beschleunigen, um auf diesem Wege entsprechende Resultate für die dort handelnden Personen noch schneller und besser nutzbar zu machen.

Zur Vermeidung gravierender Irrtümer sollten Trainern zumindest wissenschaftliche Grundkenntnisse vermittelt werden

Die nachstehend aufgeführten Aussagen von Trainern/Managern geben deutlich zu erkennen, dass in vielen Fällen die notwendigen wissenschaftlichen Kenntnisse zur Einordnung beziehungsweise Interpretation bestimmter Ereignisse und Zusammenhänge fehlen:

- Thomas Schaaf: »Der oft zitierte Spruch ›Offensive gewinnt Spiele, Defensive gewinnt Meisterschaften‹ ist ein alter Hut. Der Hamburger SV hat in der vergangenen Saison die wenigsten Gegentore kassiert und ist nicht Meister geworden.«
  Anmerkung: Leider scheint dem Bremer Trainer nicht bewusst zu sein, dass man den Einzelfall nicht zum Maßstab nehmen sollte. Denn wenn er sich die Daten zu allen Bundesligaspielzeiten von 1963 bis 2008 ansehen würde, dann könnte er sehr schnell feststellen, dass in immerhin 26 von 45 Spielzeiten (also in mehr als der Hälfte aller Fälle!) das Team mit den wenigsten Gegentoren auch Meister wurde.
- Oliver Bierhoff: »Mit modernen Analyseprogrammen kann man heutzutage ja alles messen: Wie viele Sprints macht einer, in welchem Tempo, in welcher Schärfe wird der Ball gepasst?«
  Anmerkung: Mit einer solchen Aussage lässt der Manager der Nationalmannschaft erkennen, dass ihm entsprechendes Basiswissen bezüglich des Potenzials und der Limitationen der Leistungsdiagnostik beziehungsweise der systematischen Spielanalyse fehlt. Denn beim heutigen wissenschaftlichen Stand wissen wir noch nicht einmal, was »alles« ist, geschweige denn, dass die aktuellen Analysemethoden dazu in der Lage wären, »alles« (was auch immer dies sein mag) zu erfassen.
- Joachim »Jogi« Löw (auf die Frage nach den Gründen, warum in Deutschland auch ohne Geld eines Roman Abramowitsch mit Mannschaften wie Chelsea mithalten kann): »Es sind die elementaren Dinge. Wir machen seit fast einem Jahr Untersuchungen in den verschiedensten Bereichen: Zweikampfverhalten, Passschnelligkeit, Passpräzision, Ballannahme und -mitnahme, Lauftempo und so weiter. Wir haben mittlerweile eine Datenbank, die unglaublich gute Erkenntnisse liefert. Und daraus lässt sich relativ leicht beweisen, auf welchem internationalen Standard eine Mannschaft steht.«
  Anmerkung: Löw tut so, als könnte man aus statistischen Daten den internationalen Standard einer Mannschaft ablesen – was vollkommen illusorisch ist. Denn mittels derartiger Analysen gemessene Parameter sind immer nur ein kleiner Ausschnitt aus dem Gesamtbild und somit in keinster Weise geeignet, verläss-

liche Auskünfte über den gesamten Standard einer Mannschaft zu liefern.

- Löw (zur angeblich statistisch belegbaren spielerischen Weiterentwicklung der Nationalmannschaft): »Wir haben alles ausgewertet. Laufwege, Geschwindigkeit, Distanzen. Wir haben ermittelt, dass die Ballbesitzquote bei unseren Spielern zuletzt bei 1,9 Sekunden lag. Vor 15 Monaten lag die Spanne zwischen Ballannahme und Abspiel noch bei 2,8 Sekunden. Das beweist, dass unser Spiel viel schneller geworden ist.«
- Urs Siegenthaler: »Ein Beispiel aus objektiven Daten, frei gewählt: Bei einem durchschnittlichen Spiel aus der französischen Liga hat man rund 1,6 bis 1,8 Ballkontakte als durchschnittliche Kontakte eines Spielers, bevor er den Ball weiterspielt. Bei einem Bundesligaspiel liegt der Vergleichswert oft im Bereich 3,4 bis 3,8.«
- Oliver Bierhoff (auf die Frage nach den fundamentalen deutschen Defiziten): »Das Tempo ist zu niedrig, das Passspiel zu langsam, es werden kaum mehr Eins-gegen-eins-Situationen gesucht und Dribblings vermieden. Alles Dinge, die in anderen europäischen Ligen praktiziert werden – und sich statistisch belegen lassen.«

Anmerkung: Was mir im Zusammenhang mit all diesen Aussagen fehlt, ist die Angabe eines Wertes hinsichtlich der Korrelation all der genannten Einflussfaktoren (Löw: Laufwege, Geschwindigkeit, Distanzen, Ballbesitzquote; Siegenthaler: Ballkontakte; Bierhoff: Tempo, Passspiel, Eins-gegen-eins-Situationen, Dribblings) und dem Spielerfolg. Von Vertretern des durchaus nicht mittellosen DFB würde ich mir nicht »lapidare« Hinweise auf andere Ligen (wie etwa Frankreich), sondern harte Fakten erwarten, die unzweifelhaft belegen, dass all die genannten Faktoren in einem unmittelbaren Zusammenhang mit dem Spielerfolg stehen (angesichts der Tatsache, dass nur etwa ein Drittel aller Fußballspiele von jener Mannschaft gewonnen werden, die mehr in Ballbesitz ist als der Gegner, scheint durchaus fraglich, ob all die angegebenen Ballbesitzquoten, ob sie denn nun 1,6, 1,8 oder 1,9 lauten, überhaupt einen Einfluss auf den Spielerfolg haben, weswegen aus meiner Sicht auch allerhöchste Zweifel an der Richtigkeit eines solchen Vorgehens bestehen, wenn Jürgen

Klinsmann Medienberichten zufolge einen solchen Wert beim FC Bayern München um 1,1 Sekunden senken möchte – zumal ich es auf der Basis meiner langjährigen Auseinandersetzung und wissenschaftlichen Beschäftigung mit dem Fußballsport in hohem, ja sogar in höchstem Maße als unwahrscheinlich erachte, dass allein von 1,1 Sekunden pro Ballkontakt mehr oder weniger ein entscheidender Einfluss auf das Spielergebnis ausgeht.

- Otto Rehhagel: »Wenn ich mir in ›Eurosport‹ die Tore aus allen europäischen Liegen so anschaue, dann kann ich unschwer erkennen, wie effektiv das Flügelspiel ist.«
- Andy Roxburgh (Leiter der Technischen Abteilung der UEFA): »Bei der WM fiel ein Drittel sämtlicher Tore nach einer Aktion über die Seiten, das heißt nach einer Hereingabe oder einem diagonalen Steilpass in den Strafraum. In der UEFA-Champions League war diese Quote nicht ganz so hoch, doch allgemein lässt sich sagen, dass das Flügelspiel immer häufiger zum Erfolg führt.«
- Egil Olsen (ehemaliger Trainer der norwegischen Nationalmannschaft): »80 Prozent aller Tore fallen nach Spielzügen mit drei oder weniger Pässen. … Ballbesitz ist nicht sehr wichtig.«
  Anmerkung: Diese »Experten« sitzen mit ihren Aussagen folgendem grundsätzlichem Irrtum auf: Unter Missachtung der einfachsten Vorgaben der Theorie wissenschaftlicher Modellbildung wird von Ergebnissen der Torerzielung auf das gesamte Fußballspiel geschlossen, was sich schlichtweg verbietet. Denn: Wie unschwer einsichtig sein sollte, ist ein »Tor« etwas ganz anderes als ein »Fußballspiel«. Ein Tor stellt nur einen etwa eine Sekunde dauernden Ausschnitt aus einem Fußballspiel von insgesamt 5400 Sekunden dar. Dass von dieser einen Sekunde nicht auf das gesamte Spiel geschlossen werden darf, dürfte nicht allzu schwer verständlich sein. Und selbst wer 100 Tore analysieren würde, hätte immer nur 100 Sekunden von 540 000 Sekunden betrachtet – die Aussagekraft bleibt also stets gleich gering.

Fazit: Wer Aussagen zum Fußballspiel als Ganzes machen will, der muss das gesamte Spiel analysieren und darf sich nicht nur auf die Beobachtung von Toren konzentrieren.

Menschen, die in Deutschland ein Studium absolvieren, bekommen sehr häufig Kenntnisse in Statistik und Methodenlehre, vielleicht sogar in Modellbildung und wissenschaftlicher Theoriebildung vermittelt, die den Vertretern der Fußballpraxis in aller Regel fehlen – was all die vorstehenden Aussagen deutlich belegen. Um jedoch der Gefahr zum Beispiel gravierender Fehlinterpretationen von immer häufiger vorliegenden Fußballstatistiken begegnen zu können, scheint es dringend geboten, Praktiker zumindest mit entsprechenden Grundkenntnissen zu den aufgeführten Bereichen zu versehen.

Es sollte sich die Einsicht durchsetzen, dass wir bislang noch nicht wissen, wie das optimale Training auszusehen hat und welchen Erfolg es mit sich bringt

Wenn beispielsweise Ralf Rangnick, Sportwissenschaftler Ken Bray und Fachbuchautor Gerhard Bauer eine intensive Schulung der Standardsituationen, beispielsweise Ottmar Hitzfeld und Gero Bisanz eine intensive Zweikampfschulung und beispielsweise Fachbuchautor Charles Hughes eine intensive Schulung des Torschusses fordern und Urs Siegenthaler gar äußert: »Ich bin überzeugt, dass in der Bundesliga anders trainiert werden muss«, dann wäre hierzu anzumerken, dass es uns beim heutigen Kenntnisstand nahezu an jeglichem abgesichertem Wissen fehlt, was in welchem Umfang trainiert werden soll und wie sich die Trainierbarkeit einzelner Spielhandlungen überhaupt gestaltet. So liegen etwa keinerlei verlässliche Kenntnisse dazu vor, inwieweit Standardsituationen überhaupt trainierbar sind, womit Peter Neururers Aussage (»Standards kann ich genauso trainieren wie Kraft und Ausdauer. Das ist der einfachste Weg, um zum Erfolg zu kommen.«) nichts anderes ist als eine unüberprüfte Vermutung. So betonte Bayern Münchens ehemaliger Trainer Ottmar Hitzfeld zwar die Bedeutung des Eckballtrainings (»Es ist normal, dass Bundesligisten Eckbälle einstudieren«), doch seine Mannschaft erzielte dann in der Saison 2007/08 trotzdem aus über 200 Eckbällen lediglich 3 Treffer – was grundsätzlich am Erfolg beziehungsweise der Sinnhaftigkeit einer solchen Maßnahme zweifeln lässt. Schließlich könnte es aus ökonomischen Gründen ja möglicherweise wesentlich sinnvoller sein, in dieser Zeit zum Beispiel das Passspiel zu trainieren (hieraus fallen etwa 50 Prozent aller Tore im Gegensatz zu »nur« 29 Prozent aus Standardsituationen).

Gleichzeitig ist auch der Zusammenhang von Trainingsmaßnahmen und Leistung im Spiel bislang alles andere als überprüft, sodass beispielsweise über den Einfluss eines durchgeführten Techniktrainings auf die erfolgreiche Ausführung einzelner Spielaktionen im Wettkampf kaum etwas ausgesagt werden kann, weswegen Mirko Slomkas Schilderung seiner Trainingsmaßnahmen und deren Auswirkungen im Spiel (»Mitnahme, Passspiel, Torschuss, auch spielnahe Technikschulung, und wir sehen die Resultate: hohe Qualität bei Ballbesitz, geringere Fehlpassquote«) ebenso wenig Sinn zu machen scheint wie jene von Redakteur Marco Fenske: »Kein Zufall auch die fünf Tore durch Standardsituationen, die Bielefeld in den vergangenen acht Spielen erzielt hat. Jede Woche lässt Frontzeck diese Szenarien bis zum Umfallen trainieren« (denken Sie nur noch mal kurz an das oben erwähnte Eckballtraining der Bayern unter Ottmar Hitzfeld ...).

Entwicklung einer moderneren Streit- und Kritikkultur innerhalb des Fußballs

»Der Umgang mit fachlicher Kritik ist nicht sehr weit ausgeprägt. In Deutschland fühlen sich Fußballtrainer sehr schnell persönlich angegriffen.« Wer an der Richtigkeit dieser Aussage von Marcel Reif noch Zweifel hegt, der möge sich nur die Auseinandersetzung im Zusammenhang mit der Zweikampf- und Foulspieldebatte und die hierin getroffenen Äußerungen, nicht nur von Trainern, sondern auch von verschiedenen anderen Verantwortlichen, vor Augen zu führen (Stichworte: »Füße aus Malta«, »mehr Zurückhaltung«, »mehr Demut«, »vor der eigenen Haustüre kehren«, »sich um seine eigenen Belange kümmern«), die Urs Siegenthaler mit den sehr treffenden Worten »Das ist das Verhalten von Kleinkindern, die weinen und stampfen, weil sie nicht recht bekommen« zusammengefasst hat. Wer derartige Aussagen hört und liest, der wünscht sich auch für den Fußball eine »Streit-« beziehungsweise »Diskussionskultur« (Günther Beckstein: »Kritik ist die wichtigste Form der Loyalität«), wie sie in anderen Bereichen längst üblich ist. Eine ganz eigene Form der »Streitkultur« legte der Vater von Ex-Bayern-Profi Christian Nerlinger an den Tag, der laut Schilderung von Wolfgang Hars einem Redakteur der *Bild*-Zeitung doch tatsächlich Prügel androhte, weil dieser in seinem Blatt die Leistung des Filius angeblich nicht korrekt bewertet hatte.

Der Wunsch nach einer kritischeren Distanz gegenüber Statistiken zu einzelnen Spielen

Mittels statistischer Ergebnisse wird in der Zwischenzeit von verschiedenen Seiten (Fernsehen, Printmedien) versucht, einzelne Spieler beziehungsweise Mannschaften zu bewerten. Haben Sie sich jemals gefragt, was die hier angebotenen Zahlen eigentlich tatsächlich über die erbrachten Leistungen aussagen? In aller Regel beziehen sich diese Werte vorwiegend auf individualtaktische Spielhandlungen am Ball (etwa Torschüsse, Pässe, Flanken oder Zweikämpfe), von denen ein Spieler pro Spiel, unter anderem in Abhängigkeit von seiner Spielposition, durchschnittlich etwa 60 bis 70 ausführt. Nur: Es scheint sehr schwer vorstellbar zu sein, dass diese 60 Spielaktionen eine aussagekräftige Grundlage für die Gesamtleistung des betreffenden Spielers über insgesamt 5400 Minuten, die er sich auf dem Platz befindet, ergeben. Von daher verbietet es sich dann auch, anhand derartiger Zahlen weitreichende Rückschlüsse hinsichtlich dessen Spielleistung abzuleiten, denn diese besteht aus weit mehr als lediglich diesen 60 bis 70 Ballkontakten, die insgesamt nur etwa zwei bis drei Minuten der gesamten Spielzeit eines einzelnen Spielers betreffen. Aus diesem Grund scheint eine größere Distanz gegenüber der Aussagekraft derartiger Statistiken durchaus wünschenswert. Wenn Sie also mal wieder hören, dass Spieler xy, weil er 80 Prozent aller Zweikämpfe gewonnen hat, der beste Mann auf dem Platz ist, dann sollten Sie sich zwar nicht gleich grundsätzlich der Auffassung von Klaus Hoeltzenbein (»Fußballstatistik ist oft nur etwas für die Gläubigen«) anschließen, aber der Qualität einer solchen Aussage womöglich ähnlich skeptisch gegenüberstehen wie jener von Wolf-Dieter Ahlenfelder: »Diese Funktionäre. Das ist so. Mit 50 Depp im Ruhrgebiet, mit 75 eine Karriere beim DFB.«

Kritische Distanz gegenüber den Möglichkeiten der Leistungsdiagnostik und Spielanalyse

»In dieser Phase ist der Spieler mehr oder weniger gläsern für den Trainer«, lautete die ob der neu aufgebauten Datenbank des DFB überaus hoffnungsvolle Äußerung von DFB-Sportdirektor Matthias Sammer (der ehedem noch behauptet hatte: »Statistiken, Statistiken; für Statistiken habe ich mich schon früher nicht interessiert, Statistiken sind dafür da, gebrochen zu werden«), der, wie so viele andere auch, die an einen »gläsernen Spieler« oder eine Entschlüsselung des »Erfolgscodes des Fußballs« (Michael Pfeifer vom *Kicker Sportmagazin*) glauben, jedoch völlig die Vielschichtigkeit der Leistung auf der einen und die Limitationen der Leistungsdiagnostik auf der anderen Seite übersieht:

- Angesichts der extremen Komplexität können von den unzähligen Faktoren, welche die Leistung und den Erfolg im Fußball bestimmen, immer nur (kleine) Teile, winzige Ausschnitte, erfasst werden, das heißt, es kommt noch nicht einmal im Entferntesten zu einer vollständigen Analyse aller leistungsrelevanten Faktoren. Mit der Folge, dass das Ergebnis einer solchen Erhebung »entweder banal oder nicht wirklichkeits- und handlungsrelevant [ist], weil es nur aus einem Spielausschnitt, aus einem reduzierten Phänomen abgeleitet worden ist«, wie Professor Clemens Czwalina dargelegt hat.
- Ein weiteres Problem der systematischen Spielbeobachtung beruht darauf, dass immer ein praktiziertes Spielverhalten beobachtet wird, von dem aber niemand weiß, ob es sich überhaupt als das richtige, sinnvollste, effizienteste erweist (wer kann schon sagen, dass die Art, wie dort auf dem Platz Fußball gespielt wird, tatsächlich die erfolgreichste ist?).
- Ebenso kritisch anzumerken wäre, dass in der überwiegenden Mehrzahl aller Analysen nur individualtaktische Spielhandlungen (wie etwa Flanken, Torschüsse, Dribblings, Pässe oder Zweikämpfe) registriert werden, während gruppen- und mannschaftstaktische Aktionen zumeist von einer Erfassung ausgegrenzt bleiben. Zudem werden zumeist nur Spielaktionen in der Offensive betrachtet, nicht jedoch auch solche in der Defensive.

- Darüber hinaus fließen in aller Regel nur die ballbezogenen Spielhandlungen in die Analyse mit ein, wobei allerdings immer nur einer von 22 Spielern am Ball ist und sich einzelne Spieler von den 90 Minuten meistens nur zwei bis drei Minuten in Besitz des Balles befinden, womit die restlichen 87 bis 88 Minuten von der Beobachtung in aller Regel unerfasst bleiben,
- Des Weiteren kennen wir nach der Analyse zwar den sogenannten Ist-Wert, nicht jedoch einen entsprechenden Soll-Wert (so weiß bislang niemand, wie optimales Verhalten im Fußballsport aussieht), der dem ermittelten Ist-Wert dann gegenübergestellt werden könnte (was hilft es Ihnen, wenn Sie für »Ihren« Spieler 15 Offensivzweikämpfe beobachtet haben, wenn Ihnen keine Kenntnisse dazu vorliegen, ob es überhaupt sinnvoll ist, einen Offensivzweikampf zu bestreiten?).
- Schließlich existiert das Problem, dass das Fußballspiel zwar analysiert, also in seine Einzelteile zerlegt werden kann, aber bislang so gut wie keine Vorstellung dazu besteht, wie diese überhaupt zusammenhängen, wie Netzwerktheoretiker Albert-László Barabási so treffend beschrieben hat: »Über Jahrhunderte konzentrierten sich Wissenschaftler auf die Reduktion der Dinge. So lange, bis sie selbst das Genom entschlüsselt hatten. Aber wie alles zusammenspielt, wie die Einzelteile zusammenhängen, das weiß keiner.«

Fazit: Auch wenn es tatsächlich überaus verlockend ist, anhand der gewonnenen Fakten entsprechende Konsequenzen und Schlüsse abzuleiten, so scheint eine kritische Distanz zu den durch die Leistungsdiagnostik erhobenen Ergebnissen dennoch dringend geboten. Die hier teilweise praktizierte Messwert-Gläubigkeit (Horst Heldt: »Wir bekommen exakte Aufschlüsse über jeden Spieler, das bringt alle Spieler vorwärts«; Mirko Slomka: »Ich stelle das Team auch nach den Erkenntnissen auf, die ich durch die Daten aus dem Computer gewinne«) scheint insgesamt nur sehr schwer nachvollziehbar.

Qualitätssteigerung in der Traineraus- und -fortbildung

»In Deutschland gibt es ein Trainerproblem. In der Ausbildung muss mehr getan werden. Es mangelt vielen Trainern an Qualifikation.« Mit dieser Aussage gestand Christian Heidel, Manager bei Mainz 05 und Vorstandsmitglied der DFL, die Problematik um die Qualität der Trainer unverblümt ein. (Welcher Trainer der 1. oder 2. Bundesliga ist wohl in der Lage, mehr als 15 gruppentaktische Spielhandlungen unter Beteiligung von 3 Spielern aufzuzählen?) Im Zusammenhang mit der Fußballtrainerausbildung in Deutschland wurden in den zurückliegenden Jahren unter anderen folgende Kritikpunkte geäußert:

- dass in der Fußballlehrerausbildung des DFB die Durchfallquote bei exakt null Prozent liegt,
- dass überwiegend Exprofis zum Fußballlehrerlehrgang zugelassen werden (Uwe Harttgen: »Wir haben eine Art selbsterhaltendes System, in das fast nur ehemalige Profis hereingelassen werden«; Peter Neururer: »Muss jeder, der früher fünfmal den Ball hochgehalten hat, automatisch auch gleich ein guter Trainer sein?«),
- dass es im Sommer des Jahres 2000 einen dreißigtägigen Sonderlehrgang zum Erwerb der Fußballlehrerlizenz für verdiente Fußballer gegeben hat (*Süddeutsche Zeitung*: »... als alten Helden [darunter Klinsmann und Sammer selbst] überfallartig der Trainerschein aufgedrängt wurde«; laut *Kicker Sportmagazin* dauert der Erwerb der US-amerikanischen A-Lizenz, die Bayern-Kotrainer Martin Vasquez besitzt, gerade einmal 10 Tage). Hier wird so getan, als wäre die Tätigkeit eines Fußballspielers mit jener eines Trainers weitgehend identisch. (Wer etwa möchte von einer Krankenschwester, die einen dreiwöchigen Schnellkurs zum Chefarzt absolviert hat, am Herzen operiert werden?)

Auf entsprechende Anregungen, so auch von DFB-Präsident Dr. Theo Zwanziger (»Wir müssen als Verband die Qualität der Trainerausbildung erhöhen«), wurden inzwischen jedoch zahlreiche Veränderungen in Zusammenhang mit den Schulungsmaßnahmen vorgenommen:

- Obwohl Berti Vogts diese Schnellkurse auch weiterhin gerne gesehen hätte (»Ich hoffe, einen solchen Lehrgang gibt es innerhalb der kommenden fünf Jahre wieder. Wenn ein Spieler zehn, zwölf Jahre in der Bundesliga aktiv war und 60, 70 Länderspiele gemacht hat, muss man ihm einen Weg anbieten«), wird es in Zukunft keine mehr geben, zumal DFB-Sportdirektor Matthias Sammer hierzu eine völlig zutreffende Auffassung vertritt: »Zwischen Fußball spielen und Fußball lehren klafft ein ganz großer Unterschied.«

- Die Studienzeit im Rahmen der Fußballlehrerausbildung wurde von vormals sechs auf nunmehr elf Monate verlängert (wobei ich mir immer noch die Frage stelle, warum von Personen, die vorher und nachher teilweise Millionenbeträge verdient haben beziehungsweise verdienen werden, nicht auch eine drei- bis vierjährige Ausbildung verlangt werden kann).
- Es ist eine veränderte Schwerpunktsetzung hinsichtlich der Ausbildungsinhalte geplant (Oliver Bierhoff: »Medizinische Dinge oder Vereinsrecht, so was kann man – abgesehen von ein paar Grundkenntnissen – künftig vernachlässigen, diese Zeit sollte man besser für die Praxis auf dem Trainingsplatz verwenden«). In deren Rahmen wäre dann gleich auch über die Einbeziehung der in diesem Buch vorgestellten Erkenntnisse nachzudenken, zumal aus verschiedenen Diskussionen mit frisch gebackenen Absolventen der Fußballlehrerausbildung deutlich geworden ist, dass diese weiterhin zahlreichen Fußballirrtümern aufsitzen. Ganz grundsätzlich stellt sich auch noch die Frage, was man den Teilnehmern eines Trainerausbildungslehrgangs an verlässlichen Informationen zum Zusammenhang von taktischem Handeln und dessen Erfolg beziehungsweise dem Spielerfolg vermitteln will, wenn hierzu so gut wie kein überprüftes Wissen vorhanden ist. Beispiel: »Weitschüsse – ein Weg zum Erfolg?« lautete das Thema einer Praxisdemonstration von DFB-Sportlehrer Jörg Daniel auf dem Internationalen Trainerkongress des BDFL im Jahr 2006, ohne dass jedoch der Dozent die gestellte Frage eindeutig zu beantworten vermochte, zumal zur Sinnhaftigkeit des Weitschusses bislang keine verlässlichen Erkenntnisse vorliegen.

Zur Vermeidung einer weiteren Verbreitung von Irrtümern und Unwahrheiten benötigt der Fußballsport eine kritischere Begleitung

Tag für Tag werden von Vertretern der Praxis die verschiedensten Behauptungen bezüglich des Fußballspiels aufgestellt, deren Richtigkeit mitunter (äußerst) fragwürdig ist. Bedauerlicherweise bleiben derartige Äußerungen/Vermutungen jedoch zumeist unwidersprochen im Raum stehen, sodass sich einem »ungläubigen« Menschen unweigerlich immer wieder die Frage aufdrängt, wo eigentlich die kritischen Begleiter des Fußballsports sind, die entsprechende Aussagen hinterfragen und gegebenenfalls dem Ganzen auch einmal Einhalt gebieten – um dadurch den Fußball vor einer weiteren Verbreitung irrtümlicher Auffassungen zu bewahren. Wie ein solches kritisches Nachfragen aussehen könnte, das soll anhand der im Folgenden präsentierten Beispiele verdeutlicht werden:

- Wenn Ottmar Hitzfeld (»Wenn man so viel Glück hat in der ersten Runde, dann ist die Chance sehr groß, den Wettbewerb auch zu gewinnen«) und Sepp Maier (»Wenn du in der ersten Runde mit so viel Dusel und im Elfmeterschießen weiterkommst, dann marschierst du durch bis ins Endspiel«) den Erfolg im Finale um den DFB-Pokal mit dem Sieg im Elfmeterschießen in der ersten Runde in Verbindung bringen (Benjamin Huggel würde wohl sagen: »Es werden teilweise Sprüche rausgefeuert, die unglaublich sind«) – warum merkt dann niemand kritisch an, dass diese beiden Ereignisse möglicherweise ebenso viel miteinander zu tun haben wie ein Flügelschlag eines Schmetterlings in Brasilien mit dem von Chelseas John Terry im Champions-League-Finale gegen Manchester nur an den Pfosten geschossenen Strafstoß?
- Warum fragt niemand kritisch nach, wenn Schalkes Leistungsdiagnostiker Professor Jürgen Freiwald auf die Frage nach dem Wert seiner Arbeit für den Verein vorrechnet, dass eine etwa fünfprozentige Punktsteigerung vorstellbar sei, ob eine solche Kalkulation überhaupt sinnvoll ist (zumal hier Leistung und Erfolg gleichgesetzt und der Aspekt der Relativität der Sportspielleistung ebenso wie zufällige Einflüsse vollkommen außer Acht gelassen werden) und warum er einseitig von einer Verbes-

serung der Leistung ausgeht und nicht gleichzeitig in Erwägung zieht, dass die von ihm getroffenen Maßnahmen ja durchaus auch zu einer (relativen) Verschlechterung führen könnten – denn wer vermag schon auszuschließen, dass die Spieler, wenn sie in der gleichen Zeit etwas anderes machen würden, eine größere Leistungssteigerung erzielen könnten?

Nachstehende Beispiele/Aussagen verdeutlichen, dass die Verantwortlichen der Fußballbundesliga in den zurückliegenden Jahrzehnten bei ihren Spielertransfers nicht immer das allerglücklichste Händchen hatten (um nicht von »Fehleinkäufen« beziehungsweise »Transferflops« zu sprechen):

– 1998 verpflichtete der VfB Stuttgart für zwei Millionen Mark Sasa Marković von Roter Stern Belgrad. In der Vorrunde kam der offensichtlich nicht ganz so bundesligataugliche Serbe dann auf vier – nicht Einsätze, sondern Spielminuten.

– Der Bulgare Martin Zafirov, für (angeblich) 400 000 Dollar zum HSV geholt, bestritt ein einziges Bundesligaspiel für die Hamburger – in dem er, erst zur Pause eingewechselt, kurz vor Spielende schon wieder vom Platz gestellt wurde (übrigens: bei seiner Verpflichtung sprach HSV-Manager Bernd Wehmeyer noch von einem »absoluten Goldfisch von höchstem Kaliber«).

– Holger Gertz im Magazin der *Süddeutschen Zeitung* über die Transfers von Uli Hoeneß: »Gerade was Stürmer angeht, hat Hoeneß sehr verwegene Entscheidungen gefällt. Ekström, Rizzitelli, Kostadinow, Adolfo Valencia, den sie den ›Entlauber‹ nannten, weil er im Spiel zwar selten ins Tor traf, dafür aber alles erreichbare Buschwerk jenseits des Trainingsplatzes malträtierte. Die Transferpolitik von Uli Hoeneß wirkte bisweilen wie ein Gruß an die Konkurrenz: Okay, wir sind die Reichsten. Aber wir lassen euch eine Chance.« (Karl-Heinz Rummenigge räumt diese Probleme indirekt ein, wenn er im Zusammenhang von in der Vergangenheit getätigten Transfers der Bayern von Spielern, »die ihr Geld nicht wert waren«, spricht.)

– Von Torhüter Mladen Pralija versprach man sich bei seinem Wechsel 1987 zum HSV wahre Wunderdinge: Bei seinem ersten Bundesligaeinsatz gegen die Bayern kassierte er sechs Tore, danach folgten acht Gegentreffer gegen Gladbach. Pralijas Abschiedsworte für sein Gastspiel in Hamburg: »Es war eine unglückliche Zeit.«

– Als ich als »Datenexperte« des DSF auf so manchen womöglich nicht ganz so glücklichen Transfer von Dieter Hoeneß in Berlin hinwies (beispielhaft wäre an dieser Stelle zu nennen: Roberto Pinto: Spiele in der Startelf 5 – mögliche Anzahl bis zum Zeitpunkt der Auswertung 82, Artur Wichniarek 4 von 14; Luizao 19 von 48, Bartosz Karwan 6 von 48, Ilija Aracic 11 von 50, Ali Daei 20 von 102, Kai Michalke 14 von 68, Bryan Roy 24 von 120, Rui Marques 0 von 18), wäre der als Experte im Studio anwesende Paul Breitner fast ausgeflippt: »Roland, Roland ich bin begeistert!«

All die vorstehend präsentierten Ergebnisse/Aussagen sollten durchaus einmal Anlass zu der Frage geben, ob die – meist subjektiven – Beobachtungen ehemaliger Profis wirklich das geeignete Mittel sind oder ob angesichts der Millionenbeträge, um die es bei derartigen Transfers in aller Regel geht, nicht andere Pfade einer effizienteren Spielerauswahl eingeschlagen werden sollten.

⚽ Wer bitte fragt kritisch nach, was die Museumsbesuche von DFB-Chefscout Urs Siegenthaler überhaupt bringen (»Um ein Team wirklich beurteilen zu können, muss man auch kulturelle und politische Gegebenheiten eines Landes, eines Volkes und eines Menschen kennen. Erst dann bin ich in der Lage, diese Mitteilung zu geben, zu der ich stehen kann … Ich habe Argentinien besucht. Der erste Gang ist meistens in ein Nationalmuseum.)? Schicken Sie mal 100 Deutsche ins argentinische Nationalmuseum Buenos Aires – ob wohl jeder am Ende mit gleichen Eindrücken herauskommt?

⚽ Wo ist die kritische Nachfrage nach der Sinnhaftigkeit entsprechender Aussagen, wenn Michael Skibbe Folgendes behauptet: »Jeder Trainer kennt das Gefühl, wenn er schon nach den ersten Aktionen weiß: Das wird heute nichts. Oder man hat Spiele, wo man früh spürt, dass es richtig gut wird«; oder wenn sich Ottmar Hitzfeld über seine Gefühle, als am 26. Mai im Finale von Barcelona gegen Manchester die Nachspielzeit von drei Minuten angezeigt wurde und Manchester dann innerhalb von 133 Sekunden zwei Tore erzielte, wie folgt äußert: »Ich sah das und habe innerlich einen Stich bekommen. Ich habe gespürt, da passiert was. Es ist nicht erklärbar. Du sitzt am Puls des Geschehens, merkst, was in der eigenen Mannschaft läuft und beim Gegner. Das ist die Sensibilität, die eigentlich jeder hat, denn wir alle haben Vorahnungen, nur haben wir verlernt, darauf zu achten.«? Denn: Wie oft hatte Ottmar Hitzfeld in seiner langen Trainerkarriere wohl schon ein Gefühl, das sich dann doch nicht bewahrheitete – von dem er in der Folge aber nie jemandem etwas erzählt hat? Bliebe nur zu wünschen, dass sich Michael Skibbe, Ottmar Hitzfeld und all die anderen Trainer, die so viel auf ihre Gefühle geben (Hermann Gerland: »Auf Gefühle gebe ich gar nichts. Dreimal hatte ich das Gefühl, einen Sohn gezeugt zu haben, und wir haben drei Töchter zu Hause.«), sich nachstehende Aussage von Tschechiens Nationaltrainer Karel Brückner immer wieder vor Augen führen würden: »Tja, das mit den Gefühlen beim Fußball sollte man einfach lassen. Nirgendwo sind sie so trügerisch wie hier. Innerhalb von Sekunden kann sich alles verändern, auch deine Gefühlslage. Ich habe das schon zu oft erlebt.«

- Wenn in der Bundesliga mal wieder alle (unreflektiert) irgendeinem Trend hinterherlaufen (»Handlungsschnelligkeit«, »Individualisierung«, »ballorientiertes Verschieben«, »Pressing«, »Tempospiel«, »One touch-football«), dann wäre es durchaus wünschenswert, dass einmal jemand innehält und fragt: »Was wissen wir eigentlich darüber, welche abgesicherten Erkenntnisse gibt es, was bringt das eigentlich alles?« Denn wie formulierte schon Theodor Fontane so zutreffend: »Gegen eine Dummheit, die gerade in Mode ist, kommt keine Klugheit auf.«
- Wenn im Zuge einer Spezialisierung die Betreuerstäbe (Psychologen, Ernährungswissenschaftler, Fitnesstrainer usw.) in den Bundesligavereinen und bei der Nationalmannschaft immer weiter anwachsen (Joachim Löw: »Der Fußball ist komplex, deshalb hat die Individualisierung gerade auf hohem Niveau große Bedeutung. Also muss man Experten hinzuziehen«; Ottmar Hitzfeld: »Der Trend geht klar in Richtung größere Trainerstäbe, es geht immer mehr hin zur Spezialisierung«) und beispielsweise Schalke 04 Pressemitteilungen zufolge schon elf Betreuer und Trainer im

Stab hat, dann sollte durchaus einmal die Frage nach dem Nutzen der ganzen Investitionen in Manpower und Gerät gestellt werden (Jürgen Klinsmann: »Ein zusätzlicher Individualtrainer ist oft wichtiger als ein weiterer Spieler«). Und auch von Journalisten hätte ich mir einen deutlich kritischen Umgang mit der Thematik erwartet, als er von Oliver Bitter (»Daumen hoch für die Trainerstäbe der Liga.... Der Liga kann's nur guttun«) und Christoph Biermann (über Spielanalysen, Psychologen und die Sportmedizin im Fußball: »Diese Anstrengungen sind eine logische Folge der ökonomischen Aufwertung des Fußballs, denn es lohnt sich finanziell, mit wissenschaftlicher Akribie die eigene Siegchance zu steigern«) praktiziert wurde. Denn ob sich all diese Anstrengungen wirklich lohnen und was sie genau bringen, ist bislang noch nicht einmal ansatzweise bewiesen worden, womit nicht ausgeschlossen werden kann, dass es womöglich viel sinnvoller wäre, das ganze hierfür zur Verfügung gestellte Geld in die Verpflichtung teurerer Spieler zu investieren. Um Investitionen in Millionenhöhe brauchte sich die Familie des jungen Iker Casillas – später Champions-League-Sieger mit Real Madrid – keine Gedanken mehr zu machen, denn der mit einem Lottoschein zur Annahmestelle geschickte Junge hatte (vielleicht weil er lieber Fußball spielen gegangen ist) den Auftrag mal schnell »verschwitzt«, wodurch den Casillas kurzerhand ein Gewinn von 1,5 Millionen Euro durch die Lappen gegangen ist.

- Wenn in der Torwartfrage »Kahn oder Lehmann?« Jürgen Klinsmann argumentiert: »Im August nach dem Confederations Cup war Oliver noch einen Tick vorn. Im Laufe der Saison hat ihn Jens Lehmann knapp überholt« (Sönke Wortmann in seinem Buch »Deutschland. Ein Sommermärchen: »Köpke hatte mir erzählt, dass die Entscheidung zwischen den beiden hauchdünn ausgefallen war«), dann sollte im Grunde genommen sofort jemand darauf hinweisen, dass die zur Verfügung stehenden Messinstrumente nicht dazu in der Lage sind zu beurteilen, ob nun Kahn oder Lehmann einen »Tick« oder »hauchdünn« vorne ist, denn weder Klinsmann noch Köpke, noch sonst wer vermag mittels subjektiver Beobachtungen beziehungsweise mit Hilfe statistischer Analysen festzustellen, ob Lehmann nun »um

Nuancen« besser oder schlechter als Kahn ist. Auch die von verschiedenen Seiten (Lehmann: »Ich glaube an Statistiken, sie sagen viel über den wahren Leistungsstand aus. Deshalb bin ich auch optimistisch, dass ich bei der WM spiele.«) immer wieder ins Spiel gebrachten Statistiken (Kahn: »Generell interessieren mich Statistiken so gut wie gar nicht, weil sie in der Regel nichts Sinnvolles über den Torwartjob aussagen«) helfen hier, und erst recht, wenn es nur um »Nuancen« geht, nicht weiter, zumal sie die Leistung eines Torhüters (zur Erinnerung: Spitzentorhüter haben pro Spiel gerade einmal zwei bis drei Torschüsse zu halten) nicht detailliert genug abzubilden vermögen. Deswegen möchte selbst ich, der durchaus nicht unter Verdacht steht, ein »Statistikfeind« zu sein, Oliver Kahn in diesem Fall durchaus recht geben, wenn dieser behauptet: »Statistiken, was ist denn das für ein Kriterium? Wenn einem nichts mehr übrig bleibt, dann werden eben irgendwelche Statistiken herangezogen. Mehr muss ich dazu nicht sagen.« Im Gegensatz zu Kahn möchte ich noch eines dazu sagen: Am 31. August 2005 hat Jürgen Klinsmann in einem Interview mit der *Süddeutschen Zeitung* noch geäußert: »Wenn nichts Außergewöhnliches passiert, Oliver also ein langes Leistungstief haben sollte oder eine Verletzung dazwischenkommt, dann hat er bei der WM die besten Karten zu spielen.« Da Kahn weder ein langes Leistungstief noch eine Verletzung hatte, ist Klinsmanns Entscheidung umso weniger und Kahns Empörung (»Es gab eigentlich keinen Grund, die Nummer eins abzusetzen«, »… nie nachvollziehen und verstehen werde, warum ich nicht die Nummer eins bin«) umso mehr verständlich. Nicht ganz so verständlich dürfte, als in der Bundesliga gerade die zweite Halbzeit lief, so manchem Fahrgast der Straßenbahn in Leverkusen die Anwesenheit seines Gegenübers gewesen sein: Weil der damalige Torhüter von FC Schalke 04 in einem Auswärtsspiel bei Bayer 04 von seinem Trainer zur Halbzeit wegen unbefriedigender Leistungen aus dem Spiel genommen wurde, entschied sich dieser kurzerhand, mit den »Öffentlichen« nach Hause zu fahren. Bei dem – hoffentlich mit einem gültigen Ticket ausgestatteten – Fahrgast handelte es sich übrigens um niemand anderen als Jens Lehmann.

- Wenn einzelne Vereine/Verbände nun sogar überlegen (Oliver Bierhoff: »Wir haben das diskutiert, und ich finde die Idee sehr interessant. Vier, fünf Szenen an die Wand zu werfen, kann sehr hilfreich sein. Jede Diskussion mit einem Spieler fällt leichter, wenn du zum Beweis die Bilder dazu zeigen kannst. Ich möchte das für die EM nicht ausschließen, es kommt aber natürlich auf die technischen Möglichkeiten an.«) beziehungsweise sogar schon damit angefangen haben, ihren Spielern in der Halbzeit Videosequenzen aus dem 1. Durchgang vorzuführen, um dadurch Fehler schneller abstellen zu können, dann vermisse ich hierzu die Nachfrage, ob ein solches Vorgehen überhaupt Sinn macht, zumal es im Fußballsport niemals zwei identische Situationen gibt (was verspricht man sich also für einen Lerneffekt, wenn die gezeigte Situation in exakt dieser Form nie wieder auftritt?).
- Bei aller Begeisterung für die hinter dem »Chip im Ball« stehende Technologie, die zur Aufklärung der Frage, ob der Ball vollständig die Torlinie überschritten hat oder nicht, beitragen soll, habe ich mir immer wieder die (mir in keinem einzigen von mehreren Dutzend hierzu gelesenen Artikeln beantwortete) Frage gestellt, wie oft derart zweifelhafte Situationen überhaupt vorkommen und ob sich der finanziell doch sehr aufwendige Einsatz einer solchen Technologie deswegen überhaupt lohnt (nur weil einmal im Jahr in der Wüste Sahara um ein Haar ein fast 100 Jahre altes Kamel mit einem noch älteren Lastwagen zusammengestoßen wäre, kommt auch niemand auf die Idee, dort eine milliardenteure Ampelanlage zu installieren). Und: Nach dem Testlauf des Systems bei der Klub-WM 2007 haben Sprecher und Verantwortliche der an der Entwicklung beteiligten Firmen von »sehr zufriedenstellenden Ergebnissen«, »sehr erfolgreich eingesetzt« oder »unter Beweis gestellt, dass die Voraussetzungen für eine erfolgreiche Einführung unter den Vorgaben der IFAB gegeben sind« gesprochen. Nur: Hat es in den lediglich sieben (!) Spielen dieses Turniers überhaupt Szenen gegegeben, und wenn ja, wie viele, die eine derartige Aussage auch nur ansatzweise rechtfertigen? Beachte: Im *Kicker Sportmagazin* vom 13. Dezember 2007 stand geschrieben: »Bislang gab es noch keine umstrittenen Szenen.«

- Wenn DFB-Sportdirektor Matthias Sammer sagt: »Es ist eine Katastrophe, vor [dem Erreichen] der C-Jugend auf Großfeld zu spielen«, und fordert: »Die Plätze im unteren Jugendbereich sind zu groß, das müssen wir klar ändern« – warum erfolgt dann keinerlei Widerspruch mit beispielsweise dem Hinweis darauf, dass von einer »Katastrophe« in diesem Zusammenhang so lange nicht gesprochen werden sollte, wie es hierzu keine fundierten wissenschaftlichen Untersuchungsergebnisse, dafür jedoch unzählige, wie ich meine, sogar ausgezeichnete, Gegenargumente gibt: Überall wird von Bewegungsarmut der Kinder gesprochen, und dann soll auch noch das Spielfeld eingegrenzt werden? Bei einem kleineren Spielfeld würde wohl auch die Spielerzahl verkleinert werden müssen, wodurch Spieler vom Spiel ausgeschlossen würden. Ein kleineres Spielfeld würde möglicherweise der Schulung langer Pässe und weiter Flanken entgegenstehen. Der Ball würde eventuell häufiger im Aus landen und folglich mehr Unterbrechungen verursachen. Möglicherweise schult das große Spielfeld das Abwehrverhalten wesentlich besser, zumal der große Raum schwerer zu verteidigen ist. Der – vielleicht nicht unproblematische – Umstieg vom kleinen Spielfeld auf das große fände erst zu einem späten Zeitpunkt statt und dergleichen mehr.
- Wenn alle Welt eine Individualisierung des Trainings fordert (Joachim »Jogi« Löw: »Der Trend geht dazu, noch individueller zu trainieren«; Matthias Sammer: »Individualisierung ist für mich ein Wort, das gelebt werden muss«; Jürgen Klopp: »Natürlich ist es klar, dass das Training individualisiert werden muss«), kein Mensch aber weiß, ob ein solches Vorgehen überhaupt sinnvoll ist, zumal auch unzählige Argumente gegen eine Individualisierung sprechen – als da wären: der motivierende und leistungssteigernde Effekt der Gruppenarbeit (Luca Toni: »Das ist wie beim Joggen. Wenn du mit einem schnellen Partner läufst, bist du auch schneller.«), der Aspekt, dass in England das Ausdauertraining in vielen Vereinen vorwiegend über das Spiel vorgenommen wird; und dass sich das Fußballspiel vorwiegend über ein Zusammenspiel gestaltet und möglicherweise gerade dieses Zusammenspiel primär trainiert werden muss –, dann sollten durchaus öffentliche Zweifel erhoben werden.

- Wenn zuletzt immer wieder über die Einführung von Spezialisten für Standardsituationen nachgedacht wird (»Jogi« Löw: »Man kann darüber nachdenken, ob es Sinn macht, in Zukunft auch einen Standardspezialisten, der für das Einüben von Eckbällen, Freistößen und sonstigen Varianten verantwortlich sein kann, ins Trainerteam zu nehmen«) und gar ganz konkrete Namen genannt wurden (Oliver Bierhoff: »Wenn ich jetzt bei einem Verein verantwortlich wäre, würde ich Thomas Häßler engagieren – als Spezialtrainer für Flanken und Freistöße«), dann wäre durchaus einmal nachzufragen, ob dies überhaupt sinnvoll ist. Was hat beispielsweise ein Thomas Häßler an sicheren Kenntnissen hinsichtlich der optimalen Ausführung von Standardsituationen, die er den Spielern vermitteln könnte? (Weiß ein Häßler etwa, ob es besser ist, einen Eckball vom Tor weg oder zum Tor hin auszuführen? Weiß er, ob man einen Freistoß aus zentraler Position und 20 Metern Torentfernung besser als Gewaltschuss oder besser als platzierten Torschuss schießt? Weiß er, wo bei der Freistoßflanke die Zonen liegen, die am sinnvollsten angespielt werden sollen usw.?)
- Wenn ganze Heerscharen von Spielern, Trainern und Managern davon sprechen, dass bestimmte Zusammenhänge aus dem Fußballsport (»in Ruhe« und »knallhart«) analysiert werden müssen (Thomas Doll: »Wir werden eine knallharte Analyse machen«; Ivica Grlić: »Auf jeden Fall müssen die Dinge knallhart analysiert werden«; Lucien Favre: »Wir machen eine klare und effiziente Analyse«; Armin Veh: »Wir müssen die wenige Zeit nutzen, um die Fehler zu analysieren und abzustellen«; Simon Rolfes: »Dieser Formverfall ist doch nicht normal. Wir müssen das jetzt in Ruhe analysieren«; Heribert Bruchhagen: »Es ist klar besprochen, dass wir uns nach der Saison zusammensetzen und die jetzige Spielzeit analysieren, um für die Zukunft aus dem, was abgelaufen ist, zu lernen«), dann scheint die Frage wohl berechtigt, zu was diese ganze Analysiererei überhaupt nützlich sein soll (Lukas Podolski: »Ich habe keine Lust, zu analysieren. Was bringt das?«), zumal sich hierbei mehrere gewichtige Probleme auftun: 1. Es scheint höchst zweifelhaft, ob die bei der Analyse verwendeten Methoden dazu geeignet sind, der Komplexität des

Fußballspiels Rechnung zu tragen. 2. Eine Analyse allein genügt nicht. Das erarbeitete Ergebnis (Ist-Wert) muss schließlich auch einem Soll-Wert gegenübergestellt werden, doch solange man nicht weiß, wie sich im Fußball das optimale Vorgehen gestaltet, fehlt auch die Basis für einen notwendigen »Soll-Ist-Wert-Vergleich«. 3. Zweifelsohne lässt sich der Fußball analysieren, also in seine Einzelteile zerlegen. Nur: Wie diese zusammenhängen, das weiß bislang kein Mensch! Kein Wunder, wenn einzelne Vereine wie zum Beispiel Hertha BSC nach fast jeder Saison eine Analyse ankündigen (Dieter Hoeneß: »Wir werden am Saisonende eine Analyse vornehmen, die Schwachstellen erkunden und die nötigen Entscheidungen treffen«), um dann auch in der Folgesaison keine beziehungsweise kaum Verbesserungen erkennen zu lassen. Und auch kein Wunder, wenn Ivica Grilić die offensichtlich schon zum Standardrepertoire gehörende Ankündigung seines Trainers Rudi Bommer fast ironisch kommentiert: »Die neue Analyse ist, dass du knallhart analysieren musst.«

- Wenn mal wieder jemand meint, den Erfolg eines gesamten Fußballspiels auf eine einzige Aktion reduzieren zu müssen (*Süddeutsche Zeitung*: »Doch was nützt das Selbstvertrauen, wenn ein einziger Fehler die Mannschaft um den Lohn des guten Spiels bringt? Zwei Hamburger Verteidiger griffen den ballführenden Christian Gentner an, der dadurch auf den freien Mario Gomez in den Strafraum passen konnte. Kühl bis ins Herz schob Gomez den Ball zum 1:0 ins Netz.«), dann sollte sich hieran sofort die Frage anschließen, ob nicht auch die 99 anderen Angriffe zum Erfolg beitragen hätten können und ob es hier nicht geboten erscheint, der Bewertung einen grundsätzlich anderen Ansatz zugrunde zu legen.
- Wenn DFB-Präsident Dr. Theo Zwanziger (Jürgen Klopp würde möglicherweise sagen: »ein supergeiler Typ«) hinsichtlich der Spielphilosophie der Nationalmannschaft meint: »Diese Spielphilosophie muss in die gesamte Nachwuchsförderung und Entwicklung einfließen«, dann sollte dies unmittelbar die kritische Nachfrage zur Folge haben, ob es überhaupt sinnvoll und legitim ist, eine solche Spielphilosophie von der A-Mannschaft auf die Nachwuchsteams zu transferieren (Dieter Eilts: »Allerdings

muss man sehen, dass die Voraussetzungen bei der A-Nationalmannschaft nicht eins zu eins auf die U 21 übertragen werden können«) und ob hierbei nicht nur der zweite, sondern gleich der vierte Schritt vor dem ersten erfolgt. (In einem ersten Schritt sollte man prüfen, ob eine Spielphilosophie im Fußball überhaupt Sinn macht; dann, ob die Spielphilosophie von Jürgen Klinsmanns Nationalmannschaft überhaupt die erfolgversprechendste ist, und drittens, ob es überhaupt ratsam erscheint, eine Spielphilosophie von einer Nationalmannschaft auf Nachwuchsmannschaften zu übertragen und alle Teams mit der gleichen Philosophie spielen zu lassen.)

- Wenn immer wieder behauptet wird, der Schiedsrichter habe ein Spiel (ganz allein) entschieden (Michael Skibbe: »Florian Meyer hat dieses Spiel entschieden. Das ist Fakt. Gekas stand nicht im Abseits, und Kießling wurde im Strafraum gefoult.«), dann stelle ich mir schon lange die Frage, warum hier nicht sofort die Entgegnung kommt, dass der Mannschaft pro Spiel etwa 100 Angriffe zur Verfügung stehen, von denen nur ein einziger wegen der (vermeintlichen) Schiedsrichterfehlentscheidung nicht zum Erfolg führte, die restlichen 99 Vorstöße aber ungenutzt blieben, weil Trainer und Mannschaft womöglich die falsche Taktik gewählt haben beziehungsweise den Spielern Abspielfehler unterlaufen sind (für die der Schiedsrichter beim besten Willen nichts kann), weshalb es ratsam wäre, sich nicht darüber auszulassen, dass der Schiedsrichter schuld an der Niederlage sei, sondern das eigene »Versagen«.
- Wenn beispielsweise Rudi Völler nach der 1:2-Heimniederlage von Leverkusen am 32. Spieltag der Saison 2006/07 gegenüber einem Journalisten folgenden Kommentar abgibt: »Michael Skibbe hat überhaupt keine Schuld. Wenn der Marko Babić den Ball so verliert wie heute in der 1. Halbzeit da in der Szene, da kann kein Trainer der Welt was dafür«, dann sollte der Interviewer sich nicht scheuen nachzufragen, ob Michael Skibbe als Trainer nur für diese eine Szene im Spiel verantwortlich ist oder ob die von Skibbe trainierte Mannschaft nicht immerhin 90 Minuten Zeit gehabt hätte, um mehr als nur das eine Tor zu erzielen – und wenn dies nicht gelang, ob hierfür dann nicht auch

der Trainer die Verantwortung zu tragen hat. Ganz andere Verantwortliche auf den Trainerbänken in der Bundesliga könnte sich ein Professor für Sportpsychologie vorstellen, der mir in einem persönlichen Gespräch die Idee nahebrachte, dass jeder Top-Manager aus der deutschen Wirtschaft (Heribert Bruchhagen: »Außerdem muss nicht jeder, der von Fußball Ahnung hat, selbst Fußball gespielt haben«) beispielsweise in den Punkten Motivation, Mitarbeiterführung oder Umgang mit den Medien jedem Bundesligatrainer um Welten überlegen sei und man die fußballfachlichen Dinge eh sehr schnell lernen beziehungsweise hierfür einen Assistenztrainer engagieren könnte, weswegen er sich sehr gut vorstellen könne, dass etwa Porsche-Chef Wendelin Wedeking als eine Art Manager nach englischem Vorbild einen wesentlich erfolgreicheren Bayern-Trainer abgeben würde als jeder Fußballlehrer.

Im Achtelfinalspiel der WM 2006 brachte Argentiniens Trainer José Pekerman für Riquelme den defensiveren Cambiasso und für Crespo nicht die dribbelstarken Messi oder Saviola, sondern den langen Cruz. Nachdem Argentinien dann das Elfmeterschießen gegen die deutsche Elf verlor und ausschied, ergoss sich ob dieser Wechsel eine Flut an, in meinen Augen absolut nicht nachvollziehbarer, Kritik von den verschiedensten Seiten über den argentinischen Trainer. (Paul Breitner: »Und sie werden sich im stillen Kämmerlein vielleicht auch bei José Pekerman bedanken. Den argentinischen Trainer muss der Teufel geritten haben, als er seinen Spielmacher Riquelme vom Platz holte, der bis dahin alles im Griff hatte. Und dafür den defensiven Cambiasso aufs Feld schickte, um die 1:0-Führung über die Zeit zu retten. Dafür hätte er entlassen werden müssen, wenn er gleich nach dem Spiel nicht freiwillig zurückgetreten wäre«; Ottmar Hitzfeld: »Personelle und taktische Fehler hat auch Argentiniens Trainer José Pekerman gegen Deutschland gemacht. Nach dem 1:0 war er zu sehr auf Sicherheit bedacht«; Thomas Kistner von der *Süddeutschen Zeitung*: »Dessen Nationalcoach Pekerman geht gar in die Historie ein als der Mann, der ganz allein einen Sieg vercoachte«; Matti Lieske und Jens Weinreich von der *Berliner Zeitung*: »Riquelme durch den harmlosen Cambiasso zu ersetzen, war feige und vor allem das falsche Signal«; Rainer Franzke und Kollegen vom *Kicker Sportmagazin*: »Er, wie auch Brasiliens Trainer Carlos Alberto Parreira (63), haben bei dieser WM taktische und personelle Fehlentscheidungen getroffen«; *Kicker Sportmagazin*: »... als Cheftrainer im entscheidenden Moment versagte«; Matti Lieske und Jens Weinreich von der *Berliner Zeitung*: »Pekerman hat sich gegen Deutschland verzockt, er hat die Partie durch haarsträubende Wechselfehler entschieden, darf zweifellos argumentiert werden.«) Warum hat es niemand, aber auch gar niemand fertiggebracht und die Ansicht vetreten, dass eine derartige Kritik am argentinischen Trainer absolut unglaublich (ich will ja nicht gleich von »Skandal« oder »Frechheit« sprechen) ist, zumal in keinster Weise geklärt ist, inwieweit seine Auswechslungen im Zusammenhang mit dem Ausgang dieses Spiels stehen. Wäre Argentinien aus der »Lotterie« des Elfmeterschießens als Sieger hervorgegangen, so hätten alle Pekerman wegen seiner großartigen taktischen Wechsel gefeiert. Wie heißt es so schön: Im Nachhinein ist man immer schlauer. Weswegen auch die von Torsten Frings nach dem Spiel diesbezüglich gemachte Aussage (»Danach wussten wir: Jetzt drehen wir das Ding«) in etwa die gleiche Qualität wie jene einer Kartenlegerin aufweist, die – nachdem sie Rosenblätter gestreut, Beschwörungsformeln gewispert, ihre Engelkontakte genutzt und im Kaffeesatz gelesen hat – prognostiziert: »Leute Heute«-Moderatorin Karen Webb würde im Jahr 2033 die Nachfolge von Bundestrainer Joachim »Jogi« Löw antreten – aber nur wenn sie nicht schon 2032 von Bayern-Manager Lucas-Julian Scholl als persönliche Betreuerin für dessen Vater Mehmet, der in letzter Zeit wegen zunehmender Sehschwäche und weil er immer wieder vergisst, seine Tabletten gegen Altersdemenz einzunehmen, beim Seniorenkegeln wiederholt über seinen Gehstock stolperte und daraufhin schon mehrmals um ein Haar sein Gebiss verschluckt hätte, verpflichtet wird.

Persönlichkeit zur Eindämmung der Fußballirrtümer gesucht!

Wollen die in diesem Buch vorgestellten Ergebnisse und Ideen eine weite Verbreitung finden, so bedarf es einer (oder mehrerer) Persönlichkeit(en) aus dem Bereich des Fußballs, die als eine Art »Lokomotive« (Valdano: »Jede Revolution ist möglich, wenn es eine große Überzeugung des Anführers gibt«) einer entsprechenden Aktion fungiert. Diese soll nun mittels nachfolgender »Stellenanzeige« gesucht (und hoffentlich auch gefunden) werden:

Solventes, historisch gewachsenes, dynamisches Sportspiel im Alter von ca. 150 Jahren und weltweit von allergrößtem Öffentlichkeitsinteresse kämpft mit einem aktuellen Irrtumssyndrom sowie der Neigung zum »Alles-erklären-können-Wahn« und sucht deswegen zum Zweck der Abwendung einer weiteren Verbreitung von »Fußballmythen«, »-halbwahrheiten« und »-trugschlüssen« eine versierte, fußballbegeisterte Persönlichkeit vom Mischtyp aus Albert Einstein, Michail Gorbatschow, Mahatma Gandhi, Nelson Mandela, Dr. Martin Luther King auf der einen und Dr. Theo Zwanziger, Wolfgang Niersbach, Oliver Bierhoff, Matthias Sammer, Klaus Allofs, Andreas Müller, Felix Magath und Uli Hoeneß auf der anderen Seite, die unter Ausnutzung aller ihrer verfügbaren Kontakte und Beziehungen unter anderem zur FIFA, zur UEFA, zum DFB, zur DFL, zu den Vereinen und den Medien bereit ist, mit ihm über eine komplette mentale Umstrukturierung den Weg in Richtung eines größeren Wahrheitsgehalts in allen fußballspezifischen Aussagen zu bestreiten.

Erwartet werden wundersame Fähigkeiten im Aufbrechen verkrusteter Denkstrukturen, mindestens 1000 Stufen über dem Weltmeisterniveau liegende Fähigkeiten in der Überwindung überalterter Wissensbestände, die – falls notwendig – kompromisslose Wahl deutlicher Worte (»so geht es nicht weiter!«) und gegebenenfalls sogar die Bereitschaft zum Rückgriff auf veritable Kraftausdrücke (»populistische Scheiße«), um dadurch große Teile der seit Jahrzehnten in einem »Fußballweisheiten-Dornröschenschlaf« befindlichen Branche endlich aufzuwecken.

Im Erfolgsfall winken eine Eindämmung beziehungsweise Vermeidung der unzähligen populären Irrtümer rund um den Fußball sowie die Verbreitung eines der Realität entsprechenderen Bildes vom Fußball in der Öffentlichkeit und vielleicht sogar ein noch besseres, noch erfolgreicheres Spiel.

Ihre aussagekräftigen Bewerbungsunterlagen werden erbeten an »Die Anhänger und Freunde des irrtumsfreien Fußballs«.

Der Mythos vom Fußball wird weiterbestehen

Bei allen inzwischen zum Fußballsport bereits vorliegenden Daten, Fakten, Zahlen und Statistiken – einen gläsernen Spieler wird es (zumindest meiner Auffassung nach) auch in Zukunft ebenso wenig geben, wie es jemals gelingen wird, die komplette Wahrheit über den Fußball aufzudecken. Bitte seien Sie an dieser Stelle nun nicht allzu überrascht, wenn Sie von mir als Wissenschaftler zu hören bekommen, dass dies auch gut so ist. Denn somit bleiben die Spontaneität, Dramatik, Emotionalität, Unberechenbarkeit, aus denen das Fußballspiel seinen Reiz, seine Spannung und Dramatik bezieht und die ja gerade die Quellen für die Begeisterung und Faszination von Millionen von Menschen weltweit sind, weiterhin erhalten – was sich auch für einen Fußballbegeisterten wie mich als höchst erfreulich erweist (womit dann hoffentlich auch meine Mutter beruhigt wäre, die sich schon Sorgen gemacht hatte, mit all den aufgedeckten Fußballirrtümern könnte der Mythos vom Fußball verloren gehen).

Glauben Sie nicht alles, was Sie (über Fußball) wissen!

»Aus! Aus! Aus! Aus! Das Spiel ist aus!«, brüllte der freudetrunkene Reporter Herbert Zimmermann in sein Mikrofon, als Schiedsrichter William Ling das Finale der WM 1954 abpfiff und Deutschland als Weltmeister feststand. Auch unser »Spiel« um Irrtum und Wahrheit im Fußball findet an dieser Stelle nun sein Ende (oder um es wie Giovanni Trapattoni auszudrücken: »Ich habe fertig«). Ich möchte mich nun mit dem Abpfiff bei Ihnen für Ihr Interesse und Ihre Aufmerksamkeit bedanken und zugleich darauf hoffen, dass es mir mit Hilfe der Ausführungen in diesem Buch auf informative wie auch unterhaltsame Art und Weise gelungen ist, so manchen Fußballirrtum Ihrerseits richtigzustellen und Ihnen gleichzeitig neues Wissen über die wunderschöne Sportart Fußball vermittelt zu haben.

Sepp Herbergers Aussage »Das nächste Spiel ist das schwerste Spiel« vor Augen, darf ich Ihnen, sozusagen auf den Nachhauseweg, gerne noch folgenden (in Anlehnung an einen Werbeslogan des »Wissen-Magazins« der *Süddeutschen Zeitung* entstandenen) Leitspruch mitgeben: »Glauben Sie nicht alles, was Sie [über Fußball] wissen«, und denken Sie gerne auch immer an den Satz des Philosophen William James: »Genie bedeutet, aus den alten Denkmustern auszubrechen, die alten Gewohnheiten aufzugeben und sich der Möglichkeit von Größe zu öffnen.«

»Ich habe aus Ihrem Bericht gespürt, Sie sind nicht nur ein bierernst arbeitender Wissenschaftler, sondern haben auch Humor und, was ganz wichtig ist, Sie sind ein Freund und Fan des Fußballs.«

(DFB-Präsident Dr. Theo Zwanziger zum Autor)

Ein Leben nach dem Motto: »Roland, nimm dich nicht so ernst!«

- 14. Februar 1962 in München geboren, ledig (wer möchte schon mit jemandem verheiratet sein, der mehr als 3000 Fußballspiele systematisch analysiert hat …).
- Ganze Generationen von Schülern verderben sich mit der Taschenlampe und Karl Mays »Winnetou« unter der Bettdecke die Augen – ich habe schon damals Franz Beckenbauers »Der Dirigent im Mittelfeld« bevorzugt.
- In meiner Kindheit und Jugend hatte ich, außer meiner Freundin, (fast) nur Fußball im Sinn, womit es mir dann ähnlich erging wie Thomas Häßler: »In der Schule gab's für mich Höhen und Tiefen. Die Höhen waren der Fußball.« Nur: Erklären Sie mir doch bitte mal, wie man sich als junger Mensch auf Lerninhalte zum Paarungsverhalten von australischen Riesenameisen im Hinterland von Canberra konzentrieren soll, wenn einem gerade zum 755. Mal der Fallrückzieher von Klaus Fischer im Stuttgarter Neckarstadion durch den Kopf geht!
- Echter Straßenfußballer mit Vorbild Franz Beckenbauer, aber leider nur einer Berti Vogts vergleichbaren Spielweise (was unter anderem 1 Knöchelbruch, 1 Schienbeinbruch, 6 Gehirnerschütterungen, 3 schwere Fleischwunden zur Folge hatte).
- Gleich 2 Siege gegen den FC Bayern München, jedoch leider nicht gegen die Bundesligamannschaft, sondern »nur« gegen die C1- beziehungsweise B1-Jugend.
- Als Leistungssportler dem erweiterten Kader der Nationalmannschaft zugehörig, bedauerlicherweise jedoch nicht im Fußball, sondern lediglich im Eisschnelllauf (sechsmal Training die Woche und der Blick über den Fußballzaun hinaus auf eine Individualsportart waren für mich dennoch eine überaus wertvolle Erfahrung).
- »Alles, was von der Uni kommt, ist doch sowieso Mist«, sagte mir ein – namentlich nicht genannter – Bundesligatrainer, als ich ihn mit Daten zu seiner Mannschaft konfrontierte; vor diesem Hintergrund traut man sich fast schon nicht mehr zu erwähnen, an der TU München Diplomsport (mit Studienrichtung Sportmanagement) studiert zu haben (das beabsichtigte

Lehramtsstudium habe ich wegen des Zweitfachs lieber sein gelassen, zumal katholische Religionslehre dann doch nicht ganz so mein Ding war …).

- Erwerb der Trainer-A-Lizenz des DFB – wobei ich von dem Lehrgangsleiter (wortwörtlich!) angeblafft wurde: »Hören Sie auf mit dem wissenschaftlichen Unsinn!«, nur weil ich ihm die Definition von Training (»Training ist die Summe aller Maßnahmen …«) vortragen wollte. Dass mich der DFB dann nicht zur Fußballlehrerausbildung in Köln zugelassen hat, lag sicherlich nicht an diesem Disput, sondern wohl eher an meinen fußballerischen Fähigkeiten (Berti Vogts eben …).
- Schon von Kindesbeinen an war mein Berufswunsch, Sportlehrer an der Schule zu werden. Doch bereits nach wenigen Jahren Lehrertätigkeit am Max-Planck-Gymnasium in München (als ich von Diego Maradona erzählte, begannen fünf Schüler zu gähnen, während drei auf der Hochsprungmatte einschliefen …) wusste ich: Jetzt spezialisiere ich mich doch lieber auf die systematische Analyse von Fußballspielen (und nun war ich es selbst, der nach 16 Stunden Videoanalyse von Maradona vollkommen übermüdet vor dem Videorekorder sanft entschlummerte …).
- Mein großes Glück: »Fußballprofessor« Dettmar Cramer fungierte als mein beruflicher Mentor. Von ihm habe ich die interessantesten Geschichten von den Herren Herberger und Schön erfahren, ebenso wie die eine oder andere »Story« über den jungen Beckenbauer, die ich als kleiner Junge in »Der Dirigent im Mittelfeld« nicht zu finden vermochte …
- Aus der eingangs dieses Buches beschriebenen Kontaktaufnahme ausgerechnet am 1. April hat sich eine langjährige Kooperation mit Franz Beckenbauer (übrigens trotz eines Berti Vogts oder eines Georg »Katsche« Schwarzenbecks der zweikampfstärkste deutsche Spieler im WM-Finale von 1974) unter anderem bei der Nationalmannschaft, bei Olympique Marseille und beim FC Bayern München ergeben, in deren Rahmen ich beim »Kaiser« (hoffentlich nicht nur) folgenden – von ihm in einem Zeitungsinterview geäußerten – Eindruck hinterlassen habe: »Wenn du wissen willst, wann zuletzt ein schwarzhaariger Linksfuß aus der Ukraine einen Eckball von rechts direkt verwandelt hat – Roland weiß es.«

- Zusammenarbeit mit zahlreichen Vereinen des In- und Auslands (etwa AC Mailand), dem DFB sowie der FIFA (in deren Zürcher Zentrale ich den Satz »Das Höchste, was ein Mensch im Leben erreichen kann, ist, Schalker zu sein« gefunden habe – kein Wunder also, wenn selbst Papst Johannes Paul II. bei den »Knappen« Mitglied war …).
- »Spielanalytiker sind suspekte Wesen«, ließ Sportchef und Moderator Reinhold Beckmann die Zuseher via Bildschirm wissen, als besonderen Dank dafür, dass ich für SAT.1 (Volker Finke: »SAT.1 kotzt mich an«) die »ran«-Datenbank mit aufgebaut und über fast zehn Jahre als deren »Supervisor« fungiert habe (während meiner Kooperation mit ARD, ZDF, RTL und Premiere durfte ich dann auch eine andere Form der Wertschätzung erfahren …).
- TV-Erfahrung als »Komoderator«/»Datenexperte« vermochte ich im Rahmen der Bundesligasendungen des DSF wie beispielsweise »Bundesliga – Der Sonntag« zu sammeln (meine erste Zuschauer-Mail: »Was wollen die beim DSF denn mit diesem Clown hinter dem Computer?« …).
- Mein Promotionsvorhaben zum Thema »Zur Diagnostik taktischer Leistungen im Sportspiel« habe ich nach 15 Jahren Bearbeitungsdauer dann doch noch zum Abschluss gebracht – und damit die durchschnittliche Promotionsdauer von Sportwissenschaftlern von beachtlichen 13,8 Jahren sogar nur knapp überschritten (mein Freund: »Was will man von Menschen mit ›Gorillaabitur‹ auch anderes erwarten?«).
- Unter dem Titel »Taktik und Analyse im Fußball« ist meine mehr als 1000 Seiten umfassende Dissertation inzwischen auch in Buchform erschienen (Manuel Lippert in *Bolzen*, dem Zentralorgan für Freizeitfußballer, über das zweibändige Werk: »Wer gerne Telefonbücher rezipiert …«).
- Aktuell Fachberater der Sportredaktion des ZDF, über den der Kollege Johannes B. Kerner in einem Interview zwar äußert: »Zu Roland habe ich blindes Vertrauen. Auf den kann ich mich immer verlassen«, dem dieser dann aber schon mal versehentlich mitteilt, Bayern habe am 20. Oktober 1973 7:4 in Lautern gewonnen (statt verloren) – was dann schnell mal etwa zehn Mil-

lionen Menschen über den Sender zu hören bekommen und in der Folge stundenlang die Kapazitäten der Mitarbeiterinnen und Mitarbeiter in der Zuseherredaktion bindet … (im Ausgleich dafür habe ich den Kollegen auf entsprechende Anfrage hin – aus dem Kopf heraus – dann auch schon mal mitgeteilt, welcher Holländer im WM-Finale von 1978 das 1:1 erzielte und wie die beiden Enkelkinder des Linienrichters auf der Gegengeradenseite [!] im WM-Endspiel von 1974 mit Vornamen hießen).

- Dank der Idee und des Interesses von ZDF-Sportchef Dieter Gruschwitz und des Redakteurs Markus Lipfert lief an jedem ZDF-Sendetag bei der WM 2006 unter dem Titel »Fußball-Weisheiten« ein von Stefan Bier sehr liebevoll realisierter, etwa 90-sekündiger Beitrag mit Informationen zu meinen Forschungsergebnissen und meiner Person (Zeitungsredakteur Stefan Krause: »Er ist die Fleisch gewordene Blutgrätsche für alle Phrasendrescher und zeigt [fast] allen über Jahre gereiften Fußball-Weisheiten kompromisslos die Rote Karte«). Beim Endspiel im Berliner Olympiastadion erkannte mich daraufhin ein kleiner Junge, der dann ganz aufgeregt seiner Mutter zurief: »Mami!, Mami! Schau ganz schnell! Da ist der Mann aus dem Film ›Der Stadtneurotiker‹!« (Na, wenigstens verwechselte er mich nicht mit einer der Hauptdarstellerinnen von »Sex and the City« …)
- Galt bis zum 18. Januar 2007 noch Ernst Happels »Ein Tag ohne Fußball ist ein verlorener Tag« als eines meiner wesentlichsten Leitmotive (dem ich fast 20 Jahre lang gefolgt bin), so habe ich von da an mehr in Richtung Günter Netzers »Das Leben fängt an, wo Fußball aufhört« umgedacht. Einer der Gründe hierfür war die lebensgefährliche Verletzung meines Freundes Helmut Schulte (der schon als Trainer von St. Pauli großes Interesse an meinen Auswertungen zeigte), dem der Orkan »Kyrill« einen Baum auf das Auto stürzen ließ und der mir bei einem Besuch in Essen vor Augen führte, dass man die nachhaltigeren Dinge im Leben wegen des Fußballs nicht vernachlässigen sollte. Trotz allem geht es mir auch weiterhin wie Franz Beckenbauer: »Den Fußball krieg ich aus dem Hirn einfach nicht mehr raus.« Mit der Folge, dass ich mir von meiner sonst so liebevollen und insbesondere während der arbeitsreichen Phase der Erstellung

dieses Buches überaus geduldigen und mich großartig unterstützenden Freundin Felizitas hin und wieder anhören muss: »Roland! Dass du mir nicht einmal richtig zuhören kannst! Du bist wohl mit deinen Gedanken schon wieder beim Fußball?«

- Wenigstens einmal im Leben war ich in weltmeisterlicher Manndeckung: Auf der Feier nach dem Abschiedsspiel von Lothar Matthäus stand einen Meter links von mir Franz Beckenbauer, einen Meter rechts von mir Lothar Matthäus, einen Meter hinter mir Diego Maradona und drei Meter vor mir – nein, nicht Pelé, sondern der italienische Pop-Star Zuccero, der dann (sinnigerweise) auch noch sang: »Senza una donna« …
- Mein emotionalstes Fußballerlebnis (weil es mir zeigte, wie einfach es eigentlich ist, auf wildfremde Menschen zuzugehen): WM 2006. Deutschland. Finalort Berlin. Ich stehe ganz allein vor einem großen Tor. Er kam aus dem Nichts. Lief zielstrebig auf mich zu. Ließ sich von niemandem aufhalten. Hatte den Blick fest auf mich gerichtet. Lachte mich an und umarmte mich – ich befand mich in den Armen des größten Fußballers aller Zeiten: Pelé.